Ludger Helms

Wettbewerb und Kooperation

Studien zur Sozialwissenschaft

Band 191

Ludger Helms

Wettbewerb und Kooperation

Zum Verhältnis von Regierungsmehrheit und Opposition im parlamentarischen Gesetzgebungsverfahren in der Bundesrepublik Deutschland, Großbritannien und Österreich

Westdeutscher Verlag

Die Deutsche Bibliothek - CIP-Einheitsaufnahme

Helms, Ludger:
Wettbewerb und Kooperation: Zum Verhältnis
von Regierungsmehrheit und Opposition im
parlamentarischen Gesetzgebungsverfahren in
der Bundesrepublik Deutschland, Großbritannien
und Österreich / Ludger Helms. - Opladen:
Westdt. Verl., 1997
(Studien zur Sozialwissenschaft; Bd. 191)
ISBN 978-3-531-13053-8   ISBN 978-3-322-91672-3 (eBook)
DOI 10.1007/978-3-322-91672-3

Alle Rechte vorbehalten
© 1997 Westdeutscher Verlag GmbH, Opladen

Der Westdeutsche Verlag ist ein Unternehmen der Bertelsmann Fachinformation.

Das Werk einschließlich aller seiner Teile ist urheberrechtlich
geschützt. Jede Verwertung außerhalb der engen Grenzen des
Urheberrechtsgesetzes ist ohne Zustimmung des Verlags unzulässig und strafbar. Das gilt insbesondere für Vervielfältigungen,
Übersetzungen, Mikroverfilmungen und die Einspeicherung und
Verarbeitung in elektronischen Systemen.

Umschlaggestaltung: Christine Huth, Wiesbaden

ISBN 978-3-531-13053-8

Inhaltsverzeichnis

Abkürzungsverzeichnis   8

Verzeichnis der Tabellen und Schaubilder   9

Vorwort   11

Einleitung   13

I. Hauptteil (systematisch-allgemeiner Teil)

1. Regierungsmehrheit und Opposition als Gegenstand sozial- und rechtswissenschaftlicher Forschung   21

1.1	Oppositionsforschung	21
1.2	Allgemeine Parlamentarismusforschung	28
1.3	Gesetzgebungslehre	32
1.4	Parteienforschung	34
1.5	Elitenforschung	36
1.6	(Vergleichende) Policy-Forschung	38
1.7	Zusammenfassung und Hypothesenbildung	43

2. Chancenprofile parlamentarischer Opposition im Vergleich (Fallauswahl)   51

2.1	Theoretische Konzepte der Aktionsvoraussetzungen parlamentarischer Opposition	51
2.2	Die institutionellen Bedingungen parlamentarischer Opposition in der Bundesrepublik Deutschland, Großbritannien und Österreich	53
2.3	Exkurs: Zur analytischen Differenzierbarkeit und funktionalen Aufeinanderbezogenheit von oppositionellen Kontroll- und Mitwirkungsrechten	64
2.4	Die politisch-kulturellen Bedingungen parlamentarischer Opposition in der Bundesrepublik Deutschland, Großbritannien und Österreich	67

3. *Die formal-rechtliche Dimension des Gesetzgebungsverfahrens in den Parlamenten der Bundesrepublik Deutschland, Großbritanniens und Österreichs*   71

3.1 Bundesrepublik Deutschland   72
3.2 Großbritannien   79
3.3 Österreich   86
3.4 Die formal-rechtliche Organisation des parlamentarischen Gesetzgebungsverfahrens in der Bundesrepublik Deutschland, Großbritannien und Österreich im Vergleich   92
3.5 Die Auswirkungen der formal-rechtlichen Organisationsregeln des Gesetzgebungsverfahrens auf den Status der Opposition im parlamentarischen Entscheidungsprozeß   96

II. Hauptteil (empirisch-analytischer Teil)

1. *Methodischer Zugang, Untersuchungszeitraum und Auswahl des empirischen Materials*   101

1.1 Methodischer Zugang   101
1.1.1 Grenzen statistischer Zugänge   101
1.1.2 Die Fallstudienmethode   104
1.2 Untersuchungszeitraum   111
1.3. Auswahl des empirischen Materials   117
1.3.1 Typologien und Klassifikationskategorien von Gesetzen   117
1.3.2 Schlüsselentscheidungen des Deutschen Bundestages, des britischen House of Commons und des österreichischen Nationalrates in den achtziger Jahren   122

2. *Fallstudien zu ausgewählten Gesetzgebungsprozessen in der Bundesrepublik Deutschland, Großbritannien und Österreich*   125

2.1 Bundesrepublik Deutschland   125
2.1.1 Das Gesetz zur Änderung des Strafgesetzbuches und des Versammlungsgesetzes (1985)   125
2.1.2 Das Gesetz zur Bekämpfung des Terrorismus (1986)   136
2.1.3 Das Gesetz zur Sicherung der Neutralität der Bundesanstalt für Arbeit bei Arbeitskämpfen (1986)   145
2.2 Großbritannien   154
2.2.1 Der British Telecommunications Act 1984   154
2.2.2 Der Police and Criminal Evidence Act 1984   163

2.2.3	Der Public Order Act 1986	171
2.3	Österreich	177
2.3.1	Die Suchtgiftgesetznovelle 1985	177
2.3.2	Das Arbeits- und Sozialgerichtsgesetz (1985)	183
2.3.3	Das Weingesetz 1985	189
2.4	Zusammenfassung und Ergebnis	199

Schlußbetrachtung 207

Literaturverzeichnis 213

Abkürzungsverzeichnis

a.a.O.	am angegebenen Ort
AFG	Arbeitsförderungsgesetz
ASGG	Arbeits- und Sozialgerichtsgesetz
B 90	Bündnis 90
BfA	Bundesanstalt für Arbeit
BGBl.	Bundesgesetzblatt
BHE	Block der Heimatvertriebenen und Entrechteten
BP	Bayern-Partei
BR	Bundesrat
BT	Bundestag
BVerfGE	Entscheidungen des Bundesverfassungsgerichts
B-VG	Bundes-Verfassungsgesetz
CDA	Christlich-Demokratische Arbeitnehmerschaft
CDU	Christlich-Demokratische Union
Cmnd.	Command Paper
CSU	Christlich-Soziale Union
DGB	Deutscher Gewerkschaftsbund
DP	Deutsche Partei
DRP	Deutsche Reichspartei
Drucks.	Drucksache
FDP	Freie Demokratische Partei
GB	Gesamtdeutscher Block
GG	Grundgesetz
GO	Geschäftsordnung
GOBR	Geschäftsordnung des Bundesrates
GOBT	Geschäftsordnung des Bundestages
GONR	Geschäftsordnung des Nationalrates
GOVA	Geschäftsordnung des Vermittlungsausschusses
HMSO	Her Majesty's Stationery Office
ILP	Independent Labour Party
KPD	Kommunistische Partei Deutschlands
KPÖ	Kommunistische Partei Österreichs
LIF	Liberales Forum
LL	Linke Liste
NR	Nationalrat
OGH	Oberster Gerichtshof
ÖVP	Österreichische Volkspartei
PDS	Partei des Demokratischen Sozialismus
Rdnr.	Randnummer
SDP	Social Democratic Party
SNP	Scottish National Party
SPD	Sozialdemokratische Partei Deutschlands
SPÖ	Sozialdemokratische Partei Österreichs (bis 15. Juni 1991: Sozialistische Partei Österreichs)
SSW	Südschleswigscher Wählerverband
StGB	Strafgesetzbuch
VdU	Verband der Unabhängigen
WAV	Wirtschaftliche Aufbau-Vereinigung

Verzeichnis der Tabellen und Schaubilder

Tabelle 1	Variationen der Kooperationshypothese	46
Tabelle 2	Institutionalisierte Mitwirkungschancen und Vetomöglichkeiten der parlamentarischen Opposition im Gesetzgebungsverfahren im Vergleich	55
Tabelle 3	Regierungsparteien und Regierungsformen im Vergleich (1945/49-96)	112
Tabelle 4	Parlamentarisch repräsentierte Oppositionsparteien und Mandatsdifferenz zwischen Regierungsmehrheit und Opposition im Vergleich (1945/49-96)	113
Schaubild 1	Handlungskapazitäten von Oppositionsparteien gegenüber der Regierungspolitik (nach Sjölin)	52
Schaubild 2	Institutionalisierte Mitwirkungschancen und Vetomöglichkeiten der Opposition im legislativen Prozeß und Konfliktorientierung der politischen Kultur im Vergleich	70

Vorwort

Bei der vorliegenden Arbeit handelt es sich um eine leicht gekürzte Fassung meiner Dissertation, die im Wintersemester 1996/97 von der Philosophisch-Historischen Fakultät der Ruprecht-Karls-Universität Heidelberg angenommen wurde. In wissenschaftlicher Hinsicht schulde ich großen Dank vor allem meinem verehrten Lehrer Prof. Klaus von Beyme, der mir - ab September 1995 im Rahmen einer Beschäftigung als Wissenschaftlicher Assistent - vorzügliche Bedingungen für die Abfassung dieser Schrift gewährt hat. Ihm verdanke ich die beharrliche Förderung meines Interesses an der vergleichenden Politikforschung weit über diese Arbeit hinaus. Aufrichtiger Dank gebührt auch Prof. Manfred G. Schmidt, der sich freundlicherweise als Zweitgutachter meiner Dissertation zur Verfügung gestellt hat. Auch von ihm habe ich während meiner Heidelberger Jahre mehr gelernt als in dieser Studie unterzubringen war.

In einem sehr frühen Stadium der Arbeit habe ich darüber hinaus wertvolle Hinweise und Kritik vor allem von Prof. Herbert Döring (Potsdam), Prof. Eberhard Schütt-Wetschky (Hamburg) und Prof. Anton Pelinka (Innsbruck) erhalten. Prof. Eckhard Jesse (Chemnitz-Zwickau) danke ich für zahlreiche anregende Gespräche nicht nur über das Thema dieser Untersuchung. Von meinen Kollegen aus dem Heidelberger "Mittelbau" schulde ich herzlichen Dank allen voran Dr. Uwe Wagschal, der mit ungezählten freundschaftlichen Aufmunterungen und manch fachlichem Rat viel zum Gelingen dieser Arbeit beigetragen hat.

Es wäre nicht redlich, an dieser Stelle die Berliner und Freiburger Lehrjahre zu verschweigen. Für die solide Grundausbildung im Bereich der Vergleichenden Regierungslehre und die nachhaltige Vermittlung eines aufgeklärten Institutionenverständnisses danke ich insbesondere Prof. Wolfgang Jäger (Freiburg). Er war es auch, der mir durch ein zweijähriges Angestelltenverhältnis an seinem Lehrstuhl als erster die Chance gab, den wissenschaftlichen Betrieb von innen kennenzulernen.

Für die finanzielle Förderung meines Studiums bin ich der Friedrich-Ebert-Stiftung, deren Stipendiat ich von 1990 bis 1993 und erneut von 1994 bis 1995 war, sehr zu Dank verpflichtet. Gerade die qualitativ vergleichende Forschung lebt jedoch nicht nur von solider finanzieller Ausstattung, sondern ist stets zugleich auf die Kooperationsbereitschaft und Gastfreundschaft verschiedenster in- und ausländischer Einrichtungen angewiesen. Denkbar günstige Arbeitsbedingungen habe ich am Max-Planck-Institut für ausländisches öffentliches Recht und Völkerrecht (Heidelberg) vorgefunden, deren Mitarbeiter mir das notwendige, nicht immer attraktive Aktenstudium so angenehm wie möglich gemacht haben. Ebenso freundliche Hilfsbereitschaft wurde mir im Rahmen mehrerer Aufenthalte im Presse- und Parlamentsarchiv des Deutschen Bundestages, der British Library, dem Bundeskanzleramt der Republik Österreich und der Wiener Parlamentsbibliothek zuteil. Von allen außeruniversitären Ansprechpartnern habe ich am meisten vom Leiter der Abteilung "Parlamentarische Dokumentation, Archiv und Statistik" des Parlamentarisch-Wissenschaftlichen Dienstes der österreichischen Parlamentsdirektion, Dr. Günther Schefbeck, gelernt, dessen unerschöpfliches Detailwissen zum österreichischen Parlamentarismus mich stets aufs neue beeindruckt hat.

Für die jahrelang gezeigte Toleranz gegenüber den unsozialen Schattenseiten meiner wissenschaftlichen Arbeit und die liebevolle Solidarität während vieler diesbezüglicher Durststrecken danke ich meiner Lebensgefährtin Alex Schweizer von Herzen. Ich widme diese Arbeit meinen Eltern, denen kein Opfer zu groß war, um mir eine optimale Ausbildung zu ermöglichen.

Heidelberg, im Februar 1997 *Ludger Helms*

Einleitung

Die vorliegende Studie ist der politikwissenschaftlichen Analyse des Gesetzgebungsprozesses in drei parlamentarischen Demokratien gewidmet. Ihr besonderer Schwerpunkt liegt auf der Erforschung des Verhältnisses von Regierungsmehrheit[1] und Opposition[2] als den in parlamentarischen Systemen zentralen Akteuren des politischen Entscheidungssystems.[3] Dabei geht es sowohl um eine theoretische Annäherung an das bei näherem Hinsehen erstaunlich lükkenhaft erforschte Phänomen als auch um eine empirische Beschäftigung mit den Interaktionsformen zwischen beiden Akteuren in unterschiedlichen Entscheidungssituationen.

Zählt schon das parlamentarische Gesetzgebungsverfahren kaum zu jenen politikwissenschaftlichen Gegenständen, die in der Mitte der neunziger Jahre Konjunktur haben, so scheint vor allem die Konzentration auf das Zusammenspiel zwischen Regierungsmehrheit und Opposition im Gesetzgebungsprozeß einer besonderen Rechtfertigung zu bedürfen. Folgt man dem Urteil der wachsenden Zahl von Steuerungsskeptikern und Netzwerkanalytikern, so befindet sich nicht nur der Staat als Ganzes auf dem Rückzug, sondern mit ihm auch jene Akteure, denen von der aufgeklärten, post-konstitutionellen Parlamentslehre die Position der letztlich maßgeblichen politischen Entscheidungsinstanzen im parlamentarischen System angetragen wurde.

Nicht alle der beschworenen Befunde lassen sich ernsthaft leugnen. So sind tatsächlich in sämtlichen westlichen Demokratien Tendenzen zur "Pluralisie-

---

1   Hierunter läßt sich mit Winfried Steffani "jene Einheit von verantwortlichem Regierungspersonal und stimmberechtigter Parlamentsmehrheit" in parlamentarischen Systemen verstehen, "die ihre Existenz der politischen Vertrauensabhängigkeit der Regierung vom Parlament verdankt"; ders., Regierungsmehrheit und Opposition, in: ders. (Hrsg.), Regierungsmehrheit und Opposition in den Staaten der EG, Opladen 1991, S. 11-35, 19.
2   Diese ist "der institutionalisierte Widerpart der Regierungsmehrheit. Fraktionen, die nicht durch Vertrauensleute in der Regierung (mit-)vertreten sind, gehören normalerweise zur Opposition"; ebd., S. 23. Einen Sonderfall, bei dem eine oder mehrere Fraktionen, die keine Repräsentanten ihrer Partei in die Regierung entsenden, der oder das Regierungspersonal stellenden Fraktion(en) näher stehen können als der eigentlichen Opposition, bilden Minderheitsregierungen. Diese lassen sich im Hinblick auf die Reichweite der parlamentarischen Kooperation zwischen nicht formal koalierenden Gruppen weiter differenzieren in parlamentarisch gestützte und lediglich tolerierte Minderheitsregierungen. Vgl. Eberhard Schütt-Wetschky, Verhältniswahl und Minderheitsregierungen. Unter besonderer Berücksichtigung Großbritanniens, Dänemarks und der Bundesrepublik Deutschland, in: Zeitschrift für Parlamentsfragen 18 (1987), S. 94-109, 104f.
3   Das politische Entscheidungssystem als jenes von Akteuren mit formalen Machtanteilen über kollektive Entscheidungen beherrschte Feld läßt sich analytisch abgrenzen vom politischen Einflußsystem, das sich auf den Bereich der Relationen zwischen formalen Entscheidungsträgern und anderen, nach Beeinflussung einer bestimmten Entscheidung strebenden Akteuren bezieht. Vgl. Thomas König, Die Bedeutung von Politik-Netzwerken in einem Modell politischer Entscheidung und politisch-privater Einflußnahme, in: Journal für Sozialforschung 33 (1993), S. 343-367, 346.

rung der Macht"⁴ erkennbar; staatliche Steuerung erfolgt immer stärker auf der Grundlage von Kooperation, welche an die Stelle etatistisch-hierarchischer Steuerungsmuster tritt.⁵ Der "funktionale Staat" ist gleichsam zum "Partner der interessenformierten Gesellschaft"⁶ geworden. Das legislative Verfahren selbst stellt heute einen Prozeß dar, der durch eine hochkomplexe Struktur der Beziehungen zwischen den zahlreichen auf den staatlichen Willensbildungs- und Entscheidungsprozeß einwirkenden Akteuren gekennzeichnet ist.⁷ Der Entscheidungsprozeß erscheint mehr und mehr als "Relation von Machtkonfigurationen staatlich-gesellschaftlicher Kräfte"⁸. Dabei wird auch die zunehmende "Instanzenvielfalt in der offenen Gesellschaft der Gesetzgeber"⁹ mit Blick auf weitergehende funktionale Erfordernisse effizienter Normsetzungsprozesse mittlerweile nicht mehr nur von Vertretern der partizipatorischen oder neopluralistischen Demokratietheorie ausdrücklich normativ postuliert.¹⁰

Welche Gründe mögen angesichts eines solchen Szenarios für die tiefere Einlassung in das Studium von Regierungsmehrheit und Opposition sprechen? Die Studie geht von der Überzeugung aus, daß die Systemfunktionen der beiden Akteure trotz der skizzierten Entwicklungstendenzen moderner Staatlichkeit bedeutend zentraler sind als heute innerhalb der Disziplin weithin wahrgenommen wird. Dabei lassen sich zumindest drei unterschiedliche Aspekte unterscheiden, die von der mittlerweile überwiegend "post-parlamentarisch" orientierten Entscheidungsforschung bislang nur unzureichend reflektiert wurden.

Der übergroßen Mehrzahl neuerer Studien vor allem aus dem Bereich der Netzwerkanalyse geht es darum, "ganzheitliche Bilder von Entscheidungssituationen"¹¹ zu zeichnen. In den üblicherweise auf ein einziges Politikfeld beschränkten Arbeiten der Netzwerkforschung wird in aller Regel nicht nach der Bedeutung der unterschiedlichen Akteure in einer über den einzelnen Entscheidungszusammenhang hinausgehenden Hinsicht gefragt. Häufig scheint dabei aus dem Blick zu geraten, daß keine noch so mächtige außerparlamenta-

---

4   Rüdiger Voigt, Der kooperative Staat. Krisenbewältigung durch Verhandlung?, in: ders. (Hrsg.), Der kooperative Staat. Krisenbewältigung durch Verhandlung?, Baden-Baden 1995, S. 11-19, 12.
5   Vgl. Rüdiger Voigt, Der kooperative Staat. Auf der Suche nach einem neuen Steuerungsmodus, in: ders. (Hrsg.), a.a.O. (Anm. 4), S. 33-92, 38ff.
6   Carl Böhret, Funktionaler Staat: ein Konzept für die Jahrhundertwende?, Frankfurt a.M. u.a. 1993, S. 5.
7   Vgl. statt vieler Edgar Grande, Regieren in verflochtenen Verhandlungssystemen, in: Renate Mayntz/Fritz W. Scharpf (Hrsg.), Gesellschaftliche Selbstregelung und politische Steuerung, Frankfurt a.M./New York 1995, S. 327-368, 327f.
8   Frank Nullmeyer/Friedbert W. Rüb, Die Transformation der Sozialpolitik. Vom Sozialstaat zum Sicherungsstaat, Frankfurt a.M./New York 1993, S. 340. Siehe grundlegend hierzu Fritz W. Scharpf, Die Handlungsfähigkeit des Staates am Ende des Zwanzigsten Jahrhunderts, in: Beate Kohler-Koch (Hrsg.), Staat und Demokratie in Europa. 18. Wissenschaftlicher Kongreß der Deutschen Vereinigung für Politische Wissenschaft, Opladen 1992, S. 93-115.
9   Helmuth Schulze-Fielitz, Theorie und Praxis parlamentarischer Gesetzgebung - besonders des 9. Deutschen Bundestages (1980-1983) -, Berlin 1988, S. 266.
10 Vgl. Hermann Hill, Gesetzgebung in der postindustriellen Gesellschaft, in: Zeitschrift für Gesetzgebung 10 (1995), S. 82-86, 84f.
11 Ulrike Liebert, Netzwerke und neue Unübersichtlichkeit. Plädoyer für die Wahrnehmung politischer Komplexität, in: Claus Leggewie (Hrsg.), Wozu Politikwissenschaft? Über das Neue in der Politik, Darmstadt 1994, S. 155-169, 167.

rische Interessenorganisation und kein Verwaltungsressort in sämtliche staatlichen Entscheidungsprozesse eingebunden ist. Dies resultiert schlicht aus dem Umstand, daß jede Interessengruppe ebenso wie jedes Ressort innerhalb der Ministerialverwaltung durch ein auf einen speziellen Politikbereich ausgerichtetes Interesse bzw. einen sachlich begrenzten Kompetenzbereich gekennzeichnet ist. So gesehen sind Regierungsmehrheit und Opposition in der Tat die einzigen Akteure, die auf dem Felde staatlicher Entscheidungsprozesse - sowohl von ihrem programmatischen Anspruch her als auch in praktischer Hinsicht - "flächendeckend" vertreten sind.

Zweitens spricht einiges dafür, Regierungsmehrheit und Opposition nicht nur als besonders vielfältig in das staatliche Entscheidungsverfahren involvierte Instanzen anzusehen, sondern sie auch als Akteure mit einer überdurchschnittlichen Durchsetzungsfähigkeit gegenüber anderen Kräften zu betrachten. Die besondere Stellung der Regierung bzw. der sie tragenden Mehrheitsfraktion(en) einerseits und der Opposition als deren verfassungsinstitutioneller Widerpart im staatlichen Willensbildungs- und Entscheidungsprozeß andererseits ergibt sich vor allem aus dem Umstand, daß zumindest die Regierungsmehrheit, bei Vorliegen spezifischer institutionalisierter Mitwirkungsmöglichkeiten indirekt und in einem begrenzten Maße auch die Opposition, eine Verfügungsgewalt über "die Ressource Rechtsetzungsfähigkeit und Machtlegitimierung"[12] besitzt, welche anderen - gesellschaftlichen, d.h. nicht staatlich legitimierten - Akteuren fehlt. Im übrigen kann davon ausgegangen werden, daß Regierungen in konsolidierten westlichen Demokratien dazu in der Lage sind, auch die informalen Regeln der Politikgestaltung und die Rahmenbreite möglicher Handlungsoptionen von nicht-staatlichen Akteuren maßgeblich in ihrem Sinne zu beeinflussen.[13] So handelt es sich bei den komplexen Konflikt- und Konsensbildungsprozessen innerhalb des politischen Entscheidungsverfahrens gleichsam um "Verhandlungen im Schatten der Hierarchie"[14].

Drittens schließlich ist zu berücksichtigen, daß trotz der Tendenz zur Fragmentierung des politischen Entscheidungsraumes den Akteuren Regierungsmehrheit und Opposition eine besondere Position auch aus der Sicht allgemeinerer Überlegungen zum Repräsentativcharakter politischer Entscheidungsprozesse in hochentwickelten westlichen Demokratien[15] zukommt. Der Bürger,

---

12 F. Nullmeyer/F. W. Rüb, a.a.O. (Anm. 8), S. 341.
13 Vgl. Paul Furlong, Modern Italy. Representation and Reform, London/New York 1994, S. 22; Renate Mayntz, Politische Steuerung: Aufstieg, Niedergang und Transformation einer Theorie, in: Klaus von Beyme/Claus Offe (Hrsg.), Politische Theorien in der Ära der Transformation (Sonderheft 26/1995 der Politischen Vierteljahresschrift), Opladen 1996, S. 148-168, 159f.
14 Fritz W. Scharpf, Die Handlungsfähigkeit des Staates am Ende des 20. Jahrhunderts, in: Politische Vierteljahresschrift 32 (1991), S. 621-634, 629; vgl. ferner Renate Mayntz/Fritz W. Scharpf, Steuerung und Selbstorganisation in staatsnahen Sektoren, in: dies. (Hrsg.), a.a.O. (Anm. 7), S. 9-38, 27.
15 Diese finden sich sowohl in demokratietheoretischen als auch in weniger weit ausgreifenden parlamentarismustheoretischen Modellen. Im Rahmen der demokratietheoretischen Diskussion wird auf die Bedeutung von Regierung(smehrheit) und Opposition insbesondere von der Ökonomischen Theorie der Politik hingewiesen; vgl. u.a. Philipp Herder-Dorneich, Konkurrenzdemokratie - Verhandlungsdemokratie. Politische Strategien der Gegenwart, 2. Aufl. Stuttgart 1980, S. 65 sowie Siegfried F. Franke, (Ir)rationale Politik? Grundzüge und

dem Einzelheiten hochsegmentierter Entscheidungsprozesse in unterschiedlichen Politikfeldern verborgen bleiben, muß seine Aufmerksamkeit - ganz im Sinne der Luhmann'schen Vorstellung von Regierung und Opposition als dem binären Zentralcode des politischen Teilsystems[16] - beinahe zwangsläufig auf die Verfolgung der Politik von Regierungs- und Oppositionsparteien konzentrieren: "their activities - what they say and what they do in the legislature - affects how voters come to see the political world. It contributes towards how individual voters help to define and perceive the political world."[17] Der "zentralen Rolle der Regierungs-Oppositions-Logik in Wettbewerbsdemokratien"[18] entspricht es, daß die jeweilige Beziehungsstruktur zwischen Regierungsmehrheit und Opposition nicht nur dafür verantwortlich ist, ob ein System Züge eines "kooperativen Parlamentarismus" oder Formen konkurrenzorientierter "adversary politics" aufweist mit weitreichenden Folgen für die kurz- und längerfristige Innovationsleistung eines Systems. Ihre Perzeption durch die Regierten beeinflußt zugleich die Legitimität gesetzgeberischer Entscheidungen in einem Gemeinwesen.[19]

Nicht zuletzt von dieser Warte aus betrachtet können Regierungsmehrheit und Opposition keineswegs als von der politischen Entwicklung westlicher Länder "überholte" Größenordnungen angesehen werden, deren Thematisierung im Rahmen zeitgemäßer politikwissenschaftlicher Forschung nicht mehr lohnte. Sowohl empirisch-funktionale Gründe als auch normativ-demokratietheoretische Erwägungen sprechen dafür, den funktionalen Dualismus von Regierungsmehrheit und Opposition auch an der Schwelle zum 21. Jahrhundert nicht lediglich als historische Relikte im Schatten eines neuartigen weltpolitischen Dualismus von "global government and global opposition"[20] anzusehen, wie besonders radikal argumentierende Globalisierungstheoretiker suggerieren.

Ebenso wie der Untersuchungsgegenstand selbst schafft auch der gewählte methodisch-analytische Zugang einer größeren Studie entsprechenden Erklä-

---

politische Anwendungen der "Ökonomischen Theorie der Politik", Marburg 1996, S. 69ff. Innerhalb der Parlamentarismustheorie entspricht dem eine ähnlich starke Betonung des gruppenförmig organisierten Gegenübertretens von Regierungsmehrheit und Opposition seitens sogenannter "realistischer" Positionen; vgl. Eberhard Schütt-Wetschky, Haben wir eine akzeptable Parlamentarismustheorie?, in: Jürgen Hartmann/Uwe Thaysen (Hrsg.), Pluralismus und Parlamentarismus in Theorie und Praxis. Winfried Steffani zum 65. Geburtstag, Opladen 1992, S. 91-112.

16 Vgl. Niklas Luhmann, Ökologische Kommunikation. Kann die moderne Gesellschaft sich auf ökologische Gefährdungen einstellen?, Opladen 1986, S. 170.
17 Alan Ware, Political Parties and Party Systems, Oxford 1996, S. 327. Auch Helmut Willke spricht von einer "Leitdifferenz von Regierung und Opposition"; ders., Ironie des Staates. Grundlinien einer Staatstheorie polyzentrischer Gesellschaft, Frankfurt a.M. 1996 (zuerst 1992), S. 32.
18 Max Kaase, Demokratie im Spannungsfeld von politischer Kultur und politischer Struktur, in: Jahrbuch für Politik 5 (1995), Halbband 2, S. 199-220, 211.
19 Vgl. Fritz W. Scharpf, Versuch über Demokratie im verhandelnden Staat, in: Roland Czada/Manfred G. Schmidt (Hrsg.), Verhandlungsdemokratie, Interessenvermittlung, Regierbarkeit. Festschrift für Gerhard Lehmbruch, Opladen 1993, S. 25-50, 42f.
20 Susan Strange, Global Government and Global Opposition, in: Geraint Parry (Hrsg.), Politics in an Interdependent World. Essays Presented to Ghita Ionescu, Aldershot 1994, S. 20-33.

rungsbedarf. Eine komparative empirische Analyse, die Wert legt auf einen qualitativen Vergleich politisch-sozialer Phänomene, stößt rasch an die Grenzen ihrer praktischen Realisierbarkeit, da sie nur in Ausnahmefällen eine größere Anzahl von Fällen berücksichtigen kann.[21] Dies zwingt um so mehr zu einer wohlbegründeten Auswahl der untersuchten Fälle. Die im Rahmen dieser Studie getroffene Fallauswahl basiert primär auf einer systematischen Begründung; sie wird ergänzt durch Argumente, die der normativ-theoretischen Beschäftigung mit den ausgewählten Ländern entspringen.

In systematischer Hinsicht beruht die Fallauswahl der vorliegenden Arbeit auf einer Kombination der beiden alternativen Forschungszugänge der vergleichenden Politikforschung, des "most-similar-cases designs" und des "most-different-cases designs".[22] Da der im Zentrum der Untersuchung stehende Ausschnitt der politischen Realität - das Verhältnis zwischen Regierungsmehrheit und Opposition - nur in parlamentarischen Regierungssystemen vergleichend studiert werden kann[23], bildet dieses Kriterium die gemeinsame Grundlage der ausgewählten Fälle.[24] Damit folgt die erste Auswahldimension ein Stück weit der Logik des "most-similiar-cases designs". Im übrigen scheint es jedoch instruktiver zu sein, möglichst unterschiedlich ausgeprägte parlamentarische Regierungssysteme miteinander zu vergleichen. Als zentrales Auswahlkriterium dient im Rahmen dieser Studie dabei die jeweils vorfindbare *Struktur der institutionalisierten Veto- und Mitwirkungsrechte der parlamentarischen Opposition* im legislativen Verfahren; ergänzend wurde nach den empirisch schwerer festzumachenden *Grundeigenheiten der politischen Kultur* eines Systems differenziert.

Bei den beiden institutionellen Extremausprägungen in der Reihe der parlamentarischen Demokratien des Westens handelt es sich, wie an geeigneter Stelle ausführlich darzulegen ist, um die politischen Systeme der Bundesrepublik Deutschland und Großbritanniens. Da der komparatistische Erkenntnisgewinn einer Zwei-Länder-Studie in der Regel sehr gering bleibt, wurde zusätzlich ein drittes parlamentarisches System - Österreich[25] - in die Untersu-

---

21 Vgl. Charles C. Ragin, The Comparative Method. Moving Beyond Qualitative and Quantitative Research Strategies, Berkeley u.a. 1987, S. 47f.
22 Vgl. Adam Przeworski/Henry Teune, The Logic of Comparative Social Inquiry, New York 1970, S. 31ff.
23 Vgl. Winfried Steffani, Zur Unterscheidung parlamentarischer und präsidentieller Regierungssysteme, in: Zeitschrift für Parlamentsfragen 14 (1983), S. 390-401, 394.
24 Vgl. für eine systematische Charakterisierung parlamentarischer Systeme statt vieler Klaus von Beyme, Die parlamentarischen Regierungssysteme in Europa, München 1970, S. 40.
25 Zwar besteht in Österreich eine verfassungsrechtliche Überlagerung des parlamentarischen Systems durch präsidentielle Komponenten. So wird nach der bis heute gültigen Novelle des österreichischen Bundesverfassungsgesetzes vom 1929 der Bundespräsident direkt vom Volk gewählt und steht diesem zudem die formelle Bestellung und Entlassung des Bundeskanzlers und der übrigen Mitglieder der Bundesregierung zu. Doch ist auch Österreich in der "lebenden Verfassung" (Sternberger) - insbesondere wegen der bestehenden parlamentarischen Verantwortlichkeit der Regierung - eindeutig als ein parlamentarisches Regierungssystem zu klassifizieren. Hinzu kommt als weiteres "parlamentarisches Merkmal", daß Regierungsbildungen nicht im Anschluß an die Volkswahl des Bundespräsidenten stattfinden, sondern regelmäßig im Gefolge von Parlamentswahlen. Vgl. zu den verfassungsrechtlichen Regelungen Theo Öhlinger, Verfassungsrecht, 2. Aufl. Wien 1995, S. 128ff.; für die gängige Einordnung Österreichs als parlamentarisches System statt vieler Anton Pe-

chung einbezogen, welches hinsichtlich des Kriteriums der institutionellen Rahmenbedingungen für das Verhältnis von Regierungsmehrheit und Opposition eine Mittelposition zwischen der Bundesrepublik und Großbritannien einnimmt. Unterschiede weisen die drei Systeme aber auch bezüglich ihres politisch-kulturellen Profils auf. Während Großbritannien in aller Regel auch von seiner politischen Kultur her als "Konkurrenzdemokratie par exellence" gesehen wird, baut das staatliche Institutionensystem in der Bundesrepublik und in Österreich auf einem deutlich weniger stark auf offenen Konfliktaustrag und Konkurrenz gestimmten Grundton politischer Kultur auf.

Abgesehen von der systematischen Begründung der Fallauswahl ist ein Vergleich des parlamentarischen Prozesses in diesen drei Systemen auch mit Blick auf die normative Orientierung der deutschen und österreichischen Parlamentarismusliteratur der letzten Jahrzehnte von besonderem Interesse. Vor allem in Deutschland nahm die staatstheoretische Auseinandersetzung mit dem britischen Parlamentarismus bereits seit dem 19. Jahrhundert einen breiten Raum ein.[26] Die *positive* normative Orientierung am englischen Parlamentarismus war in keiner Epoche vor dem Zweiten Weltkrieg so stark ausgeprägt wie während der ersten zwei bis drei Jahrzehnte der Bundesrepublik.[27] Umgekehrt wurde in britischen Wissenschaftskreisen vor allem in den siebziger Jahren gerade auch das deutsche Modell als Reformalternative zur traditionellen Mehrheitsdemokratie diskutiert.[28] Um so erstaunlicher ist es, daß dem beachtlichen Ausmaß an gegenseitigem Interesse bislang kaum systematisch vergleichende Bestandsaufnahmen der Arbeits- und Funktionsweise beider parlamentarischen Systeme entsprechen.[29] Aber auch in Österreich wurde das

---

linka/Manfried Welan, Demokratie und Verfassung in Österreich, Wien u.a. 1971, S. 151f. sowie, mit Bezugnahme auf die aktuelle Diskussion, jüngst Manfried Welan, Präsidialismus oder Parlamentarismus? Demokratiepolitische Perspektiven, in: David Campbell u.a. (Hrsg.), Die Qualität der österreichischen Demokratie. Versuche einer Annäherung, Wien 1996, S. 59-83.

26 Zusammenfassende Darstellungen hierzu finden sich u.a. bei Reinhard J. Lamer, Der englische Parlamentarismus in der deutschen politischen Theorie im Zeitalter Bismarcks (1857-1890). Ein Beitrag zur Vorgeschichte des deutschen Parlamentarismus, Hamburg/Lübeck 1963; Hans Boldt, Parlamentarismustheorie. Bemerkungen zu ihrer Geschichte in Deutschland, in: Der Staat 19 (1980), S. 385-412 und, aus stärker politologischer Perspektive, Herbert Döring, Skeptische Anmerkungen zur Rezeption des englischen Parlamentarismus 1917/18, in: Lothar Albertin/Werner Link (Hrsg.), Politische Parteien auf dem Weg zur parlamentarischen Demokratie in Deutschland, Düsseldorf 1981, S. 127-146.

27 In Einzelfällen führte die starke normative Orientierung am "Westminster Modell" auch zu aus heutiger Sicht fremd anmutenden Klassifikationen des deutschen Systems. So hat etwa Jürgen Domes zwei konträre Typen der Regierungsform - ("echte") Koalitionsregierung und (faktische) Einparteienregierung - unterschieden und im weiteren nicht nur Großbritannien, sondern auch die Bundesrepublik in die letztere Gruppe eingeordnet. Vgl. ders., Mehrheitsfraktion und Bundesregierung. Aspekte des Verhältnisses der Fraktion der CDU/CSU im zweiten und dritten deutschen Bundestag zum Kabinett Adenauer, Köln/Opladen 1964, S. 12f.

28 Vgl. Gordon Smith, Das erstarrte Mehrheitsprinzip in Großbritannien, in: Heinrich Oberreuter (Hrsg.), Wahrheit statt Mehrheit? An den Grenzen der parlamentarischen Demokratie, München 1986, S. 173-180, 176f.

29 Eine bemerkenswerte Ausnahme bildet der Beitrag von Carl-Christoph Schweitzer, Effektive Wahrnehmung von parlamentarischen Kontrollfunktionen im Vergleich. House of Commons und Deutscher Bundestag, in: Adolf M. Birke/Kurt Kluxen (Hrsg.), Deutscher und Britischer Parlamentarismus, München u.a. 1985, S. 161-178; siehe ferner - aus italieni-

"britische Modell" insbesondere in den sechziger Jahren - sowohl vor dem Ende der ersten Großen Koalition[30] (hier bewußt als deren Gegenmodell) als auch nach dem erfolgten Übergang zu österreichischen Einparteienregierungen ab der zweiten Hälfte der sechziger Jahre[31] - intensiv diskutiert, ebenfalls ohne weitergehenden komparatistischen Ehrgeiz in bezug auf die Erfassung der Unterschiede des politischen Prozesses in beiden Ländern.

Das engere Ziel dieser Arbeit besteht darin, die Gemeinsamkeiten und Unterschiede in der Formalstruktur und der Praxis des parlamentarischen Gesetzgebungsverfahrens in den drei ausgewählten Ländern vergleichend herauszuarbeiten und dabei jeweils den Interaktionsmustern zwischen Regierungsmehrheit und Opposition besondere Beachtung zu schenken. In diesem Kontext gilt die Aufmerksamkeit der Studie den theoretischen und empirischen Aspekten des Themas gleichermaßen. Ihr besonderer Ehrgeiz ist darauf gerichtet, beide Dimensionen miteinander in Beziehung zu setzen, um einer bloßen Aneinanderreihung von "Szenen aus der Welt der Gesetzgebung"[32] entgegenzuwirken. So soll im Kern der Untersuchung die Frage stehen, über wieviel Erklärungskraft unterschiedliche Theorien zum Akteursverhalten in parlamentarischen Demokratien des späten 20. Jahrhunderts im Lichte konkreter politischer Entscheidungsprozesse betrachtet verfügen.

Die Studie weist im einzelnen folgende Gliederung auf: Der erste Hauptteil (systematisch-allgemeiner Teil) enthält die theoretische Grundlegung der Untersuchung und umreißt die allgemeinen Rahmenbedingungen des Verhältnisses zwischen Regierungsmehrheit und Opposition sowie die Formalstruktur des parlamentarischen Entscheidungsverfahrens in den ausgewählten Ländern. Dazu wird zunächst ein systematischer Literaturüberblick zum Themenbereich "Regierungsmehrheit und Opposition" gegeben, aus dem anschließend die für den hier gegebenen Zusammenhang relevanten Hypothesen zu destillieren sind (I, 1). Anschließend ist im Zuge einer generelleren Auseinandersetzung mit der Bedeutung einzelner Mitwirkungsrechte der parlamentarischen Opposition die Auswahl der zu vergleichenden Länder eingehender zu begründen (I, 2). Hierzu gehört im Rahmen eines theoretischen Exkurses auch die Behandlung der Frage nach der analytischen Differenzierbarkeit von oppositionellen Mitwirkungs- und Kontrollrechten (I, 2.2). Der erste Hauptteil schließt mit einer vergleichenden Analyse der wichtigsten formal-rechtlichen Komponenten des Gesetzgebungsverfahrens in der Bundesrepublik, in Großbritannien und in Österreich und einer Diskussion der diesbezüglichen Auswirkungen auf die Handlungsbedingungen der parlamentarischen Opposition (I, 3).

---

scher Feder (!) - Antonio Missiroli, I "governi" dell'opposizione: Gran Bretagna e Repubblica federale tedesca, in: Gianfranco Pasquino (Hrsg.), Opposizione, governo ombra, alternativa, Rom/Bari 1990, S. 89-140.
30 Vgl. etwa Norbert Leser, Krise der SPÖ - Krise der Republik, in: Forum, XII (1965), S. 115-121, und Anton Pelinka, Mut zur großen Wahlrechtsreform, in: Die Furche, 17. Juli 1965, S. 4.
31 Vgl. aus deutscher Perspektive und mehr distanziert bilanzierend als politisch motiviert Karl-Heinz Naßmacher, Das österreichische Regierungssystem. Große Koalition oder alternierende Regierung?, Köln/Opladen 1968, S. 158ff.
32 Herbert Gottweis, Szenen aus der Welt der Gesetzgebung, in: Österreichische Zeitschrift für Politikwissenschaft 13 (1984), S. 83-96.

Der zweite Hauptteil (empirisch-analytischer Teil) der Untersuchung enthält mehrere Fallstudien über den Entstehungsprozeß ausgewählter Schlüsselentscheidungen des deutschen Bundestages, des britischen House of Commons und des österreichischen Nationalrates. In diesem Zusammenhang ist zunächst der gewählte methodische Ansatz der Fallstudie von anderen Zugängen abzugrenzen und auf den konkreten Untersuchungskontext zuzuschneiden (II, 1.1). Anschließend ist der Untersuchungszeitraum für diesen Teil der Arbeit festzulegen und entsprechend zu begründen (II, 1.2). Ferner sind die Auswahlprinzipien für die detaillierter zu untersuchenden Maßnahmen darzulegen (II, 1.3). Die Ergebnisse des Fallstudienteils (II, 2.1 bis 2.3) werden am Ende des zweiten Hauptteils zusammengefaßt und vor dem Hintergrund der in der Literatur anzutreffenden theoretischen Annahmen bezüglich des Verhältnisses zwischen Regierungsmehrheit und Opposition im parlamentarischen Gesetzgebungsprozeß diskutiert (II, 2.4).

Das Schlußkapitel thematisiert - ausgehend von den Einsichten dieser Studie - erneut die Frage nach den Wegen, Möglichkeiten und Grenzen der theoretisch-empirischen Beschäftigung mit dem Gegenstand des politischen Entscheidungsprozesses in parlamentarischen Demokratien des ausgehenden 20. Jahrhunderts.

I. Hauptteil (systematisch-allgemeiner Teil)

1. Regierungsmehrheit und Opposition als Gegenstand sozial- und rechtswissenschaftlicher Forschung

"Regierungsmehrheit" und "Opposition" lassen sich nicht von einer Grundrichtung der (politik-)wissenschaftlichen Analyse monopolisieren, sondern sind vielmehr Gegenstand voneinander abgrenzbarer Forschungsgebiete, die jeweils andere Schwerpunkte setzen. Der folgende Abschnitt gibt einen systematischen Überblick über die wichtigsten Beiträge unterschiedlicher Forschungsrichtungen zum Thema. Berücksichtigt wurden Beiträge der Oppositionsforschung, der allgemeineren Parlamentarismusforschung, der Gesetzgebungslehre, der Elitenforschung, der Parteienforschung und der (vergleichenden) Policy-Forschung. Der Schwerpunkt wurde auf die einschlägige deutsche, britische und österreichische Literatur gelegt.

1.1 Oppositionsforschung

Die Geschichte der Oppositionsforschung in Großbritannien einerseits und Deutschland und Österreich andererseits verlief kaum minder unterschiedlich als die Entwicklung der parlamentarischen Opposition in der politischen Praxis dieser Länder. In Großbritannien, wo sich eine Opposition unter sozial-strukturell günstigen Bedingungen bereits in den dreißiger Jahren des 18. Jahrhunderts und damit mehr als hundert Jahre vor der vollständigen Parlamentarisierung des Systems im Gefolge der Wahlrechtsreform 1867 formieren konnte[1], wurde diese, verstanden als Gruppe von Abgeordneten innerhalb des englischen Parlaments, gelegentlich schon vor der Wende zum 19. Jahrhundert auch in der politischen Literatur als fester und notwendiger Bestandteil des englischen Regierungssystems angesehen.[2] In Deutschland und Österreich ließ die Entstehung einer eigenständigen Oppositionsforschung bedeutend länger auf sich warten. Erst in den dreißiger Jahren des 19. Jahrhunderts setzte sich hier

---

[1] Vgl. hierzu grundlegend Charles B. Realey, The Early Opposition to Sir Robert Walpole, Philadelphia 1931; Kurt Kluxen, Das Problem der politischen Opposition. Entwicklung und Wesen der englischen Zweiparteien-Politik im 18. Jahrhundert, Freiburg i.Br. 1956; Ingeborg Bode, Ursprung und Begriff der parlamentarischen Opposition, Stuttgart 1962; Archibald S. Foord, His Majesty's Opposition 1714-1830, Oxford 1964 sowie Wolfgang Jäger, Politische Partei und parlamentarische Opposition. Eine Studie zum politischen Denken von Lord Bolingbroke und David Hume, Berlin 1971.

[2] So bei James Mcpherson, A Short History of the Opposition during the Last Session of Parliament, London 1779, zit. bei Peter Pulzer, Responsible Party Government - What Has Changed?, in: Herbert Döring/Dieter Grosser (Hrsg.), Großbritannien. Ein Regierungssystem in der Belastungsprobe, Opladen 1987, S. 15-29, 16.

überhaupt ein Oppositionsbegriff durch, der Opposition nicht lediglich als Aktion, d.h. als oppositionelles Verhalten, sondern auch als Organisation im Sinne einer dauerhaft abgrenzbaren Gruppe von Abgeordneten und deren Anhängerschaft verstand.[3]

Obwohl sich eine dem englischen "alternative government" vergleichbare parlamentarische Oppositionspraxis in den dualistisch der Regierung gegenüberstehenden deutschen Landtagen nicht entfalten konnte, erreichte die wissenschaftlich-publizistische Beschäftigung mit der Opposition im deutschen Vormärz eine erste Blüte, hinter der die politische und staatsrechtliche Behandlung des Oppositionsproblems im Kaiserreich deutlich zurückblieb.[4] Allerdings führte die Notwendigkeit, oppositionelle Aktivitäten, die nicht durch die Logik des Parlamentarismus gerechtfertigt werden konnten, sittlich begründen zu müssen, gerade im Vormärz-Liberalismus häufig dazu, daß die Aktivität und Institution der politischen Opposition so weit moralisch überhöht und auf die Aufgabe der "Wahrheitsfindung" fixiert wurde, daß die reale Opposition im Vergleich dazu abfallen mußte.[5] Auch in Österreich, das, wie von Beyme[6] hervorhebt, nach 1867 in der deutschen Literatur vor allem wegen des Ministerverantwortungsgesetzes (welches jedoch nicht von einer politischen, sondern von einer strafrechtlichen Verantwortlichkeit der Minister ausging) häufig schon beinahe als parlamentarisches System eingestuft wurde, entwickelte sich vor 1918/19 kein wirklich parlamentarisches Regime. Eine schrittweise Weiterentwicklung des zwischen 1867 und 1918 bestehenden "Halbparlamentarismus" (Nick/Pelinka) gab es lediglich in Fragen des Wahlrechts, nicht aber hinsichtlich des entscheidenden Kriteriums der parlamentarischen Verantwortlichkeit der Regierung.[7]

Noch in der Weimarer Republik, der ersten parlamentarischen Demokratie auf deutschem Boden, blieb der herrschenden Staatsrechtslehre die eigentliche Bedeutung der parlamentarischen Opposition im demokratischen Gemeinwesen weitgehend verborgen. Auch da, wo nicht wie bei Carl Schmitt das parlamentarische System überhaupt als geistesgeschichtlich überholt angesehen wurde, sorgten "konstitutionalistische Gleichgewichtspostulate"[8] innerhalb der deutschen Parlamentarismustheorie dafür, daß die theoretische Debatte nicht über die nur ansatzweise funktionierende Opposition im Reichstag hinauswies. In Österreich verlief die Entwicklung der Ersten Republik nicht weniger ungünstig und nahm noch vor der nationalsozialistischen Okkupation 1938 eine

---

3   Vgl. Wolfgang Jäger, Opposition, in: Otto Brunner/Werner Conze/Reinhart Koselleck (Hrsg.), Geschichtliche Grundbegriffe. Bd. 4, Stuttgart 1978, S. 469-517, 493f.
4   Vgl. Hans-Peter Schneider, Die parlamentarische Opposition im Verfassungsrecht der Bundesrepublik Deutschland. Bd. 1: Grundlagen, Frankfurt a.M. 1974, S. 53.
5   Vgl. W. Jäger, a.a.O. (Anm. 3), S. 498ff.
6   Klaus von Beyme, Die parlamentarischen Regierungssysteme in Europa, München 1970, S. 302.
7   Vgl. hierzu ausführlich Rainer Nick/Anton Pelinka, Parlamentarismus in Österreich, Wien/München 1984, S. 26ff. sowie Helmut Widder, Parlamentarische Strukturen im politischen System. Zu Grundlagen und Grundfragen des österreichischen Regierungssystems, Berlin 1979, S. 178ff.
8   H.-P. Schneider, a.a.O. (Anm. 4), S. 64.

Wendung in Richtung eines "ständisch-autoritären" Regimes, in dem jegliche Strukturen des parlamentarischen Systems faktisch außer Kraft gesetzt waren.[9]

Die Oppositionsforschung in der Bundesrepublik wurde lange Zeit - nicht zu Unrecht - als das "Stiefkind der deutschen Forschung"[10] angesehen. Die heutige Situation läßt sich mit dieser Formel nicht mehr zutreffend charakterisieren, wenngleich es übertrieben erscheint davon zu sprechen, daß die Oppositionsforschung mittlerweile zu einem "Lieblingskind"[11] vor allem der deutschen Politikwissenschaft aufgestiegen sei. Der Pionierarbeit von Kralewski und Neunreither aus dem Jahre 1963 folgten seit den späten sechziger Jahren im wesentlichen die Monographien von Hereth und Veen, die stärker juristisch orientierte Arbeit von Schneider sowie neuerdings die Passauer Dissertation von Sebaldt aus dem Jahre 1992 über die Thematisierungsfunktion der Opposition.[12] Ein Schwerpunkt dieser wie anderer, kleinerer Arbeiten liegt vor allem auf der Analyse der formalen Kontroll- und Mitwirkungsrechte der Opposition und deren Einsatz im parlamentarischen Verfahren.[13] Wo das Gesetzgebungsverfahren als eigenständiger Untersuchungsgegenstand ausführlich behandelt wurde, blieb die Analyse häufig auf die statistisch meßbare Dimension der oppositionellen Einflußnahme beschränkt. Die vielleicht wichtigste ältere deutschsprachige Monographie über die Opposition im Bundestag von Veen[14] mißt das Ausmaß an oppositioneller Einflußnahme auf das Gesetzgebungsverfahren anhand der von der Opposition eingebrachten Gesetzesinitiativen und deren weiterem Schicksal innerhalb der parlamentarischen Auseinandersetzung. Auch bei Hereth[15] kommt der exemplarischen Analyse des Entstehungsprozesses zweier Bundesgesetze lediglich die Funktion zu, die möglichen institutionellen Wirkungen der Bundestagsausschüsse im Gesetzgebungsprozeß im allgemeinen und auf das Verhalten der Opposition im besonderen zu demonstrieren. Eine der umfassendsten empirischen Untersuchungen des Gesetzgebungsprozesses im Bundestag mit dem Ziel, jene *Elemente* sichtbar zu ma-

---

9 Vgl. Karl Ucakar, Demokratie und Wahlrecht in Österreich. Zur Entwicklung von politischer Partizipation und staatlicher Legitimationsproblematik, Wien 1985, S. 449; Anton Pelinka, Parlament, in: Emmerich Tálos u.a. (Hrsg.), Handbuch des politischen Systems Österreichs. Erste Republik 1918-1933, Wien 1995, S. 59-71; zum Zeitraum 1934 bis 1938 ausführlich Emmerich Tálos/Wolfgang Neugebauer (Hrsg.), "Austrofaschismus". Beiträge über Politik, Ökonomie und Kultur 1934-1938, Wien 1984.
10 Hans-Gerd Schuhmann, Die Opposition - Stiefkind der deutschen Forschung?, in: Der Staat 5 (1966), S. 81-95.
11 Michael Hereth, Rezension von Walter Euchner (Hrsg), Politische Opposition in Deutschland und im internationalen Vergleich, Göttingen 1993, in: Politische Vierteljahresschrift 35 (1994), S. 181-182.
12 Wolfgang Kralewski/Karlheinz Neunreither, Oppositionelles Verhalten im ersten Deutschen Bundestag 1949-1951, Opladen 1963; Michael Hereth, Die parlamentarische Opposition in der Bundesrepublik Deutschland, München/Wien 1969; Hans-Joachim Veen, Opposition im Bundestag. Ihre Funktionen, institutionellen Handlungsbedingungen und das Verhalten der CDU/CSU-Fraktion in der 6. Wahlperiode 1969-1972, Bonn 1976; Hans-Peter Schneider, a.a.O. (Anm. 4); Martin Sebaldt, Die Thematisierungsfunktion der Opposition. Die parlamentarische Minderheit des Deutschen Bundestages als innovative Kraft im politischen System der Bundesrepublik Deutschland, Frankfurt a.M. u.a. 1992.
13 Vgl. am ausführlichsten hierzu Peter M. Stadler, Die parlamentarische Kontrolle der Bundesregierung, Opladen 1984.
14 Vgl. ders., a.a.O. (Anm. 12).
15 Vgl. ders., a.a.O. (Anm. 12), S. 64ff.

chen, die in dem großen Prozeß der Auseinandersetzung zwischen Regierung und Opposition im Spiele sind"[16], stellt die frühe Studie Kralewskis und Neunreithers dar. Als bewußte Reaktion auf die in der Öffentlichkeit seinerzeit noch weitverbreitete (Fehl-)Wahrnehmung einer prinzipiellen "Nein-Sager-Opposition" im Bundestag ist diese Studie allerdings noch auffällig stark darauf konzentriert nachzuweisen, *daß* (und erst in zweiter Linie *wie*) die Opposition im ersten Deutschen Bundestag an der Gesetzgebung konstruktiv mitgearbeitet hat.[17] Die hier erstmals überzeugend durchgeführte empirische Detailanalyse des parlamentarischen Gesetzgebungsprozesses im Bundestag wurde mit einer nicht unerheblichen thematischen Einschränkung von Sebaldt[18] - der nur den Entstehungsprozeß einer Reihe solcher Gesetze eingehender untersucht, die auf die Initiative der Opposition zurückgehen - wieder aufgegriffen.

Die moderne Oppositionsforschung in Österreich wurde nachhaltig von den realen politischen Kräfteverhältnissen nach 1945 geprägt. Da nach dem Ende der Allparteienregierungen der unmittelbaren Nachkriegszeit für rund 20 Jahre eine aus den beiden stärksten Parteien, SPÖ und ÖVP, geformte Große Koalition, die stets deutlich mehr als 80 Prozent der Wählerstimmen auf sich vereinte, die Regierung bildete, gab es praktisch kaum Gelegenheit zum Studium des Verhältnisses annähernd gleichgestellter Regierungs- und Oppositionsparteien im österreichischen Parlament. Statt dessen verlagerte sich der Schwerpunkt des Interesses weitgehend parallel zu der politischen Kräfteverteilung auf die Erforschung der Mechanismen der gegenseitigen Machtbegrenzung zwischen den beiden übermächtigen Regierungsparteien, wofür Kirchheimer[19] den Begriff der "Bereichsopposition" prägte.[20] Mit der klassischen parlamentarischen Opposition hatte die für diese Phase typische, auf gegenseitige Kontrolle der Regierungspartner zielende, parteipolitisch komplementäre Besetzung von Minister- und Staatssekretärsposten freilich wenig gemein. Entsprechend wurde Österreich in dieser Zeit häufig als "das liberale politische System mit dem größten Defizit an Opposition"[21] wahrgenommen. Die für andere westliche Systeme üblichen Strukturmuster der parlamentarischen Auseinandersetzung entwickelten sich erst im Anschluß an den ersten großen "Regimewandel"[22] der österreichischen Nachkriegspolitik, das Ende der ersten Großen Ko-

16 Wolfgang Kralewski, Die Mitarbeit der Opposition bei der Entstehung einzelner Gesetze, in: ders./K. Neunreither, a.a.O. (Anm. 12), S. 109-220, 205; Hervorhebung im Original.
17 Vgl. ebd., S. 206.
18 Vgl. ders., a.a.O. (Anm. 12).
19 Otto Kirchheimer, Wandlungen der politischen Opposition, in: Archiv für Rechts- und Sozialphilosophie 43 (1957), S. 59-86.
20 Vgl. insbesondere Frederick C. Engelmann, Austria: The Pooling of Opposition, in: Robert A. Dahl (Hrsg.), Political Opposition in Western Democracies, New Haven/London 1966, S. 260-283; ferner Margarete Mommsen-Reindl, Die österreichische Proporzdemokratie und der Fall Habsburg, Wien u.a. 1976, S. 62f.; Alfred Leclaire, Große Koalition als permanente Krisenregierung. Ein Studie zum österreichischen Parteien- und Regierungssystem 1945-1964, Diss. Heidelberg 1966, S. 171ff.
21 Anton Pelinka, Zur Entwicklung einer Oppositionskultur in Österreich. Bedingungen politischen Erfolges in den achtziger Jahren, in: Österreichische Zeitschrift für Politikwissenschaft 18 (1989), S. 141-149, 141.
22 Manfried Welan, Vom Proporz zum Konkurrenzmodell. Wandlungen der Opposition in Österreich, in: Heinrich Oberreuter (Hrsg.), Parlamentarische Opposition. Ein internationaler Vergleich, Hamburg 1975, S. 151-176, 169.

alition im Jahre 1966. Die Veränderungen auf der politischen Machtebene fanden ihr akademisches Pendent in einem gesteigerten Interesse der Politikwissenschaft an der Analyse des Verhältnisses zwischen Regierungsmehrheit und Opposition im parlamentarischen Verfahren[23], das auch durch die neuerliche Bildung einer Großen Koalition im Jahre 1987 nicht reduziert wurde, da sich die zweite Große Koalition von Beginn an mit einer mandatsmäßig starken und politisch aktiven parlamentarischen Opposition konfrontiert sah.

Trotz der historisch-politisch bedingten spezifischen Anlaufprobleme der Oppositionsforschung in Deutschland und Österreich kann man feststellen, daß es um diesen Forschungsbereich in anderen Ländern heute insgesamt kaum besser bestellt ist. Auch seitens der britischen Politikwissenschaft[24], der man vermutlich als letzter ein "gestörtes Verhältnis" zur Opposition unterstellen würde, besteht ein deutlich stärkeres Interesse an der Regierung bzw. den regierenden Parteien als an der Opposition. Das heißt jedoch keineswegs, daß der empirische Kenntnisstand über Einzelaspekte bezüglich der Regierungsmehrheit bedeutend höher entwickelt wäre als im Hinblick auf die Opposition. Die Frage etwa nach den Kontrollmechanismen der Regierungsmehrheit gegenüber "ihrer" Regierung, auf deren Bedeutung vor allem in der jüngeren Literatur verstärkt hingewiesen wird[25], ist für die hier interessierenden Länder

---

23 Vgl. vor allem Heinz Wittmann, Regierung und Opposition im parlamentarischen Prozeß, in: Andreas Khol/Alfred Stirnemann (Hrsg.), Österreichisches Jahrbuch für Politik 1977, München/Wien 1978, S. 21-90; ders., Regierung und Opposition im parlamentarischen Prozeß - Struktur und Arbeit des Parlaments in der XIV. Gesetzgebungsperiode 1975-1979, in: Andreas Khol/Alfred Stirnemann (Hrsg.), Österreichisches Jahrbuch für Politik 1979, München/Wien 1980, S. 39-97; Anton Nevlacsil, Regierung und Opposition im parlamentarischen Prozeß, in: Andreas Khol/Alfred Stirnemann (Hrsg.), Österreichisches Jahrbuch für Politik 1983, München/Wien 1984, S. 209-257; Anton Nevlacsil, Der Nationalrat in der XVI. GP, in: Andreas Khol u.a. (Hrsg.), Österreichisches Jahrbuch für Politik 1986, Wien/München 1987, S. 465-494; Anton Nevlacsil, Der Nationalrat in der XVII. GP, in: Andreas Khol/Günther Ofner/Alred Stirnemann (Hrsg.), Österreichisches Jahrbuch für Politik 1990, Wien/München 1991, S. 431-459; Helmut Wohnout, Politische Bilanz der XVIII. Gesetzgebungsperiode des Nationalrates, in: Andreas Khol/Günther Ofner/Alfred Stirnemann (Hrsg.), Österreichisches Jahrbuch für Politik 1994, Wien/München 1995, S. 737-768 sowie ders., Parlamentarismus im Wandel. Politische Bilanz der XIX. Gesetzgebungsperiode des Nationalrates, in: Andreas Khol/Günther Ofner/Alfred Stirnemann (Hrsg.), Österreichisches Jahrbuch für Politik 1995, München/Wien 1996, S. 665-695.
24 Hervorgehoben seien an dieser Stelle aus der langen Reihe kleinerer Beiträge zur politischen Opposition in Großbritannien lediglich die beiden meistzitierten Arbeiten von Allen Potter, Great Britain: Opposition with a Capital "O", in: R. Dahl (Hrsg.), a.a.O. (Anm. 20), S. 3-33 und David Denver, Great Britain: from 'Opposition with a Capital "O"' to Fragmented Opposition, in: Eva Kolinsky (Hrsg.), Opposition in Western Europe, London 1987, S. 75-107. Einen Meilenstein der britischen Oppositionsforschung markiert die Arbeit von R. M. Punnett, Front-Bench Opposition. The Role of the Leader of the Opposition in British Politics, London 1973. Die fachwissenschaftliche Rezeption dieses Buches in Deutschland zeigt, daß nicht nur der britische Parlamentarismus, sondern zuweilen auch die britische Parlamentarismusforschung noch in den siebziger Jahren gerne als Orientierungsmaßstab herangezogen wurde. Vgl. Winfried Steffani, Neuere Abhandlungen zur Opposition, in: Zeitschrift für Parlamentsfragen 5 (1975), S. 114-121, 115f.
25 Vgl. etwa Winfried Steffani, Formen, Verfahren und Wirkungen der parlamentarischen Kontrolle, in: Hans-Peter Schneider/Wolfgang Zeh (Hrsg.), Parlamentsrecht und Parlamentspraxis in der Bundesrepublik Deutschland, Berlin/New York 1989, S. 1325-1367, 1348; Wolfgang Ismayr, Der Deutsche Bundestag. Funktionen, Willensbildung, Reformansätze. Opladen 1992, S. 32; Hans-Peter Schneider, Developing Trends of Parliamentarism

selten explizit empirisch untersucht worden, sofern man von den frühen österreichischen Studien zur "built-in-opposition" absieht.[26]

Eine länderübergreifend gültige empirische Theorie politischer Opposition hat die politikwissenschaftliche Forschung bislang nicht hervorgebracht, was vor allem mit der extremen Ungleichheit institutioneller, historischer und politisch-kultureller Strukturen, die das jeweilige Oppositionsprofil prägen, erklärt wurde.[27] Pauschalisierend kritische Beiträge, die mit einem gewissen Generalisierungsanspruch einen "Verfall der Opposition" (Kirchheimer) diagnostizierten, der je nach Akzentuierung mit der fortschreitenden Entideologisierung und programmatischen Angleichung von Parteien[28] oder aber, wie bei Krippendorff[29], mit der schwindenden Machterwerbschance der Opposition als Folge einer strukturell verbesserten Machterhaltungsfähigkeit regierender Parteien begründet wurde, büßten bereits seit dem Ausgang der sechziger Jahre zunehmend ihre empirische Grundlage ein.[30] In fast allen westlichen Demokratien stieg die Machtwechselhäufigkeit ab der zweiten Hälfte der sechziger Jahre im Vergleich zu den beiden ersten Nachkriegsjahrzehnten an.[31] Zugleich kam es in den siebziger Jahren in zahlreichen Parteiensystemen der westlichen Länder zu einer Reideologisierung des Parteienwettbewerbs; davon abgesehen blieben programmatisch-ideologische Unterschiede regierender Parteien auch in den policy-outputs deutlich erkennbar.[32] Langlebigere, allerdings mehr hypothetisch formulierte als empirisch gesättigte theoretische Überlegungen wurden noch am ehesten im Umkreis der Wahlforschung entwickelt, die nach den Erfolgsbedingungen von unterschiedlichen Oppositionskonzepten und -strategien auf der Wählerebene fragte.[33] Während die Formulierung haltbarer theo-

---

in Germany, in: Jahrbuch zur Staats- und Verwaltungswissenschaft 7 (1994), S. 225-248, 239.
26 Vgl. für die Bundesrepublik ausführlich lediglich Jürgen Domes, Mehrheitsfraktion und Bundesregierung. Aspekte des Verhältnisses der Fraktion der CDU/CSU im zweiten und dritten deutschen Bundestag zum Kabinett Adenauer, Köln/Opladen 1964; für Großbritannien ansatzweise Thomas Saalfeld, Das britische Unterhaus 1965-1986. Ein Parlament im Wandel. Frankfurt a.M. u.a. 1988, S. 36 und ausführlich Jack Brand, British Parliamentary Parties. Policy and Power, Oxford 1992.
27 Vgl. Heinrich Oberreuter, Opposition, in: Dieter Nohlen (Hrsg.), Wörterbuch Staat und Politik, 2. Aufl. München 1995, S. 482-486, 486.
28 So bei Otto Kirchheimer, Der Wandel des westeuropäischen Parteiensystems, in: Politische Vierteljahresschrift 6 (1965), S. 20-41; ders., The Waning of Opposition in Parliamentary Regimes, in: Social Research 24 (1957), S. 127-156 sowie ders., Germany: The Vanishing Opposition, in: R. Dahl, a.a.O. (Anm. 20), S. 237-259.
29 Ekkehart Krippendorff, Das Ende des Parteienstaates?, in: Der Monat 14 (1962), S. 64-70.
30 Trotzdem ist der auf die programmatische Annäherung von Parteien konzentrierte Deutungsansatz vor allem auf dem linkeren Spektrum bis in die Gegenwart hinein zu finden. Vgl. etwa Dieter Hoffmann/Thomas Jäger, Demokratisierung - Krise eines Prozesses, in: Thomas Jäger/Dieter Hoffmann (Hrsg.), Demokratie in der Krise? Zukunft der Demokratie, Opladen 1995, S. 15-37, 21f.
31 Vgl. Manfred G. Schmidt, Opposition, in: Dieter Nohlen (Hrsg.), Lexikon der Politik, Bd. 3: Die westlichen Länder (hrsg. von Manfred G. Schmidt), München 1992, S. 283-288, S. 286f.
32 Vgl. Manfred G. Schmidt, Allerweltsparteien in Westeuropa? Ein Beitrag zu Kirchheimers These vom Wandel des westeuropäischen Parteiensystems, in: Leviathan 13 (1985), S. 376-397.
33 Vgl. Franz Lehner, Grenzen des Regierens. Eine Studie zur Regierungsproblematik hochindustrialisierter Demokratien, Königstein/Ts. 1979, S. 85ff.

retischer Aussagen über die Opposition im engeren Bereich der Vergleichenden Regierungslehre vor allem durch die wachsende Unübersichtlichkeit der politischen Realität behindert zu werden scheint, erklären Vertreter der stärker ideengeschichtlich-historisch ausgerichteten Politikwissenschaft das Fehlen einer konsistenten Theorie innerhalb der modernen Oppositionsforschung primär mit der dieser zugrundeliegenden Orientierung auf einen phämenologisch an einem bestimmten politischen System (dem englischen Zwei-Parteien-System) gewonnenen Oppositionsbegriff, der die Überwindung einer quasi vortheoretischen deskriptiv-typologischen Ebene von vornherein ausschließe.[34]

Der Großteil der normativ-theoretisch orientierten Debatte über den Gegenstand der Opposition dreht sich noch immer um die Frage der Vor- und Nachteile kompetitiven oder kooperativen Oppositionsverhaltens.[35] In der Bundesrepublik wurde lange Zeit die Wünschbarkeit einer konkurrenzorientierten, also kompetitiven parlamentarischen Opposition postuliert.[36] In der neueren Literatur ist dagegen eine starke Bevorzugung der kooperativen Variante zu erkennen (vgl. I, 1.2), die der britischen Oppositionsforschung als normative Forderung fremd ist, obwohl man auch in Großbritannien gelegentlich auf die Kosten und Probleme des "Konkurrenzmodells" hingewiesen hat.[37]

Die wirklich vergleichende empirische Oppositionsforschung schließlich zählt noch immer zu den weniger entwickelten Bereichen der vergleichenden Politikforschung. Immerhin sind in den letzten Jahren mit den Sammelbänden von Kolinsky und Euchner zwei erwähnenswerte Publikationen erschienen[38], die die Reihe der eine Generation lang maßgeblichen Werke von Dahl und Oberreuter (beides ebenfalls Sammelbände) fortgesetzt haben.[39] Das Problem dieser Beiträge besteht jedoch vor allem darin, daß in der Regel nicht systematisch verglichen wird, sondern eher eng umgrenzte Länderstudien einzelner Spezialisten nachträglich zu einem Werk vereint werden. Eine tatsächlich vergleichende Studie stellt demgegenüber die zu Unrecht beinahe vergessene Arbeit Wollmanns[40] über die Stellung der parlamentarischen Minderheiten in Deutschland, England und Italien dar, welche jedoch stark rechtswissenschaftlich ausgerichtet ist.

---

34 Vgl. Lothar Kramm, Grundzüge einer Theorie der politischen Opposition, in: Zeitschrift für Politik 33 (1986), S. 33-43.
35 Diese Unterscheidung geht zurück auf Robert A. Dahl, Patterns of Opposition, in: ders. (Hrsg.), a.a.O. (Anm. 20), S. 332-347; eine systematische Auflistung der idealtypischen Charakteristika kooperativer und kompetitiver Oppositionsstrategien einschließlich deren systemstrukturellen Voraussetzungen findet sich bei H.-J. Veen, a.a.O. (Anm. 12), S. 13f. Nicht durchgesetzt hat sich das ältere - inhaltlich weitgehend identische, sprachliche jedoch eher irreführende - antithetische Begriffspaar von konstruktiver und formaler Opposition von Hans Peters, Die Opposition in der parlamentarischen Demokratie, in: Österreichische Zeitschrift für öffentliches Recht 10 (1959/60), S. 424-438, 428f.
36 Vgl. Adolf Kimmel, Parlamentarische Opposition und parlamentarische Kontrolle, in: Neue Politische Literatur 24 (1979), S. 345-357, 346.
37 Vgl. Samuel E. Finer (Hrsg.), Adversary Politics and Electoral Reform, London 1975; Nevil Johnson, Die englische Krankheit, Stuttgart 1977.
38 E. Kolinsky (Hrsg.), a.a.O. (Anm. 24); Walter Euchner (Hrsg.), Die politische Opposition in Deutschland und im internationalen Vergleich, Göttingen 1993.
39 Vgl. Robert A. Dahl (Hrsg.), a.a.O. (Anm. 20); H. Oberreuter (Hrsg.), a.a.O. (Anm. 22).
40 Hellmut Wollmann, Die Stellung der Parlamentsminderheiten in England, der Bundesrepublik Deutschland und Italien, Den Haag 1970.

Die - speziell aus dem Blickwinkel des Forschungsinteresses der vorliegenden Studie betrachtet - gravierendste Schwäche zahlreicher vergleichender und nicht-vergleichender Studien aus dem Bereich der Oppositionsforschung im engeren Sinne ist allerdings in der mangelhaften Berücksichtigung der Regierungsmehrheit als "Referenzakteur" der parlamentarischen Opposition zu sehen. In der großen Mehrzahl einschlägiger Beiträge fehlt die Einsicht, daß sich oppositionelles Verhalten nur im Zusammenhang mit dem jeweiligen Regierungshandeln begreifen und wissenschaftlich angemessen untersuchen läßt.

1.2 Allgemeine Parlamentarismusforschung

In der allgemeinen Parlamentarismusliteratur finden sich kaum empirische Detailanalysen des Verhältnisses von Regierungsmehrheit und Opposition. Die These von der "parlamentarischen Mitregierung", die im Zuge der Ausweitung des traditionellen Kontrollbegriffs verstärkt seit der Mitte der sechziger Jahre von mehreren Autoren und mit Blick auf unterschiedliche Länder formuliert wurde[41], bezog sich weniger auf die Relation zwischen Regierungsmehrheit und Opposition als auf das Verhältnis zwischen Gesamtparlament einerseits und Regierung und Verwaltung andererseits. Dies gilt zumindest für die ältere Literatur dieser Richtung, während sich bei Magiera[42] oder Mössle[43] zumindest der ausdrückliche Hinweis auf die wachsenden Möglichkeiten oppositioneller Einflußnahme auf Sachentscheidungen findet, ohne daß dies jedoch weiter ausgeführt würde.

Die Orientierung an der Frage nach der Stellung des Parlaments als Ganzem gegenüber anderen Akteuren kennzeichnet auch die moderne, von der Policy-Forschung beeinflußte Parlamentarismusforschung. In jüngeren Arbeiten auf diesem Gebiet ist die lange Zeit maßgebliche Typologie Polsbys, der zwischen "arena legislatures" und "transformative legislatures" unterschieden hatte[44], weitgehend der verwandten, jedoch weniger rigiden Differenzierung in "policy-making legislatures" und "policy-influencing legislatures" gewichen.[45] Auch in Studien dieser Richtung wird dem Verhältnis der konkurrierenden

---

41 Vgl. Richard Bäumlin, Die Kontrolle des Parlaments über Regierung und Verwaltung, in: Zeitschrift für Schweizerisches Recht 85 (1966), S. 165-319; Wilhelm Kewenig, Staatsrechtliche Probleme parlamentarischer Mitregierung am Beispiel der Arbeit der Bundestagsausschüsse, Bad Homburg u.a. 1977; Ulrich Scheuner, Die Kontrolle der Staatsmacht im demokratischen Staat, Hannover 1970; Heinrich Oberreuter, Kann der Parlamentarismus überleben? 2. Aufl. München 1978; Heinrich Neisser, Die Kontrollfunktion des Parlaments, in: Heinrich Schambeck (Hrsg.), Österreichs Parlamentarismus, Wien 1986, S. 651-721 sowie Emil Hübner/Heinrich Oberreuter, Parlament und Regierung: ein Vergleich dreier Regierungssysteme, München 1977, S. 68ff.
42 Siegfried Magiera, Parlament und Staatsleitung in der Verfassungsordnung des Grundgesetzes, Berlin 1979, S. 278f.
43 Wilhelm Mössle, Regierungsfunktionen des Parlaments, München 1986, S. 147, 189.
44 Nelson W. Polsby, Legislatures, in: Fred I. Greenstein/Nelson W. Polsby (Hrsg.), Handbook of Political Science, Vol. 5: Governmental Institutions and Processes, Reading (Mass.) 1975, S. 257-319, 277f..
45 Vgl. Philip Norton (Hrsg.), Parliaments in Western Europe, London 1990; David M. Olson/Michael L. Mezey (Hrsg.), Legislatures in the Policy Process. The Dilemma of Economic Policy, Cambridge 1991.

Gruppen innerhalb des Parlaments kaum eigener Raum zugestanden. Wo von starken parlamentarischen Mitwirkungsrechten gesprochen wird, werden diese nicht unbedingt an den Rechten der Opposition festgemacht, sondern, wie bei Arter[46], häufig auf die Einflußkapazitäten von Parlamentariern insgesamt bezogen.

Die stärker spezialisierte, neo-institutionalistisch geprägte Parlamentarismusforschung rekurriert ihrerseits auf den Dualismus von Parlamentsmehrheit und -minderheit (bzw. dessen praktischer Ausgestaltung) am ehesten im Kontext der Suche nach unabhängigen Variablen, mit denen spezifische institutionelle Komponenten der internen Parlamentsorganisation erklärt werden sollen.[47] Eine für die Unterschiede in den Aktionsvoraussetzungen und Handlungsprämissen regierungstragender und oppositioneller Gruppen sensible Analyse parlamentarischer Strukturen, wie sie für den Deutschen Bundestag von Schüttemeyer[48] präsentiert wurde, bildet hingegen die große Ausnahme.

Einer vorbehaltlosen wissenschaftlichen Analyse des Verhältnisses zwischen Regierungsmehrheit und Opposition stand nicht zuletzt in Deutschland der Umstand entgegen, daß man sich - gerade im Vergleich zu Großbritannien - auch noch nach dem Zweiten Weltkrieg zunächst schwer damit tat, den jüngeren verfassungsinstitutionellen Gegensatz zwischen Regierungsmehrheit und Opposition in seiner maßgeblichen Bedeutung als funktionale Ergänzung[49] des älteren Dualismus von Regierung und Gesamtparlament zu akzeptieren. Der mittlerweile auch hierzulande zum selbstverständlichen Ausgangspunkt für einschlägige Studien gewordene Gegensatz zwischen Regierungsmehrheit und Opposition[50] war lange Zeit nur das Kennzeichen der besonders fortschrittlichen Richtung innerhalb der deutschen Parlamentarismusliteratur.[51]

---

46 David Arter, The Swedish Riksdag: The Case of a Strong Policy-influencing Assembly, in: P. Norton, a.a.O. (Anm. 45), S. 120-142.
47 Vgl. etwa Thomas Saalfeld, On Dogs and Whips: Recorded Votes, in: Herbert Döring (Hrsg.), Parliaments and Majority Rule in Western Europe, Frankfurt a.M./New York 1995, S. 528-565, 542f.
48 Suzanne S. Schüttemeyer, Hierarchy and Efficiency in the Bundestag: The German Answer for Institutionalizing Parliament, in: Gary W. Copeland/Samuel C. Patterson (Hrsg.), Parliaments in the Modern World. Changing Institutions, Ann Arbor 1994, S. 29-58, 42ff.
49 Nicht als Ergänzung, sondern als Ersatz für den älteren Dualismus sieht Norbert Gehrig das Gegenüber von Regierungsmehrheit und Opposition: "Es gibt nicht mehr die 'institutionelle Opposition' des ganzen Parlamentes gegen die Regierung, sondern nur noch die 'parlamentarische Opposition' der Minderheit des Parlamentes gegen die Mehrheit und ihre Regierung"; ders., Parlament - Regierung - Opposition. Dualismus als Voraussetzung für parlamentarische Kontrolle der Regierung, München 1969, S. 94.
50 Vgl. Winfried Steffani (Hrsg.), Regierungsmehrheit und Opposition in den Staaten der EG, Opladen 1991; Gerold Paschen, Regierungsmehrheit und Opposition in der demokratischen Konsolidierung Spaniens, Frankfurt a.M. 1994.
51 Vgl. vor allem Dolf Sternberger, Opposition des Parlaments und parlamentarische Opposition, in: ders., Lebende Verfassung. Studien über Koalition und Opposition, Meisenheim a. Glan 1956, S. 133-149; ferner Friedrich Schäfer, Der Bundestag. Eine Darstellung seiner Aufgaben und seiner Arbeitsweise, verbunden mit Vorschlägen zur Parlamentsreform, Köln/Opladen 1967, S. 9; Thomas Ellwein/Axel Görlitz, Parlament und Verwaltung. Teil 1: Gesetzgebung und politische Richtungskontrolle, Stuttgart u.a. 1967, S. 42 ff.; Heinrich Oberreuter, Krise des Gesetzgebers? Bemerkungen zur legislatorischen Kompetenz des Parlaments, in: Politische Studien 25 (1974), S. 5-18, 7.

Ein ähnlich lautendes Urteil ließe sich über die österreichische Literatur formulieren. Unter dem auf den ersten Blick modern anmutenden Titel "Parlament ohne Opposition" stellte Migsch Mitte der sechziger Jahre im Zusammenhang mit dem Problem der parlamentarischen Kontrolle fest: "In dem Ausbau der Kontrollfunktion des Parlamentes liegt die Festigung und die Fortentwicklung der parlamentarischen Demokratie in der neuen Gesellschaft, aber auch die Überwindung der autokratischen Tendenzen, die diese zeugt. *Diese Kontrolle kann aber nur dann wirksam werden, wenn das Parlament als Einheit der Vollziehung als Einheit gegenübersteht.*"[52] Wie in Deutschland entwickelte sich ein angemessenes Verständnis der Gewaltenverschränkung im modernen parlamentarischen System nur schwerfällig.[53] Für die im Vergleich zu anderen westlichen Demokratien stark verspätete Verbreitung des Verständnisses für die Struktureigenheiten und Funktionsbedingungen der modernen parlamentarischen Demokratie mitverantwortlich war vor allem die eigentümliche Koalitionspolitik bis in die zweite Hälfte der sechziger Jahre hinein, durch die die Grundstruktur des parlamentarischen Regierungssystems trotz der Existenz der dazu gehörenden politischen Institutionen und verfassungsmäßigen Bestimmungen "entscheidend verbogen und abgeändert"[54] wurde. Entsprechend wurde das Ende der ersten Großen Koalition verschiedentlich als faktisch gleichbedeutend mit der "Einführung des Vollparlamentarismus in Österreich"[55] angesehen. In der Tat entsprachen den Veränderungen auf der politischen Machtebene, gleichsam als Folge eines "parlamentarischen Bewußtseinsprozesses"[56], maßgebliche rechtliche Neuregelungen des Verhältnisses von Regierungsmehrheit und Opposition speziell in Form der Änderung der Geschäftsordnung des Nationalrates von 1975, in der erstmals umfangreichere Minderheitenrechte festgeschrieben wurden.[57]

Interessante, vornehmlich theoretische Überlegungen zum Verhältnis zwischen Regierungsmehrheit und Opposition im Bereich parlamentarischer Gesetzgebung sind aus einer thematisch weiter dimensionierten Bestandsaufnahme des Zustandes der parlamentarischen Demokratie am Ausgang des 20. Jahrhunderts hervorgegangen, die Herzog[58] vor einiger Zeit vorgelegt hat. Her-

---

52 Alfred Migsch, Parlament ohne Opposition, in: Jacques Hannak (Hrsg.), Bestandsaufnahme Österreich 1945-1963, Wien u.a. 1963, S. 9-24, 24; Hervorhebung hinzugefügt.
53 Vgl. als einen der ersten entschlossenen Versuche, das altertümlich-dualistische Parlamentarismus-Verständnis zu überwinden Peter Diem/Heinrich Neisser, Zeit zur Reform, Parteireform, Parlamentsreform, Demokratiereform, Wien/München 1970, S. 102f.
54 Theo Stammen, Die Regierungssysteme der Gegenwart, 2. Aufl. Stuttgart u.a. 1969, S. 81.
55 Werner Zögernitz, Das parlamentarische Verfahren ab 1920, in: Herbert Schambeck (Hrsg.), Parlamentarismus und öffentliches Recht in Österreich. Entwicklung und Gegenwartsprobleme. Teilband 1, Berlin 1993, S. 235-262, 245.
56 Herbert Schambeck, Entwicklung und System des österreichischen Parlamentarismus. Ein Beitrag zum Zweikammersystem und zum Demokratieverständnis, in: ders./Joseph Listl (Hrsg.), Demokratie in Anfechtung und Bewährung. Festschrift für Johannes Broermann, Berlin 1982, S. 585-646, 623.
57 Vgl. R. Nick/A. Pelinka, a.a.O. (Anm. 7), S. 66f; ferner Werner Zögernitz, Motive und Auswirkungen der Geschäftsordnungsreform des Nationalrates, in: Andreas Khol u.a. (Hrsg.), Österreichisches Jahrbuch für Politik 1989, Wien/München 1990, S. 243-264, 248.
58 Dietrich Herzog, Der Funktionswandel des Parlaments in der sozialstaatlichen Demokratie, in: ders./Hilke Rebenstorf/Bernhard Wessels (Hrsg.), Parlament und Gesellschaft, Opladen 1993, S. 13-52, 34 f.

zog zufolge haben sich im Zuge der Konsolidierung der sozialstaatlichen Demokratie und der damit verbundenen gewachsenen Komplexität und Langfristigkeit von Wirkungen staatlicher Entscheidungen[59] neuartige Funktionsbedingungen des parlamentarischen Systems ergeben, nach denen sich die gezielte Kooperation zwischen Regierungsmehrheit und Opposition für beide Seiten vorteilhaft auswirkt und somit die Entstehung kooperativer Interaktionsmuster tendenziell begünstigt wird.[60] Nach Herzog hat zunächst die Regierung ein Interesse daran, durch eine ausgiebige Konsultation der parlamentarischen Opposition eine möglichst breite Absicherung und Akzeptanz wichtiger Regierungsentscheidungen auch in den Reihen der die Opposition tragenden sozialen Kräfte zu erreichen. Umgekehrt besitze die Opposition ein Interesse daran, durch weitgehend kooperative Oppositionspolitik zumindest solchen politischen Fehlentwicklungen vorzubeugen, die sich im Falle einer späteren Regierungsübernahme als irreparabel oder zumindest stark kräftebindend und damit innovationshemmend erweisen könnten. Kooperatives Oppositionsverhalten wird deshalb geradezu als "Imperativ vorausschauender Oppositionspolitik"[61] angesehen.

Worum es bei Herzog - wenngleich unausgesprochen - letztlich geht, ist nichts anderes als der in der Ökonomischen Theorie politischer Entscheidungen diskutierte Charakter interner Entscheidungskosten.[62] Allerdings ist das, was man bei Herzog als interne Entscheidungskosten von Akteuren bezeichnen könnte, weiter gefaßt als in der zu großer Prominenz gelangten Begriffsbestimmung Sartoris, nach der interne bzw. innere Entscheidungskosten ausschließlich als "*Kosten des Entscheidungsvorgangs* (nicht irgendwelcher Verluste oder Gewinne der Mitglieder des Entscheidungsgremiums)"[63] definiert werden. Indem bei Herzog in der Begründung für ein bestimmtes strategisches Verhalten während eines Entscheidungsvorgangs auf das Ergebnis desselben (sowie dessen externe Perzeption) als Ausgangspunkt späterer Entscheidungsprozesse unter veränderten Machtverhältnissen verwiesen wird, werden Entscheidungsvorgang und -ergebnis untrennbar miteinander verbunden.

---

59 Auf die Bedeutung der Langfristwirkungen von staatlichen Entscheidungen wurde zuerst vor allem von Vertretern der Kritischen Demokratietheorie bzw. deren jüngerer Variante der Kritik der Mehrheitsregel abgehoben. Vgl. grundlegend Bernd Guggenberger, An den Grenzen der Mehrheitsdemokratie, in: ders./Claus Offe (Hrsg.), An den Grenzen der Mehrheitsdemokratie. Politik und Soziologie der Mehrheitsregel, Opladen 1984, S. 184-195; für einen zusammenfassenden Überblick über unterschiedliche Argumentationsstränge Birgit Palzer-Rollinger, Zur Legitimität von Mehrheitsentscheidungen, Baden-Baden 1995.
60 In diesem Zusammenhang sei darauf hingewiesen, daß Herzogs Folgerungen nur eine von mehreren in der Literatur diskutierten Möglichkeiten darstellen. So hat etwa Jürgen Fijalkowski (deutlich früher als Herzog) auf der Grundlage einer sehr ähnlichen Beurteilung der veränderten Bedingungen staatlicher Politik vorgeschlagen, der angewachsenen Komplexität und Reichweite politischer Entscheidungen mit einer plebiszitären Öffnung des parlamentarisch-repräsentativen Systems zu begegnen. Allerdings bezieht Fijalkowski seine Ausführungen und Lösungsvorschläge eindeutiger als Herzog ausdrücklich nur auf "Probleme des Fundamentaldissenses". Vgl. ders., Neuer Konsens durch plebiszitäre Öffnung?, in: Albrecht Randelzhofer/Werner Süß (Hrsg.), Konsens und Konflikt. 35 Jahre Grundgesetz, Berlin/New York 1986, S. 236-266, 262.
61 D. Herzog, a.a.O. (Anm. 58), S. 34.
62 Vgl. Manfred G. Schmidt, Demokratietheorien. Eine Einführung, Opladen 1995, S. 186f.
63 Giovanni Sartori, Demokratietheorie, Darmstadt 1992, S. 215; Hervorhebung im Original.

1.3 Gesetzgebungslehre

Schon der Begriff der Gesetzgebungslehre scheint einen rechtswissenschaftlich definierten Fokus zu implizieren mit einem gering ausgeprägten Interesse an rechtlich nur vereinzelt oder gar nicht fixierten Akteuren des politischen Entscheidungssystems. Entsprechend unberücksichtigt blieben die Beziehungsstrukturen zwischen regierender Mehrheit und parlamentarischer Minderheit in der Mehrzahl jener Studien, die sich dem Gesetzgebungsverfahren widmeten:
- der Großteil einschlägiger Studien ist auf die rechtliche und verfahrenstechnische Dimension des Gesetzgebungsprozesses konzentriert[64];
- stärker ökonomistisch orientierte Studien haben vor allem die theoretischen und praktischen Voraussetzungen für eine möglichst effiziente Umsetzung gesetzgeberischer Ziele thematisiert[65] bzw. sich um die systematische Erforschung der Bedingungen für eine größtmögliche Gesetzeswirksamkeit bemüht[66];
- auch von der genuin politikwissenschaftlichen Literatur, in deren Kompetenzbereich die Analyse von Machtpositionen und Rollenverhalten politischer Akteure von Natur aus am stärksten beheimatet ist, ist das Zusammenspiel von Regierungsmehrheit und Opposition im Gesetzgebungsverfahren bislang kaum systematisch erforscht worden. Eine Ausnahmeleistung stellt die jüngste Studie von Beymes[67] dar, in der 150 Schlüsselentscheidungen des Bundestages von der informellen vorparlamentarischen Initiierung bis zur Implementation, Evaluation und Novellierung vor dem Hintergrund der jüngeren Steuerungsdiskussion untersucht werden. Dabei wird auch dem Verhältnis zwischen Regierungsmehrheit und Opposition im Entscheidungsverfahren umfangreicher Raum zugestanden. Der größere Teil einschlägiger Studien behandelt die Stellung des Parlaments in der Gesetzgebung gegenüber anderen politischen Ak-

---

64 Vgl. für die hier interessierenden Länder etwa Hans Schneider, Gesetzgebungslehre, 2. Aufl. Heidelberg 1991; Hermann Hill, Einführung in die Gesetzgebungslehre, Heidelberg 1982; Ekkehart Handschuh, Gesetzgebung. Programm und Verfahren, Heidelberg/Hamburg 1982; Brun-Otto Bryde, Stationen, Entscheidungen und Beteiligte im Gesetzgebungsverfahren, in: H.-P. Schneider/W. Zeh, a.a.O. (Anm. 25), S. 859-881; Erskine May, Erskine May's Treatise on The Law, Privileges, Proceedings and Usage of Parliament, (edited by C.J. Boulton), 21. Aufl. London 1989, S. 439ff.; Paul Silk/Rohdri Walters, How Parliament Works, 3. Aufl. London/New York 1995, S. 102ff.; J.A.G. Griffith/Michael Ryle, Parliament. Functions, Practice and Procedures, London 1989, S. 227ff.; Andrew Adonis, Parliament Today, 2. Aufl. Manchester/New York 1993, S. 90 ff.; Helmut Widder, Der Nationalrat, in: Herbert Schambeck (Hrsg.), Österreichs Parlamentarismus, Wien 1986, S. 261-336; Bernd-Christian Funk, Einführung in das österreichische Verfassungsrecht, 8. Aufl. Wien 1995, S. 129ff.
65 Z.B. Peter Noll, Gesetzgebungslehre, Reinbek 1973; Theo Öhlinger (Hrsg.), Methodik der Gesetzgebung. Legistische Richtlinien in Theorie und Praxis, Wien 1982; Harald Kindermann (Hrsg.), Studien zu einer Theorie der Gesetzgebung, Berlin u.a. 1982 sowie Helmuth Schulze-Fielitz, Das Parlament als Organ der Kontrolle im Gesetzgebungsprozeß, in: Horst Dreier/Jochen Hofmann (Hrsg.), Parlamentarische Souveränität und technische Entwicklung, Berlin 1987, S. 71-124.
66 Vgl. exemplarisch Wolfgang Zeh, Wille und Wirkung der Gesetze, Heidelberg 1984.
67 Klaus von Beyme, Der Gesetzgeber. Der Bundestag als Entscheidungszentrum, Opladen 1997 (i.E.), insbes. Kap. 9, 10, 13, 14 u. 15.

teuren.[68] Noch immer selten sind konkrete Fallstudien bzw. zumindest überblicksartig angelegte Policy-Studien zum parlamentarischen Gesetzgebungsprozeß[69], wobei auch hier die jeweils spezifischen Interaktionsmuster zwischen Regierungsmehrheit und Opposition nicht immer im Zentrum der Analyse stehen.
- eine (auf wachsende Aufmerksamkeit stoßende) Dimension des Gesetzgebungsverfahrens stellt schließlich die zwischen rechts- und politikwissenschaftlichem Forschungsinteresse angesiedelte Frage nach informalen Strukturen des staatlichen Entscheidungssystems dar.[70] Auf aus verfassungsrechtlicher Perspektive für bedenklich gehaltene, in der politischen Realität jedoch zunehmend häufiger anzutreffende informale und (quasi-)institutionalisierte Formen der Politikgestaltung nicht nur innerhalb der regierenden Mehrheit, sondern auch im Verhältnis zwischen Regierungsmehrheit und Opposition wurde - wenig überraschend - vor allem von juristischer Seite dezidiert hingewiesen.[71] Die empirische Forschung auf diesem Gebiet der "Schattenpolitik"[72] ist erst zu Teilen entwickelt. Mit größerem Aufwand sind bislang lediglich die informalen bzw. nur teilweise institutionalisierten Entscheidungsstrukturen im "Parteienstaat" für den Bereich der Regierungsmehrheit untersucht worden.[73]

68 Vgl. etwa Jeremy Richardson/Grant Jordan, Governing Under Pressure: the Policy Process in a Post-Parliamentary Democracy, Oxford 1979; Michael Rush (Hrsg.), Parliament and Pressure Politics, Oxford 1990; Philip Norton, Does Parliament Matter?, New York u.a. 1992 sowie, aus stärker rechtswissenschaftlicher Warte, Philippe A. Weber-Panariello, Nationale Parlamente in der Europäischen Union. Eine rechtsvergleichende Studie zur Beteiligung nationaler Parlamente an der innerstaatlichen Willensbildung in Angelegenheiten der Europäischen Union im Vereinigten Königreich, Frankreich und der Bundesrepublik Deutschland, Baden-Baden 1995.
69 Vgl. etwa Peter Gerlich (Hrsg.), Cause and Consequence in Legislation, (Special Issue des European Journal of Political Research 14/3), Dordrecht u.a. 1986.
70 Vgl. Christian Hanke, Informale Regeln als Substrat des parlamentarischen Verhandlungssystems. Zur Begründung einer zentralen Kategorie der Parlamentarismusforschung, in: Zeitschrift für Parlamentsfragen 25 (1994), S. 410-440.
71 Vgl. H. Schulze-Fielitz, a.a.O. (Anm. 65), S. 71-124, 90.
72 Ulrich von Alemann, Schattenpolitik. Streifzüge in die Grauzonen der Politik, in: Claus Leggewie (Hrsg.), Wozu Politikwissenschaft? Über das Neue in der Politik, Darmstadt 1994, S. 135-144.
73 Vgl. Heinrich Oberreuter, Entmachtung des Bundestages durch Vorentscheider auf höchster politischer Ebene?, in: Hermann Hill (Hrsg.), Zustand und Perspektiven der Gesetzgebung, Berlin 1989, S. 121-139; Waldemar Schreckenberger, Veränderungen im parlamentarischen Regierungssystem. Zur Oligarchie der Spitzenpolitiker in den Parteien, in: Karl Dietrich Bracher u.a. (Hrsg.), Staat und Parteien. Festschrift für Rudolf Morsey zum 65. Geburtstag, Berlin 1992, S. 133-157; ders., Informelle Verfahren der Entscheidungsvorbereitung zwischen der Bundesregierung und den Mehrheitsfraktionen: Koalitionsgespräche und Koalitionsrunden, in: Zeitschrift für Parlamentsfragen 25 (1994), S. 329-346; Wolfgang Rudzio, Informelle Entscheidungsmuster in Bonner Koalitionsregierungen, in: Hans-Hermann Hartwich/Göttrik Wewer (Hrsg.), Regieren in der Bundesrepublik II. Formale und informale Komponenten des Regierens in den Bereichen Führung, Entscheidung, Personal und Organisation, Opladen 1991, S. 125-141; Ludger Helms, Das Amt des deutschen Bundeskanzlers in historisch und international vergleichender Perspektive, in: Zeitschrift für Parlamentsfragen 27 (1996), S. 697-711, 701f.; für Österreich Wolfgang Rudzio, Entscheidungszentrum Koalitionsausschuß - Zur Realverfassung Österreichs unter der Großen Koalition, in: Politische Vierteljahresschrift 12 (1971) S. 87-118 sowie neuerdings Anton Pelinka, Die Kleine Koalition. SPÖ und FPÖ 1983-1986, Wien 1993, S. 63ff.; für einen Vergleich der jeweiligen Ausprägungen der Parteienstaatlichkeit in der Bundesrepublik und in

1.4 Parteienforschung

Die Entscheidung, die Parteienforschung im Rahmen dieses Überblicks als gesonderte Subdisziplin, die sich mit Regierung(smehrheit) und Opposition beschäftigt, anzuführen, ist vor allem heuristischen Erwägungen geschuldet. Es gibt kaum Beiträge zum hier interessierenden Problemkomplex, die nicht zumindest indirekt der Parteienforschung zugerechnet werden könnten. Angesichts der Tatsache, daß der parlamentarische Schlagabtausch zwischen Regierungsmehrheit und Opposition heute in allen Systemen im Kontext parteipolitischer Gruppenzugehörigkeiten von Abgeordneten stattfindet und ferner in parlamentarischen Systemen Regierung stets gleichbedeutend ist mit "Partei(en)regierung", ist dies wenig verwunderlich.

Maßgeblichen Einfluß auf andere Subdisziplinen hatte die Parteienforschung sowohl in analytisch-systematischer wie in terminologischer Hinsicht. Eine von vielen Oppositionsforschern bis heute gerne zitierte Begriffsprägung - "contagion from the Left" - entstammt der Parteienlehre Duvergers[74], die vom Verfasser selbst vor allem im Zusammenhang mit der Erklärung des historischen Annäherungsprozesses bürgerlicher Parteien an die neu entstandenen Arbeiterparteien verwendet wurde. Die moderne Staatstätigkeitsforschung hat der "contagion from the Left"-Formel mit dem Begriff "embourgeoisment" ein terminologisches und substantielles Pendant zugesellt, das sich auf die ideologisch in entgegengesetzter Richtung erfolgende politische Einflußnahme von Oppositionsparteien auf die Regierung bezieht.[75] In den neunziger Jahren setzte sich innerhalb der angelsächsischen Parteienforschung auch der direkte Komplementärbegriff "contagion from the Right" durch.[76]

In der auf einzelne Parteien konzentrierten Richtung der Parteienforschung spielte die Unterscheidung in Regierungs- und Oppositionsparteien insgesamt allenfalls eine untergeordnete Rolle.[77] Eine der ganz wenigen Studien, die explizit zwischen der organisatorischen Entwicklung von Oppositionsparteien und Regierungsparteien differenzieren, stammt von Panebianco[78]. Mit dem seit den siebziger Jahren festzustellenden Aufschwung der Faktionalisierungsforschung[79] war ansonsten eher eine tendenzielle Abwendung von Fragen verbunden, die das Außenprofil konkurrierender Parteien betreffen.

Österreich Ludger Helms, Parteienregierung im Parteienstaat. Strukturelle Voraussetzungen und Charakteristika der Parteienregierung in der Bundesrepublik Deutschland und in Österreich (1949 bis 1992), in: Zeitschrift für Parlamentsfragen 24 (1993), S. 635-654, 646ff.

74 Maurice Duverger, Political Parties. Their Organization and Activity in the Modern State, London 1954, S. xxvii.
75 Vgl. Alexander M. Hicks/Duane Swank, Politics, Institutions, and Welfare Spending in Industrialised Democracies, 1960-82, in: American Political Science Review 86 (1992), S. 658-674; siehe auch I, 1.6.
76 Vgl. etwa Brigitte Young, The German Political Party System and the Contagion from the Right, in: German Politics and Society 13 (1995), S. 62-78.
77 Vgl. mit weiteren Nachweisen Klaus von Beyme, Parliamentary Oppositions in Europe, in: E. Kolinsky (Hrsg.), a.a.O. (Anm. 24), S. 30.
78 Angelo Panebianco, Political Parties: Organization and Power, Cambridge 1988, S. 69ff.
79 Vgl. Joachim Raschke, Organisierter Konflikt in westeuropäischen Parteien. Vergleichende Analyse partei-interner Oppositionsgruppen, Opladen 1977; Frank P. Belloni/Dennis C. Beller (Hrsg.), Faction Politics. Political Parties and Factionalism in Comparative Per-

Eine größere Bedeutung kommt der Akteursbeziehung zwischen Regierungsmehrheit und Opposition bzw. Regierungs- und Oppositionsparteien innerhalb der Parteiensystemforschung zu. In theoretischen Konzepten zur vergleichenden Parteiensystemanalyse findet das Verhältnis von Regierungs- und Oppositionsparteien vor allem im Zusammenhang mit der Analyse des Innovationspotentials von Parteiensystemen Berücksichtigung.[80] In diesen Bereich gehören auch Studien, die den Polarisierungsgrad von Parteiensystemen[81] bzw. die ideologische und Issue-bezogene Distanz zwischen konkurrierenden Parteien behandeln, insofern der Grad der programmatischen Unterschiedlichkeit von Parteien nicht nur die "Koalitionsfähigkeit" von Akteuren beeinflußt, sondern auch die im Falle eines Machtwechsels zu erwartende Innovationsleistung auf der Entscheidungsebene mitbestimmt. Die Downs'sche Konstruktion eines zwischen konkurrierenden Parteien bestehenden eindimensionalen policy space entlang einer Links-Rechts-Achse[82] wurde in jüngeren, auf der Basis von Expertenbefragungen arbeitenden Studien zur Erforschung des "Parteienraumes" durch vielfach komplexere Modelle abgelöst, in denen unterschiedlichste Programmziele von Parteien systematisch erfaßt und zugleich gewichtet werden.[83]

Daneben gibt es andere Studien, die sich konkret auf das Verhältnis zwischen Regierungs- und Oppositionsparteien beziehen. Erwähnenswert sind in diesem Zusammenhang insbesondere die von Katz und Mair[84] formulierten Einsichten in die Entwicklungsbedingungen und Charakteristika der "cartel party". Unter "Kartell-Parteien" wird dabei ein bestimmter Typus von Parteien verstanden, der historisch betrachtet eine Weiterentwicklung der "catch-all parties" (Kirchheimer) darstellt, welche ihrerseits die Nachfolger der Massenparteien bzw. der noch älteren Eliten- oder Milieuparteien, verkörperten. Als charakteristische Merkmale bzw. Existenzbedingungen von "Kartell-Parteien" werten Katz und Mair vor allem das deutlich intensivierte Verhältnis zwischen Parteien und Staat ("interpenetration of party and state") sowie ein stark kooperatives Verhältnis zwischen unterschiedlichen Parteien ("inter-party collusion").[85] Beides wird primär verstanden als eine Reaktion auf die sich

---

spective, Oxford 1978; neuerdings David S. Bell/Eric Shaw (Hrsg.), Conflict and Cohesion in Western European Social Democratic Parties, London 1994.
80 Vgl. Ludger Helms, Parteiensysteme als Systemstruktur. Zur methodisch-analytischen Konzeption der funktional vergleichenden Parteiensystemanalyse, in: Zeitschrift für Parlamentsfragen 26 (1995), S. 642-657, 655f.
81 Vgl. grundlegend Giovanni Sartori, Parties and Party Systems. A Framework for Analysis, Cambridge 1976, S. 131ff.; ferner Klaus von Beyme, Parteien in westlichen Demokratien, 2. Aufl. München 1984, S. 311ff. sowie neuerdings Alan Ware, Political Parties and Party Systems, Oxford 1996, S. 147ff.
82 Vgl. Anthony Downs, An Economic Theory of Democracy, New York 1957; zu praktischer Anwendung gelangte dieser Ansatz vor allem in den Arbeiten von John Clayton Thomas, The Changing Nature of Partisan Divisions in the West: Trends in Domestic Policy Orientations in Ten Party Systems, in: European Journal of Political Science 7 (1979), S. 397-413; ders., Policy Convergence among Political Parties and Societies in Developed Nations: A Synthesis and Partial Testing of Two Theories, in: Western Political Quarterly 33 (1980), S. 235-246.
83 Vgl. Michael Laver/W. Ben Hunt, Policy and Party Competition, New York/London 1992.
84 Richard S. Katz/Peter Mair, Changing Models of Party Organisation and Party Democracy. The Emergence of the Cartel Party, in: Party Politics 1 (1995), S. 5-28.
85 Ebd., S. 17.

langfristig abschwächenden Bindungen von Parteien an die Gesellschaft und die Notwendigkeit der Parteien, neue Existenzbedingungen zu schaffen und diese hinreichend nach außen abzusichern. Das Zusammenrücken von (Regierungs- und Oppositions-)Parteien stellt sich aus dieser Perspektive betrachtet - anders als nach dem Kirchheimer'schen Konzept der Allerweltspartei, in dem von einer Annäherung konkurrierender Parteien nur insoweit gesprochen wird als mehrere Parteien auf der Grundlage zunehmend ähnlicherer Programme um dieselben Wählerschichten werben - als Ergebnis einer bewußten Kooperationsstrategie der involvierten Akteure dar: "the parties still compete, but they do so in the knowledge that they share with their competitors a mutual interest in collective organizational survival and, in some cases, even the limited incentive to compete has actually been replaced by a positive incentive not to compete."[86] Als Hintergrund dieser Entwicklung wird vor allem auf die fortschreitende Entwicklung in Richtung "Berufspolitiker- tum" und von dieser Entwicklung beeinflußte bestimmte politisch-rationale Kalküle der Akteure verwiesen: "as politicians pursue long-term careers, they come to regard their political opponents as fellow professionals, who are driven by the same desire for job security, who confront the same kinds of pressures as themselves, and with whom business will have to be carried on over the long term."[87]

1.5 Elitenforschung

Empirisch erst in Ansätzen gesicherte Überlegungen hinsichtlich eines sich wandelnden Verhältnisses zwischen Regierungs- und Oppositionsparteien entstammen ferner einer Subdisziplin der jüngeren Elitenforschung, die nach den Merkmalen, Verhaltensweisen und Existenzbedingungen der politischen Klasse fragt. Strukturell begünstigt wird die Entwicklung kooperativer Beziehungsmuster zwischen beiden Gruppen aus Sicht der stärker soziologisch orientierten Elitenforschung vor allem durch die länderübergreifend feststellbare Tendenz zur Politikprofessionalisierung bzw. der Professionalisierung des Politikerberufs und damit der politischen Klasse.[88] Eine ähnliche Sozialisation von Abgeordneten unterschiedlicher Parteien wird dabei als geeignete Voraussetzung dafür angesehen, zwischen konkurrierenden Parteien eine prinzipielle

---

86 Ebd., S. 19.
87 Ebd., S. 23.
88 Hinweise auf die empirische Dimension des Professionalisierungsgrades politischer Eliten in den hier interessierenden Ländern finden sich bei Kerstin Burmeister, Die Professionalisierung der Politik am Beispiel des Berufspolitikers im parlamentarischen System der Bundesrepublik Deutschland, Berlin 1993; Dietrich Herzog, Der moderne Berufspolitiker. Karrierebedingungen und Funktion in westlichen Demokratien, in: Der Bürger im Staat 40 (1990), S. 9-16; Werner J. Patzelt, Deutschlands Abgeordnete: Profil eines Berufsstands, der weit besser ist als sein Ruf, in: Zeitschrift für Parlamentsfragen 27 (1996), S. 462-502; Peter Riddell, Honest Opportunism, The Rise of the Career Politician, London 1993; Wolfgang C. Müller/Wilfried Philipp/Barbara Steininger, Sozialstruktur und Karrieren österreichischer Regierungsmitglieder (1945-1987), in: Andreas Khol/Günther Ofner/Alfred Stirnemann (Hrsg.), Österreichisches Jahrbuch für Politik 1987, München/Wien 1988, S. 143-163.

Konsensfähigkeit zu schaffen.[89] Dieser Ansatz steht in der Tradition jener Forschungsrichtung der politischen Soziologie, die bereits in den siebziger Jahren auf weitreichende Entideologisierungstendenzen innerhalb der politischen Elite hingewiesen hat, und daraus auf ein wachsendes Kooperationspotential im Entscheidungsprozeß geschlossen hat.[90]

Die bislang differenzierteste theoretische Position innerhalb der jüngeren Elitenforschung wurde von Klaus von Beyme formuliert. Von Beymes Argumentation ähnelt zum Teil derjenigen von Katz und Mair. Der parlamentarischen Kooperation der politischen Klasse - zu der ausdrücklich auch die Oppositionsparteien gezählt werden, sofern sie nicht expliziten "Antisystem-Charakter" besitzen - wird auch hier eine zentrale Bedeutung für die Integration der politischen Klasse zugemessen.[91] Historisch wird die behauptete Neigung zu Formen von "kooperativem Parlamentarismus" dabei mit der Überwindung des Klassenkampfes und der anschließenden Herausbildung von - auch außerparlamentarischen - Strukturen erklärt, in denen Parlamentarier der Oppositionsfraktionen und solche der Regierungsseite aufeinandertreffen und wo die Möglichkeit zu inhaltlicher Zusammenarbeit gegeben ist.[92]

Die differenziertere Hypothese von Beymes zum Verhalten politischer Akteure ist Ausfluß der analytischen Unterscheidung des Begriffs der politischen Klasse auf der einen und der politischen Elite auf der anderen Seite. Die politische Elite wird dabei als Gruppe verstanden, die primär auf die Herstellung bindender politischer Entscheidungen für das Gemeinwesen ausgerichtet ist; sie ist angeleitet durch ein konkretes Steuerungsinteresse. Die politische Klasse schließt demgegenüber auch Hinterbänkler mit ein, die an politischen Entscheidungen nur im weiteren Sinne beteiligt sind; sie läßt sich auch als "Interessengruppe für sich selbst"[93] bezeichnen.

Das System des kooperativen Parlamentarismus und oppositioneller Mitregierung wurde bei von Beyme zunächst noch vor allem als "institutionelle Randbedingung"[94], d.h. als erklärende Variable für das "Wir-Gefühl" der politischen Klasse behandelt. Erst in nachfolgenden Arbeiten wurde die analytische Trennung der Kategorien der politischen Klasse einerseits und der politischen Elite andererseits ausdrücklich mit entgegengesetzten hypothetischen Aussagen über das Akteursverhalten verbunden: "Parties" - womit wiederum Regierungs- und (systemloyale) Oppositionsparteien gleichermaßen gemeint sind - "operate as cartels in which they all strengthen their revenues and their organization through state subsidies. At the same time the decision-making oriented elite, the leaders, remain competitive."[95] Eine besondere Rolle nehmen lediglich spezielle Entscheidungen aus dem Bereich der Parteienfinanzie-

---

89 Vgl. Hilke Rebenstorf, Gesellschaftliche Interessenrepräsentation und politische Integration, in: D. Herzog/Hilke Rebenstorf/B. Weßels (Hrsg.), a.a.O. (Anm. 58), S. 53-98, 94f.
90 Vgl. Dietrich Herzog, Politische Karrieren. Selektion und Professionalisierung politischer Führungsgruppen, Opladen 1975, S. 201f.
91 Vgl. Klaus von Beyme, Die politische Klasse im Parteienstaat, Frankfurt a.M. 1993, S. 33.
92 Vgl. ebd., S. 186f.
93 Ebd., S. 31.
94 Ebd., S. 183.
95 Klaus von Beyme, Party Leadership and Change in Party Systems: Towards a Postmodern Party State, in: Government and Opposition 31 (1996), S. 135-159, 159.

rung und der Diätenregelung ein, bei denen es um die Gewährung von Subventionierungsleistungen geht, die der gesamten politischen Klasse zugute kommen und das Konkurrenzmoment von daher praktisch außer Kraft gesetzt ist.[96]

1.6 (Vergleichende) Policy-Forschung

Der Beitrag der vergleichenden Policy-Forschung zum Thema Regierungsmehrheit und Opposition bestand vor allem darin, die Zusammenhänge zwischen parteipolitischer Färbung von Regierungs- und Oppositionsparteien und materiellen Politikergebnissen (policy-outcomes) zu erforschen. Für die Relevanz der Parteien-Differenz-These - welche davon ausgeht, daß im horizontalen und/oder vertikalen Vergleich zutagetretende Unterschiede in den Ergebnissen staatlicher Politik primär den regierenden Parteien zuzurechnen sind - sprechen die Ergebnisse zahlreicher empirischer Arbeiten.[97] Ein Problem stellt jedoch nicht zuletzt die Frage nach der Generalisierbarkeit entsprechender Befunde dar. Prinzipiell läßt sich feststellen, daß rahmensetzende institutionelle, politische, gesellschaftliche und politisch-kulturelle Faktoren ebenso wie die Regierungsdauer zu beträchtlichen Unterschieden in der Stärke der Auswirkungen von Veränderungen in der parteipolitischen Zusammensetzung von Regierungen auf materielle Politikergebnisse in unterschiedlichen Systemen führen können, die nicht unbedingt etwas mit der ideologischen oder sachpolitischen Distanz konkurrierender Parteien bzw. Parteiblöcke zu tun haben müssen.[98] Darüber hinaus kann der Einfluß der parteipolitischen Zusammensetzung der Regierung auf die Staatstätigkeit - und damit zugleich die Erklärungskraft der Parteienherrschaftsthese - auch innerhalb eines Systems je nach Politikfeld schwanken.[99] Trotz wichtiger Fortschritte in dem Bemühen, den Zusammenhang zwischen Programmaussagen und Regierungshandeln politischer Parteien

---

96 Vgl. K. von Beyme, a.a.O. (Anm. 91), S. 99.
97 Vgl. grundlegend Douglas A. Hibbs, Jr., Political Parties and Macroeconomic Policy, in: American Political Science Review 71 (1977), S. 1467-1487; Edward R. Tufte, Political Control of the Economy, Princeton 1978; Robert S. Erikson/Gerald C. Wright/John P. Iver, Political Parties, Public Opinion and State Policy, in: American Political Science Review 83 (1989), S. 729-750; Ian Budge/Hans Keman, Parties and Democracy. Coalition Formation and Party Functioning in Twenty States, Oxford 1990; Michael R. Alvarez/Geoffrey Garrett/Peter Lange, Government Partisanship, Labor Organisation, and Macroeconomic Performance, in: American Political Science Review 85 (1991), S. 539-556; Douglas A. Hibbs, Jr., Partisan Theorie after Fifteen Years, in: European Journal of Political Economy 8 (1992), S. 361-373; ders., The Partisan Model of Macroeconomic Cycles: More Theory and Evidence for the United States, in: Economics and Politics 6 (1994), S. 1-23; für die Bundesrepublik zuerst Manfred G. Schmidt, CDU und SPD an der Regierung. Ein Vergleich ihrer Politik in den Ländern, Frankfurt a.M./New York 1980.
98 So bereits K. von Beyme, a.a.O. (Anm. 81), S. 404ff.; die jüngere Diskussion kritisch zusammenfassend Manfred G. Schmidt, When Parties Matter: A Review of the Possibilities and Limits of Partisan Influence on Public Policy, in: European Journal of Political Research 39 (1996), S. 155-183.
99 Vgl. Manfred G. Schmidt, Theorien in der international vergleichenden Staatstätigkeitsforschung, in: Adrienne Héritier (Hrsg.), Policy-Analyse (Sonderheft 24/1993 der Politischen Vierteljahresschrift), Opladen 1993, S. 371-393, 381f.

empirisch nachzuweisen[100], wodurch die Kluft zwischen dem älteren, auf ideologische Distanz von konkurrierenden Parteien konzentrierten Ansatz und jüngeren Zugängen der vergleichenden Erforschung von policy-outcomes verringert wurde, haben deshalb mit traditionellen Methoden arbeitende Autoren immer wieder Zweifel an der Möglichkeit geäußert, eine Korrelation zwischen politischen Entscheidungen regierender Parteien und den vorfindbaren policy-outcomes mit statistischer Präzision zu ermitteln.[101] Selbst innerhalb der britischen Politikforschung, in der die "do parties make a difference?"-Debatte im Rahmen der weiter dimensionierten Diskussion über die Eigenheiten britischer "adversary politics" geführt wurde[102], besteht kein vollendeter Konsens darüber, ob längerfristige Veränderungen etwa im Bereich der Wirtschaftspolitik tatsächlich primär mit der Alternation zwischen Regierung und Opposition erklärt werden können[103], obwohl die Zurechenbarkeit von Politikergebnissen zu einer bestimmten Regierungspartei wegen der spezifischen Strukturen des britischen Regierungssystems zumindest leichter möglich erscheint als in den meisten übrigen westlichen Demokratien.[104]

Während ein Großteil der Arbeiten zur Policy-Forschung damit befaßt war, eine Antwort auf die Frage zu finden, ob es im Gefolge von Machtwechseln (verstanden als maßgebliche Veränderungen in der parteipolitischen Zusammensetzung von Regierungen) tatsächlich zu entsprechenden Veränderungen auf der Ebene staatlicher Politik kommt[105], hat eine jüngere Variante der Staatstätigkeitsforschung vor allem Ehrgeiz darauf verwandt, den Einfluß von Oppositionsparteien auf regierende Parteien bzw. deren politisches Programm zu ermitteln. Das Ergebnis einer von Hicks und Swank durchgeführten Studie zur langfristigen Entwicklung wohlfahrtsstaatlicher Leistungen in 18 westli-

---

100 Vgl. die Pionierstudie von Richard I. Hofferbert/Hans-Dieter Klingemann, The Policy Impact of Party Programmes and Government Declarations in the Federal Republic of Germany, in: European Journal of Political Research 18 (1990), S. 277-304; wesentlich weiterreichende Einsichten in diesen Zusammenhang finden sich bei Hans-Dieter Klingemann/Richard I. Hofferbert/Ian Budge, Parties, Policies and Democracy, Boulder/Oxford 1994.
101 Vgl. etwa Josef Schmid, Die CDU. Organisationsstrukturen, Politiken und Funktionsweisen einer Partei im Föderalismus, Opladen 1990, S. 184f.
102 Vgl. zusammenfassend Geoffrey Debnam, The Adversary Politics Thesis Revisited, in: Parliamentary Affairs 47 (1994), S. 420-433; ferner Anthony Seldon, Consensus: A Debate Too Long?, in: Parliamentary Affairs 47 (1994), S. 501-514.
103 Vgl. Richard Rose, Do Parties Make a Difference?, 2. Aufl. London 1989.
104 Vgl. Edward C. Page, Die "do parties make a difference"-Diskussion in Großbritannien, in: Bernhard Blanke/Hellmut Wollmann (Hrsg.), Die alte Bundesrepublik. Kontinuität und Wandel (Sonderheft 12/1991 des Leviathan), Opladen 1991, S. 239-252.
105 Vgl. speziell für eine kritische Diskussion der Diskontinuitäts-These und der Kontitutäts-These Manfred G. Schmidt, Machtwechsel in der Bundesrepublik (1949-1990). Ein Kommentar aus der Perspektive der vergleichenden Politikforschung, in: B. Blanke/H. Wollmann (Hrsg.), a.a.O. (Anm. 104), S. 179-203, 183ff. In diesem Zusammenhang ist ferner anzumerken, daß der aufwendigen Erforschung der politischen Folgen von Machtwechseln bislang kein auch nur annähernd vergleichbares fachwissenschaftliches Interesse an der systematischen Aufarbeitung der Vorgeschichte, der Ursachen und des Verlaufs von Machtwechseln in konsolidierten westlichen Demokratien entspricht; vgl. Ludger Helms, "Machtwechsel" in der Bundesrepublik Deutschland. Eine vergleichende empirische Analyse der Regierungswechsel von 1966, 1969 und 1982, in: Jahrbuch für Politik 4 (1994), Halbband 2, S. 225-248, 226.

chen Demokratien läßt keinen Zweifel an dem Einfluß von Oppositionsparteien auf die Staatstätigkeit und benennt zugleich dessen Richtung:

> not only does the strength of governing parties matter, but the strength of oppositional parties and parties at the margins of ruling coalitions plays an important role in determining welfare effort (...) centrist welfare effort appears to be intensified by left oppositions and impervious to right ones, while left welfare effort appears to be dampened by center, as well as right, oppositions. In short, oppositional dynamics appear to buoy center party welfare effort but to depress left party welfare effort.[106]

Freilich bleibt festzustellen, daß generelle methodische Vorbehalte gegenüber den Ergebnissen der quantitativ-empirischen Politikforschung auch auf diese Studie anwendbar sind. Im Zusammenhang mit dem Schwerpunkt der vorliegenden Untersuchung ist jedoch entscheidender, daß es bei Hicks und Swank erstens nicht um das Verhältnis zwischen Regierungsmehrheit und Opposition geht (was schon durch die Fallauswahl, die auch nicht-parlamentarische Systeme berücksichtigt, zum Ausdruck kommt) und zweitens die prozessuale Dimension des parlamentarischen Gesetzgebungsprozesses vollständig ausgeblendet bleibt.

Das Studium der Interaktionen zwischen Akteuren bildet den eigentlichen Schwerpunkt der Netzwerkanalyse als einer jüngeren Subdisziplin der Policy-Forschung.[107] Auch in Studien, die nicht von vornherein auf die Rekonstruktion der Akteursbeziehungen in gesellschaftlichen, eher staatsfernen Sektoren beschränkt blieben, spielte die binäre Differenzierung zwischen Regierungsmehrheit und Opposition jedoch eine untergeordnete Rolle. Bei der Analyse von Interessenvermittlungsstrukturen mit dem Ziel der empirischen Überprüfung der theoretischen Annahmen der konkurrierenden Paradigmen des Pluralismus und des Neo-Korporatismus wurden Regierungs- und Oppositionsparteien zumeist unter die Kategorie der politischen Akteure im engeren Sinne subsumiert und die Offenlegung von deren Beziehungen zu privaten, d.h. nicht-staatlichen Akteuren in den Vordergrund gestellt.[108] Von einer Prozeßorientierung netzwerkanalytisch ausgerichteter Arbeiten kann man allenfalls indirekt insoweit sprechen, als in der Regel komplexe Momentaufnahmen eines bestimmten Stadiums einer Entscheidungssituation gegeben werden.

Arbeiten aus der jüngeren Policy-Forschung, die nicht lediglich ein generelles Interesse an den Interaktionsstrukturen in einem bestimmten Politikfeld haben, sondern konkret auf das Zusammenspiel zwischen Regierungs- und Oppositionsparteien und dessen Auswirkungen auf die inhaltliche Dimension politischer Entscheidungen abheben, besitzen noch immer Seltenheitswert. Das gilt in besonderem Maße für vergleichende Untersuchungen. Eine der am

---

106 A. Hicks/D. Swank, a.a.O. (Anm. 75), S. 666f.
107 Vgl. II, 1.1.2.
108 Vgl. etwa Franz Urban Pappi/Thomas König, Informationsaustausch in politischen Netzwerken, in: Dorothea Jansen/Klaus Schubert (Hrsg.), Netzwerke und Politikproduktion. Konzepte, Methoden, Perspektiven, Marburg 1995, S. 111-131; Vincent Lemieux, Laws and the Distribution of Power in Society, in: Louis M. Imbeau/Robert D. McKinlay (Hrsg.), Comparing Government Activity, London 1996, S. 70-81.

stärksten auf den systematischen Nachweis des oppositionellen Einflusses auf ausgewählte Schlüsselentscheidungen konzentrierten Studien der neunziger Jahre behandelt ausgerechnet den für das übrige Westeuropa wenig repräsentativen Fall des dänischen Minderheiten-Parlamentarismus.[109] Dabei krankt die anhand des dänischen Falls formulierte These einer stärkeren Bedeutung politischer und politisch-kultureller Faktoren gegenüber institutionellen Strukturen zumindest daran, daß politische und institutionelle Variablen wegen der temporären Aufweichung der für die Opposition an sich eher ungünstigen Verfassungsstrukturen durch Minderheitsregierungen (und deren faktischen Zwang zur Kooperation mit oppositionellen Kräften) nicht genügend scharf voneinander getrennt werden können.

Es gibt andere Zugänge der Policy-Forschung, die zusätzlich zu der konsequenten Einbeziehung der Politics-Dimension zugleich stärker auf die institutionellen Voraussetzungen des Zusammen- oder Gegeneinanderwirkens von Regierungs- und Oppositionsparteien abheben. Der Charakter der Bundesrepublik als eines "grand coalition state" beispielsweise wird von Schmidt[110] primär mit den institutionellen Rahmenbedingungen des politischen Agierens von Regierungs- und Oppositionsparteien begründet. Der Einfluß institutioneller Bedingungen wird dabei für so stark gehalten, daß mit ihnen auch grundlegende programmatisch-strategische Entscheidungen von Akteuren erklärt werden: "The adaption of the Godesberg Programme of the German SPD in 1959 mirrors not only the ambition to mobilise new voters, it is also a response to state structures which require a considerable amount of co-operation from each of the office-seeking parties."[111] Aus der Sicht dieses Ansatzes sind ideologisch-sachpolitische Unterschiede zwischen Parteien zwar keineswegs unwichtig; sie entfalten ihre Wirkung auf dem Feld der politischen Willensbildung und Entscheidungsfindung (politics) und im Bereich materieller Politik (policy) jedoch nur nach Maßgabe der jeweiligen institutionellen Ausstattung eines Systems. Eine ganz ähnlich starke Betonung institutioneller Variablen kennzeichnet das Konzept des "rationalen Institutionalismus" von Keman[112], in dem individuellen Präferenzen und rationalen Zielverfolgungsstrategien von Akteuren gegenüber der vermuteten Prägekraft institutioneller Faktoren ebenfalls nur eine sekundäre Bedeutung für den Strukturcharakter des Entscheidungsprozesses und die aus diesem hervorgehenden Politikergebnisse beigemessen wird. Von der älteren Theorie der "Selektivität politischer Strukturen", wie sie von Offe[113] formuliert wurde, unterscheidet sich diese Sichtweise zu-

---

109 Vgl. Jacob Christensen, Out of Office but in Power? The Impact of Opposition Parties on Danish Social Policy. Paper Presented at the ECPR Joint Sessions of Workshops, Oslo, March 29-April 3, 1996.
110 Manfred G. Schmidt, Germany: The Grand Coalition State, in: Josep M. Colomer (Hrsg.), Political Institutions in Europe, London/New York 1996, S. 62-98.
111 Manfred G. Schmidt, The Parties-Do-Matter-Hypothesis and the Case of the Federal Republic of Germany, in: German Politics 4 (1995), S. 1-21, 10.
112 Hans Keman, Konkordanzdemokratie und Korporatismus aus der Perspektive eines rationalen Institutionalismus, in: Politische Vierteljahresschrift 37 (1996), S. 494-516, 501f.
113 Claus Offe, Klassenherrschaft und politisches System. Zur Selektivität politischer Institutionen, in: ders., Strukturprobleme des kapitalistischen Staates, 2. Aufl. Frankfurt a.M. 1973, S. 65-105. Dort heißt es: "Die Struktur eines jeden politischen Institutionensystems

mindest durch den Verzicht auf quasi-deterministische Annahmen bezüglich der Wirkungen politischer Institutionen sowie durch die stärkere Orientierung auf die Politics-Dimension.

Als Spielart des "aufgeklärten Institutionalismus"[114] stehen Schmidts Beiträge forschungsgeschichtlich eher in der Tradition der einflußreichen Studien Lehmbruchs[115] und Katzensteins[116], die bereits in den siebziger und achtziger Jahren nachdrücklich auf die institutionell bedingten Aushandlungszwänge des bundesdeutschen Systems hingewiesen haben, wobei vor allem bei Lehmbruch noch stärker auf die historisch begründete Inkongruenz der beiden maßgeblichen Subsysteme des deutschen Systems (dem Bundesstaat und dem dualistisch-polarisierten Parteiensystem) und die institutionell günstige Ausgangsposition der Opposition abgehoben wurde.[117] Womit Schmidt zumindest über die im Kern identischen Einschätzungen Lehmbruchs hinausgeht, ist seine Annahme, daß Institutionen nicht nur den allgemeinen Rahmen für politische Konflikt- und Konsensbildungsprozesse abgeben, sondern einen konkreten Einfluß auch auf grundsätzliche programmatisch-strategische Entscheidungen von Akteuren haben.[118]

Da die für die Bundesrepublik konkretisierten Annahmen über den Einfluß institutioneller Variablen auf politische Prozesse und Politikinhalte einerseits von den Autoren selbst nicht weiter theoretisch bezeichnet werden[119], diesen andererseits im Rahmen der theoretischen Grundlegung dieser Studie eine zentrale Bedeutung zukommt, ist es angemessen, abschließend den weiteren theoretischen Kontext dieser institutionell orientierten Erklärungsansätze schlaglichtartig auszuleuchten.

Institutionelle Ansätze zählen zum klassischen Kanon analytischer Schulen der (vergleichenden) Politikforschung. Das neo-institutionalistische Paradigma

---

läßt sich also als institutionell verfestigte Exklusivität, als Selektionsprogramm interpretieren, das Handlungsprämissen und Handlungsbarrieren etabliert und einen mehr oder weniger engen Dispositionsspielraum möglicher "Politik" erst konstituiert." Und weiter: "Formale Regelstrukturen (...) sind niemals *bloße* prozedurale Formalismen, sondern sie präjudizieren als solche den möglichen Inhalt bzw. das mögliche Resultat des jeweiligen Prozesses"; ebd., S. 79f, Hervorhebung im Original.

114 Fritz Scharpf, Plädoyer für einen aufgeklärten Institutionalismus, in: Hans-Hermann Hartwich (Hrsg.), Policy-Forschung in der Bundesrepublik Deutschland. Ihr Selbstverständnis und ihr Verhältnis zu den Grundfragen der Politikwissenschaft, Opladen 1985, S. 164-170.
115 Gerhard Lehmbruch, Parteienwettbewerb im Bundesstaat, Stuttgart 1976.
116 Peter Katzenstein, Policy and Politics in West Germany. The Growth of a Semisovereign State, Philadelphia 1987.
117 In bezug auf letzteren Aspekt gipfelt Lehmbruchs Analyse in der Feststellung, "daß bei wichtigen Vorhaben eine Mehrheit nur soviel Handlungsfreiheit genießt, wie die jeweilige Opposition ihr zuzugestehen bereit ist." Vgl. G. Lehmbruch, a.a.O. (Anm. 115), S. 160.
118 Dies bildet zugleich die Quintessenz der theoretisch-konzeptionellen Annahmen von Autoren wie James March/Johann Olsen, The New Institutionalism: Organisational Factors in Political Life, in: American Political Science Review 78 (1984), S. 734-749 und Peter Hall, Governing the Economy: The Politics of State Intervention in Britain and France, New York 1986, S. 19.
119 Schmidt spricht im Rahmen einer anderen Studie zur Sozialpolitik der Bundesrepublik und anderer westlicher Länder ausdrücklich von einem "erweiterten politisch-institutionalistischen Ansatz", mit dem sich auch die theoretische Herangehensweise seiner späteren Arbeiten treffend bezeichnen ließe. Vgl. Manfred G. Schmidt, Sozialpolitik. Historische Entwicklung und internationaler Vergleich, Opladen 1988, S. 17f.

entstand Mitte der siebziger Jahre als Gegenreaktion auf die bis dahin rund zwei Jahrzehnte während Vorherrschaft des Behavioralismus[120] und unterscheidet sich vom klassischen Institutionalismus durch seinen expliziten Bezug auf das Verhältnis von politischen Institutionen und den Inhalten staatlicher Politik.[121] Politische Akteure als Gestalter staatlicher Politik spielen in nahezu allen Varianten des Institutionalismus eine entscheidende Rolle; ferner läßt sich festhalten, daß deterministische Annahmen der Mehrzahl relevanter Ansätze fremd sind. Unterschiede bestehen vor allem hinsichtlich der Dimensionierung des zugrunde gelegten Institutionenbegriffs[122] und der unterstellten Prägekraft institutioneller Strukturen, die entweder im Bereich der Strategien von Akteuren oder auf der Ebene der Präferenzen von Akteuren vermutet werden.[123]

Die oben erwähnten institutionell orientierten Arbeiten zum deutschen Regierungssystem von Lehmbruch, Katzenstein und Schmidt basieren auf Zugängen, die alle eine mehr oder weniger enge Verwandtschaft zu dem jüngst von Mayntz und Scharpf[124] in die Diskussion eingeführten Ansatz des "akteurszentrierten Institutionalismus" aufweisen. Ihnen ist gemein, daß sie institutionelle Strukturen primär als unabhängige Variablen betrachten. Der Institutionenbegriff des "akteurszentrierten Institutionalismus" ist ferner einerseits so weit, daß er nicht nur Institutionen im klassischen Sinne (wie etwa Parlamente), sondern auch institutionalisierte Regelsysteme (wie beispielsweise parlamentarische Geschäftsordnungen) einschließt; er ist andererseits eng genug für eine analytische Unterscheidung institutioneller Strukturen auf der einen und Akteuren einschließlich deren Handlungen auf der anderen Seite. Damit schafft er die Voraussetzungen dafür, Interaktionen von Akteuren vor dem Hintergrund länderspezifischer Institutionenarrangements theoriegeleitet und vergleichend studieren zu können.

1.7 Zusammenfassung und Hypothesenbildung

Die vorstehende Literaturanalyse hat einen Blick auf die Schwerpunkte und Lücken in der bisherigen sozial- und rechtswissenschaftlichen Erforschung des Verhältnisses von Regierungsmehrheit und Opposition im parlamentarischen

---

120 Vgl. statt vieler Kenneth A. Shepsle, Studying Institutions. Some Lessons from the Rational Choice Approach, in: Journal of Theoretical Politics 1 (1989), S. 131-147, 132f.
121 Vgl. Thomas R. Dye, Understanding Public Policy, 8. Aufl. Englewood Cliffs 1995, S. 19f.; für eine vergleichende Würdigung neuerer neo-institutionalistischer Ansätze Vivien Lowndes, Varieties of New Institutionalism: A Critical Appraisal, in: Public Administration 74 (1996), S. 181-197.
122 Vgl. mit weiteren Nachweisen James G. March/Johann P. Olsen, Democratic Governance, New York u.a. 1995, S. 27.
123 Vgl. Kathleen Thelen/Sven Steinmo, Historical Institutionalism in Comparative Politics, in: Sven Steinmo/Kathleen Thelen/Frank Longstreth (Hrsg.), Structuring Politics, Cambridge 1992, S. 1-32, 7f.
124 Renate Mayntz/Fritz W. Scharpf, Der Ansatz des akteurszentrierten Institutionalismus, in: dies. (Hrsg.), Gesellschaftliche Selbstregulung und politische Steuerung, Frankfurt a.M./ New York 1995, S. 39-72.

Gesetzgebungsverfahren eröffnet, die hier zunächst noch einmal zusammenfassend referiert werden sollen.

Die Mehrzahl juristischer Studien hat sich, einem engen fachlichen Selbstverständnis gemäß, mit der Darstellung der rechtlichen Dimension untersuchter Gegenstände begnügt. Das gilt sowohl im Hinblick auf das Studium der Verfassungsinstitutionen wie für die Analyse des parlamentarischen Gesetzgebungsverfahrens, welche zudem selten bewußt in einen gemeinsamen Kontext gestellt wurden. Selbst auf der formal-rechtlichen Analyseebene blieben systematisch ländervergleichende Untersuchungen innerhalb der juristischen Disziplin eine große Seltenheit.

Politikwissenschaftliche Studien haben ihrerseits zwar stärker auf die Akteursebene und die Inhalte von Entscheidungen des Gesetzgebers abgehoben. Die Politics-Dimension des Gesetzgebungsverfahrens wurde jedoch zumeist nur in solchen Arbeiten besonders berücksichtigt, die die Stellung des Parlaments gegenüber anderen Akteuren (Regierung, Verwaltung, Interessengruppen) in den Mittelpunkt stellten. Vor allem Arbeiten aus dem Bereich der Policy-Forschung zeigten ein stärkeres Interesse an Regierungs- und Oppositionsparteien, doch wurde dabei der Frage nach den Folgen von Machtwechseln bzw. der empirisch-statistischen Analyse des Einflußpotentials von Oppositionsparteien auf die Regierung mehr Raum zugestanden als dem Studium der Interaktionsmuster von Akteuren. Die stärkste Tendenz zur Erforschung von Strategien und Interaktionsmustern zwischen Akteuren zeigt die Netzwerkanalyse als populäre Subdisziplin der jüngeren Policy-Forschung. Trotzdem trug gerade die moderne Netzwerkanalyse außerordentlich wenig zur Erforschung des Zusammenspiels von Regierungsmehrheit und Opposition bei, da nicht selten beide Akteure unter die Kategorie der politischen Akteure subsumiert wurden und deren Machtpotential gegenüber nicht-staatlichen Akteuren zu bestimmen versucht wurde. Das konkrete Verhältnis zwischen Regierungsmehrheit und Opposition im parlamentarischen Entscheidungsprozeß fand, von bemerkenswerten Ausnahmen abgesehen, auch innerhalb der Parlamentarismusforschung selten tiefergehendes Interesse, sofern es nicht, wie in der Mehrzahl jüngerer Studien dieser Subdisziplin, ohnehin lediglich als erklärende Variable herangezogen wurde. Es blieb sogar beinahe weniger entwickelt als die mit den internen Entscheidungsmechanismen innerhalb der Regierungsmehrheit befaßte Forschung. Auch im Hinblick auf politikwissenschaftliche Arbeiten zum Themenkomplex Regierungsmehrheit und Opposition/Parlamentarisches Gesetzgebungsverfahren läßt sich schließlich feststellen, daß systematische internationale Vergleiche selten sind. Häufig bestand das Ziel ländervergleichender Studien lediglich darin, die Unterschiedlichkeit von Formen staatlicher Problemverarbeitung darzustellen, ohne die Befunde innerhalb eines gemeinsamen theoretischen Referenzrahmens zu diskutieren.

Der zusammenfassende Überblick zeigt, daß die ländervergleichende und empirisch orientierte politikwissenschaftliche Erforschung der Akteursbeziehung zwischen Regierungsmehrheit und Opposition innerhalb des parlamentarischen Gesetzgebungsverfahrens insgesamt ein recht oberflächlich bearbeitetes Feld darstellt. Besser ist es demgegenüber um die Existenz von Hypothesen zum Beziehungsmuster zwischen Regierungsmehrheit und Opposition in parlamentarischen Demokratien des späten 20. Jahrhunderts bestellt, wenngleich diese bislang an keiner Stelle systematisch gebündelt und aufeinanderbezogen wurden. Bereits die bloße Anzahl relevanter Hypothesen verdeutlicht indes, daß parlamentarische Systeme erheblich mehr Spielräume für unterschiedliche Akteursstrategien bzw. Theorien über Akteursstrategien eröffnen, als Autoren für möglich halten, die das parlamentarische System lediglich als Modelltyp begreifen und auf die systemstrukturellen Unterschiede zum Präsidialsystem abheben. "Warum sollen hier komplexere Modelle notwendig sein, um Entscheidungsausgänge vorauszusagen?", fragten Pappi und andere[125] jüngst mit Blick auf die scheinbar simple Entscheidungslogik in parlamentarischen Systemen.[126]

Aus der voranstehenden Literaturanalyse lassen sich zumindest zwei unterschiedliche Gruppen von Hypothesen herauslesen, welche nicht nur auf unterschiedlichen Argumentationsmustern aufbauen, sondern auch deutlich voneinander abweichende "Erwartungshaltungen" hinsichtlich des Zusammenspiels beider Akteure formulieren. Eine erste Gruppe hypothetischer Annahmen bezüglich der Beziehungsstruktur zwischen den Akteuren Regierungsmehrheit und Opposition läßt sich unter den Oberbegriff der "Kooperationshypothese" subsumieren, nach der eine vergleichende Analyse des parlamentarischen Verfahrens in unterschiedlichen Systemen Formen eines "kooperativen Parlamentarismus" zutage fördern müßte. Für Mair und Katz[127] ist dies primär wegen des gemeinsamen Interesses von regierender Mehrheit und Opposition (bzw. der sie tragenden Parteiorganisationen) an der Stabilisierung ihrer Position innerhalb der politischen Klasse zu erwarten. Demgegenüber sieht Herzog[128] ein Interesse der Regierungsmehrheit an kooperativen Entscheidungsmustern vor allem durch die daraus resultierende Verbreiterung der Legitimationsbasis für politische Entscheidungen bestimmt, während die Opposition durch ihre Mit-

---

125 Franz Urban Pappi/Thomas König/David Knoke, Entscheidungsprozesse in der Arbeits- und Sozialpolitik. Der Zugang der Interessengruppen zum Regierungssystem über Politikfeldnetze. Ein deutsch-amerikanischer Vergleich, Frankfurt a.M./New York 1995, S. 46.
126 So simpel und kritikwürdig eine solche Einschätzung auf den ersten Blick erscheint, so ist sie doch zumindest insoweit zutreffend, als log rolling-Prozesse mit wechselnden Mehrheiten und ungewissem Ausgang in parlamentarischen Systemen - im Gegensatz zu der Situation innerhalb der parlamentarischen Arena präsidentieller Systeme - eine bloße Ergänzungsform parlamentarischer Entscheidungsstrukturen darstellen, die speziell im Falle qualifizierter Mehrheitserfordernisse für bestimmte Entscheidungen virulent werden kann. Die formalen Voraussetzungen für einen parlamentarischen Mehrheitsbeschluß müssen in parlamentarischen Systemen mit der ihnen eigenen Funktionsstruktur von Regierungsmehrheit und systematischer parlamentarischer Opposition hingegen nicht stets aufs neue geschaffen werden, sieht man vom Sonderfall einer parlamentarischen Minderheitsregierung einmal ab. Dies ist auch der wichtigste Grund, warum spieltheoretische Erklärungsansätze über Entscheidungsausgänge im Rahmen dieser Studie nicht weiter berücksichtigt wurden. Die Grundannahme einer *durch Interdependenz geprägten Entscheidungssituation*, die unterschiedliche spieltheoretische Konstruktionen verbindet, kommt in parlamentarischen Systemen aufgrund der dort auch in verfassungsinstitutioneller Hinsicht konkretisierten Mehrheitsregel nicht oder nur in einer Reihe von Ausnahmefällen zum Tragen. Vgl. zum spieltheoretischen Ansatz statt vieler Robert Axelrod, Die Evolution der Kooperation, München 1988.
127 R. Katz/P. Mair, a.a.O. (Anm. 84).
128 D. Herzog, a.a.O. (Anm. 58).

arbeit an wichtigen Gesetzen schweren politischen Fehlentwicklungen entgegenzuwirken trachte. Diese Autoren gehen davon aus, daß die von ihnen behauptete Tendenz in Richtung kooperativer Beziehungsmuster zwischen Regierungsmehrheit und Opposition in erster Linie durch politisch-rationale Erwägungen der Akteure bedingt ist. An dieser Stelle setzt ein dritter Argumentationsstrang an, der aus einer zunehmend ähnlicheren beruflichen Sozialisation von Politikern in den Reihen der Regierungs- und Oppositionsparteien und einer fortschreitenden Entideologisierung des politischen Wettbewerbs ebenfalls eine Tendenz zu prinzipiell konsensorientierten Umgangsformen folgert.[129] Allen diesen Erklärungsansätzen ist gemein, daß sie (länder-)spezifischen Institutionenarrangements wenig Bedeutung beimessen (vgl. Tabelle 1).

Tabelle 1: Variationen der Kooperationshypothese

Disziplin	Begründung	Einfluß von Institutionen
Parlamentarismusforschung (Herzog)	Erweiterung der Legitimationsbasis für wichtige Entscheidungen; Verhinderung von irreversiblen Fehlentscheidungen	gering
Parteienforschung (Katz und Mair)	Streben nach Konstituierung eines Machtkartells; Stabilisierung der Machtposition der handelnden Akteure	gering
Elitenforschung (Rebenstorf)	Zunehmend ähnlicher sozialer Background von Vertretern der Regierungsmehrheit und der Opposition und fortschreitende Entideologisierung	gering

Von Beyme hingegen steht mit seinem oben umrissenen Argument nur mit einem Bein im Lager der "Kooperationstheoretiker". Bei von Beyme spielen nicht nur grundlegende institutionelle Bedingungen, wie die Existenz von Institutionen, in denen Vertreter von Regierung und Opposition regelmäßig aufeinandertreffen, eine größere Rolle als bei den anderen genannten Autoren. Auch kooperative Entscheidungsmuster werden nur im Hinblick auf solche Maßnahmen prognostiziert, die eher die Ressourcenausstattung der politischen Klasse als das politische System im weiteren Sinne betreffen.

Im Gegensatz zu den Vertretern einer mit politisch-rationalen Motiven bzw. sozialen Aspekten begründeten "Kooperationshypothese" gehen "Institu-

---

129 Vgl. H. Rebenstorf, a.a.O. (Anm. 89). Freilich ist bei diesen theoretischen Annahmen der jeweils unterschiedliche Geltungsanspruch zu berücksichtigen. So ist vor allem zu betonen, daß die Ausführungen Herzogs eher einen "empfehlenden", potentiell handlungsanleitenden Charakter besitzen, während die übrigen Hypothesen stärker durch den Anspruch gekennzeichnet sind, in westlichen Ländern bereits existierende Handlungsmuster der Opposition generalisierend zu beschreiben.

tionalisten" davon aus, daß die Interaktionsformen zwischen politischen Akteuren primär durch die jeweils vorherrschenden institutionellen Rahmenbedingungen geprägt werden. Unterschiedliche Institutionenarrangements eröffnen je spezifische Handlungsoptionen bzw. -restriktionen, die aus dieser Sicht das Verhalten eines Akteurs bzw. die Interaktionen zwischen mehreren Akteuren zwar nicht determinieren, jedoch stärker prägen als alle übrigen Variablen. Zu einer Kooperation zwischen prinzipiell kompetitiv eingestellten Akteuren kommt es - aus der institutionalistischen Perspektive gesehen - im wesentlichen in dem Maße, wie institutionell begründete Notwendigkeiten eine solche unumgänglich machen; auf die Opposition bezogen also in Systemen, in denen diese über starke Mitwirkungsrechte bzw. Vetomöglichkeiten gegen Mehrheitsentscheidungen verfügt.

Die Brauchbarkeit dieser beiden auf konträren Erwartungshaltungen basierenden Hypothesen(gruppen) für die empirisch-vergleichende Politikforschung hängt nicht zuletzt von der Auswahl untersuchter Fälle ab. Die vorgestellten Hypothesen sind am besten anwendbar im Rahmen eines Samples, das institutionell möglichst unterschiedlich ausgestattete parlamentarische Systeme berücksichtigt. Eine solche Fallauswahl schafft die Voraussetzungen dafür, untersuchen zu können, wie viel unterschiedliche Hypothesen zur Erklärung empirisch faßbarer parlamentarischer Prozesse beizutragen haben.

Nach der Logik der akteurszentrierten "Kooperationshypothese" müßte in allen untersuchten Systemen - weitgehend unabhängig von bestehenden Unterschieden in deren spezifischer institutioneller Ausstattung - eine stark ausgeprägte kooperative Beziehungsstruktur zwischen Regierungsmehrheit und Opposition feststellbar sein. Dafür sprechen jedenfalls die Annahmen einer zunehmend ähnlicheren Sozialisierung des Personals von Regierungs- und Oppositionsparteien, eines beiderseitigen Machterhaltungsinteresses sowie des Strebens nach einer größtmöglichen Erweiterung der Legitimationsbasis für wichtige Entscheidungen (seitens der Regierungsmehrheit) bzw. der versuchten Vermeidung von im nachhinein schwer rückgängig zu machenden Fehlentscheidungen (auf seiten der Opposition). Folgt man hingegen der Logik institutioneller Erklärungsansätze, müßte ein kooperativ geprägtes Beziehungsmuster zwischen beiden Akteuren am deutlichsten in demjenigen System zum Tragen kommen, daß die stärksten institutionellen Kompromiß- bzw. Aushandlungszwänge aufweist und entsprechend schwächer in Systemen mit geringen oder gar keinen Mitwirkungs- und Vetorechten der Opposition.

In Ergänzung der Literaturanalyse und Hypothesenformulierung ist es im weiteren ferner notwendig, den im Zentrum der Studie stehenden Begriff der Kooperation angemessen präzise zu fassen und mögliche Formen kooperativen Handelns innerhalb der parlamentarischen Arena politischer Systeme voneinander abzugrenzen. Als unzureichend geklärt muß insbesondere das Verhältnis der Begriffe Konsens und Kooperation zueinander angesehen werden. So wird nicht selten vom konsensorientierten bzw. kooperationsorientierten Verhalten eines Akteurs gesprochen, wenn der Gegensatz zu einer konflikt- oder wettbewerbsorientierten Akteursstrategie bezeichnet werden soll. Eine stärker differenzierende Begriffsanalyse hat als zentrales Unterscheidungsmerkmal der

Termini Konsens und Kooperation zumindest die *Handlungsorientierung* des letzteren Begriffs herauszustellen. Kooperation bezeichnet stets eine von mehreren möglichen Formen der *Interaktion* zwischen mindestens zwei Akteuren. Dem Konsens-Begriff wohnt demgegenüber kein vergleichbares dynamisches Element inne. Konsens bezeichnet vielmehr einen durch politische, sachliche oder allgemein weltanschauliche Übereinstimmung über eine bestimmte Maßnahme geprägten *Zustand*, der sowohl bereits vor Beginn eines interaktionären Prozesses gegeben sein kann oder aber durch diesen herbeigeführt wurde und dann dessen Ergebnis darstellt. Hinsichtlich des Verhältnisses zwischen Konsens und Kooperation wird in jüngeren Studien zu Recht darauf hingewiesen, daß die Entstehung kooperativer Konfliktregelungsmuster an die Bedingung geknüpft sei, daß über einen Gegenstand nicht bereits vor Beginn des Entscheidungsprozesses Übereinstimmung zwischen den entscheidungsrelevanten Akteuren besteht.[130] Dazu reicht es allerdings aus, daß sachlicher Dissens zwischen Akteuren lediglich in bezug auf einen "Valenz-Issue" gegeben ist, bei dem nicht die Ziele, wohl aber die zu beschreitenden Wege und einzusetzenden Mittel zur Erreichung dieses Zieles umstritten sind.

Ausgehend von diesem Begriffsverständnis lassen sich mit Blick auf die parlamentarische Arena moderner politischer Systeme drei Arten von Kooperation unterscheiden.[131] Neben der *Kooperation bei Gesetzesvorhaben, die von Anfang praktisch unumstritten sind*, existiert zweitens die Möglichkeit zur *Kooperation in Form inhaltlicher Kompromisse durch Verhandlungen über eine bestimmte Vorlage* sowie drittens zu *längerfristig angelegter Kooperation auf der Grundlage von Kompensationsgeschäften über mehrere Maßnahmen* aus dem selben oder verschiedenen Politikfeldern.

Auf die Eigenarten dieser unterschiedlichen Formen von Kooperation wie auf die Erklärungskraft der oben herausfiltrierten Hypothesen zum Akteursverhältnis zwischen Regierungsmehrheit und Opposition wird im zweiten Hauptteil der Arbeit zurückzukommen sein. In den folgenden Abschnitten dieses Teils der Untersuchung sollen zunächst die allgemeinere Dimension des Chancenprofils der parlamentarischen Opposition wie die formal-rechtliche Gesamtstruktur des legislativen Verfahrens in den drei ausgewählten Ländern behandelt werden. Diesen beiden Aspekten kommt einerseits die Funktion zu,

---

130 Vgl. Theo Schiller, 'Politikstil' als vergleichendes Untersuchungskonzept, in: Udo Kempf/ Hans Michelmann/Theo Schiller (Hrsg.), Politik und Politikstile im kanadischen Bundesstaat. Gesundheits- und energiepolitische Entscheidungsprozesse im Provinzenvergleich, Opladen 1991, S. 33-52, 42. Als eher irreführend muß demgegenüber die Typologie unterschiedlicher Interaktionen zwischen Akteuren von Stefano Bartolini angesehen werden, der für die Kategorie kooperativer Interaktionsmuster ("Cooperazione") ausdrücklich *ähnliche* Zielsetzungen von Akteuren für konstitutiv erklärt und entgegengesetzte Zieldefinitionen derselben zu Merkmal einer Reihe anderer Interaktionstypen ("Interazione conflitto" und "negoziato") reserviert. Vgl. ders., Cosa è "competizione" in politica e come va studiata, in: Rivista Italiana di Scienza Politica 26 (1996), S. 209-267, 210f. u. Tab. 1.
131 Vgl. K. von Beyme, a.a.O. (Anm. 67), Kap. 14.

einen Bezugsrahmen für den zweiten Hauptteil der Studie zu konstituieren. Zugleich bilden sie jedoch auch für sich selbst betrachtet wichtige Bausteine für ein tieferreichendes Verständnis der allgemeinen Bestimmungsfaktoren des Verhältnisses zwischen Regierungsmehrheit und Opposition und des Gesetzgebungsverfahrens in unterschiedlichen parlamentarischen Demokratien.

2. Chancenprofile parlamentarischer Opposition im Vergleich (Fallauswahl)

2.1 Theoretische Konzepte der Aktionsvoraussetzungen parlamentarischer Opposition

Die theoretische Diskussion der Aktionsvoraussetzungen parlamentarischer Opposition ist bislang wenig entwickelt. Dies gilt vor allem für die Konzeption von Modellen parlamentarischer Aktionsbedingungen, die für das vergleichende Studium der Oppositionstätigkeit in unterschiedlichen westlichen Demokratien anwendbar sind. Ältere Überblicksbeiträge zur Stellung der Opposition konzentrierten sich häufig auf das Kriterium der verfassungsrechtlichen Normierung bzw. Nichtberücksichtigung des Oppositionsstatus[132], das für die Beschaffenheit des tatsächlich bestehenden oppositionellen Handlungsspielraumes allenfalls zweitrangig ist bzw. sogar einen inversen Zusammenhang erkennen läßt.

Ein interessantes Schema zur Systematisierung oppositioneller Aktionsbedingungen wurde jüngst von Sjölin[133] im Rahmen einer Studie zum schwedischen Parlamentarismus vorgelegt. Sjölins Konzept basiert auf der grundlegenden Unterscheidung formaler Aktionsbedingungen ("freedom of action") und den tatsächlichen Fähigkeiten der Opposition, ihre eigenen Präferenzen zu erkennen und entsprechend gezielt zu verfolgen ("capacity for action"). Weiter differenziert wird bei Sjölin jedoch nur die "capacity for action"-Dimension, woraus folgendes Schema resultiert:

---

132 Vgl. Sylvi Giulj, Confrontation or Conciliation: the Status of the Opposition in Europe, in: Government and Opposition 16 (1981), S. 476-494.
133 Mats Sjölin, Coalition Politics and Parliamentary Power, Lund 1993.

Schaubild 1: Handlungskapazitäten von Oppositionsparteien gegenüber der Regierungspolitik (nach Sjölin)

		The Opposition:	
		will change	will not change
The Opposition:	can change	Manifest Power	Potential Power
	can not change	Power-lessness	Impotence

Quelle: M. Sjölin, aaO. (Anm. 133), S. 186, Tab. 10.2

Danach wird zwar nach internen Handlungskapazitäten eines Akteurs (will-Dimension) und seinen externen Handlungskapazitäten (can-Dimension) unterschieden. Die externen Handlungskapazitäten beziehen sich in Sjölins Modell jedoch nicht etwa auf die institutionellen Bedingungen oppositioneller Handlungsfähigkeit, sondern auf die Fähigkeit eines Akteurs, Entscheidungen zu treffen und seine Umwelt zu beeinflussen ("his ability to make decisions and influence the environment")[134]. Die grundlegenden formalen Voraussetzungen oppositionellen Handelns hingegen bleiben unberücksichtigt. Dies wird im Rahmen von Sjölins Studie damit begründet, daß formale bzw. institutionelle Bedingungen längerfristig stabile Einflußvariablen oppositionellen Handelns bildeten und deshalb für eine nicht vergleichend ausgerichtete Länderstudie unberücksichtigt gelassen werden könnten. Zumindest für eine ländervergleichende Studie, wie die vorliegende, sind im Zusammenhang mit der Fallauswahl jedoch gerade jene Faktoren von Bedeutung, die sich durch längerfristige Stabilität auszeichnen und damit Strukturmerkmale eines politischen (Sub-)Systems bilden.

Grundsätzlich ist davon auszugehen, daß die konkrete Ausgestaltung des Verhältnisses zwischen Regierungsmehrheit und parlamentarischer Minderheit sowohl von institutionellen wie von empirisch schwerer faßbaren politisch-kulturellen Einflußfaktoren abhängt. Ferner besitzt auch die jeweilige parlamentarische Situation - so insbesondere das aktuelle Stärkeverhältnis zwischen Parlamentsmehrheit und -minderheit - sowie die aktuelle politische Situation insgesamt erhebliche Bedeutung für die Herausbildung spezifischer Kon-

---

134 Ebd., S. 179f.

fliktregelungsmuster.[135] Allerdings lassen sich letztere Faktoren für eine an grundlegenden Struktureigenheiten politischer Systeme orientierte Fallauswahl nicht sinnvoll berücksichtigen, obwohl sich auch im Hinblick auf diese Einflußfaktoren systematische Wirkungszusammenhänge behaupten lassen.[136]

2.2 Die institutionellen Bedingungen parlamentarischer Opposition in der Bundesrepublik Deutschland, Großbritannien und Österreich

Auf der institutionellen Auswahlebene kann als die wichtigste Dimension des hier interessierenden Problembereichs die Frage nach den jeweils vorfindbaren institutionalisierten Mitwirkungs- und Vetorechten der Opposition im parlamentarischen Gesetzgebungsverfahren angesehen werden. Die diesbezüglich relevanten Komponenten lassen sich zusammengenommen als *institutionelle Chancenstruktur* oder "opportunity structure" der parlamentarischen Opposition bezeichnen.[137] In dieser Hinsicht verkörpern die Bundesrepublik und Großbritannien in der Reihe der parlamentarischen Regierungssysteme Extreme auf der Skala konkurrenzdemokratisch bzw. konsensdemokratisch strukturierter Systeme.[138]

Das jeweils bestehende institutionelle Chancenprofil der Opposition im parlamentarischen Gesetzgebungsverfahren offenbart sich insbesondere in den Antworten auf die folgenden sechs Fragen[139]:

- Besitzt die Opposition in Form des Erfordernisses qualifizierter Mehrheiten ein verfassungsrechtlich garantiertes Minderheitenveto bei der Verabschiedung verfassungsändernder Gesetze?
- Besteht für die Opposition die Möglichkeit, parlamentarische Entscheidungen vor dem Verfassungsgericht anzufechten?

---

135 Vgl. H. Oberreuter, a.a.O. (Anm. 27), S. 482-486, 485.
136 Dies gilt insbesondere für das potentielle Spannungsverhältnis zwischen regierender Mehrheit und parlamentarischer Minderheit gemäß der jeweils vorherrschenden Regierungsform (Einparteienregierung, kleine Koalition, Große Koalition, Allparteienregierung). Vgl. Wolfgang C. Müller, Executive-Legislative Relations in Austria: 1945-1992, in: Legislative Studies Quarterly 18 (1993), S. 465-494, 474 f.
137 Vgl. Herbert Döring, Parlament und Regierung, in: Oskar W. Gabriel (Hrsg.), Die EG-Staaten im Vergleich. Strukturen, Prozesse, Politikinhalte, Opladen 1992, S. 334-356, 340.
138 Ohne die Einschränkung auf Länder, die ein parlamentarisches Regierungssystem besitzen, werden als Extremausprägungen auf der Mehrheitsherrschaft-Konsensdemokratie-Achse in aller Regel Großbritannien und die Schweiz genannt. Vgl. zuletzt Arend Lijphart, Democracies: Forms, Performance, and Constitutional Engineering, in: European Journal of Political Research 25 (1994), S. 1-17, 2; Heidrun Abromeit, Kontinuität oder "Jekyll-and-Hyde-Politik": Staatshandeln in der Schweiz und in Großbritannien, in: dies./Werner Pommerehne (Hrsg.), Staatstätigkeit in der Schweiz, Bern u.a. 1992, S. 159-192, 159f. Es ist allerdings wichtig zu betonen, daß es sich bei diesen Einschätzungen um Bewertungen handelt, die neben institutionellen Faktoren (welche im übrigen nicht speziell auf die parlamentarische Arena konzentriert sind) auch politisch-kulturelle Eigenheiten politischer Systeme berücksichtigen.
139 So im wesentlichen auch Manfred G. Schmidt, Opposition, in: ders., Wörterbuch zur Politik, Stuttgart 1995, S. 677-678, 678.

- Kann die Opposition, bei Vorliegen entsprechender Mehrheitsverhältnisse, Gesetzesvorhaben der Regierung über die "Zweite Kammer" dauerhaft blockieren?
- Existiert ein uneingeschränktes Gesetzesinitiativrecht der Opposition?
- Steht der Opposition ein proportional zu ihrer Mandatsstärke im Plenum bemessener Vorsitz in den Gesetzgebungsausschüssen zu?
- Wirkt die Opposition bei der Aufstellung der parlamentarischen Tagesordnung mit?

Zu dem vorstehenden Fragenkatalog ist dreierlei anzumerken: Erstens sind darin nur solche institutionellen Aspekte enthalten, die der Opposition eine konkrete Mitwirkung an Entscheidungsprozessen bzw. eine Vetomöglichkeit gegen mißbeliebige Mehrheitsentscheidungen einräumen; jedenfalls dann, wenn sie über das jeweils erforderliche Mindestmaß an parlamentarischer Repräsentationsstärke verfügt, das zur tatsächlichen Inanspruchnahme der genannten Minderheitenrechte ermächtigt. Solche Rechtspositionen lassen sich analytisch abgrenzen von oppositionellen Kontrollrechten, die weniger deutlich auf direkte Einflußnahme oder eine potentielle "Blockade" von Mehrheitsentscheidungen gerichtet sind (vgl. I, 2.3). Zweitens berücksichtigt der Fragenkatalog nur solche Aspekte des institutionell bestimmten Chancenpotentials der Opposition, die dieser *unmittelbar* zugute kommen, wie beispielsweise der Anspruch auf einen bestimmten Anteil der Ausschußvorsitzendenpositionen. Es gibt andere institutionalisierte Regelungen - wie etwa eine an der Ressorteinteilung der Ministerialverwaltung orientierte Struktur des der Gesetzesberatung dienenden Ausschußsystems - die ebenfalls von großer Bedeutung für die Aktionsbedingungen der Opposition sein können, aber gleichwohl keinen Kernbestandteil der oppositionellen Chancenstruktur im engeren Sinne bilden (vgl. I, 3.5). Drittens ist schließlich darauf hinzuweisen, daß die einzelnen hier berücksichtigten Komponenten der oppositionellen "opportunity structure" ein zum Teil stark unterschiedliches Gewicht besitzen. Als besonders wichtig müssen die drei erstgenannten Aspekte des obenstehenden Katalogs - das Zweidrittelmehrheits-Erfordernis bei der Verabschiedung verfassungsändernder Gesetze, das Recht einer qualifizierten parlamentarischen Minderheit, ein abstraktes Normenkontrollverfahren einzuleiten, und die "Blockademöglichkeit" über die Zweite Kammer des Parlaments oder eine funktional verwandte Gliedstaatenkammer - angesehen werden.

Tabelle 2 zeigt, daß hinsichtlich der institutionalisierten Mitwirkungsrechte und Vetomöglichkeiten der Opposition im parlamentarischen Gesetzgebungsverfahren ein extremer Gegensatz zwischen der Situation in Großbritannien einerseits und in der Bundesrepublik andererseits besteht. Österreich nimmt im Rahmen dieser Klassifizierung eine Mittelposition mit allerdings deutlich größerer Nähe zur Bundesrepublik ein.[140]

---

140 Der auf die wichtigsten Veto- und Mitspracherechte der Opposition beschränkte Vergleich weist im Ergebnis eine Verwandtschaft auf zu der Verortung der drei Länder im Rahmen einer weiter dimensionierten Kategorisierung, der es um die in einem System installierten "Schranken der Mehrheitsherrschaft" geht. Dabei werden, teils in Überschneidung mit den

Tabelle 2: Institutionalisierte Mitwirkungschancen und Vetomöglichkeiten der parlamentarischen Opposition im Gesetzgebungsverfahren im Vergleich

	Großbritannien	Österreich	Bundesrepublik
Uneingeschränktes Gesetzesinitiativrecht der Opposition	-	(x)	x
Proportionaler Oppositionsvorsitz in den Gesetzgebungsausschüssen	-	-	x
Mitwirkung bei der Aufstellung der parlamentarischen Tagesordnung	-	x	x
Minderheitenveto bei verfassungsändernden Gesetzen	-	x	x
Vetomöglichkeit über Verfassungsgericht	-	x	x
Nicht überstimmbares Veto über "Zweite Kammer"	-	(x)	x
Index	0.0	4.0	6.0

Wie außerordentlich schwach die institutionalisierten Mitwirkungschancen der parlamentarischen Opposition in Großbritannien sind, zeigt bereits das eingeschränkte Gesetzesinitiativrecht der Opposition. Diese Einschränkung besteht nicht nur darin, daß das britische Unterhaus gemäß einschlägiger Bestimmungen seiner Geschäftsordnung keine Anträge annehmen darf, die sich auf die Verausgabung von Geldern für öffentliche Zwecke beziehen, es sei denn die Regierung hätte diese zuvor befürwortet.[141] Entscheidender ist die Tatsache, daß eine (gemessen an den rechtlichen Regeln für die parlamentarische Einbringung von Vorlagen durch Regierungsmitglieder) im wesentlichen gleichberechtigte gesetzgeberische Initiative "aus dem Plenum heraus" in Großbritanni-

---

hier zugrundegelegten Klassifikationskriterien, in der Regel fünf zentrale Barrieren der Mehrheitsherrschaft unterschieden: (1) ein geringer Grad der Zentralisierung der Staatsstruktur, (2) eine mächtige Zweite Kammer (oder ein Äquivalent in Form einer Institution, welche die Exekutive der Gliedstaaten vertritt), (3) eine autonome Verfassungsgerichtsbarkeit und massive Schranken für Verfassungsänderungen, (4) Verhältniswahlrecht, (5) eine relativ autonome Zentralbank. Die Positionierung der drei hier interessierenden Länder (nach Indexpunkten) lautet wie folgt: Bundesrepublik 5, Österreich 3, Großbritannien 0. Vgl. mit weiteren Nachweisen M. Schmidt, a.a.O. (Anm. 99), S. 386f.

141 Bereits diese Verfahrensregel erscheint Kritikern als grundsätzlich "unvereinbar mit dem generellen Prinzip eines freien Initiativrechts der Mitglieder bzw. der Fraktionen eines jeden Parlaments". So Ernst Fraenkel, Historische Vorbelastungen des deutschen Parlamentarismus, in: ders., Deutschland und die westlichen Demokratien, Frankfurt a.M. 1990 (zuerst 1960), S. 23-47, 28.

en überhaupt nicht existiert.[142] Abgeordnete, die nicht zugleich Regierungsmitglieder sind, können Gesetze nur im Rahmen von speziellen, restriktiv gehaltenen Verfahrensregeln für sogenannte Private Members' bills initiieren.[143]

Ebenso besitzt die parlamentarische Minderheit im britischen Unterhaus keinen formal-rechtlichen Anspruch auf einen ihrer Mandatsstärke entsprechenden Anteil an den Vorsitzendenpositionen in den Ständigen Ausschüssen, sprich den Gesetzgebungsausschüssen.[144] Unabhängig von länderspezifischen Regelungen in bezug auf die verfahrensrechtlichen Kompetenzen des Ausschußvorsitzenden läßt sich feststellen, daß ein Anspruch auf Besetzung von Ausschußvorsitzen für die Opposition stets von beträchtlicher Bedeutung ist: "Ein der Opposition angehörender Ausschußvorsitzender hat (...) kraft seines Amtes Zuarbeits- und Informationsmöglichkeiten, die ihm gegebenenfalls Erkenntnisse verschaffen können, welche im Wege parlamentarischer Anfragen aus Gründen des Prestiges der Regierung oder der Vertraulichkeit nur schwer zu erlangen sind. Insbesondere der fehlende Zugang der Opposition zu Regierungs- und Verwaltungsunterlagen kann so wenigstens teilweise ausgeglichen werden."[145] Hinzu kommen als weitere Vorteile eine gewisse Öffentlichkeitswirkung, die mit dem Amt des Ausschußvorsitzenden verbunden ist, sowie das in praktisch allen Systemen gewährleistete Recht des Vorsitzenden, während der Ausschußberatungen jederzeit das Wort zu ergreifen.

In der Bundesrepublik sind beide grundlegenden Rechte - das uneingeschränkte Gesetzesinitiativrecht der Opposition und der Anspruch auf eine proportional zu ihrer Mandatsstärke im Plenum bemessene Berücksichtigung bei der Vergabe von Ausschußvorsitzen - gewährleistet: Ebenso wie in bezug auf den Inhalt Selbständiger Anträge, zu denen bis zur Reform der Geschäftsordnung des Bundestages (GOBT) 1980 auch Gesetzentwürfe aus den Reihen des Bundestages gezählt wurden[146], sagt die novellierte GOBT über inhaltliche Begrenzungen des Initiativrechts für Vorlagen "aus der Mitte des Bundestages" nichts. § 76 Abs. 1 GOBT verlangt lediglich die Unterstützung einer aus dem Bundestag stammenden Gesetzesinitiative durch eine Fraktion oder mindestens fünf Prozent der Mitglieder des Bundestages.[147] Hingegen ist es

---

142 Vgl. Karl Loewenstein, Staatsrecht und Staatspraxis von Großbritannien. Bd. 1: Parlament, Regierung, Parteien, Berlin u.a. 1967, S. 320.
143 Vgl. I, 3.2.
144 Vgl. Herbert Döring, Großbritannien: Regierung, Gesellschaft und politische Kultur, Opladen 1993, S. 146;
145 Volkmar Kese, Das Zugriffsverfahren bei der Bestimmung parlamentarischer Ausschußvorsitzender, in: Zeitschrift für Parlamentsfragen 24 (1993), S. 613-621, 614.
146 Vgl. Rudolf Kabel, Die Behandlung der Anträge im Bundestag: Rechte, Formen und Verfahren, in: H.-P. Schneider/W. Zeh (Hrsg.), a.a.O. (Anm. 25), S. 883-916, 887f.
147 Während bereits § 7 der vorläufigen GOBT vom 20. September 1949 das Quorum der "Fraktionsstärke" einführte, lag die zur Bildung einer Fraktion notwendige Mitgliederzahl anfangs noch bedeutend niedriger. Sie betrug bis zur Verabschiedung der endgültigen GOBT vom 6. Dezember 1951 lediglich zehn Abgeordnete, womit eine "Fraktion" einer Gruppe von nur rund 2,5 Prozent der Gesamtheit der Volksvertreter entsprach. Von 1952 bis 1969 betrug die jeweils durch Mehrheitsbeschluß des Plenums festzulegende Mindestmitgliederzahl für die Bildung einer Fraktion 15 Abgeordnete und damit - in Abhängigkeit von der leicht schwankenden Gesamtzahl der Abgeordneten - zwischen 3,7 und später rund 3,0 Prozent der Mitglieder des Bundestages. Das bis heute geltende Quorum von 5 Prozent der Gesamtmitglieder des Bundestages wurde am 27. März 1969 als revidierter § 10 (unter

nach Rechtsprechung des Bundesverfassungsgerichts[148] unzulässig, die Ausübung des Initiativrechts an erschwerende Bedingungen, wie etwa die Vorlage eines Kostendeckungsvorschlages für finanzwirksame Gesetze, zu koppeln.[149]

Die Aufteilung der Vorsitzendenstellen in den Ständigen Ausschüssen des Bundestages bestimmt sich - wie die Stellenanteile der Fraktionen in den Ausschüssen - nach dem Stärkeverhältnis der Fraktionen im Plenum.[150] Der formellen Vereinbarung über die Zuteilung der Ausschußvorsitze im Ältestenrat gemäß § 58 GOBT gehen in der Regel längere interfraktionelle Verhandlungen voraus, bis es zu der in § 6 Abs. 2 Satz 2 GOBT vorgesehenen Verständigung über die Besetzung der Stellen der Ausschußvorsitzenden und ihrer Stellvertreter kommt.[151] Sofern sich die Fraktionen nicht einigen können, wird die Auswahl im sogenannten "Zugreifverfahren"[152] getroffen. Dabei können die Fraktionen in der Reihenfolge, in der sie nach Höchstzahlverfahren zum Zuge kommen, in jedem Fall einen bestimmten Anteil der Ausschußvorsitzendenstellen beanspruchen.[153] Teil der ungeschriebenen Regeln bei der Besetzung des Ausschußvorsitzes ist es, der Opposition den Vorsitz im Haushaltsausschuß zu überlassen, dem eine vergleichbare Konvention im britischen System entspricht, als Vorsitzenden des Public Accounts Committee einen Vertreter der Opposition zu nominieren. Darüber hinaus gibt es im Bundestag weitere längerfristig stabile Präferenzen der Fraktionen für bestimmte Ausschußvorsitze, ohne daß daraus gewohnheitsrechtliche Ansprüche ableitbar wären.[154]

Die Ausübung des Gesetzesinitiativrechts durch Abgeordnete des österreichischen Nationalrates ist zwar nicht so stark eingeschränkt wie im britischen Fall, aber doch an stärker erschwerende Bedingungen geknüpft als im Bundestag, weshalb für Österreich innerhalb der Kategorie "Uneingeschränktes Gesetzesinitiativrecht der Opposition?" ein halber Indexpunkt vergeben wurde (vgl. Tabelle 2). So besagt § 28 Abs. 1 der Geschäftsordnung des Nationalrates (GONR), daß Selbständige Anträge von Abgeordneten, nach welchen eine über den Bundesvoranschlag (Budgetgesetz) hinausgehende finanzielle Bela-

---

Berufung auf die entsprechende Schranke im Bundeswahlgesetz) in der GOBT niedergelegt..
148 BVerfGE 1, 144, 158ff.
149 Vgl. B.-O. Bryde, a.a.O. (Anm. 64), S. 869f.
150 Vgl. Wolfgang Zeh, Das Ausschußsystem im Bundestag, in: H.-P. Schneider/W. Zeh (Hrsg.), a.a.O. (Anm. 25), S. 1085-1102, 1093f.; Helmuth Schulze-Fielitz, Parlamentsbrauch, Gewohnheitsrecht, Observanz, in: H.-P. Schneider/W. Zeh (Hrsg.), a.a.O. (Anm. 25), S. 359-393, 375f.; ausführlich Florian Edinger, Wahl und Besetzung parlamentarischer Gremien. Präsidium, Ältestenrat, Ausschüsse, Berlin 1992, S. 190ff.
151 Vgl. Hans-Achim Roll, Der Ältestenrat, in H.-P. Schneider/W. Zeh (Hrsg.), a.a.O. (Anm. 25), S. 809-828, 819f.
152 Vgl. V. Kese, a.a.O. (Anm. 145).
153 Vgl. Joseph Bücker (Ritzel/Bücker) unter Mitarbeit von Hermann Josef Schreiner, Udo Ahrens, Günter Hirnschal und Ingeborg Renner, Handbuch für die Parlamentarische Praxis mit Kommentar zur Geschäftsordnung des Deutschen Bundestages, München (Stand: November 1995), § 6 GOBT, S. 3. Auch Gerhard Loewenberg spricht mit Blick auf die erste Gelegenheit nach 1949, bei der das "Zugreifverfahren" angewandt werden mußte, im Januar 1961, "von veränderten Fraktionsstärken, die die CDU *zwang(en)*, an jede der zwei anderen Fraktionen einen Vorsitz abzutreten"; ders., Parlamentarismus im politischen System der Bundesrepublik Deutschland, Tübingen 1969, S. 250; Hervorhebung hinzugefügt.
154 Vgl. W. Ismayr, a.a.O. (Anm. 25), S. 195f.

stung des Bundes eintreten würde, einen Kostendeckungsvorschlag enthalten müssen. Der mit der Beratung einer Vorlage betraute Ausschuß hat dann zu prüfen, ob der gemachte Kostendeckungsvorschlag ausreichend ist (§ 28 Abs. 2 GONR).[155]

Auf noch etwas ungünstigere Rechtsbestimmungen trifft die österreichische Opposition hinsichtlich der Modalitäten für die Bestellung der Ausschußvorsitzenden in den Ständigen Ausschüssen des Nationalrates. Trotz der nicht ganz unzutreffenden Feststellung, daß in Österreich zwar die meisten Ausschußvorsitze an die Mehrheitspartei gingen, jedoch zugleich ein beträchtlicher Teil an die Opposition falle[156], ist im hier interessierenden Zusammenhang mit der Frage nach den rechtlich geregelten Beteiligungsrechten der Opposition zu konstatieren, daß die Geschäftsordnung des Nationalrates keine Bestimmung beinhaltet, die der Opposition in irgendeiner Hinsicht als rechtliche Handhabe für einen Protest gegen eine Nichtberücksichtigung dienen könnte. In § 34 Abs. 2 GONR heißt es lapidar: "Jeder Ausschuß wählt einen Obmann und so viele Obmannstellvertreter und Schriftführer, wie für notwendig erachtet werden."[157] Die Wahl der Vorsitzenden (Obmänner) erfolgt nach dem Mehrheitsprinzip, womit eine unabänderliche strukturelle Überlegenheit der Regierungsmehrheit gegeben ist, da die Ausschüsse gemäß § 32 Abs. 1 GONR die Mehrheitsverhältnisse im Plenum widerzuspiegeln haben.

Unterschiede zwischen den drei Systemen bestehen auch hinsichtlich der Mitwirkung der parlamentarischen Minderheit bei der Aufstellung der Tagesordnung des Plenums. In Österreich und der Bundesrepublik existieren in Form der Präsidialkonferenz bzw. des Ältestenrates formale Strukturen, in denen nach einem überfraktionellen Konsens über die Tagesordnung und den Zeitplan des Plenums gesucht wird.[158] Hierin sind Repräsentanten der Opposition ebenso vertreten wie Mitglieder der parlamentarischen Mehrheit. Obwohl in Großbritannien die Mehrzahl diesbezüglicher Entscheidungen des Unterhauses ebenfalls als Ergebnis von Absprachen zwischen der Regierungsmehrheit und der Opposition zustande kommt, besitzen diese lediglich informellen, d.h. keinen juristisch erzwingbaren Charakter, weshalb die Mehrheit über die Tagesordnung de jure allein entscheidet.[159]

---

155 Es bleibt jedoch unklar, ob bei Kostendeckungsvorschlägen für Selbständige Anträge von Abgeordneten ausschließlich Erhöhungen des aktuellen Bundeshaushalts oder eine zusätzliche Belastung des kommenden Budgets beachtet werden müssen. Vgl. Andreas J. Kumin, Rechte und Pflichten der Nationalratsabgeordneten, Wien 1990, S. 118.
156 Vgl. Inter-Parliamentary Union (Hrsg.), Parliaments of the World. A Comparative Reference Compendium, 2. Aufl. Aldershot 1986, Tabelle 21.2.
157 Vgl. auch Wilhelm F. Czerny/Heinz Fischer, Kommentar zur Geschäftsordnung des Nationalrates und zum Unvereinbarkeitsgesetz, 2. Aufl. Wien 1982, S. 110.
158 Anzumerken ist allerdings, daß es sich im Hinblick auf diese Regelungsaspekte sowohl beim Ältestenrat des Bundestages als auch bei der Präsidialkonferenz des Nationalrates um Organe mit beratendem Charakter, nicht im strengen Wortsinne um Beschlußorgane handelt. Im Gegensatz zur GONR stellt § 6 Abs. 2 GOBT dies auch expressis verbis fest ("Bei der Wahrnehmung dieser Aufgaben ist der Ältestenrat kein Beschlußorgan"). In beiden Parlamenten kann im Falle einer - in der Praxis seltenen - Nichteinigung im Ältestenrat bzw. in der Präsidialkonferenz oder nachträglichen Änderungswünschen das Plenum mit Mehrheit über die Aufstellung der Tagesordnung entscheiden.
159 Vgl. H. Döring, a.a.O. (Anm. 144), S. 146; differenzierter Herbert Döring, Time as a Scarce Resource: Government Control of the Agenda, in: ders. (Hrsg.), a.a.O. (Anm. 47), S.

Ferner kennt das britische System auch nicht das in der Bundesrepublik und in Österreich bestehende Erfordernis qualifizierter Mehrheiten für die Verabschiedung verfassungsändernder Gesetze, ja nicht einmal die auf dem Kontinent übliche Unterscheidung und hierarchische Rangordnung von Verfassung und Gesetz.[160] Stets genügt der regierenden Mehrheit im Unterhaus eine einfache, relative Mehrheit, um jedes von ihr verfolgte Gesetzesvorhaben politisch und rechtlich verbindlich beschließen zu können.[161] In Österreich bedürfen demgegenüber sogar eine Reihe nicht verfassungsändernder Gesetze eine Zweidrittelmehrheit im Parlament (so etwa im Bereich der Schulgesetzgebung); im direkten Vergleich mit der Bundesrepublik ist zudem hervorzuheben, daß vergleichsweise mehr österreichische Gesetze verfassungsändernden Charakter besitzen, wodurch die "bargaining power" der österreichischen Opposition in dieser Hinsicht sogar eine etwas größere ist als in der Bundesrepublik.

Hinsichtlich der Vetomacht der parlamentarischen Opposition über die Verfassungsgerichtsbarkeit stehen sich Großbritannien und die Bundesrepublik wiederum diametral gegenüber. Das britische "Westminster-Modell" kennt keine institutionalisierte Verfassungsgerichtsbarkeit; vielmehr beinhaltet der Verfassungsgrundsatz der "Parlamentssouveränität", daß es keine höhere rechtsetzende Autorität als das Parlament gibt und folglich kein Gericht des Landes das Recht besitzt, Parlamentsakte für ungültig zu erklären.[162] Die Bundesrepublik und Österreich zählen demgegenüber zu jenen Staaten, die eine auch im weiter dimensionierten internationalen Vergleich stark ausgeprägte Verfassungsgerichtsbarkeit besitzen.[163] In Österreich wurde das Recht eines Drittels der Mitglieder des Nationalrates, Bundesgesetze wegen Verfassungswidrigkeit vor dem österreichischen Verfassungsgerichtshof anzufechten allerdings erst 1975 durch Verfassungsänderung eingeführt.[164] Von Bedeutung ist dabei nicht nur die konkrete Wahrnehmung der bestehenden Möglichkeit zu "abstrakter Normenkontrolle" durch die Opposition, sondern in kaum geringerem Maße die indirekte Wirkung, die von der "Antizipation eines verfassungs-

---

223-246, 224f. Ein systeminterner Ausgleich besteht im britischen System in Form von sogenannten "Opposition Days", an denen die Opposition über die Gegenstände der Tagesordnung selbständig bestimmen kann. Deren Gesamtzahl beträgt mittlerweile 20 Sitzungstage pro Session, von denen 17 der größten Oppositionspartei, die übrigen drei der zweitgrößten Oppositionspartei zugewiesen werden. Je nach Anzahl der gesamten Sitzungstage des Unterhauses innerhalb eines Parlamentsjahres, machen die "Opposition Days" im Durchschnitt etwa ein Zehntel bis ein Siebtel aller Sitzungen des Unterhauses während einer Session aus.

160 Vgl. John W. Gough, Fundamental Law in English Constitutional History, Oxford 1955, S. 2ff.
161 Vgl. Lars Kastning, Vereinigtes Königreich, in: W. Steffani (Hrsg.), a.a.O. (Anm. 50), S. 375-413, 400.
162 Vgl. Peter Madgwick/Diana Woodhouse, The Law and Politics of the Constitution of the United Kingdom, New York u.a. 1995, S. 20ff.; John Alder, Constitutional Law, 2. Aufl. London 1994, S. 60ff.
163 Vgl. Christian Starck/Albrecht Weber (Hrsg.), Verfassungsgerichtsbarkeit in Westeuropa, Baden-Baden 1986.
164 Vgl. Helmut Widder, Der Nationalrat, in: Herbert Schambeck (Hrsg.), Österreichs Parlamentarismus, Wien 1986, S. 261-336, 316.

rechtlichen Risikos"[165] auf seiten der parlamentarischen Mehrheit ausgeht. Mit Blick auf die Bundesrepublik hat Abromeit[166] diesbezüglich gar von einer "eingebauten Handlungsbremse" gesprochen.

Wenn hier im Rahmen der Differenzierung der oppositionellen Mitwirkungs- und Vetorechte weiter von einer Bikameralität aller drei Systeme - als Voraussetzung der Mitwirkung einer "Zweiten Kammer"[167] an der Gesetzgebung - ausgegangen wird, so geschieht dies auf der Grundlage einer funktionalen, zugleich stärker politologisch als staatsrechtlich argumentierenden Klassifikation von Eigenarten politischer Institutionen. Aus staatsrechtlicher Perspektive ist festzustellen, daß weder in der Bundesrepublik noch in Österreich eine den Bundesrat einbeziehende, umgreifende Bezeichnung wie "Parlament" existiert[168]; für die Bundesrepublik ist zudem vom Bundesverfassungsgericht eigens konstatiert worden, daß es sich beim Bundesrat formal um keine "Zweite Kammer" handelt.[169] Seitens der vergleichenden Politikforschung gilt für den hier interessierenden Bereich der Gesetzgebungsfunktion hingegen die mehr als beratende Mitwirkung einer neben der "Volkskammer" bestehenden weiteren Körperschaft an der Gesetzgebung als zentrales Kriterium für ein echtes Zweikammernsystem, wobei diese Mitwirkung entweder aktiv (in Form von Gesetzesinitiativen) oder passiv (durch Ausübung eines Vetos gegen Gesetzentwürfe der Ersten Kammer) ausgeübt werden kann.[170]

---

165 Christine Landfried, Bundesverfassungsgericht und Gesetzgeber: Wirkungen der Verfassungsgerichtsbarkeit auf parlamentarische Willensbildung und soziale Realität, Baden-Baden 1984, S. 59.
166 Heidrun Abromeit, Volkssouveränität, Parlamentssouveränität, Verfassungssouveränität: Drei Realmodelle der Legitimation staatlichen Handelns, in: Politische Vierteljahresschrift 36 (1995), S. 49-66, 60.
167 Die Unterscheidung zwischen "Erster Kammer" und "Zweiter Kammer" war in terminologischer Hinsicht einem historischen Wandel unterworfen. Zum Ausgang des 18. Jahrhunderts wurde allgemein noch die Vertretung des Adels - das Oberhaus - als Erste Kammer und die Vertretung des Bürgertums - das Unterhaus - als Zweite Kammer bezeichnet. Mit dem Sieg der Volkssouveränität erfuhren diese Bezeichnungen eine Umkehrung. Von einzelnen Ausnahmen im Sprachgebrauch abgesehen (so etwa im Falle der Niederlande), gilt heute die demokratisch vom Gesamtvolk gewählte parlamentarische Vertretung gemeinhin als Erste Kammer. Vgl. Karl Weber, Kriterien des Bundesstaates. Eine systematische, historische und rechtsvergleichende Untersuchung der Bundesstaatlichkeit der Schweiz, der Bundesrepublik Deutschland und Österreichs, Wien 1980, S. 127. Dieser heute üblichen Begriffsverwendung wird hier gefolgt.
168 Vgl. Hans-Josef Vonderbeck, Der Bundesrat - ein Teil des Parlaments der Bundesrepublik Deutschland? Zur Bedeutung der parlamentarischen Repräsentation, Meisenheim/Glan 1964, S. 110; Irmgard Kathrein, Der Bundesrat, in: Herbert Schambeck (Hrsg.), Österreichs Parlamentarismus, Wien 1986, S. 337-401, 337.
169 Vgl. Diether Posser, Der Bundesrat und seine Bedeutung, in: Ernst Benda/Werner Maihofer/Hans-Jochen Vogel (Hrsg.), Handbuch des Verfassungsrechts der Bundesrepublik Deutschland, 2. Aufl. Berlin/New York 1994, S. 1145-1198, 1151f.; Klaus Stern, Das Staatsrecht der Bundesrepublik Deutschland, Bd. I: Grundbegriffe und Grundlagen des Staatsrechts, Strukturprinzipien der Verfassung, 2. Aufl. München 1984, S. 726ff.
170 Vgl. Klaus von Beyme, Die Funktionen des Bundesrates. Ein Vergleich mit Zweikammersystemen im Ausland, in: Bundesrat (Hrsg.), Der Bundesrat als Verfassungsorgan und politische Kraft. Beiträge zum fünfundzwanzigjährigen Bestehen des Bundesrates der Bundesrepublik Deutschland, Bad Honnef/Darmstadt 1974, S. 365-393, 378.

In funktionaler Hinsicht können damit sowohl das House of Lords als auch der deutsche und der österreichische Bundesrat als "Zweite Kammern"[171] klassifiziert werden mit allerdings deutlichen Unterschieden in bezug auf die Reichweite ihrer gesetzgeberischen Kompetenzen. Nur der deutsche Bundesrat besitzt ein - in der politischen Praxis auch in quantitativer Hinsicht bedeutendes - nicht überstimmbares Vetorecht gegen alle zustimmungsbedürftigen Gesetzesbeschlüsse des Bundestages.[172] Das House of Lords verfügt demgegenüber lediglich über ein suspensives Veto, während der österreichische Bundesrat in einem sehr eingeschränkten Maße auch über ein nicht überwindbares Vetorecht gegen Beschlüsse des Nationalrates verfügt. Angesichts der geringen Anzahl zustimmungspflichtiger Beschlüsse des österreichischen Nationalrates wurde Österreich in der vergleichenden Bewertung in Tabelle 2 wiederum mit einem halben Indexpunkt bedacht.

Die Kompetenzen des österreichischen Bundesrates im Bereich der Gesetzgebung sind durch eine Verfassungsänderung aus dem Jahre 1984 geringfügig erweitert worden.[173] Die Zustimmung des Bundesrates ist seitdem in folgenden Fällen erforderlich: bei Grundsatzgesetzen des Bundes, die den Ländern zur Erlassung des Ausführungsgesetzes eine Frist von weniger als sechs Monaten oder mehr als einem Jahr setzen; zweitens bei Gesetzen, die die Verfassungsbestimmungen über die Bestellung und Zusammensetzung des Bundesrates ändern; drittens bei solchen Verfassungsgesetzen oder -bestimmungen in einfachen Gesetzen, welche die Zuständigkeiten der Länder in Gesetzgebung und Vollziehung einschränken[174] sowie viertens bei gesetzesändernden oder -ergänzenden Staatsverträgen, die Angelegenheiten des selbständigen Wirkungsbereiches der Länder regeln (Art. 50 Abs. 1 B-VG). Demgegenüber büßte das House of Lords sein Vetorecht bei Finanzgesetzen ebenso wie sein absolutes Veto gegen alle übrigen Gesetzesbeschlüsse des Unterhauses bereits durch den Parliament Act von 1911 ein. Das seither lediglich suspensive Vetorecht des Oberhauses wurde zudem 1949 von zwei Jahren auf ein Jahr weiter reduziert.[175]

Entgegen der älteren Bewertung Lijpharts[176], der das Ausmaß an Bikameralität - gemessen an der bestehenden Machtrelation zwischen Erster und Zweiter Kammer - in Großbritannien als schwach ("weak") und in Österreich als unbedeutend ("insignificant") klassifiziert, läßt sich feststellen, daß das Vetopotential, über das die parlamentarische Opposition in Österreich über

---

171 Wegen der - zumindest für die Bundesrepublik - in rechtlicher Hinsicht fortbestehenden Fragwürdigkeit der Bezeichnung wird der Terminus "Zweite Kammer" als Sammelbezeichnung im folgenden nur mit Anführungszeichen versehen verwendet.
172 Für eine systematische Auflistung zustimmungsbedürftiger Gesetzesbeschlüsse siehe Heinz Laufer, Das föderative System der Bundesrepublik Deutschland, 6. Aufl. 1991, S. 118f.
173 Vgl. Theo Öhlinger, Verfassungsrecht, 2. Aufl. Wien 1995, S. 162f.
174 Hierzu ist gemäß Art. 44 B-VG eine mit zwei Dritteln der abgegebenen Stimmen zu erteilende Zustimmung des Bundesrates erforderlich. Bei Gesetzesbeschlüssen, die eine Teiländerung der Bundesverfassung bewirken, besitzt der Bundesrat zudem das besondere Recht, mit einem Drittel seiner Mitglieder eine Volksabstimmung über einen solchen Gesetzesbeschluß zu verlangen, dem entsprochen werden muß.
175 Vgl. Donald Shell, The House of Lords, 2. Aufl. New York u.a. 1992, S. 10ff.
176 Arend Lijphart, Democracies. Patterns of Majoritarian and Consensus Government in Twenty-One Countries, New Haven/London 1984, S. 100.

die Zweite Kammer verfügt, faktisch immer noch größer ist als jenes der britischen Opposition. Die österreichische Gliedstaatenkammer setzt sich (ähnlich wie der deutsche Bundesrat) in Abhängigkeit von der Stärke der einzelnen Parteien auf Länderebene zusammen.[177] Daraus ergibt sich, daß eine in den Ländern starke Opposition auf Bundesebene die dem Bundesrat zustehenden, wenngleich sehr begrenzten Vetorechte im gesamtstaatlichen Gesetzgebungsverfahren prinzipiell gezielt in ihrem Sinne einsetzen kann[178], womit die Situation in Österreich derjenigen in der Bundesrepublik gleicht.[179] Das föderative Element (als Grundlage einer Institution wie des deutschen oder österreichischen Bundesrates) sichert der Opposition in Österreich wie in der Bundesrepublik ferner indirekt dort, wo sie an der Landesregierung beteiligt ist, den

---

177 Allerdings handelt es sich bei den Mitgliedern des österreichischen Bundesrates anders als in der Bundesrepublik nicht um delegierte Mitglieder der einzelnen Landesregierungen, sondern um Abgeordnete, die von den Länderparlamenten nach dem Grundsatz der Verhältniswahl für die Dauer einer Landtagsgesetzgebungsperiode gewählt werden. Dabei muß der jeweils zweitstärksten Partei im Landtag jedoch mindestens ein Mandat für den Bundesrat zufallen. Ein weiterer wichtiger Unterschied zur Bundesrepublik besteht darin, daß die Mitglieder des österreichischen Bundesrates nicht weisungsgebunden sind. Vgl. Heinz Fischer, Das Parlament, in: Herbert Dachs u.a. (Hrsg.), Handbuch des politischen Systems Österreichs, 3. Aufl. Wien 1997, S. 99-121, 119.
178 Vgl. Anton Pelinka, Zweikammernsystem im Parteienstaat, in: Zeitschrift für Parlamentsfragen 4 (1973), S. 136-157; Erich Reiter, Reform des Bundesrates, Wien 1983, S. 16f. sowie Friedrich Koja, Austria as a Federal State, in: Austrian Journal of Public and International Law 46 (1994), S. 293-303, 295f.
179 Eine ausschließlich parteipolitisch motivierte Handlungslogik des deutschen und des österreichischen Bundesrates findet jedoch seine Grenzen nicht nur in der verfassungsrechtlichen Intention, nach der beide Organe um die Vertretung von Länderinteressen gegenüber dem Bund bemüht sein sollen. Als Bedingungen, die "die parteipolitische 'Übernahme' und 'Instrumentalisierung' des Bundesrates als 'Gegenkammer'" in der Bundesrepublik erschweren, nennen Schüttemeyer und Sturm: "die weniger direkte Legitimation der Bundesratsvertreter der Länder, die nicht aus direkten Wahlen hervorgehen; die Verantwortung der Landesregierung gegenüber ihrem regionalen Wahlvolk; die Profilierungsbemühungen von Landespolitikern auch gegenüber einer im Bund regierenden Mutterpartei; das gemeinsame Interesse der Länder zur Abwehr bundesstaatlicher und EG-Interventionen, die die Aufgaben der Länder beschneiden; das gemeinsame Interesse der Länder an der Sicherung ihrer Finanzquellen (Steuereinnahmen); die (vom GG gewollte) Einwirkung des Verwaltungsvollzugs (der 'Bürokratie') auf die Gesetzgebung." (Suzanne S. Schüttemeyer/Roland Sturm, Wozu Zweite Kammern? Zur Repräsentation und Funktionalität Zweiter Kammern in westlichen Demokratien, in: Zeitschrift für Parlamentsfragen 23 (1992), S. 517-536, 531.) Die Mehrzahl dieser Argumente ließe sich zweifelsohne auch auf den österreichischen Bundesrat anwenden. Mit Blick speziell auf die Bundesrepublik läßt sich ferner feststellen, daß das Zustandekommen einer Reihe von Schlüsselentscheidungen im vereinten Deutschland ebenfalls gegen die "Parteipolitisierungsthese" sprechen. Neben der Verfassungsreform 1994 ist diesbezüglich insbesondere auf die Auseinandersetzungen über die Neuregelung des gesamtdeutschen Finanzausgleichs zu verweisen, der durch eine auffällige "Suspendierung des Parteienwettbewerbs im Entscheidungsprozeß" gekennzeichnet war. (Wolfgang Renzsch, Föderative Problembewältigung: Zur Einbeziehung der neuen Länder in einen gesamtdeutschen Finanzausgleich ab 1995, in: Zeitschrift für Parlamentsfragen 25 (1994), S. 116-138, 134.) Die Grenzen einer "Koordinierungsstrategie" zwischen parteipolitisch verbündeten Vertretern in Bundestag und Bundesrat wurden ebenfalls deutlich anläßlich der im Zusammenhang mit der Reform der Diätenregelung für Bundestagsabgeordnete notwendigen Grundgesetzänderung im Herbst 1995. Nachdem der Bundestag die Änderung des Grundgesetzes mit einem Gros der Stimmen aus den Reihen der SPD-Opposition gebilligt hatte, scheiterte die Vorlage im Bundesrat vor allem am Widerstand der über eine klare Mehrheit der Stimmen verfügenden SPD-regierten Länder. Vgl. Frankfurter Allgemeine Zeitung vom 28. September 1995 und vom 14. Oktober 1995.

Zugriff auf Informationen und Sachkompetenz, wodurch einem allzu starken Informations- und Wissensgefälle zwischen der Regierung bzw. der diese tragenden parlamentarischen Mehrheit und der Opposition auf Bundesebene strukturell entgegengewirkt wird.[180]

Anders sieht es im Falle Großbritanniens aus, das keinen föderalen, sondern einen unitarischen Staatsaufbau besitzt. Entsprechend handelt es sich bei den Mitgliedern des House of Lords weder um gewählte Abgeordnete von Landesparlamenten noch um delegierte Repräsentanten von Landesregierungen. Die Mitglieder der Zweiten Kammer des britischen Parlaments sind entweder Angehörige des erblichen oder auf Lebenszeit verliehenen Adels, sofern sie nicht ex officio oder über die spezielle Nominierung als Law Lords eine Mitgliedschaft beanspruchen können.[181] Obwohl sich parteipolitische Orientierungen grundsätzlich auch im Oberhaus nachweisen lassen, was schon deshalb nicht überraschen kann, da insbesondere zahlreiche Life Peers auf eine jahrzehntelange politische Karriere im von Parteien dominierten Unterhaus zurückblicken können, spielen parteipolitisch strukturierte Auseinandersetzungen im House of Lords insgesamt eine deutlich geringere Rolle.[182] Zutreffender läßt sich von einem - primär aus der weitgehenden sozialen Homogenität der Mitglieder erklärbaren - "konservative(n) Bias"[183] des Oberhauses sprechen.

Alles in allem sind die rechtlich garantierten Mitwirkungs- und Vetochancen der parlamentarischen Opposition in Großbritannien also in jeder (hier erörterten) Hinsicht eindeutig schlechter zu bewerten als jene, über die die parlamentarische Opposition in der Bundesrepublik bzw. in Österreich verfügt. Der scheinbar naheliegende Einwand, daß die Opposition im britischen Parlament dafür über stärker ausgebildete Möglichkeiten der öffentlichen Selbstdarstellung und Kritik an der Regierung verfügt[184], ändert hieran prinzipiell nichts. Trotzdem erscheint es lohnend, einen kurzen Blick auf das Verhältnis von oppositionellen Kontroll- und Mitwirkungsrechten in parlamentarischen Systemen zu werfen.

---

180 Vgl. Wolf-Rüdiger Schenke, Gesetzgebung zwischen Parlamentarismus und Föderalismus, in: H.-P. Schneider/W. Zeh (Hrsg.), a.a.O. (Anm. 25), S. 1485-1521, 1501.
181 Vgl. Rodney Brazier, Constitutional Practice, 2. Aufl. Oxford 1994, S. 232ff.
182 Dies hat mehrere Gründe. Zunächst gibt es eine Reihe von Mitgliedern, die überhaupt keine eindeutig parteipolitisch definierten Interessen verfolgen. Diejenigen Oberhausmitglieder hingegen, die einer Partei mehr oder weniger offen zuneigen, obliegen praktisch keinerlei Abstimmungszwängen, wie sie im deutschen Bundesrat durch die formalisierte "Einstimmigkeitsklausel" für Vertreter eines Landes oder im Unterhaus durch die ausgeprägte Fraktionsdisziplin gegeben ist; sie sind überdies an keine Wahlversprechen ihrer Partei gebunden, auf deren Grundlage sie ihr Mandat hätten erringen können, und haben weder seitens der Bevölkerung noch irgendeiner Parteiorganisation Sanktionen welcher Art auch immer zu fürchten. Vgl. D. Shell, a.a.O. (Anm. 175), S. 64f.
183 Roland Sturm, Das britische Gemeinwesen heute. Verfassungs- und Institutionenwandel in den 70er und 80er Jahren, in: Hans-Georg Wehling (Red.), Großbritannien, Stuttgart u.a. 1992, S. 37-48, 46.
184 Vgl. in diesem Sinne etwa Dennis Kavanagh, British Politics, Continuities and Change, 2. Aufl. Oxford 1990, S. 224, der - allerdings ohne weitere Vergleiche anzustellen - konstatiert: "In comparison to the time and opportunities allowed in legislatures elsewhere, arrangements in the British House of Commons must be judged as relatively generous to Her Majesty's Opposition."

2.3 Exkurs: Zur analytischen Differenzierbarkeit und funktionalen Aufeinanderbezogenheit von oppositionellen Kontroll- und Mitwirkungsrechten

Kontrolle und Mitwirkung als zentrale Tätigkeits- und Aufgabenbereiche des Parlaments - oder genauer, bestimmter Gruppen innerhalb des Gesamtparlaments - stellen in der Praxis keine strikt voneinander trennbaren Dimensionen parlamentarischer Tätigkeit dar. Auch in der theoretischen Diskussion spielte der Begriff "Mitwirkung" lange Zeit keine eigenständige Rolle. Der inhaltlich verwandte Begriff der "parlamentarischen Mitregierung" wurde aus der klassischen Kontroll-Lehre heraus entwickelt, die zunächst vor allem von einer Kontrolle des Parlaments über die Regierungstätigkeit im nachhinein ausging und erst später die Vorstellung begleitender, mitwirkender Kontrolle formulierte. Innerhalb der Diskussion um den Charakter parlamentarischer Kontrolle markierte die Betonung parlamentarischer Mitregierung bzw. der "Staatsleitung zur gesamten Hand" (Friesenhahn) gleichsam eine entwicklungsgeschichtliche Mittelposition, welche einerseits die Überwindung des dualistischen Verständnisses der Exekutiv-Legislativ-Beziehungen im parlamentarischen System anzeigte, andererseits durch neuere Deutungsansätze, die eher eine Kontrolle des Parlaments durch die Regierung als Strukturen einer parlamentarischen Kontrolle gegenüber der Regierung sehen[185], relativiert wurde.

In der jüngeren rechtswissenschaftlichen Oppositionsforschung wird zwar zusammenfassend von einer "Mitentscheidungs- und Optimierungsfunktion" der Opposition gesprochen und dem Institut der parlamentarischen Kontrolle "sowohl eine machthemmende als auch eine mitgestaltende Funktion"[186] beigemessen. Dem entspricht aber, wie bei Haberland, häufig keinerlei Differenzierung zwischen Kontrollrechten im allgemeinen und Mitwirkungsrechten im engeren Sinne. Ein so diffus um die Pole Machthemmung und Mitgestaltung kreisendes Verständnis von parlamentarischer Kontrolle ist in analytischer Hinsicht ebenso unbrauchbar wie der ältere Kontrollbegriff von Krebs, demzufolge grundsätzlich in jedem parlamentarischen Entscheidungsprozeß parlamentarische Kontrolle stattfindet.[187]

Ausgehend von der Annahme eines variierenden Kontinuums parlamentarischer Einflußformen wurden verfassungsrechtliche Kontrollkompetenzen des Parlaments erstmals von Gerlich[188] im Rahmen eines Vier-Felder-Schemas systematisch differenziert, das auf den beiden Grundkriterien Einwirkungsbefugnis (des Parlaments) und Öffentlichkeitswirkung (von Kontrollmaßnahmen) basiert. Jüngere Arbeiten aus dem juristischen Metier sind über diese Diffe-

---

185 Vgl. aus der neueren Literatur statt vieler Matti Wiberg, Parliamentary Questioning: Control by Communication, in: H. Döring, a.a.O. (Anm. 47), S.179-222, 219: "It is not the parliament which controls the government, but the other way round: the government controls the (majority of the) parliament."
186 Stephan Haberland, Die verfassungsrechtliche Bedeutung der Opposition nach dem Grundgesetz, Berlin 1995, S. 41, 47.
187 Vgl. Walter Krebs, Kontrolle in staatlichen Entscheidungsprozessen, Heidelberg 1984, S. 120ff., 164ff.
188 Peter Gerlich, Parlamentarische Kontrolle im politischen System. Die Verwaltungsfunktionen des Nationalrates in Recht und Wirklichkeit, Wien/New York 1973, S. 47f.

renzierung nicht hinausgelangt.[189] Worum es in dem zwischen rechts- und politikwissenschaftlicher Analyse angesiedelten Modell Gerlichs geht, sind jedoch die Kontroll- und Mitwirkungsrechte des Parlaments als Ganzem, wie seine Typologie bestimmter verfassungsrechtlicher Kontrollbefugnisse verdeutlicht.[190]

Die Unterscheidung von oppositionellen Kontrollrechten (wie das Fragerecht) einerseits und Mitwirkungsrechten, die der parlamentarischen Minderheit eine konkrete Machtposition im Entscheidungsprozeß einräumen, andererseits, findet sich am ehesten im Umfeld der modernen international vergleichenden Politikforschung. Sie dient dort, wie im Rahmen dieser Studie, analytischen Zwecken und dem Ziel klassifizierender Aussagen. Je geringer die institutionalisierten Mitwirkungsmöglichkeiten der Opposition dosiert sind, desto größer ist, in der politologischen Terminologie gesprochen, das "policy influence differential"[191] zwischen Regierungs- und Oppositionsparteien.

Obwohl die meisten der Opposition zur Verfügung stehenden "Mitwirkungsrechte" beinahe ebenso gut als besonders weitreichende Kontrollrechte der parlamentarischen Minderheit beschrieben werden könnten, unterscheiden sich erstere doch durch ihre insgesamt stärker auf direkte Einflußnahme und Mitgestaltung gerichtete Natur. Unter oppositionellen "Mitwirkungsrechten" können deshalb verstanden werden *institutionalisierte Handlungsoptionen der Opposition, die um das parlamentarische Entscheidungsverfahren im engeren Sinne herum gruppiert sind und welche nicht primär auf Informationsgewinnung und/oder Offenlegung des Regierungshandelns, sondern auf die konkrete Berücksichtigung der eigenen Zielvorstellungen in politischen Sachprogrammen gerichtet sind.*

Ausgehend von dieser Definition lassen sich oppositionelle "Mitwirkungsrechte" von einer Reihe solcher parlamentarischer Minderheitenrechte abgrenzen, bei denen andere Motive (als unmittelbare Einflußnahme bzw. die Verhinderung von Entscheidungen) ausschlaggebend sind. Darüber hinaus ist die oben gegebene Definition offen für institutionalisierte Vetochancen der Opposition - wie die "Blockademöglichkeit" über die "Zweite Kammer" oder die Möglichkeit der Anfechtung von parlamentarischen Mehrheitsentscheidungen vor dem Verfassungsgericht - die im Rahmen eines ausschließlich parlamentsrechtlich definierten "Waffenarsenals" der Opposition unberücksichtigt bleiben müßten.

Trotz der analytischen Unterscheidbarkeit von Kontrollrechten einerseits und Mitwirkungsrechten andererseits fungieren beide Einrichtungen in der parlamentarischen Praxis aber eher als funktional verwandte Instrumente unterschiedlicher Reichweite. Während Mitwirkungs- und Vetorechte der Opposi-

---

189 Vgl. etwa Andreas Nödl, Parlamentarische Kontrolle. Das Interpellations-, Resolutions- und Untersuchungsrecht. Eine rechtsdogmatische Darstellung mit historischem Abriß und empirischer Analyse, Wien u.a. 1995, S. 24f.
190 Vgl. P. Gerlich, a.a.O. (Anm. 188), S. 184.
191 Franz Urban Pappi/Hermann Schmitt, Die skandinavischen Demokratien als Untersuchungsobjekte der vergleichenden Regierungslehre: Eine Einleitung in systematischer Absicht, in: dies. (Hrsg.), Parteien, Parlamente und Wahlen in Skandinavien, Frankfurt a.M./ New York 1994, S. 9-28, 14.

tion (etwa in Form eines Zweidrittelmehrheits-Erfordernisses für bestimmte Parlamentsbeschlüsse) eine mehr oder weniger direkte Einflußnahme auf das Handeln der Regierungsmehrheit gestatten, können "bloße" Kontrollrechte (wie die parlamentarische Interpellation) immerhin für eine indirekte Beeinflussung der regierenden Mehrheit instrumentalisiert werden. Die Möglichkeit einer indirekten Einflußnahme der Opposition auf die Regierungsmehrheit vermittels der ihr zur Verfügung stehenden "klassischen" Kontrollrechte findet ihre Voraussetzung in dem Prinzip der Öffentlichkeit[192], durch das das parlamentarische Verfahren im engeren Sinne an das Urteil der im Parlament repräsentierten Bevölkerung rückgebunden wird.[193] Während innerhalb der parlamentarischen Arena selbst die Parlamentsmehrheit so etwas wie den "Resonanzboden des Zumutbaren"[194] für die Regierung bildet, kommt - auf einer höheren Ebene - der wahlberechtigten Bevölkerung mit deren Sanktionspotential des Stimmenentzugs in Systemen mit einer demokratischen Repräsentativverfassung die Rolle einer letzten Entscheidungsinstanz über die politische Machtverteilung im Staate zu.[195]

Die Offenlegung und kritische Hinterfragung der Handlungen und Handlungsabsichten der Regierung(smehrheit) erfolgt in modernen parlamentarischen Demokratien nicht zuletzt im Rahmen formalisierter Strukturen, die es der Opposition gestatten, die Regierung öffentlich zur Rechenschaft zu ziehen. Der Zusammenhang des Prinzips der Öffentlichkeit mit der Frage nach der Einflußchance der Opposition liegt auf der Hand: Wo oppositionelle Mitregierung nicht das Ergebnis unüberwindbarer Vetorechte der Opposition, sprich

---

192 Vgl. hierzu grundlegend Ernst Fraenkel, Parlament und Öffentliche Meinung, in: ders., a.a.O. (Anm. 141), S. 204-231 (zuerst 1958); aus der neueren Literatur statt vieler Wolfgang Jäger, Wer regiert die Deutschen? Innenansichten der Parteiendemokratie, Osnabrück 1994, S. 105-117.
193 Das bedeutet keineswegs, daß während einer Legislaturperiode permanente Übereinstimmung zwischen der parlamentarischen Mehrheit bzw. dem Parlament insgesamt und der im Parlament repräsentierten Bevölkerung bestehen müßte. Die Einschätzungen über das Verhältnis zwischen Repräsentierten und Repräsentanten sind hoch kontrovers. Jüngere empirische Untersuchungen für die Bundesrepublik konnten jedoch zeigen, daß sich öffentliche Meinung und parlamentarisches Handeln wechselseitig beeinflussen und zudem der Einfluß des Parlaments auf den öffentlichen Meinungswandel größer ist als umgekehrt. Vgl. Frank Brettschneider, Öffentliche Meinung und Politik. Eine empirische Studie zur Responsivität des Deutschen Bundestages zwischen 1949 und 1990, Opladen 1995.
194 Uwe Thaysen, Parlamentarisches Regierungssystem in der Bundesrepublik Deutschland. Daten - Fakten - Urteile im Grundriß, 2. Aufl. Opladen 1976, S. 37.
195 Der Einfluß des Wahlvolkes auf die Machtverteilung, sprich die parteipolitische Zusammensetzung der Regierung, ist freilich von System zu System unterschiedlich groß. Er bemißt sich in Abhängigkeit vom Wahlsystem einerseits und der von diesem mitgeprägten Struktur des Parteiensystems andererseits. Sehr gering sind die Möglichkeiten der Wähler, direkt auf die parteipolitische Zusammensetzung der Regierung Einfluß zu nehmen in Systemen mit einem Vielparteiensystem, in denen über die Regierungsbildung zwischen einer Vielzahl gegenseitig "koalitionsfähiger" Akteure regelmäßig erst nach den Wahlen entschieden wird, in Systemen mit einer hegemonialen Partei und eingeschränkter "Koalitionsfähigkeit" der Akteure sowie insbesondere in Systemen mit häufigen Minderheitsregierungen (z.B. Niederlande, Dänemark, Italien bis 1994). Vgl. Maria Eysell, Der dänische Minderheitsparlamentarismus der achtziger Jahre, in: Zeitschrift für Politikwissenschaft 6 (1996), S. 375-407; Ludger Helms, Pluralismus und Regierbarkeit. Eine Bestandsaufnahme der italienischen Parteiendemokratie aus Anlaß der Parlamentswahlen 1996, in: Zeitschrift für Politik 44 (1997) (i.E.); Ken Gladdish, Governing from the Centre. Politics and Policy-Making in the Netherlands, London 1991, S. 130.

von massiven institutionalisierten Gegengewichten zur Mehrheitsherrschaft, ist, kann diese nur als Ergebnis einer freiwilligen expliziten Kooperationsbereitschaft seitens der Regierungsmehrheit zustandekommen. Einen Sonderfall bilden lediglich Minderheitsregierungen, welche permanent gezwungen sind, parlamentarische ad hoc-Mehrheiten durch die Rücksichtnahme auf politische Vorstellungen von nicht in der Regierung repräsentierten Gruppen zu organisieren. In allen übrigen Fällen muß eine - nicht rechtlich bedingte - Kooperationswilligkeit der Regierungsmehrheit im Zusammenhang mit der Sanktionsgewalt der urteilenden Öffentlichkeit, d.h. der wahlberechtigten Bevölkerung, gesehen werden.

Das parlamentarische Verfahren ist freilich vielschichtiger als eindimensionale theoretische Handlungsmodelle. So muß die Sachposition der Opposition der Mehrheitsmeinung in der Bevölkerung über einen bestimmten Issue keineswegs zwangsläufig näher sein als das Programm der Regierungsmehrheit, wodurch das Druckpotential der Opposition wiederum empfindlich geschwächt würde. Ferner läßt sich aus dem Zwang der Regierung, ihre Entscheidungen öffentlich rechtfertigen zu müssen, nicht ohne weiteres auf deren Kompromißbereitschaft schließen. Die idealistische Einschätzung Kelsens[196], nach der die Minderheit der Mehrheit schon durch ihre bloße Anwesenheit im Parlament bis zu einem gewissen Grade ihren Willen aufzwingen könne, dürfte heute kaum noch uneingeschränkte Unterstützung erfahren. Die Notwendigkeit, sich im Rahmen öffentlicher parlamentarischer Debatten mit den Argumenten der Opposition auseinanderzusetzen, kann vielmehr sowohl zu einer erhöhten Kompromißbereitschaft als auch lediglich zu einer besseren Begründung der Regierungspolitik führen.[197]

2.4 Die politisch-kulturellen Bedingungen parlamentarischer Opposition in der Bundesrepublik Deutschland, Großbritannien und Österreich

Zu den längerfristig stabilen Variablen, die das Verhältnis zwischen Regierungsmehrheit und Opposition im allgemeinen wie die Strategie der parlamentarischen Opposition im besonderen beeinflussen, zählen ferner die politisch-kulturellen Grundwerte eines Systems.[198] Unter "politischer Kultur" wird innerhalb der empirisch-analytisch orientierten Politikforschung zumeist "die Gesamtheit der Werte, Glaubensüberzeugungen und Einstellungen der Bürger gegenüber den politischen Institutionen, den politischen Vorgängen und der Staatstätigkeit"[199] verstanden; das Verhalten von staatlichen und nicht-staatlichen Akteuren im politischen Willensbildungs- und Entscheidungsprozeß läßt

---

196 Hans Kelsen, Vom Wesen und Wert der Demokratie, Tübingen 1929, S. 61.
197 Vgl. Friedrich Koja, Der Parlamentarismus in Österreich, in: Zeitschrift für Politik 14 (1967), S. 333-351, 347.
198 Vgl. H. Oberreuter, a.a.O. (Anm. 27), S. 485.
199 Manfred G. Schmidt, Politische Kultur, in: ders., a.a.O. (Anm. 139), S. 745-746; vgl. differenzierter Karl Rohe, Politische Kultur: Zum Verständnis eines theoretischen Konzepts, in: Oskar Niedermayer/Klaus von Beyme (Hrsg.), Politische Kultur in Ost- und Westdeutschland, 2. Aufl. Opladen 1996, S. 1-21.

sich demgegenüber besser in den Kategorien des "politischen Stils" erfassen.[200] Während die jüngere Innenpolitikforschung ebenso wie die politische Soziologie politische Kultur im allgemeinen gleichermaßen als independente wie als dependente Variable betrachtet[201], dienen länderspezifische politisch-kulturelle Grundmuster in der komparativ ausgerichteten Erforschung von politischen Stilen als unabhängige Variable zur Erklärung des Verhaltens von bzw. der Interaktionsmuster zwischen Akteuren.[202]

Als erklärende Variable im Rahmen der Oppositionsforschung ist die politische Kultur konkret in ihrer Funktion als Resonanzraum der Handlungen parlamentarischer Akteure von Bedeutung. Insofern praktisch jede - zumindest beinahe jede "systemkonforme" - parlamentarische Opposition auf eine Regierungsübernahme bzw. -beteiligung gerichtet ist, welche die Voraussetzungen dafür schafft, die eigenen, "besseren" Programme auf den Weg zu bringen, lohnt sich letztlich nur die Verfolgung solcher Oppositionsstrategien, die von der Wählerschaft positiv sanktioniert werden. Ausnahmen von dieser Regel betreffen zumeist nur das Streben von Parteien nach einer Regierungsbeteiligung und sind in der Praxis auf Länder mit Vielparteiensystemen beschränkt. In Vielparteiensystemen gibt es üblicherweise "no single or certain 'alternative' government, no one party indubitably bears the 'responsibility' of opposition. The fall of a government by no means guarantees an opposition party a place in a new coalition, and it need not have a particular wish to have one"[203]. Vor allem in den Niederlanden scheint eine Regierungsbeteiligung auch für etablierte demokratische Kräfte mit beträchtlicher Regierungserfahrung keine conditio sine qua non zu sein; eine wichtigere Rolle spielt dort häufig der Umstand, ob auch der direkte Wahlkonkurrent bereit ist, Regierungsverantwortung zu übernehmen.[204] Das Streben nach Stimmenmaximierung kennzeichnet hingegen systemkonträre und systemloyale Oppositionsparteien gleichermaßen, und zwar unabhängig von dem Wunsch nach potentieller Regierungsbeteiligung.

In den drei hier interessierenden Ländern bestehen jeweils mehr oder weniger deutlich voneinander unterscheidbare Grundmuster der politischen Kultur, durch die das Oppositionsverhalten wie das Zusammenspiel zwischen Regierungsmehrheit und Opposition mitbestimmt werden. Für Großbritannien gilt traditionell eine vor dem Hintergrund der allseitigen Akzeptanz grundlegender

---

200 Vgl. Roland Sturm, Die Politikstilanalyse. Zur Konkretisierung des Konzepts der Politischen Kultur in der Policy-Analyse, in: Hans-Hermann Hartwich (Hrsg.), Policy-Forschung in der Bundesrepublik Deutschland, Opladen 1985, S. 111-116.
201 Vgl. Samual H. Barnes, Politics and Culture, in: Frederick D. Weil (ed.), Research on Democracy and Society. Vol. 2: Political Culture and Political Structure: Theoretical and Empirical Studies, Greenwich/London 1994, S. 45-64, 50f.
202 Vgl. Jürgen Feick/Werner Jann, "Nations matter" - Vom Ekklektizismus zur Integration in der vergleichenden Policy-Forschung?, in: Manfred G. Schmidt (Hrsg.), Staatstätigkeit. International und historisch vergleichende Studien (Sonderheft 19/1988 der Politischen Vierteljahresschrift), Opladen 1988, S. 198-220, 214f.
203 Gordon Smith, Party and Protest: The Two Faces of Opposition, in: E. Kolinsky, a.a.O. (Anm. 24), S. 49-71, 51.
204 Vgl. R.B. Andeweg, Kabinetsformaties: von politieke minderheden naar regeringsmeerderheid, in: J.Th.J. van den Berg u.a. (Red.), Inleiding Staatkunde, Deventer 1995, S. 203-216, 206f.

"Spielregeln" des Konfliktaustrags zu sehende starke Konkurrenzorientierung der politischen Auseinandersetzung - Döring[205] spricht gar von einer "sportlichen Konkurrenzkultur" - als gleichermaßen typisch und erwünscht.[206] Diese Grundorientierung unterscheidet sich deutlich von der stärker auf Harmoniebedürfnissen aufbauenden deutschen politischen Kultur[207], welche, zugespitzt ausgedrückt, "Opposition eher duldet als ermöglicht"[208]. Als noch weniger konfliktorientiert gilt demgegenüber die politische Kultur Österreichs[209], wobei nicht übersehen werden darf, daß viele der nach 1945 charakteristisch gewordenen Grundzüge der österreichischen politischen Kultur sich erst im Gefolge einer entschlossenen Elitenkooperation nach dem Zweiten Weltkrieg langsam auf die Bevölkerung auszudehnen begannen, nachdem die Erste Republik Österreich auch an den bürgerkriegsähnlichen Zuständen im Innern zugrunde gegangen war.[210]

Kreuzt man die institutionelle und die politisch-kulturelle Dimension der Rahmenbedingungen, unter denen die Auseinandersetzung zwischen Regierungsmehrheit und Opposition in den drei Ländern stattfindet, so ergibt sich folgendes Schaubild:

---

205 Herbert Döring, Das klassische Modell in Großbritannien. Ein Sonderfall, in: W. Euchner, a.a.O. (Anm. 38), S. 21-38, 28.
206 Vgl. mit weiteren Nachweisen H. Döring, a.a.O. (Anm. 144), S. 84f.
207 Vgl. etwa Dieter Grosser, Die Sehnsucht nach Harmonie: Historische und verfassungsstrukturelle Vorbelastungen der Opposition in Deutschland, in: H. Oberreuter (Hrsg.), a.a.O. (Anm. 22), S. 206-229 sowie Claus Leggewie, Bloß kein Streit. Über deutsche Sehnsucht nach Harmonie und die anhaltenden Schwierigkeiten demokratischer Streitkultur, in: Ulrich Sarcinelli (Hrsg.), Demokratische Streitkultur. Theoretische Grundpositionen und Handlungsalternativen in Politikfeldern, Bonn 1990, S. 52-62.
208 Heinrich Oberreuter, Parlamentarische Opposition in der Bundesrepublik Deutschland, in: W. Euchner, a.a.O. (Anm. 38), S. 60-75, 73.
209 Vgl. Peter Gerlich, Politik in Österreich. Anmerkungen zur politischen Kultur, in: Der Bürger im Staat 38 (1988), S. 109-113; Fritz Plasser/Peter A. Ulram, Politisch-kultureller Wandel in Österreich, in: dies. (Hrsg.), Staatsbürger oder Untertanen? Politische Kultur Deutschlands, Österreichs und der Schweiz im Vergleich, Frankfurt a.M. u.a. 1991, S. 103-155 sowie Peter A. Ulram, Politische Kultur der Bevölkerung, in: H. Dachs u.a. (Hrsg.), a.a.O. (Anm. 177), S. 514-525.
210 Vgl. Ludger Helms, Individualität trotz Konvergenz - Konturen eines deutsch-österreichischen Vergleichs, in: Gegenwartskunde 44 (1995), S. 299-311, 304.

Schaubild 2: Institutionalisierte Mitwirkungschancen und Vetomöglichkeiten der Opposition im legislativen Prozeß und Konfliktorientierung der politischen Kultur im Vergleich

		Institutionalisierte Mitwirkungschancen und Vetomöglichkeiten der Opposition im legislativen Prozeß		
		gering	mittel	hoch
Konflikt-orientierung der politischen Kultur	hoch	Großbritannien		
	mittel			Bundesrepublik
	gering		Österreich	

Gemäß der Beschaffenheit der institutionellen und politisch-kulturellen Rahmenbedingungen für die parlamentarische Auseinandersetzung im Gesetzgebungsprozeß besetzen die drei Länder je unterschiedliche Zellen des Neun-Felder-Rasters. Großbritannien ist das Land, in dem die Opposition praktisch keine institutionalisierten Mitwirkungsrechte bzw. Vetomöglichkeiten besitzt und der parlamentarische Konfliktaustrag vor dem Hintergrund einer als betont konkurrenzorientiert beschriebenen politischen Kultur stattfindet. Die parlamentarische Opposition in der Bundesrepublik verfügt demgegenüber über stark ausgeprägte Mitwirkungs- und Vetorechte und operiert inmitten vergleichsweise "konfliktscheuerer" politisch-kultureller Grundorientierungen der Bevölkerung. In Österreich schließlich verfügt die parlamentarische Opposition ebenfalls über ein recht ansehnliches Arsenal an Mitwirkungs- und Vetomöglichkeiten im parlamentarischen Gesetzgebungsprozeß, welcher eingebettet ist in ein außerordentlich stark auf Konsens und Interessenausgleich gestimmtes System politisch-kultureller Grundwerte.

3. Die formal-rechtliche Dimension des Gesetzgebungsverfahrens in den Parlamenten der Bundesrepublik Deutschland, Großbritanniens und Österreichs

Die im Zusammenhang mit der Begründung der Fallauswahl in Abschnitt I, 2.1 dargelegten wichtigsten Unterschiede in der institutionellen Chancenstruktur der parlamentarischen Opposition in den ausgewählten Ländern vermitteln nur ein höchst unvollständiges Bild der jeweils bestehenden formal-rechtlichen Organisationsregeln für das parlamentarische Gesetzgebungsverfahren. Ziel dieses Abschnittes ist es, einen etwas geschlosseneren Überblick über die Struktur des Gesetzgebungsprozesses in den drei Systemen zu geben. Wenn dabei bewußt die formal-rechtliche Dimension des Gesetzgebungsverfahrens in den Vordergrund gerückt wird, so geschieht dies zum einen aus Gründen, die mit der Übersichtlichkeit der Darstellung zu tun haben. Davon abgesehen kann die Profilierung der wesentlichen Unterschiede und Gemeinsamkeiten der komplexeren Praxis des parlamentarischen Gesetzgebungsverfahrens in der Bundesrepublik, in Großbritannien und in Österreich nur das Ergebnis der in den weiteren Abschnitten zu leistenden Detailanalyse des Entscheidungsprozesses sein.

Die einführende Behandlung der formal-rechtlichen Organisation des Gesetzgebungsverfahrens ist jedoch nicht nur unter dem Aspekt des inneren Aufbaus der Untersuchung gesehen sinnvoll. Formale Strukturen stellen keineswegs ausschließlich "eine Gelegenheitsstruktur für Interessenpolitik"[211] dar. Vielmehr können die rechtlich ausformulierten Strukturen als wichtige Orientierungsmarken für die Herausbildung jeder Form von nicht rechtlich fixierten Verhaltensmustern der unterschiedlichen am Gesetzgebungsprozeß beteiligten Akteure angesehen werden.[212]

Von einer erschöpfenden Erörterung der bestehenden Regelungen kann mit Blick auf das umfangreiche vorliegende Schrifttum im Rahmen dieser Untersuchung abgesehen werden.[213] Die nachstehenden Ausführungen geben lediglich

---

211 Roland Czada, Institutionelle Theorien der Politik, in: Dieter Nohlen (Hrsg.), Lexikon der Politik, Bd. 1: Politische Theorien (hrsg. von Dieter Nohlen und Rainer-Olaf Schultze), München 1995, S. 205-213, 210.
212 Diese Einsicht bildet eine der Kernannahmen der neo-institutionalistisch orientierten Parlamentarismusforschung; vgl. etwa Kaare Strom, Parliamentary Government and Legislative Organisation, in: H. Döring (Hrsg.), a.a.O. (Anm. 47), S. 51-82, 62ff. Die meisten der dort anzutreffenden Argumente wurden jedoch auch von Autoren formuliert, die sich eher der "klassischen" Parlamentarismusforschung zugehörig fühlen dürften. Vgl. beispielsweise H. Widder, a.a.O. (Anm. 164), S. 302f., der betont, daß "die offiziellen, rechtlichen Strukturen gleichsam die Leitlinien sind, an denen sich auch die informalen Strukturen und Prozesse oder vorausliegende oder begleitende oder nachfolgende inoffizielle, rechtlich wenig oder gar nicht geregelte Vorgänge und Handlungsabläufe orientieren müssen. (...) Offizielle gesetzeserzeugende Verfahren oder formalrechtlich geregelte Mitwirkungs- und Kontrollfunktionen in der Verwaltung und inoffizielle oder informale, tatsächliche Entscheidungs- und Willensbildungsverfahren sind so wechselweise aufeinander bezogen."
213 Vgl. für eine ausführlichere Darstellung der formal-rechtlichen Struktur des Gesetzgebungsverfahrens in den drei Ländern die in Anm. 64 zitierte Literatur.

einen groben, die bestehenden Unterschiede konturierenden Überblick über die wesentlichen Elemente der formal-rechtlichen Organisation des Gesetzgebungsverfahrens im deutschen, britischen und österreichischen System.[214] Die in diesem Zusammenhang wichtigsten Komponenten werden im Anschluß an die Darstellung des legislativen Verfahrens in den drei Ländern einander vergleichend gegenübergestellt.

3.1 Bundesrepublik Deutschland

Nach Art. 76 Abs. 1 GG steht das Recht zur Gesetzesinitiative (1) der Bundesregierung, (2) Abgeordneten "aus der Mitte des Bundestages" sowie (3) dem Bundesrat zu. (1) Gesetzesvorlagen der Bundesregierung sind gemäß Art. 76 Abs. 2 GG zunächst dem Bundesrat zuzuleiten. Der Bundesrat ist berechtigt, aber nicht verpflichtet, innerhalb von sechs (bei als besonders eilbedürftig gekennzeichneten Materien innerhalb von drei, auf der Grundlage eines Fristverlängerungsantrages binnen neun) Wochen zu der Regierungsvorlage Stellung zu nehmen. Das federführende Ministerium kann im gegeben Fall eine Gegenäußerung der Bundesregierung zur Stellungnahme des Bundesrates verfassen. Sofern den Änderungswünschen des Bundesrates Rechnung getragen werden soll, muß dies aus der Gegenäußerung der Bundesregierung hervorgehen. Eine Änderung des Gesetzentwurfes ist nicht zulässig; geschieht dies, handelt es sich um einen neuen Gesetzentwurf, der dem Bundesrat wiederum zur Stellungnahme zuzuleiten ist.[215] (2) Für Gesetzesinitiativen "aus der Mitte des Bundestages" gilt nach § 76 Abs. 1 GOBT, daß sie der Unterstützung einer Fraktion oder von 5 Prozent der Mitglieder des Bundestages (Fraktionsstärke) bedürfen. (3) Schließlich besitzt auch der Bundesrat ein Initiativrecht. Dieses steht jedoch nur dem Bundesrat als Organ, nicht einzelnen Mitgliedern oder einer Gruppe von Mitgliedern zu; konkret bedeutet dies, daß Gesetzesinitiativen des Bundesrates nur durch Mehrheitsbeschluß desselben zustandekommen. Gesetzentwürfe des Bundesrates können (analog zu dem Verfahren bei Gesetzesinitiativen der Bundesregierung) nicht unmittelbar im Bundestag eingebracht werden, sondern sind zunächst der Bundesregierung zuzuleiten. Seit 1994 beträgt die normale Frist für eine Stellungnahme der Bundesregierung nicht mehr drei Monate, sondern ebenfalls sechs Wochen (im Falle besonders

---

214 Dabei werden insbesondere die vom normalen Gesetzgebungsverfahren abweichenden Bestimmungen hinsichtlich der parlamentarischen Beschlußfassung über Verträge mit ausländischen Staaten und andere Vorlagen mit speziellen verfahrensrechtlichen Erfordernissen nicht berücksichtigt. Die entsprechenden Hinweise finden sich in §§ 78, 86 GOBT, § 82 GONR und in Standing Order 55, 56 und 57 des House of Commons.
215 Diese Regel gewinnt insbesondere Bedeutung, wenn aus der Stellungnahme des Bundesrates hervorgeht, daß solche Teile eines Gesetzes, die als zustimmungsbedürftig gelten, keine Billigung finden. Die Regierung besitzt grundsätzlich auch noch nach dem "ersten Durchgang" im Bundesrat das Recht, einzelne mißbilligte zustimmungspflichtige Vorschriften aus der Vorlage herauszunehmen und zu einer eigenen Gesetzesvorlage zu machen, die allerdings wiederum neu zu initiieren ist. Vgl. Fritz Ossenbühl, Verfahren der Gesetzgebung, in: Josef Isensee/Paul Kirchhof (Hrsg.), Handbuch des Staatsrechts der Bundesrepublik Deutschland. Bd. III: Das Handeln des Staates, Heidelberg 1988, S. 351-385, 361.

eilbedürftiger Vorlagen oder auf der Grundlage einer Fristverlängerung drei bzw. neun Wochen).

Die erste Lesung dient im allgemeinen nur dem Zweck, eine Vorlage einem oder mehreren Ausschüssen zuzuleiten, wobei im letzteren Fall ein federführender Ausschuß zu benennen ist. Seit der GOBT-Reform von 1969 kommt es zu einer allgemeinen Aussprache nur noch auf ausdrückliches Verlangen des Ältestenrates oder einer Gruppe von Abgeordneten in Fraktionsstärke. In diesem Stadium ist es weder zulässig, Sachanträge zu stellen, noch eine Vorlage bereits abzulehnen und deren weitere Behandlung zu verhindern. Nach § 80 Abs. 2 GOBT besitzt der Bundestag die Möglichkeit, auf Antrag einer Fraktion oder einer Gruppe von Abgeordneten in Fraktionsstärke mit Zweidrittelmehrheit der anwesenden Mitglieder ohne Ausschußüberweisung den Eintritt in die zweite Lesung zu beschließen.

Zwischen erster und zweiter Lesung findet die Ausschußberatung von Gesetzentwürfen statt, in der es zu einer eingehenderen Beratung über die Details einer Vorlage kommt.[216] In der Bundesrepublik besteht heute eine spiegelbildliche Zuordnung der mit der Gesetzesberatung befaßten Parlamentsausschüsse. Allerdings hat sich diese Ressortorientierung des Ausschußsystems erst allmählich herausgebildet. Eine exakte Übereinstimmung zwischen der bis dahin teils erheblich größeren Anzahl von Ständigen Ausschüssen und den einzelnen Ressorts der Bundesregierung stellte sich erstmals Ende der sechziger Jahre, in der 6. Wahlperiode (1969-72) ein.[217]

§ 69 GOBT bestimmt, daß die Beratungen der Bundestagsausschüsse "grundsätzlich nicht öffentlich" stattfinden. Seit der Parlamentsreform von 1969 kann ein Ausschuß jedoch die Öffentlichkeit einer Sitzung beschließen, sofern er dies hinsichtlich des Beratungsgegenstandes für angemessen hält. Die Öffentlichkeit einer Ausschußsitzung kann als hergestellt gelten, "wenn der Presse und sonstigen Zuhörern im Rahmen der Raumverhältnisse Zutritt gestattet wird"[218]. Unabhängig von der prinzipiellen Nichtöffentlichkeitsregel besitzt jeder Abgeordnete - ob er ein Mitglied des betreffenden Ausschusses ist oder nicht - das Recht, jederzeit als Zuhörer an einer Ausschußsitzung teilzunehmen. Im Zuge der Parlamentsreform von 1995 erhielten Mitglieder des Bundestages gemäß § 71 Abs. 2 GOBT zudem erstmals die Möglichkeit, auch in Ausschüssen, denen sie nicht als ordentliche Mitglieder angehören, Änderungsanträge zu überwiesenen Vorlagen zu stellen und insoweit mit beratender Stimme an Ausschußsitzungen teilzunehmen.[219] Ebenfalls 1995 eingeführt wurde die Möglichkeit, daß Ausschüsse im Einverständnis mit dem Ältestenrat und den mitberatenden Ausschüssen als Schlußberatung einer überwiesenen

---

216 Vgl. hierzu ausführlich R. Peter Dach, Das Ausschußverfahren nach der Geschäftsordnung und in der Praxis, in: H.-P. Schneider/W. Zeh (Hrsg.), a.a.O. (Anm. 25), S. 1103-1130.
217 Vgl. W. Zeh, a.a.O. (Anm. 150), S. 1089f.
218 Claus Arndt, Öffentlichkeit der Parlamentsausschüsse? Unter besonderer Berücksichtigung des Deutschen Bundestages, in: Jahrbuch für Politik 4 (1994), 1. Halbband, S. 9-33, 15.
219 Die rechtliche Möglichkeit eines Ausschusses gemäß § 69 GG, die Teilnahmeberechtigung auf namentlich benannte Mitglieder zu beschränken, besteht jedoch weiterhin. Nicht davon betroffen ist das verfassungsrechtlich verankerte ständige Zutrittsrecht von Mitgliedern des Bundesrates und der Bundesregierung zu sämtlichen Sitzungen der Ausschüsse gemäß Art. 43 Abs. 2 GG.

Vorlage öffentliche Aussprachen durchführen (sollen), in denen die Beschlußempfehlung formuliert und der Bericht des federführenden Ausschusses beschlossen wird (§ 69a Abs. 1 GG).[220] § 70 Abs. 1 GOBT gibt den Ausschüssen ferner das Recht, zur Information über einen bestimmten Gegenstand öffentliche Anhörungen von Sachverständigen, Interessenvertretern und anderen Personen zu veranstalten, sofern mindestens ein Viertel der Mitglieder eines Ausschusses dies wünscht. Nach § 55 GOBT besitzt ein Ausschuß schließlich die Möglichkeit, aus seiner Mitte einen Unterausschuß zu konstituieren, der mit bestimmten vorbereitenden Arbeiten beauftragt werden kann.

Über die Dauer seiner Beratungen bestimmt ein Ausschuß grundsätzlich selbst. Ein ausdrückliches Recht der Mehrheit des Plenums, den Ausschüssen präzise terminliche Vorschriften über den Zeitpunkt der abschließenden Berichterstattung[221] zu machen, ist in der Geschäftsordnung jedenfalls nicht vorgesehen, obwohl in § 62 Abs. 1 GOBT immerhin von der Verpflichtung der Ausschüsse "zu baldiger Erledigung der ihnen überwiesenen Aufgaben" die Rede ist. In Extremfällen kann das Plenum allerdings theoretisch seinen Überweisungsbeschluß rückgängig machen, d.h. die unverzügliche Rückverweisung einer Vorlage an das Plenum verlangen und damit die Ausschußberatungen über den betreffenden Gegenstand de facto beenden. Innerhalb eines Ausschusses selbst kann die Mehrheit der stimmberechtigten Ausschußmitglieder die Dauer des Beratungsverfahrens mittels eines Antrages auf Schluß der Aussprache, der von jedem einzelnen Ausschußmitglied gestellt werden kann, zu steuern versuchen. Ein entsprechender Antrag ist mit einfacher Mehrheit der Ausschußmitglieder anzunehmen, jedoch müssen alle im Ausschuß vertretenen Fraktionen Gelegenheit zur Stellungnahme gehabt haben, bevor die Aussprache beendet werden kann.

Während es sich laut § 64 Abs. 1 GOBT bei den Verhandlungsgegenständen der Ausschüsse prinzipiell um die überwiesenen Vorlagen und Fragen aus dem Geschäftsbereich des Ausschusses handelt, gestattet das in § 62 Abs. 1 GOBT niedergelegte, erst 1969 eingeführte Selbstbefassungsrecht den Ausschüssen, sich auch mit anderen Fragen (als den ihnen überwiesenen) aus ihrem Geschäftsbereich zu befassen. Damit verbunden ist jedoch nicht das Recht, nach außen gerichtete (förmliche) Beschlüsse fassen zu dürfen oder dem Plenum eine Beschlußempfehlung, die mit "Ja" oder "Nein" zu beantworten wäre, vorzulegen.[222] Das in § 54 Abs. 1 GOBT festgelegte Prinzip, nach dem die Ausschüsse die Verhandlungen des Bundestages (sprich des Plenums) lediglich vorzubereiten haben, wird durch das in § 62 Abs. 1 GOBT zugestan-

---

220 Diese Neuregelung soll unter anderem zur Entlastung des Plenums beitragen, da Plenardebatten zum selben Thema gemäß § 69a Abs. 5 GOBT nur in Ausnahmefällen vorgesehen sind. Vgl. Sabine Lemke-Müller, Zur Parlamentsreform im Deutschen Bundestag: Mehr Transparenz, Öffentlichkeit und Effektivität, in: Aus Politik und Zeitgeschichte B 27/96, S. 3-19, 17.
221 Anträge auf eine Zwischenberichterstattung über den Stand der Beratungen in einem Ausschuß, die von einer Fraktion oder einer entsprechend großen Gruppe von Abgeordneten unterstützt sein müssen, sind gemäß § 62 Abs. 2 GOBT jedoch jederzeit möglich, sobald vom Tag der Überweisung einer Vorlage an gerechnet mindestens zehn Sitzungswochen vergangen sind.
222 Vgl. R. Dach, a.a.O. (Anm. 216), S. 1116.

dene Selbstbefassungsrecht der Ausschüsse also rechtlich nicht beeinträchtigt.[223]

Nach § 65 GOBT benennt der Ausschußvorsitzende mindestens einen, zumeist jedoch mehrere Berichterstatter, die die jeweilige Vorlage durch die Beratung hindurch betreuen und einen Bericht für das Plenum anfertigen. Dieser muß eine Beschlußempfehlung enthalten (§ 62 Abs. 1 GOBT). Die Beschlußempfehlung muß vom Ausschuß abgegeben werden. Demgegenüber geben die Berichterstatter ihren erläuternden schriftlichen Bericht in eigener Verantwortung ab. Bestehen über einzelne Fragen innerhalb eines Ausschusses divigierende Auffassungen, so müssen diese parallel dargestellt werden (§ 66 Abs. 2 GOBT).[224]

Die zweite Lesung beginnt mit der Berichterstattung des Vorsitzenden des federführenden Ausschusses. Sofern der Ausschuß eine Änderung des Gesetzentwurfs vorgeschlagen hat, bildet diese, nicht die ursprüngliche Entwurffassung, die Grundlage der Beratung und Abstimmung im Plenum. Zu einer allgemeinen Aussprache kommt es, wenn der Ältestenrat oder eine Gruppe von Abgeordneten in Fraktionsstärke dies verlangt (§ 81 Abs. 1 GOBT). Über die einzelnen Bestimmungen eines Gesetzentwurfs wird im weiteren jeweils gesondert debattiert und abgestimmt. § 81 Abs. 2-4 GOBT ermöglicht es, über mehrere oder sämtliche Teile der Vorlage gemeinsam abzustimmen. Während der Beratung eines Gegenstandes hat jeder Abgeordnete das Recht, schriftliche Änderungsanträge zu stellen. Vor Abschluß der letzten Einzelabstimmung besteht ferner jederzeit die Möglichkeit, eine Gesetzesvorlage als Ganzes oder auch Teile derselben an einen Ausschuß rückzuverweisen. Dabei muß es sich nicht zwingend um den Ausschuß handeln, der bereits mit der Beratung der betreffenden Vorlage befaßt war.

Im Rahmen der dritten Lesung kommt es zu einer allgemeinen Aussprache über eine Vorlage nur, wenn eine solche nicht in der zweiten Lesung stattgefunden hat. Sie setzt zudem ein ausdrückliches diesbezügliches Verlangen des Ältestenrates bzw. einer Gruppe von Abgeordneten in Fraktionsstärke voraus. Änderungsanträge können nicht mehr von einzelnen Abgeordneten, sondern nur noch von einer Fraktion oder von mindestens 5 Prozent der Mitglieder des Bundestages gestellt werden. Ferner gilt, daß sich Änderungsanträge grundsätzlich nur auf solche Teile einer Vorlage beziehen dürfen, zu denen während der zweiten Lesung Änderungen beschlossen wurden (§ 85 Abs. 1 GOBT). Auch im Stadium der dritten Lesung eines Gesetzentwurfs kann dieser (nochmals) an einen Ausschuß (rück-)verwiesen werden (§ 85 Abs. 2 GOBT). Den Regelfall stellt jedoch die unverzüglich im Anschluß an das Ende der Beratungen durchgeführte Schlußabstimmung gemäß § 86 GOBT dar. Sie erfolgt stets über eine Gesetzesvorlage als Ganzes.

Gelingt es - aus welchen Gründen auch immer - nicht, eine geplante Maßnahme binnen einer Legislaturperiode durch sämtliche der skizzierten Stadien des formal-rechtlichen Gesetzgebungsverfahrens im Bundestag zu bringen,

---

[223] So auch das Fazit von C. Arndt, a.a.O. (Anm. 218), S. 18.
[224] Vgl. R. Dach, a.a.O. (Anm. 216), S. 1128f.

verfällt eine Vorlage gemäß dem Grundsatz der sachlichen Diskontinuität. Dieses, im Grundgesetz nicht explizit festgeschriebene Prinzip besagt, "daß mit dem Ablauf der Wahlperiode die bei dem alten Bundestag eingebrachten Gesetzesvorlagen, Anträge und Anfragen usw. automatisch ihre Erledigung finden, und daß der neue Bundestag mit ihnen nur befaßt werden kann, wenn sie bei ihm neu eingebracht werden"[225]. Der Grundsatz der sachlichen Diskontinuität bezieht sich jedoch ausschließlich auf den Bundestag, nicht hingegen auf den Bundesrat oder die Bundesregierung. Daraus ergibt sich zunächst, daß Initiativentwürfe der Bundesregierung bzw. des Bundesrates nach Art. 76 GG, sofern sie das entsprechende "innere" Verfahren durchlaufen haben, aber noch nicht in den Bundestag eingebracht worden sind, keiner erneuten Behandlung durch Bundesrat bzw. -regierung bedürfen. Zugleich gilt, daß Vorlagen, über die der Bundestag gemäß Art. 77 Abs. 1 GG beschlossen hat, durch den Ablauf der Wahlperiode nicht mehr hinfällig werden.[226]

Art. 77 Abs. 1 GG schreibt vor, daß jede Gesetzesvorlage, die vom Bundestag beschlossen wurde, den Bundesrat passieren muß. Die Einwirkungsmöglichkeiten des Bundesrates sind abhängig von der jeweiligen Gesetzesmaterie. Bei verfassungsändernden Gesetzen ist stets die Zustimmung des Bundesrates, und zwar mit Zweidrittelmehrheit, gefordert. Die ansonsten zentrale Unterscheidung bezieht sich auf die beiden Kategorien sogenannter Einspruchsgesetze und Zustimmungsgesetze.[227] Während Einspruchsgesetze gegebenenfalls auch gegen das Votum des Bundesrates zustande kommen können, bedürfen Zustimmungsgesetze unabdingbar der Billigung durch den Bundesrat.

Der Einspruch des Bundesrates gegen ein vom Bundestag beschlossenes Einspruchsgesetz setzt ein vorausgegangenes Verfahren im Vermittlungsausschuß[228] voraus, dessen Einberufung der Bundesrat gemäß Art. 77 Abs. 2 GG

---

[225] Grundgesetzkommentar von Theodor Mauntz u.a., Bd. III: Art. 38-91, München 1994, Art. 39, Rdnr. 18; vgl. ausführlich Jürgen Jekewitz, Der Grundsatz der Diskontinuität der Parlamentsarbeit im Staatsrecht der Neuzeit und seine Bedeutung unter der parlamentarischen Demokratie des Grundgesetzes. Eine rechtshistorische und rechtsdogmatische Untersuchung, Berlin 1977, S. 270ff.
[226] Vgl. T. Mauntz u.a., a.a.O. (Anm. 225), Art. 39, Rdnr. 19 u. 20.
[227] Vgl. zur Unterscheidung statt vieler H. Laufer, a.a.O. (Anm. 172), S. 118f.
[228] Beim Vermittlungsausschuß handelt es sich um einen gemeinsamen Ausschuß der beiden Gesetzgebungskörperschaften des Bundes. Er ist aber weder deren Unterorgan noch ein eigenständiges Gesetzgebungsorgan, da er keine Entscheidungsbefugnis besitzt, sondern ein "Hilfsorgan" mit dem Ziel der Erarbeitung eines Kompromißvorschlages, über den Bundestag und Bundesrat entscheiden müssen. Die in Art. 77 Abs. 2 und 3 niedergelegten verfassungsrechtlichen Grundlagen des Vermittlungsausschusses und seines Verfahrens werden durch eine spezielle Geschäftsordnung (GOVA), die vom Bundestag beschlossen wird und der Zustimmung des Bundesrates bedarf, ergänzt. (Vgl. Christian Dästner unter Mitarbeit von Josef Hoffmann, Die Geschäftsordnung des Vermittlungsausschusses, Berlin 1995.) Der Vermittlungsausschuß setzt sich aus einer gleichen Anzahl von Mitgliedern des Bundestages und des Bundesrates (bis 1990 je elf, seither je 16 Mitglieder) zusammen. Die Mitglieder des Bundestages werden von diesem im Verhältnis der Stärke der einzelnen Fraktionen in den Ausschuß gewählt; für den Bundesrat wird von jeder Landesregierung ein Mitglied des Vermittlungsausschusses benannt. Anders als im üblichen Bundesratsverfahren sind nach Art. 77 Abs. 2 GG im Vermittlungsausschuß auch die Mitglieder des Bundesrates nicht an Weisungen ihrer Regierung gebunden. Ferner ist von Bedeutung, daß es sich bei den Mitgliedern des Vermittlungsausschusses um ständige Mitglieder unabhängig vom zu beratenden Inhalt des Gesetzesbeschlusses handelt. Der Wechsel des Mitglieds ist gemäß § 4 GOVA maximal viermal innerhalb einer Wahlperiode des Bundestages möglich. Ob-

verlangen kann. Nach Abschluß des Vermittlungsverfahrens (siehe unten) kann der Bundesrat binnen zwei Wochen gegen den betreffenden Gesetzesbeschluß des Bundestages Einspruch einlegen. Er ist dabei an seine vorausgegangenen Voten nicht gebunden; d.h., er kann auch dann Einspruch einlegen, wenn seine Bedenken berücksichtigt wurden und dies umgekehrt unterlassen, auch wenn diesen keine Rechnung getragen wurde.[229] Wenn der Bundesrat keinen Einspruch einlegt bzw. diesen zurücknimmt, kommt das Gesetz gemäß Art. 78 GG zustande. Ein erfolgter Einspruch des Bundesrates kann nur durch einen mit absoluter Mehrheit gefaßten Beschluß des Bundestages zurückgewiesen werden. Die Zurückweisung eines mit Zweidrittelmehrheit beschlossenen Bundesratseinspruchs bedarf einer Zweidrittelmehrheit der Abstimmenden, die mindestens die Mehrheit der Mitglieder des Bundestages umfassen muß (Art. 77 Abs. 4 GG).

Sogenannte Zustimmungsgesetze bedürfen für ihr Zustandekommen die ausdrückliche Zustimmung des Bundesrates (Art. 78 GG).[230] In verfassungsrechtlicher Hinsicht besitzt der Beschluß des Bundesrates hier von vornherein dasselbe Gewicht wie der Gesetzesbeschluß des Bundestages.[231] Hält der Bundesrat einen Gesetzesbeschluß des Bundestages für änderungsbedürftig, so kann er gemäß Art. 77 Abs. 2 GG den Vermittlungsausschuß anrufen. Sofern der Bundesrat einen Gesetzesbeschluß als Ganzes für verfehlt hält, kann er seine Zustimmung verweigern, auch ohne den Vermittlungsausschuß anzurufen. Das Recht zur Anrufung des Vermittlungsausschusses kann in diesem Fall auch von der Bundesregierung oder vom Bundestag ausgeübt werden (Art. 77 Abs. 2 GG).[232] Grundsätzlich gilt, daß das Anrufungsbegehren nicht dazu verwendet werden kann, einen anderen als den vom Bundestag beschlossenen Regelungsgegenstand auf den Weg zu bringen; d. h., Anrufungsbegehren müssen in jedem Fall in einem inhaltlichen Sachzusammenhang mit dem betreffenden Gesetzesbeschluß des Bundestages stehen.[233]

Die Kompetenzgrenzen des Vermittlungsausschusses sind rechtlich nicht exakt fixiert; in der einschlägigen Literatur wird jedoch davon ausgegangen,

---

wohl keinerlei weitere rechtliche Vorgaben in bezug auf die personelle Besetzung des Vermittlungsausschusses bestehen, läßt sich feststellen, daß häufig die Länderfinanzminister zu Mitgliedern des Vermittlungsausschusses bestimmt werden, da im Falle von finanzwirksamen Vermittlungskompromissen regelmäßig die persönliche Fachkompetenz den Ausschlag für eine bestimmte Beschlußempfehlung gibt. Vgl. Barbara Sippl, Zur Mitwirkung der Länder an der Gesetzgebung des Bundes, in: Joachim Beck u.a., Arbeitender Staat. Studien zur Regierung und Verwaltung. Klaus König zum sechzigsten Geburtstag, Baden-Baden 1995, S. 185-196, 195. Die Verhandlungen des Vermittlungsausschusses sind grundsätzlich vertraulich.
229 Vgl. B.-O. Bryde, a.a.O. (Anm 64), S. 874.
230 Anders als bei Einspruchsgesetzen reicht bei Zustimmungsgesetzen der Beschluß, den Vermittlungsausschuß nicht anzurufen, nicht aus und kann dieser auch nicht schlicht als indirekte Zustimmung umgedeutet werden. Vgl. B.-O. Bryde, a.a.O. (Anm 64), S. 875.
231 Vgl. F. Ossenbühl, a.a.O. (Anm. 215), S. 373.
232 Die Zustimmungsverweigerung des Bundesrates wird dann gegenstandslos; das Gesetzgebungsverfahren wird auf der Grundlage des ursprünglichen Gesetzesbeschlusses, dem der Bundesrat nicht zugestimmt hatte, fortgesetzt. Vgl. Max Josef Dietlein, Die "Theorie vom weißen Blatt" - ein Irrweg, in: Zeitschrift für Rechtspolitik 1987, S. 277-283.
233 Vgl. Max Josef Dietlein, Zulässigkeitsfragen bei der Anrufung des Vermittlungsausschusses, in: Archiv des öffentlichen Rechts 106 (1981), S. 525-548.

daß sich ein Einigungsvorschlag des Vermittlungsausschusses innerhalb des durch den Gesetzesbeschluß einerseits und das Anrufungsbegehren andererseits eingegrenzten Dispositionsbereichs halten muß.[234] Beschlüsse des Vermittlungsausschusses werden gemäß § 8 GOVA mit einfacher Mehrheit der anwesenden Mitglieder gefällt. Der Vermittlungsausschuß kann eine Änderungs- bzw. Aufhebungsempfehlung oder eine Bestätigungsempfehlung beschließen. Darüber hinaus besitzt er die Möglichkeit, als Ergebnis der Beratungen im Vermittlungsausschuß eine Nichteinigung festzustellen.

Im Falle einer Bestätigungsempfehlung oder Nichteinigung findet im Bundestag keine erneute Beschlußfassung statt. Der Bundesrat hat hingegen auch in diesem Fall über den unveränderten Gesetzesbeschluß zu beraten und zu entscheiden, ob er Einspruch einlegt oder seine Zustimmung ausspricht. Wie in Fällen zustimmungspflichtiger Gesetze, bei denen der Bundesrat keinen Antrag auf Einberufung des Vermittlungsausschusses gestellt hat, ist er nach Beendigung des Vermittlungsverfahrens ohne Vorschlag auf Änderung des Gesetzesbeschlusses durch den 1994 neu eingefügten Art. 77 Abs. 2a GG angehalten, "in angemessener Frist über die Zustimmung Beschluß zu fassen".

Hat der Vermittlungsausschuß eine Änderung des Gesetzesbeschlusses vorgeschlagen, muß der Bundestag erneut Beschluß fassen (Art. 77 Abs. 2 GG). Zur Abstimmung im Bundestag steht dann der Vermittlungsvorschlag; es findet keine Aussprache mehr statt, ebenso sind Anträge unzulässig. Wenn der Bundestag erneut Beschluß gefaßt hat, muß der Bundesrat in jedem Falle darüber befinden, ob er zustimmt oder nicht. Den Gegenstand seiner Beschlußfassung bildet dabei stets das gesamte Gesetz, nicht lediglich der vom Bundestag gebilligte Einigungsvorschlag des Vermittlungsausschusses.[235] Legt der Bundesrat Einspruch ein, hat der Bundestag bei Einspruchsgesetzen die Möglichkeit, den Einspruch nach Maßgabe der bestehenden Erfordernisse qualifizierter Mehrheiten zurückzuweisen.

Sobald ein Gesetz nach Art. 78 GG zustande gekommen ist, wird es vom Bundespräsidenten - nach erfolgter Gegenzeichnung durch den Bundeskanzler oder den zuständigen Ressortminister (Art. 58 GG) - ausgefertigt und im Bundesgesetzblatt verkündet (Art. 82 Abs. 1 GG). Obwohl der Bundespräsident nach herrschender Meinung[236] sowohl ein formelles wie ein materielles Prüfungsrecht bei der Ausfertigung von Gesetzen besitzt, steht die Feststellung seitens des Staatsoberhauptes, daß der Inhalt der Urkunde mit dem Willen des Gesetzgebers übereinstimmt, also die "Bezeugung der Authentizität" (Ossenbühl), auch in der politischen Praxis im Vordergrund.[237] Die Verkündung einer

---

234 Vgl. Max Dietlein, Vermittlung zwischen Bundestag und Bundesrat, in: H.-P. Schneider/W. Zeh (Hrsg.), a.a.O. (Anm. 25), S. 1565-1578; Klaus Stern, Das Staatsrecht der Bundesrepublik Deutschland, Bd. II: Staatsorgane, Staatsfunktionen, Finanz- und Haushaltsverfassung, Notstandsverfassung, München 1980, S. 627.
235 Vgl. C. Dästner, a.a.O. (Anm. 228), S. 189.
236 Vgl. mit weiteren Nachweisen K. Stern, a.a.O. (Anm. 234), S. 230ff.
237 Vgl. Klaus Schlaich, Die Funktionen des Bundespräsidenten im Verfassungsgefüge, in: Josef Isensee/Paul Kirchhof (Hrsg.), Handbuch des Staatsrechts der Bundesrepublik Deutschland. Bd. II: Demokratische Willensbildung - Die Staatsorgane des Bundes, Heidelberg 1987, S. 541-584, 551f.

Maßnahme im Bundesgesetzblatt bildet den Abschluß des für die Rechtserzeugung eines Gesetzes notwendigen formalen Gesetzgebungsverfahrens.

3.2 Großbritannien[238]

Das britische Recht kennt in bezug auf die hier allein interessierenden Public bills die Unterscheidung in Government bills und Private Members' bills. Was das Initiativrecht betrifft, können erstere, wie schon die Bezeichnung nahelegt, grundsätzlich nur von der Regierung, konkret von dem jeweils verantwortlichen Minister, in das formale parlamentarische Gesetzgebungsverfahren eingebracht werden. Private Members' bills können im Rahmen der hierfür vorgesehenen speziellen Verfahrensregeln[239] prinzipiell von jedem einzelnen Mitglied (egal ob Mitglied der regierenden Mehrheitspartei oder der Opposition) des Unter- und Oberhauses formal initiiert werden. Das jährliche Budgetgesetz (Finance Bill), alle übrigen größeren Steuermaßnahmen sowie die Consolidated Fund und Appropriation Bills, welche die Ausgaben der Zentralregierung betreffen, dürfen jedoch nur im Unterhaus und zudem nur von der Regierung

---

[238] Wie im britischen Verfassungsrecht insgesamt sind nicht sämtliche, das parlamentarische Verfahren strukturierenden Regeln als Rechtsnormen positiv schriftlich fixiert. Eine exakte Trennung von Verhaltensmustern, die eine ständige Übung erfahren, von denen aber im Einzelfall ohne weiteres abgewichen werden kann (etwa hinsichtlich des üblichen Zeitplanes für das Aufeinanderfolgen unterschiedlicher Stadien des parlamentarischen Gesetzgebungsverfahrens), von solchen, gegen die ohne offizielle Änderung der Geschäftsordnung nicht verstoßen werden kann, ist nicht immer möglich. Auch für die Beschreibung der Struktur des Gesetzgebungsverfahrens in Großbritannien wurde gleichwohl versucht, in diesem Abschnitt möglichst nur dessen "formal-rechtliches Skelett" darzustellen.

[239] Mitglieder des Oberhauses besitzen das uneingeschränkte Recht, jederzeit Private Members' bills im House of Lords einzubringen. Dort gibt es auch keine formalisierten verfahrensrechtlichen Unterschiede für die Behandlung von Government bills und Private Members' bills. Die Geschäftsordnung des Unterhauses sieht demgegenüber ein stark reglementiertes Verfahren vor. Die wichtigste Form der Einbringung von Private Members' bills ist (mit Ausnahme der Ausführungsdetails, welche etablierten Konventionalregeln folgen) in Standing Order 13 geregelt. Danach müssen sich Abgeordnete, um die Möglichkeit zur Einbringung eines Private Members' bill zu erhalten, an einer jeweils am zweiten Dienstag eines Parlamentsjahres stattfindenden Auslosung beteiligen, in deren Rahmen der Vorsitzende des Ways and Means Committees insgesamt 20 Abgeordnete ermittelt, die formal berechtigt sind, ihren Gesetzesvorschlag im Parlament einzubringen. Gemäß Standing Order 13 Abs. 4 sind insgesamt zehn Freitage pro Session vorgesehen, an denen die Behandlung von Gesetzesinitiativen einzelner Abgeordneter Vorrang vor den gesetzgeberischen Anliegen der Regierung hat. Durch die in Standing Order 13 Abs. 5 konkretisierten Organisationsregeln für jene Tage, an denen Private Members' bills bevorzugt behandelt werden, ergibt sich aber de facto eine weitere Reduktion der Chancen einzelner Abgeordneter, mit ihrem Initiativantrag tatsächlich ein Gesetz zustande zu bringen. So werden insgesamt sechs Freitage innerhalb des betreffenden Parlamentsjahres für die zweite Lesung bzw. den Ausschußbericht und die dritte Lesung einer Private Members' bill reserviert. Die ersten sechs ausgelosten Abgeordneten können mit ihren Vorschlägen je einen der zu Verfügung stehenden Freitage besetzen; die restlichen 14 ausgelosten Abgeordneten haben nur die Möglichkeit, sich jeweils als zweiter, dritter oder vierter für einen der bereits besetzten Tage registrieren zu lassen. Zur Behandlung ihrer Gesetzentwürfe kommt es nur dann, wenn die Erörterung des Gesetzesvorschlages des jeweils erstplazierten Abgeordneten hierfür noch genügend Zeit übrig läßt. In der Praxis noch unbedeutendere Möglichkeiten für die Initiierung von Private Members' bills bieten Standing Order 19 und 58. Vgl. dazu P. Silk/R. Walters, a.a.O. (Anm. 64), S. 109ff.

eingebracht werden. Für alle übrigen Gesetzesinitiativen, die nicht von der Regierung eingebracht werden, also Private Members' bills sind, gilt weiterhin, daß sie gemäß Standing Order 48 nicht primär die Verausgabung von öffentlichen Geldern vorsehen dürfen. Sofern mit entsprechenden Private Members' bills öffentliche Ausgaben verbunden sind oder durch sie Royal interests bzw. die Royal prerogative berührt werden, ist eine vom ressortmäßig betroffenen Minister zu unterzeichnende Money resolution bzw. der Queen's Consent oder der Prince of Wales' Consent erforderlich.[240]

Obwohl eine Gesetzesvorlage, für die die oben genannten Einschränkungen nicht gelten, grundsätzlich auch zuerst im Oberhaus behandelt werden kann[241], nimmt die übergroße Mehrzahl von Gesetzen ihren Ausgang von der parlamentarischen Behandlung im Unterhaus, weshalb sich die weitere Darstellung an der in der Praxis weitaus geläufigeren Reihenfolge der Verfahrensschritte orientiert. Bei der ersten Lesung (First reading) handelt es sich, anders als im Bundestag, wo es bei stark umstrittenen Entscheidungen bereits in diesem Stadium zu einer parlamentarischen Debatte kommen kann, lediglich um ein formelles Einbringungsverfahren ohne parlamentarische Debatte, bei dem nur der Titel der (noch nicht einmal gedruckten) Gesetzesvorlage dem Hause zur Kenntnis gebracht wird. Als nächster Schritt findet die zweite Lesung (Second reading) der Vorlage statt. Gesetze können im Anschluß an die erste Lesung gemäß Standing Order 90 auch an ein sogenanntes Second reading committee überwiesen werden, sofern sich nicht 20 oder mehr Abgeordnete ausdrücklich dagegen aussprechen; wenn dieser Ausschuß - der gemäß Standing Order 90 Abs. 3 ein Standing committee sein soll - mit der üblichen Formel "That this bill be now read a second time" sein in der Regel sehr kurzes Verfahren als abgeschlossen kennzeichnet, wird im Plenum über die betreffende Vorlage unverzüglich ohne weitere Debatte oder textliche Veränderung abgestimmt. In allen übrigen Fällen stellt die zweite Lesung dasjenige Stadium in der Entstehung eines Gesetzes dar, in dem eine ausführlichere Grundsatzdebatte im Plenum über den Inhalt einer bestimmten geplanten Maßnahme stattfindet. Am Ende dieser Phase muß das Haus eine Entscheidung über die behandelte Vorlage treffen. Mit der Annahme einer Gesetzesvorlage erklärt sich eine Mehrheit der Abgeordneten mit den grundsätzlichen politischen Inhalten einverstanden; eine Ablehnung in diesem Stadium bedeutet unter den heute herrschenden Regeln das Ende einer Vorlage.

Im Anschluß an die zweite Lesung wird eine Vorlage gemäß Standing Order 61 für gewöhnlich an eines der jeweils ad hoc eingerichteten Standing committees überwiesen[242], in denen eine detailliertere Auseinandersetzung und Entscheidung zwischen Mitgliedern der Regierungsmehrheit und der Opposi-

---

240 Vgl. Stanley de Smith/Rodney Brazier, Constitutional and Administrative Law, (edited by Harry Street and Rodney Brazier), 7. Aufl. London u.a. 1994, S. 247f.
241 In besonders eiligen Ausnahmefällen ist es sogar möglich, eine Vorlage in beiden Häusern gleichzeitig einzubringen; so geschehen etwa beim Community Land Act 1975. Vgl. David R. Miers/Alan C. Page, Legislation, 2. Aufl. London 1990, S. 75.
242 Eine Ausnahme in der Kategorie der Public bills bilden dabei gemäß Standing Order 54 Consolidated Fund und Appropriation Bills, die unmittelbar im Anschluß an die zweite Lesung der dritten Lesung zugeführt werden.

tion (welche im Stärkeverhältnis ihrer Vertretenheit im Plenum anwesend sind) über jeden einzelnen Paragraphen einer Vorlage erfolgt. Die der Gesetzesberatung dienenden Ausschüsse tagen grundsätzlich öffentlich.[243] Government bills werden, je nach Sachgebiet, einem der unterschiedlichen, lediglich nach Alphabetsziffern (A folgende) bezeichneten Standing committees zugewiesen. Private Members' bills werden, sofern sie die zweite Lesung überstanden haben, regelmäßig nur an das Standing Committee C überwiesen[244], in dem für die Behandlung einer solchen Materie die ansonsten übliche Sitzordnung mit dem Gegenüber von Vertretern der Regierungsmehrheit und der Opposition zugunsten einer Trennung in Befürworter und Gegner einer Maßnahme aufgegeben wird.[245] Eine Ressortorientierung der zur Gesetzesberatung vorgesehenen Ausschüsse kennt das britische System nicht.[246]

Bevor die Behandlung einer Vorlage im Ausschuß beginnt, wird eine Liste der Änderungswünsche (amendments) im Public Bill Office erstellt, auf der jeder Abgeordnete (auch wenn er nicht Mitglied des betreffenden Ausschusses ist) seine Vorschläge registrieren lassen kann. Es gibt eine Reihe von Gründen, aus denen ein Änderungsvorschlag vom Vorsitzenden des Ausschusses für unzulässig erklärt werden kann, darunter vor allem das Verbot solcher amendments, die Ausgaben staatlicher Mittel in einem Umfang vorsehen, welche durch die einer Vorlage zugehörende Money oder Ways and Means resolution nicht gedeckt sind.[247] Erst nachdem ein Ausschuß alle einzelnen Abschnitte eines in der zweiten Lesung gebilligten Gesetzentwurfs abgehandelt hat, werden weitere Ergänzungsvorschläge diskutiert. Grundsätzlich gilt, daß eine vom Plenum in der zweiten Lesung angenommene Vorlage in den Ausschüssen nicht mehr im Prinzip in Frage gestellt werden darf.[248] Dies trifft auch dann zu, wenn eine Vorlage statt von einem Standing committee im Rahmen eines sogenannten Committee of the Whole House behandelt wird. Dies ist außer bei

---

243 Standing Order 89 Abs. 2 erklärt hierzu: "Strangers shall be admitted to a standing committee unless the committee otherwise orders".
244 Das Ziel und Ergebnis dieser Konvention liegt nicht zuletzt darin sicherzustellen, daß stets nur jeweils eine Private Members' bill zur gleichen Zeit in den Ausschüssen des Unterhauses behandelt werden kann.
245 Vgl. Oonagh McDonald, Parliament at Work, London 1989, S. 170.
246 Konsequent ressortorientiert sind gemäß Standing Order 130 Abs. 2 seit 1979 nur die der parlamentarischen Kontrolle dienenden Select committees, welche zwar Zeugen vorladen oder Akten anfordern dürfen, aber nicht über das Recht verfügen, Gesetzesvorlagen zu beraten. Sie besitzen eine funktionale Verwandtschaft mit den parlamentarischen Untersuchungsausschüssen im deutschen System, obwohl die permanente Tätigkeit der britischen Select committees insgesamt eine stärker präventive Kontrolle des Regierungshandelns zu gestatten scheint. Im hier interessierenden Zusammenhang ist es jedoch vor allem wichtig zu betonen, daß die umfangreiche Reform von 1979 die traditionelle Zweigleisigkeit des britischen Ausschußsystems nicht beseitigt hat. Die Möglichkeit, Gesetzesvorlagen zu beraten *und* Sachverständige, Zeugen und Akten einzubestellen bzw. anzufordern, besitzen lediglich die Anfang der achtziger Jahre geschaffenen und seit 1986 auch von der Geschäftsordnung (Standing Order 91) anerkannten Special standing committees.
247 Vgl. J.A.G. Griffith/M. Ryle, a.a.O. (Anm. 64), S. 233.
248 Die rechtlich zulässige Reichweite von Änderungen im Ausschußstadium ist abhängig von einer jeweils im Einzelfall durch die Mehrheit des Plenums auszusprechenden "Ermächtigung" zur eigenständigen inhaltlichen Korrektur bzw. Erweiterung oder etwa der Zusammenlegung oder Teilung einzelner Vorlagen durch einen Ausschuß. Vgl. E. May, a.a.O. (Anm. 64), S. 482f.

der Behandlung der jährlichen Finance Bill häufig bei nicht kontroversen, sehr eiligen und/oder bei solchen Gesetzen der Fall, die maßgebliche konstitutionelle Veränderungen nach sich ziehen. Es besteht auch die Möglichkeit, einen Teil oder eine einzelne Bestimmung einer Vorlage in einem Committee of the Whole House und den Rest in einem gewöhnlichen Standing committee zu behandeln.[249]

Die Regierung hat gemäß Standing Order 81 das Recht, mit den Stimmen der Mehrheit des Hauses eine "allocation of time motion", eine sogenannte "guillotine", zu beschließen, in der sie (jeweils nur für die Behandlung einer speziellen Gesetzesvorlage) ein genaues Datum, bis zu welchem Zeitpunkt eine Vorlage welches parlamentarische Stadium passiert haben muß, sowie die Anzahl der hierfür zugestandenen Ausschuß- und Plenumssitzungen verbindlich festlegen kann. Solche Teile eines Gesetzentwurfs, die in dem vorgegebenen zeitlichen Rahmen im Ausschuß nicht "abgearbeitet" werden, erhalten dann überhaupt keine eingehendere Ausschußbehandlung mehr.[250]

An die Ausschußphase (Committee stage) schließt sich die Ausschußberichtsphase (Report stage) an. Gemäß Standing Order 71 werden sämtliche Berichte von Standing committees ausführlicher im Rahmen des Report stage vom Plenum behandelt, und zwar auch dann, wenn eine Vorlage vom Ausschuß vollkommen unverändert gelassen wurde.[251] Innerhalb des Report stage werden Gesetzesvorlagen einer nochmaligen Erörterung durch das Plenum unterzogen. Die Auswahl der zu erörternden Stellen eines Entwurfs erfolgt durch den Speaker of the House, dessen Recht nach freiem Ermessen auszuwählen, seit 1919 in Standing Order 31 fixiert ist. In der Praxis können eine Reihe unterschiedlicher Kriterien, darunter nicht zuletzt das Bestreben um eine Vermeidung von "Wiederholungsdebatten" über bereits im Ausschuß umstrittene Passagen, ausschlaggebend sein.[252] Regelmäßig werden solche Teile einer Vorlage erneut zur Debatte gestellt, über die die Regierung im Ausschuß eine Niederlage erlitten hat, so daß stets die Möglichkeit gegeben ist, eine solche Entwicklung durch Mehrheitsbeschluß des Plenums rückgängig zu machen. Grundsätzlich gilt, daß jeder Abgeordnete im Rahmen des Report stage nur das Recht zu einer einzigen Wortmeldung besitzt, es sei denn, er ist der Initiator der Vorlage oder der Antragsteller für eine weitere Änderung (Standing Order

---

249 Vgl. O. McDonald, a.a.O. (Anm. 245), S. 156.
250 Von diesem durch Mehrheitsentscheid legitimierten Recht macht die Regierung in der Regel bei der Behandlung von besonders umstrittenen Maßnahmen Gebrauch, die bereits mehr als 80 bis 100 Stunden lang - ohne größere Fortschritte - in den Standing committees bearbeitet wurden. Vgl. John Garrett, Westminster. Does Parliament Work?, London 1992, S. 67.
251 Eine abweichende Behandlung erfahren Gesetzentwürfe, die anstelle eines Standing committees von einem Committee of the Whole House erörtert wurden. Sofern diese dort nicht verändert wurden, werden sie unmittelbar der dritten Lesung (Third reading) zugeführt; veränderten Vorlagen wird anstelle des ausführlichen Report Stage lediglich ein gekürztes Beratungsverfahren zuteil.
252 Vgl. J.A.G. Griffith/M. Ryle, a.a.O. (Anm. 64), S. 236. Dies läßt sich auch von anderen Geschäftsordnungsbestimmungen, die den Speaker of the House betreffen, deduzieren. Standing Order 41 nennt als Gründe, aus denen der Speaker einem Redner im Plenum bzw. der Ausschußvorsitzende einem Redner im Rahmen des von ihm geleiteten Ausschusses das Wort entziehen kann, ausdrücklich "irrelevance" und "tedious repetition".

74). Die Rückverweisung einer Vorlage an einen Ausschuß mit dem Ziel einer nochmaligen Beratung ist grundsätzlich möglich (Standing Order 72).

Die dritte Lesung (Third reading) dient der letztendlichen Beschlußfassung über eine Gesetzesvorlage. Standing Order 75 bestimmt: "No amendments, not being merely verbal, shall be made to any bill on the third reading". Die Debatte ist in der Regel entsprechend kurz; manchmal findet gar keine Debatte statt.[253] Im Anschluß an die dritte Lesung wird eine mit Mehrheit angenommene Vorlage an das Oberhaus überwiesen.

Im House of Lords werden Gesetzesvorlagen unabhängig davon, ob sie im Unter- oder im Oberhaus selbst initiiert wurden, grundsätzlich nach dem gleichen formalisierten Verfahren behandelt. Hierzu gehören, wie im Unterhaus, stets drei Lesungen.[254] Die erste Lesung stellt wiederum ein rein formales Procedere dar. Die zweite und dritte Lesung sind den entsprechenden Stadien im Unterhaus vergleichbar mit im wesentlichen fünf Unterschieden: (1) im Anschluß an die zweite Lesung von Government bills findet nach ungeschriebener Regel keine Abstimmung (division) statt; (2) die Ausschußphase von Public bills (nicht von Privat Members' bills), wird in aller Regel nicht in einem Standing committee, sondern in einem Committee of the Whole House, also im Plenum, abgehalten; (3) anders als das Unterhaus kennt das Oberhaus keine "guillotine", mittels derer Debatten gekürzt und der Fortgang des Verfahrens in bestimmte, von der Mehrheit gewünschte terminliche Bahnen gelenkt werden könnte; (4) für die Ausschußbegutachtung von Gesetzesvorlagen wird vom Speaker keine Auswahl der zu debattierenden amendments getroffen, was konkret bedeutet, daß alle präsentierten Änderungsvorschläge (also auch jene von Vertretern der Opposition) tatsächlich erörtert werden müssen; (5) schließlich besteht im Oberhaus die Möglichkeit, noch im Rahmen der dritten Lesung Änderungsanträge zu stellen.

Sofern das Oberhaus eine vom Unterhaus beschlossene Gesetzesvorlage (oder umgekehrt das Unterhaus eine im Oberhaus eingebrachte und verabschiedete Vorlage) nicht verändert, kann diese unverzüglich dem Ausfertigungsverfahren durch das Staatsoberhaupt, die Queen, zugeführt werden. Andernfalls sind weitere Begutachtungs- und Billigungsverfahren vonnöten, in deren Rahmen ein Ausgleich zwischen den Vorstellungen beider Kammern herzustellen ist. Gemäß den Bestimmungen der Parliament Acts von 1911 und 1949 besteht für im Unterhaus eingebrachte Finanzgesetze jedoch keine und für andere im Unterhaus initiierte Gesetzesvorlagen lediglich die Möglichkeit eines aufschiebenden Vetos des Oberhauses. Davon abgesehen gilt, daß sämtliche Änderungen (Lords bzw. Commons amendments) von der jeweils anderen Kammer begutachtet und einzeln gebilligt werden müssen.[255] Sofern am

---

253 Zwischen 1967 und 1985 verbot die Geschäftsordnung des Unterhauses eine Debatte im Rahmen der dritten Lesung, sofern nicht mindestens sechs Abgeordnete ausdrücklich eine solche verlangten. In der Praxis machte diese Regel wenig Unterschied, da sich stets genügend Abgeordnete der Opposition fanden, um eine Debatte herbeizuführen. Vgl. J.A.G. Griffith/M. Ryle, a.a.O. (Anm. 64), S. 238.
254 Vgl. zum Gesetzgebungsverfahren im Oberhaus am ausführlichsten E. May, a.a.O. (Anm. 64), S. 443ff. sowie D. Shell, a.a.O. (Anm. 175), S. 128ff.
255 Vgl. hierzu ausführlich E. May, a.a.O. (Anm. 64), S. 510ff.

Ende dieses Prozesses eine Einigung zwischen beiden Kammern steht, ist ein Gesetzentwurf mit der Billigung der vorgenommenen Änderungen durch Ober- und Unterhaus reif für die königliche Zustimmung (Royal Assent).

Können sich hingegen beide Kammern nicht auf eine Fassung verständigen, kann eine Vorlage entweder endgültig verworfen oder aber, frühestens in der darauffolgenden Parlamentssession, durch wiederholte Beschlußfassung des Unterhauses dennoch verabschiedet werden. In der Verfassungspraxis nach 1945 spielte die durch die Parliament Acts 1911 bzw. 1949 geschaffene Möglichkeit der Regierung, eine vom Oberhaus nicht gebilligte Vorlage durch erneute Einbringung im Unterhaus unverändert aufrecht zu erhalten und darüber letztverbindlich Beschluß zu fassen, jedoch jahrzehntelang praktisch keine Rolle.[256] Mehr als 40 Jahre lang bildete die parlamentarische Beschlußfassung über den Parliament Act 1949 selbst die einzige Entscheidung nach dem Zweiten Weltkrieg, die vom Unterhaus auf diese Weise durchgefochten wurde. Nachdem die Inanspruchnahme der dem Unterhaus mit den Parliament Acts von 1911 und 1949 zugewiesenen Durchsetzungsrechte bereits Mitte der siebziger Jahre (im Zusammenhang mit der Trade Union and Labour Relations (Amendment) Bill und der Aircraft and Shipbuilding Industries Bill) virulent geworden war, kam es im Sommer 1991 im Zuge der Verabschiedung der War Crimes Bill nach zweimaliger Ablehnung der Vorlage durch das Oberhaus erstmals wieder zu einer parlamentarischen Beschlußfassung einer Maßnahme auf der rechtlichen Grundlage der Parliament Acts 1911 bzw. 1949.[257]

Die meisten Autoren sehen die entscheidende Voraussetzung für die lange Zeit stabile Situation in der kurz nach 1945 entstandenen und nach mehrheitlicher Auffassung rasch in den Rang einer Konventionalregel[258] aufgestiegenen Doktrin der "Selbstbeschränkung" des House of Lords, nach der keine bereits durch Mehrheitsbeschluß des Unterhauses sanktionierte Vorlage im entscheidenden Stadium der zweiten Lesung im Oberhaus vollständig zu Fall gebracht werden sollte, mithin auch sehr weitreichende inhaltliche Kritik ausschließlich der Detailkorrektur im Ausschußstadium vorbehalten bleiben sollte.[259] Tatsächlich wurde die Vorstellung eines nur für Detailkorrekturen an Mehrheitsbeschlüssen des Unterhauses zuständigen Oberhauses aber bereits 1932 von Lord Ponsonby of Shulbrede im Rahmen einer parlamentarischen Ver-

---

256 Auch vor dem Zweiten Weltkrieg wurden mit dem Ireland Act 1914 und dem Welsh Act 1914 lediglich zwei Gesetze auf diesem Wege vom Parlament verabschiedet. Vgl. Dennis Morris, The Scope of Constitutional Challenge of Westminster Legislation, in: Statute Law Review 12 (1991), S. 186-213, 211.
257 Vgl. D. Shell, a.a.O. (Anm. 175), S. 132f.
258 Es gab jedoch stets Stimmen, die gegen eine Klassifizierung der selbstauferlegten Handlungsprämisse des House of Lords als Constitutional convention im engeren Sinne plädierten; vgl. etwa Geoffrey Marshall, Constitutional Conventions, Oxford 1984, S. 25.
259 Vgl. John Beavan, The State of the Parties in Parliament. IV: At Bay in the Lords, in: Political Quarterly 55 (1984), S. 375-381, 378f. 1945 war die Labour Party aus den Parlamentswahlen mit einer überragenden Mandatsmehrheit von 146 Sitzen im Unterhaus hervorgegangen. Die Blockierung von Mehrheitsbeschlüssen des Unterhauses durch das - nicht gewählte - Oberhaus wurde von letzterem als unangemessene Restriktion des durch die Wahlentscheidung artikulierten Mehrheitswillens der Wähler gewertet, obwohl die Labour Party nur 47,8 Prozent der Gesamtstimmen errungen hatte.

handlung artikuliert und seither im wesentlichen beachtet.[260] Lediglich die Spezifizierung dieser Verhaltensrichtlinie durch die sogenannte "Mandatstheorie" Lord Salisburys, nach der ein Verzicht des Oberhauses auf eine generelle Ablehnung einer vom Unterhaus beschlossenen Vorlage nur für solche Maßnahmen gelten könne, die explizit im aktuellen Wahlprogramm der regierenden Partei erwähnt werden ("mandated bills"), war ein Produkt der Nachkriegszeit. Die "Mandatstheorie" wurde später zum Angriffspunkt von Lord Hailshams konträrer These von der "elective dictatorship"[261], die jedoch mehr polemischer Natur war, als daß sie konkret verhaltensnormierende Wirkung im Sinne einer prinzipiellen Abkehr von der bisherigen Konvention entfaltete.

Auch das britische Verfassungsrecht kennt mit der Erteilung des Royal Assent einen speziellen, unmittelbar auf die parlamentarische Beschlußfassung folgenden Verfahrensschritt der offiziellen Ausfertigung, durch den eine vom Parlament beschlossene Maßnahme zu einem Act of Parliament wird, welcher sogleich zu verkünden ist. Dabei handelt es sich formell um einen Akt der königlichen Prärogative; materiell besitzt das Staatsoberhaupt jedoch keinerlei Ablehnungsrecht.[262] Dies kommt seit den sechziger Jahren nicht zuletzt dadurch zum Ausdruck, daß dem Monarchen im Rahmen des Billigungsprocederes nicht einmal der offizielle Lang-Titel eines Gesetzes, geschweige denn der Text einer beschlossenen Vorlage, unterbreitet wird.[263] Der Royal Assent Act 1967, durch den der Royal Assent by Commission Act von 1541 ersetzt wurde, sieht prinzipiell zwei Möglichkeiten der Erteilung des Royal Assent für vom Parlament beschlossene Maßnahmen vor. Die mit Abstand am häufigsten zur Anwendung gelangende Variante bildet der "Royal Assent by notification", in dessen Zuge der Monarch die ihm bzw. ihr vom Lord Chancellor vorgelegte Sammlung zu billigender Beschlüsse, das sogenannte Letters Patent, abzeichnet und die dadurch zum Ausdruck gebrachte königliche Zustimmung den beiden Kammern kurz darauf vom jeweiligen Speaker of the House zur Kenntnis gebracht wird. Die einzige andere ausdrücklich fixierte, in der Praxis aber extrem selten angewendete Möglichkeit, dem Parlament die königliche Zustimmung zu verkünden, bildet der "Royal Assent by Commission", bei der die erfolgte Billigung eines Parlamentsbeschlusses beiden Häusern gleichzeitig am Ende einer Session im Oberhaus von den dafür eigens bestimmten Personen (die jeweils über eine Mitgliedschaft im Oberhaus verfügen müssen) verkündet wird.

Die persönliche Bekanntgabe des Royal Assent durch den Monarchen gegenüber dem versammelten Parlament, die auch unter dem Royal Assent by Commission Act von 1541 nur bis zum Ausgang des 18. Jahrhunderts die

---

260 Vgl. Sheena N. McMurtrie, The Constitutionality of the War Crimes Act 1991, in: Statute Law Review 13 (1992), S. 128-149, 133.
261 Vgl. J. Beavan, a.a.O. (Anm. 259), S. 378.
262 Vgl. Karl Loewenstein, Staatsrecht und Staatspraxis von Großbritannien. Bd. 1: Parlament, Regierung, Parteien, Berlin u.a. 1967, S. 326. Die letzte Gelegenheit, bei der der Royal Assent verweigert wurde, ereignete sich 1707 im Zusammenhang mit der Mißbilligung der Scottish Militia Bill durch Queen Anne.
263 Vgl. Francis Bennion, Modern Royal Assent Procedure at Westminster, in: Statute Law Review 2 (1981), S. 133-147, 139.

überwiegende Verkündungsform war, spielt in der heutigen Verfassungspraxis keinerlei Rolle mehr. 1854 wurde von Queen Victoria zum letzten Mal die königliche Zustimmung durch persönliche Anwesenheit des Monarchen im Parlament erteilt. Ob die Nichtfortführung der älteren, "personalisierten" Variante der Ausübung des königlichen Zustimmungsrechts ihren Grund tatsächlich in einem - abgesehen von der bestehenden speziellen Regelung über die jährlich stattfindende königliche Thronrede - "zur Konventionalregel erhärtete(n) Verbot des persönlichen Erscheinens des Monarchen im Parlament"[264] hat, wie Löwenstein meinte, ist unter jüngeren britischen Verfassungsrechtlern umstritten.[265]

Eine wichtige Voraussetzung dafür, daß eine Maßnahme den Royal Assent erhalten kann, besteht darin, daß sämtliche parlamentarischen Beratungs- und Beschlußstadien im House of Commons und im House of Lords innerhalb des zeitlichen Rahmens einer Session[266] vonstatten gegangen sind.[267] Abweichungen von diesem Grundsatz der Diskontinuität kennt die britische Verfassungspraxis lediglich für die parlamentarische Behandlung von Private bills und sogenannten Hybrid bills (welche ihrem Charakter nach zwischen Public bills und Private bills angesiedelt sind), wofür allerdings ein ausdrücklicher Beschluß beider Häuser notwendig ist, das Verfahren in der nächsten Session, nach rein formaler Wiederholung der bereits durchlaufenen Stationen, unvermittelt weiterzuführen.[268]

3.3 Österreich

Das österreichische Verfassungs- bzw. Parlamentsrecht kennt fünf unterschiedliche Arten der formalen Initiierung von Bundesgesetzen. Die Erstattung

---

264 K. Loewenstein, a.a.O. (Anm. 262), S. 198.
265 Nach der Interpretation Francis Bennions stellt Abschnitt 1 des Royal Assent Act 1967 fest, "that nothing in the provisions introducing the new notification procedure affects the power of Her Majesty to declare her assent in person in Parliament"; ders., a.a.O. (Anm. 263), S. 140.
266 Eine Session umfaßt im Normalfall einen Zeitraum von nicht mehr als 12 Monaten. Insofern der unabhängig vom Wahltermin festgelegte Beginn einer Session in der Praxis selten mit der personellen Erneuerung des Unterhauses als Ergebnis von Parlamentswahlen zusammentrifft, kann die erste Session im Anschluß an stattgefundene Wahlen im Einzelfall bis zu 18 Monaten dauern. Da ferner das House of Commons gemäß dem Parliament Act 1911 im Abstand von fünf Jahren neu gewählt werden muß, kann sich eine nicht vorzeitig beendete Wahlperiode heute aus bis zu fünf einzelnen Sessionen zusammensetzen.
267 Diese Regel hat wiederholt Anlaß zur Diskussion über eine Ausdehnung der Diskontinuitätsregel auf zwei Sessionen gegeben. Das Procedure Committee des House of Commons hat entsprechenden Forderungen zuletzt in der Mitte der achtziger Jahre eine klare Absage erteilt. Unabhängig davon empfahl auch die von der überparteilichen Hansard Society for Parliamentary Government eingesetzte sogenannte Rippon Commission in ihrem umfassenden Abschlußbericht, die Einführung einer rechtlichen Bestimmung, die die parlamentarische Behandlung von Vorlagen über zwei Sessions hinweg gestattet. Vgl. Michael Zander, The Law-Making Process, 4. Aufl. London 1994, S. 84.
268 Vgl. mit weiteren Nachweisen Jürgen Jekewitz, Der Grundsatz der Diskontinuität in der parlamentarischen Demokratie. Zugleich eine Untersuchung auf rechtshistorischer und rechtsvergleichender Grundlage, in: Jahrbuch des öffentlichen Rechts der Gegenwart NF/ Bd. 27 (1978), hrsg. von Gerhard Leibholz, Tübingen 1978, S. 76-166, 163.

von Gesetzesvorschlägen an den Nationalrat kann gemäß Art. 41 Abs. 1 B-VG bzw. §§ 26, 27 und 69 Abs. 1 GONR auf folgende Art und Weise erfolgen: durch (1) die Regierung, deren Gesetzesvorlagen noch vor der offiziellen Einbringung in das Parlament einem - je nach Regelungsbereich - gesetzlich vorgeschriebenen oder freiwilligen, jedoch in keinem Fall rechtlich bindenden Begutachtungsverfahren durch Interessenverbände unterzogen werden, welches bei anderen Initiativformen nicht stattfindet[269]; (2) in Gestalt Selbständiger Anträge von fünf (bis zur GONR-Reform von 1988 acht) Mitgliedern des Nationalrates (sog. Initiativanträge); (3) in Form von Gesetzesanträgen des Bundesrates oder eines Drittels seiner Mitglieder an den Nationalrat sowie (4) durch einen Ausschuß des Nationalrates, wobei das Initiativrecht der Ausschüsse auf solche Anträge beschränkt ist, die mit dem im Ausschuß behandelten Gegenstand in inhaltlichem Zusammenhang stehen.[270] (5) Art. 41. Abs. 2 B-VG sieht darüber hinaus die Möglichkeit eines Volksbegehrens für durch Bundesgesetz zu regelnde Angelegenheiten vor. Entsprechende Anträge, die von 100.000 Stimmberechtigten oder von je einem Sechstel der wahlberechtigten Bevölkerung dreier Länder unterstützt werden müssen und in Form eines formalen Gesetzesantrages gehalten sein können (aber nicht müssen), sind dem Nationalrat zur Behandlung vorzulegen. Dieser ist jedoch keineswegs dazu verpflichtet, eine solche Initiative aufzugreifen und das parlamentarische Gesetzgebungsverfahren in Gang zu setzen.[271]

Gemäß § 69 Abs. 3 GONR findet eine erste Lesung - in deren Rahmen im übrigen nur eine Aussprache über die allgemeinen Grundsätze einer Vorlage vorgesehen ist (§ 69 Abs. 5 GONR) - nur aufgrund eines ausdrücklichen Beschlusses durch das Plenum statt. Hiervon ausgenommen sind nach § 69 Abs. 4 GONR Gesetzesvorschläge von Abgeordneten, die in Lesung genommen werden müssen, wenn der Antragsteller dies verlangt. Keine erste Lesung sieht die GONR bei Selbständigen Anträgen von Ausschüssen auf Erlassung von Gesetzen vor.[272]

In der ersten Lesung einer Gesetzesvorlage dürfen nur solche Anträge gestellt werden, die sich auf die Wahl eines besonderen Ausschusses zur Bera-

---

269 In diesem Zusammenhang hat bereits Heinz Fischer, Zur Praxis des Begutachtungsverfahrens im Prozeß der Bundesgesetzgebung, in: Österreichische Zeitschrift für Politikwissenschaft 1 (1972), S. 35-54, 39f. zutreffend darauf hingewiesen, daß sich die Unterschiede im Begutachtungsverfahren je nach Initiativform aus der einschlägigen Gesetzgebung nicht zwingend herleiten lassen. Zudem gibt es eine Reihe von Regierungsvorlagen, wie etwa das Bundesfinanzgesetz, die ebenfalls keinem offiziellen Begutachtungsverfahren unterzogen werden. Vgl. hierzu ferner Erhard Mock, Die politische Dimension der Rechtsetzung, in: Heinz Schäffer (Hrsg.), Theorie der Rechtsetzung, Wien 1988, S. 125-144, 140f.
270 Selbständige Anträge von Ausschüssen kommen aufgrund einer Initiative eines stimmberechtigten Ausschußmitgliedes und eines anschließenden Mehrheitsbeschlusses des betreffenden Ausschusses zustande. Gemäß § 27 Abs. 2 GONR sind Selbständige Anträge von Ausschüssen nicht zulässig im Zusammenhang mit der Vorberatung von Entwürfen zum Bundesfinanzgesetz und Einsprüchen des Bundesrates gegen Gesetzesbeschlüsse des Nationalrates.
271 Vgl. Friedrich Koja, Instruments of Direct Democracy in the Austrian Federal State and its *Länder*, in: Austrian Journal of Public and International Law 45 (1993), S. 33-45, 35.
272 Über entsprechende Anträge hat der betreffende Ausschuß nach § 42 GONR einen Bericht zu erstatten, der gemäß § 70 Abs. 1 GONR sofort der zweiten Lesung zugeführt wird; vgl. W. Czerny/H. Fischer, a.a.O. (Anm. 157), S. 238.

tung einer Vorlage beziehen. Inhaltliche Änderungen an einer Vorlage sind im Rahmen der ersten Lesung ebensowenig zulässig wie eine Ablehnung derselben. Im Anschluß an die erste Lesung verfügt der Präsident des Nationalrates die Zuweisung einer Vorlage an einen Ausschuß (§ 69 Abs. 6 GONR).

Ähnlich wie im Bundestag werden die der Gesetzesberatung dienenden Ausschüsse des Nationalrates "meist entsprechend der Ressorteinteilung der Bundesministerien gewählt"[273]. Sie tagen grundsätzlich nichtöffentlich, obwohl die GONR dies nicht gleichermaßen explizit feststellt wie im deutschen Fall § 69 Abs. 1 GOBT. Die Nichtöffentlichkeit der Nationalratsausschüsse ergibt sich aber durch die in § 37 GONR enthaltene Auflistung teilnahme- bzw. anwesenheitsberechtigter Personen. Grundsätzlich teilnahmeberechtigt sind der Präsident des Nationalrates (mit beratender Stimme) sowie andere Abgeordnete und Mitglieder des Bundesrates (jeweils als Zuhörer).[274] Dem jeweiligen Ausschuß obliegt die letztverbindliche Entscheidung darüber, ob weiteren Personen, die über eine entsprechende Genehmigung des Präsidenten verfügen (müssen), Zutritt zu den Verhandlungen gewährt werden soll (§ 37 Abs. 6 GONR). In keinem Fall aber kann ein Ausschuß eine prinzipielle Öffentlichkeit für Teile seiner Beratungen an einer Vorlage herstellen. Einen Ausnahmefall markieren seit der Geschäftsordnungsreform von 1996 lediglich Anhörungen von Sachverständigen oder anderen Auskunftspersonen im Zusammenhang mit der "Vorberatung von bedeutsamen Gesetzentwürfen und Staatsverträgen" (§ 37 Abs. 9 GONR).

Nach § 35 Abs. 1 GONR hat ein Ausschuß das Recht, zur Vorbehandlung eines ihm zugewiesenen Gegenstandes und zur Berichterstattung hierüber einen Unterausschuß einzusetzen, dem formal-rechtlich ein lediglich beratender Charakter zukommt. Czerny und Fischer[275] weisen darauf hin, daß die Ausschüsse in der Bildung und Zusammensetzung von Unterausschüssen frei sind, d.h. die Bestimmung über die Proportionalität (der parteipolitischen Stärkeverhältnisse) des Ausschusses zum Plenum des Nationalrates nicht in gleicher Weise für das Verhältnis zwischen Unterausschuß und Ausschuß gilt. Ein Ausschuß bzw. ein Unterausschuß besitzt das Recht, Sachverständige oder andere Auskunftspersonen vorzuladen, um an Informationen zu gelangen, die für die Beratung eines zugewiesenen Gegenstandes von Belang sind.

Sofern mehrere Gesamtanträge vorliegen, hat der Ausschuß zunächst zu beschließen, welcher derselben der Debatte und Abstimmung zugrunde gelegt werden soll. Enthält der schriftliche Bericht eines Unterausschusses die Neufassung des gesamten Textes eines Entwurfes, so stellt dieser die Verhandlungsgrundlage dar (§ 41 Abs. 4 GONR). Über Abänderungs- und Zusatzanträge von einzelnen Ausschußmitgliedern, für die nach § 41 Abs. 8 GONR

---

273 T. Öhlinger, a.a.O. (Anm. 144), S. 159. Ergänzend hierzu läßt sich feststellen, daß, sofern im Einzelfall keine exakte Entsprechung zwischen Ressorts und Ausschüssen besteht, die Tendenz dahingeht, im Nationalrat eher mehr Ausschüsse als Ressorts zu haben.
274 Eine grundsätzliche Teilnahmeberechtigung an Ausschußsitzungen besitzen aber gemäß § 18 Abs. 1 und § 20 Abs. 1 u. 5 ebenfalls die Mitglieder der Bundesregierung und deren Staatssekretäre sowie - nur bei der Behandlung bestimmter Gegenstände - der Präsident und Vizepräsident des Rechnungshofes sowie die Mitglieder der Volksanwaltschaft.
275 Dies., a.a.O. (Anm. 159), S. 113f.

keinerlei Unterstützung verlangt wird, entscheidet der Ausschuß grundsätzlich mit Stimmenmehrheit der anwesenden Ausschußmitglieder. Ebenfalls mit der Mehrheit der Stimmen seiner anwesenden Mitglieder kann ein Ausschuß gemäß § 41 Abs. 7 GONR einen "Schluß der Debatte" beschließen; das Wirksamwerden eines solchen Beschlusses setzt allerdings voraus, daß zumindest drei zu Wort gemeldete Abgeordnete bereits gesprochen haben und die übrigen eingeschriebenen Redner noch Gelegenheit erhalten, zur Sache zu sprechen. Wichtiger im hier interessierenden Zusammenhang ist die Tatsache, daß die Regierungsmehrheit im Plenum in Gestalt von Fristsetzungsanträgen gemäß § 43 GONR ein Mittel besitzt, um den Ausschüssen den Zeitpunkt ihrer Berichterstattung definitiv vorzuschreiben, das der berüchtigten "guillotine" britischer Prägung rechtlich betrachtet in nichts nachsteht.[276] Laut § 44 Abs. 3 GONR hat das Plenum nach Ablauf einer gesetzten Frist seine Beratungen selbst dann aufzunehmen, wenn ein schriftlicher Ausschußbericht bis dahin nicht vorliegt.[277]

Nach Abschluß seiner Beratungen wählt der Ausschuß einen Berichterstatter für den Nationalrat, der das Ergebnis der Verhandlungen in einem schriftlichen Bericht zusammenfaßt. Gemäß § 42 Abs. 4 GONR besteht die Möglichkeit, im Rahmen der Ausschußberichterstattung einen Minderheitsbericht vorzulegen. Seit der GONR-Reform 1988 haben überdies einzelne Ausschußmitglieder das Recht, in knapper Form eine vom Hauptbericht abweichende persönliche Stellungnahme zum Gegenstand abzugeben (§ 42 Abs. 5 GONR).

Nach Abschluß der Ausschußberatungen findet im Plenum die zweite Lesung über einen Gesetzentwurf statt. Diese besteht aus einer allgemeinen Debatte über die Vorlage als Ganzes (Generaldebatte) und den Beratungen über einzelne Teile der Vorlage (Spezialdebatte). Die zweite Lesung wird mit einer Rede des Ausschußberichterstatters eröffnet und mit einer offenen Debatte, in der sich Pro- und Contra-Redner abzuwechseln haben, fortgesetzt. Sofern General- und Spezialdebatte nicht zusammen abgehalten werden (was in der Praxis die große Ausnahme bildet), hat der Nationalrat am Ende der Generaldebatte zu beschließen, in die Spezialdebatte einzutreten. Findet sich hierfür keine Mehrheit, ist die Vorlage hiermit verworfen (§ 71 Abs. 3 GONR).

Zu Beginn einer Spezialdebatte bestimmt der Präsident des Nationalrates, welche Teile einer Vorlage allein oder zusammen zur Beratung und Abstimmung kommen sollen (§ 72 Abs. 1 GONR). Im Verlaufe der Spezialdebatte können von jedem Abgeordneten zu jedem einzelnen Teil einer Vorlage Abän-

---

276 Ein entsprechender Fristsetzungsantrag kann schon von einem einzelnen Abgeordneten initiiert werden und bedarf eines einfachen Mehrheitsbeschlusses des Nationalrates, um wirksam zu werden. Besonders virulent wurde dieses Instrument am Ende der extrem kurzen Legislaturperiode 1994/95, nachdem bereits feststand, daß es in Kürze Neuwahlen geben würde. Um jedenfalls einige der geplanten Maßnahmen der noch amtierenden vierten Regierung Vranitzky zu verabschieden, kam es zu zahlreichen Fristsetzungsbeschlüssen des Plenums gemäß § 43 GONR. Selbst in dieser Extremsituation fungierte § 43 GONR jedoch faktisch nicht als reines Machtinstrument der Regierungsfraktionen. Es kam eher zur freien Bildung von Mehrheiten im Plenum, als daß rigide Fronten entlang der Mehrheits- und Minderheitsfraktionen sichtbar wurden. Vgl. H. Wohnout, a.a.O. (Anm. 23), S. 680f.
277 Dasselbe gilt gemäß 54 GONR im Falle einer erneuten Ausschußberatung einer Vorlage als Folge einer Rückverweisung.

derungs- und Zusatzanträge gestellt werden, sofern diese von mindestens fünf (bis zur GONR-Reform 1988 acht) Abgeordneten einschließlich des Antragstellers selbst unterstützt werden. Nach Beratung eines jeden Teils der Vorlage muß über diesen gesondert abgestimmt werden. Der Nationalrat hat vor jeder Abstimmung die Möglichkeit, eine Vorlage nochmals an den Ausschuß (rück)-zuverweisen.

Nach Beschluß einer Vorlage in der zweiten Lesung kommt es (meist unmittelbar) zur dritten Lesung. Dabei handelt es sich nach § 74 Abs. 1 GONR, wie im Bundestag und im House of Commons, um eine "Abstimmung im ganzen". Entschließungsanträge können in der dritten Lesung nicht mehr eingebracht werden. Zulässig sind lediglich Anträge, die auf die Behebung von Widersprüchen, die sich bei der Beschlußfassung in zweiter Lesung ergeben haben oder auf die Richtigstellung von Schreib-, Sprach- und Druckfehlern beziehen. Eine (auf fünf Minuten beschränkte) Debatte über entsprechende Anträge in der dritten Lesung ist nur zulässig, sofern der Nationalrat dies ausdrücklich beschließt. Die dritte Lesung markiert, wie in der Bundesrepublik und in Großbritannien, den Abschluß des Gesetzgebungsverfahrens im Nationalrat als der Ersten Kammer. Den formal-rechtlichen Schlußstein des Verfahrens bildet die Enunziation des Präsidenten des Nationalrates, durch die ausgesprochen wird, daß der Nationalrat einen Gesetzesantrag in dritter Lesung beschlossen hat. Damit liegt ein Gesetzesbeschluß des Nationalrates vor.

Jeder Gesetzesbeschluß des Nationalrates ist über Vermittlung des Bundeskanzlers unverzüglich dem Bundesrat bekanntzugeben. Ausgenommen im Hinblick auf solche Gesetzesbeschlüsse, gegen die der Bundesrat nach Art. 42 Abs. 5 B-VG ausdrücklich keine Einspruchsmöglichkeit besitzt (etwa beim Bundesgesetz über die Geschäftsordnung des Nationalrates) und die somit sofort beurkundet und verkündet werden können, kann dieser von seinem Einspruchsrecht Gebrauch machen. Eine Zustimmung des Bundesrates ist jedoch nur in einigen wenigen Fällen[278] zwingend erforderlich. Das Einspruchsrecht des Bundesrates ist bei allen in Frage kommenden Gesetzesbeschlüssen gemäß Art. 42 Abs. 3 B-VG auf acht Wochen befristet. Ferner gilt, daß sich ein mit Gründen zu versehender Einspruch nur jeweils gegen den gesamten Gesetzesbeschluß richten kann.[279]

Das legislative Verfahren im Bundesrat ist im wesentlichen identisch mit dem entsprechenden Procedere im Nationalrat. Der Vorberatung im Ausschuß folgt eine General- und Spezialdebatte, an deren Anschluß eine Abstimmung darüber erfolgt, ob der betreffende Gesetzesbeschluß gebilligt oder ein Einspruch dagegen erhoben werden soll.

Abgesehen von (in der Praxis seltenen) "zustimmungspflichtigen" Gesetzesbeschlüssen, die ohne die Zustimmung des Bundesrates keine Gesetzeskraft erlangen können, hat der Nationalrat prinzipiell die Möglichkeit, sich über das Veto des Bundesrates durch einen sogenannten "Beharrungsbeschluß" hinwegzusetzen. Dazu reicht es gemäß Art. 42 Abs. 4 B-VG aus, den beeinspruchten

---

278 Vgl. die Auflistung zustimmungspflichtiger Materien auf S. 61.
279 Vgl. I. Kathrein, a.a.O. (Anm. 168), S. 354f.

Gesetzesbeschluß schlicht zu wiederholen, worauf er unverzüglich beurkundet und verkündet werden kann bzw. muß. Die Überstimmung eines mit Zweidrittelmehrheit gefaßten Bundesratseinspruchs muß also nicht mit einer entsprechend qualifizierten Mehrheit des Nationalrates erfolgen. Allerdings setzt die Durchführung eines "Beharrungsbeschlusses" die Anwesenheit von mindestens der Hälfte der Mitglieder des Nationalrates voraus.

Das Diskontinuitätsprinzip kann im österreichischen Fall[280] nur indirekt aus der Bestimmung des § 46 Abs. 4 GONR abgeleitet werden, derzufolge bei Eröffnung einer neuen Sitzung des Nationalrates innerhalb derselben Gesetzgebungsperiode die Arbeiten des Nationalrates nach dem Stand fortgesetzt werden, in dem diese sich zum Zeitpunkt der Beendigung der letzten Sitzung befunden haben. Daraus läßt sich folgern, daß die Wiederaufnahme von Verhandlungsgegenständen aus einer abgeschlossenen Gesetzgebungsperiode rechtlich nicht möglich ist. Für den Bundesrat gilt diese Bestimmung nicht; mit anderen Worten: es ist unerheblich, ob dieser einen Zustimmungsbeschluß oder einen Beschluß, keinen Einspruch zu erheben, vor oder nach Ablauf der Gesetzgebungsperiode des Nationalrates faßt. Da der Nationalrat in den letzten Wochen vor Ende einer Gesetzgebungsperiode in der Regel nicht mehr zusammentritt und die achtwöchige Einspruchsfrist des Bundesrates die Grenze zweier Gesetzgebungsperioden des Nationalrates daher nicht schneidet, ist diese Frage jedoch bislang ohne praktische Relevanz geblieben. Sofern ein Einspruch des Bundesrates gegen einen Gesetzesbeschluß des Nationalrates nach dessen letztmaligem Zusammentritt innerhalb einer Gesetzgebungsperiode (aber vor deren Ablauf) erfolgt, kann der Nationalrat keinen "Beharrungsbeschluß" mehr fassen und mithin der Gesetzesbeschluß keine Gesetzeskraft erlangen. In diesem Falle muß das Gesetzgebungsverfahren vielmehr nach Beginn der neuen Gesetzgebungsperiode neu eingeleitet werden.

Sofern es im Anschluß an die Beendigung des parlamentarischen Gesetzgebungsverfahrens nicht zu einer von der Verfassung in speziellen Fällen vorgeschriebenen bzw. ermöglichten Volksabstimmung[281] über Gesetzesbeschlüsse des Nationalrates kommt, kann eine vom Parlament beschlossene Maßnahme unverzüglich ausgefertigt werden. Dies geschieht gemäß Art. 47 Abs. 1 B-VG

---

280 Die Vermittlung der Einsichten in diese in der Literatur kaum erörterten Regeln verdanke ich Günther Schefbeck.
281 Gemäß Art. 44 Abs. 3 und Art. 43 B-VG sind Volksabstimmungen in diesem Stadium des Gesetzgebungsverfahrens denkbar in Form (1) eines obligatorischen Verfassungsreferendums bei jeder Gesamtänderung der Bundesverfassung; (2) eines fakultativen Verfassungsreferendums auf Verlangen eines Drittels der Mitglieder des National- oder des Bundesrates sowie (3) eines fakultativen Gesetzesreferendums, sofern der Nationalrat dies mit der Mehrheit seiner Mitglieder verlangt. Bei Vorliegen einer dieser Voraussetzungen ist vom Bundespräsidenten auf Vorschlag der Bundesregierung eine Volksabstimmung anzuordnen und gemäß der im Volksabstimmungsgesetz 1973 niedergelegten Verfahrensvorschriften durchzuführen. Sofern die Volksabstimmung eine einfache Mehrheit der Stimmen für einen Gesetzesbeschluß ergibt, kann dieser in der vorgesehenen Form beurkundet und verkündet werden; bei einer Stimmenmehrheit gegen eine Maßnahme oder bei Stimmengleichheit ist das Gesetzgebungsverfahren damit negativ beendet, d.h. das betreffende Gesetz darf nicht in Kraft gesetzt werden. Vgl. H. Widder, a.a.O. (Anm. 164), S. 315f.; siehe für eine Bewertung der unter (2) angeführten Variante plebiszitärer Gesetzessanktionierung auch Anm. 288.

durch die Unterschrift des Bundespräsidenten.[282] Die Vorlage zur Beurkundung durch den Bundespräsidenten erfolgt durch den Bundeskanzler, der sie auch gegenzuzeichnen hat.[283]

3.4 Die formal-rechtliche Organisation des parlamentarischen Gesetzgebungsverfahrens in der Bundesrepublik Deutschland, Großbritannien und Österreich im Vergleich

Ebenso wie in bezug auf die Einzeldarstellung der Verfahrensregeln in den vorangegangenen Abschnitten wird auch im Rahmen der folgenden Ausführungen keine erschöpfende vergleichende Gegenüberstellung sämtlicher Gemeinsamkeiten und Unterschiede in der formal-rechtlichen Organisation des parlamentarischen Gesetzgebungsprozesses in den drei Ländern angestrebt. Beabsichtigt ist lediglich die vergleichende Darstellung einiger wichtiger Komponenten, die auch in der länderbezogenen Betrachtung Berücksichtigung gefunden haben. Dabei ergibt sich im Hinblick auf die unterschiedlichen Stadien bzw. Dimensionen des Gesetzgebungsverfahrens folgendes Bild:

(a) Initiierung von Gesetzen

- Die vielfältigsten Möglichkeiten zur Initiierung von Gesetzen bestehen in Österreich. Hier werden die auch in der Bundesrepublik und in Großbritannien bestehenden Initiativrechte seitens der Regierung, der Abgeordneten der "Ersten Kammer" und der "Zweiten Kammer" zusätzlich ergänzt durch die Möglichkeit der Initiierung von Gesetzen via Volksbegehren einerseits und das Recht der Ausschüsse, Selbständige Anträge auf Erlassung von Gesetzen (die allerdings in einem inhaltlichen Zusammenhang mit einer überwiesenen, im Ausschuß behandelten Vorlage stehen müssen) zu stellen, andererseits.
- Die Stellung des einzelnen Abgeordneten gemäß den Bestimmungen der Geschäftsordnung ist in Großbritannien auf den ersten Blick am stärksten.[284] Dort

---

282 Der Ermessensspielraum des österreichischen Staatsoberhauptes ist, wie in der Bundesrepublik, durch verfassungsrechtliche Bestimmungen nicht exakt definiert. Die Tatsache, daß bis heute kein Bundespräsident der Zweiten Republik die "Beurkundung" eines Gesetzes verweigert hat, selbst wenn schwerwiegende verfassungsrechtliche Bedenken dagegen erhoben wurden, läßt jedoch darauf schließen, daß in der österreichischen Verfassungspraxis ein noch stärker selbstbeschränkendes Amtsverständnis vorherrscht als hierzulande. Vgl. Manfried Welan, Das österreichische Staatsoberhaupt, Wien 1986, S. 32f.; Wolfgang C. Müller, Der Bundespräsident, in: Herbert Dachs u.a. (Hrsg.), Handbuch des politischen Systems Österreichs. Die Zweite Republik, 3. Aufl. Wien 1997, S. 138-147, 145.
283 Bis 1981 sah die Verfassung die Gegenzeichnung eines Gesetzesbeschlusses durch den Bundeskanzler gemeinsam mit dem jeweils zuständigen Bundesminister vor; vgl. H. Widder, a.a.O. (Anm 164), S. 314.
284 Dieser Umstand, der inbesondere auch in einer vergleichenden Betrachtung der praktischen Ausgestaltung von parlamentarischen Interpellationsrechten in den Geschäftsordnungen der drei Parlamente nachweisbar wäre, läßt sich zu einem gewissen Teil aus der historischen Genese des britischen Parlamentarismus, konkret der langen "vorparteilichen" Geschichte des Parlaments in Großbritannien erklären. Vgl. Nevil Johnson, Opposition als Staatsein-

besitzt der einzelne Abgeordnete das Recht zur selbständigen Gesetzesinitiative, welches in der Bundesrepublik und in Österreich an die Unterstützung einer Gruppe von Abgeordneten geknüpft ist. Allerdings kann von diesem individuellen Initiativrecht in Großbritannien nur im Rahmen strenger spezieller Verfahrensvorschriften für Private Members' bills Gebrauch gemacht werden. Eine in der Bundesrepublik und in Österreich übliche, rechtlich gleichberechtigte gesetzgeberische Initiative "aus der Mitte des Hauses" existiert dort also überhaupt nicht. In der Bundesrepublik müssen letztgenannte von einer Fraktion oder (seit 1969) von 5 Prozent der Abgeordneten unterstützt werden.[285] In Österreich war bis Ende der achtziger Jahre die Unterstützung einer Initiative durch acht Abgeordnete erforderlich; seither genügen die Unterschriften von fünf Abgeordneten, um eine Gesetzesinitiative aus dem Plenum heraus beginnen zu können. Während in der Bundesrepublik die Entwicklung hinsichtlich der zahlenmäßigen Voraussetzungen für die Inanspruchnahme von Initiativrechten durch eine Gruppe von Parlamentariern in Richtung einer Verschärfung der Anforderungen verlief, wurden die diesbezüglichen Erfordernisse in Österreich, zumal in Prozentzahlen betrachtet[286], schrittweise gesenkt.

- Eine maßgebliche Schwächung des Initiativrechts anderer Initiatoren als der Regierung selbst besteht in Großbritannien darin, daß jede parlamentarische Behandlung einer finanzwirksamen Gesetzesvorlage das Vorliegen einer entsprechenden Money resolution voraussetzt, die nur von der Regierung ausgestellt werden kann. Keinerlei inhaltliche Beschränkung des Initiativrechts für eine genügend große Gruppe von Abgeordneten besteht in der Bundesrepublik, während in Österreich Gesetzesvorlagen, die mit größeren finanziellen Ausgaben verbunden sind, zumindest einen Kostendeckungsvorschlag aufweisen müssen.

(b) Ausschußphase

- In Großbritannien findet die Ausschußbehandlung von Gesetzentwürfen nicht wie in der Bundesrepublik und in Österreich im Anschluß an die erste, sondern erst nach der zweiten Lesung statt, welche in allen drei Parlamenten die wichtigste Plenardebatte über eine Vorlage darstellt. So gesehen ist das Gewicht der Ausschußberatungen in Großbritannien unabhängig von allen übrigen verfahrensrechtlichen Bestimmungen in bezug auf die Ausschüsse bereits mit Blick auf deren terminliche Verortung im parlamentarischen Beratungsverfah-

---

richtung und Alternativregierung: Das britische Modell, in: H. Oberreuter, a.a.O. (Anm. 22), S. 25-51.
285 Vgl. für die bis 1969 geltenden Geschäftsordnungsregeln in bezug auf die für die Erlangung des Fraktionsstatus erforderliche zahlenmäßige Stärke einer Gruppe von Abgeordneten Anm. 147.
286 Mitverantwortlich dafür war auch die Erhöhung der Gesamtzahl der Abgeordneten des Nationalrates im Jahre 1971. Zwischen 1945 und 1970 saßen im Nationalrat 165 Abgeordnete; seit 1971 besteht er aus 183 Abgeordneten. Gemeinsam mit der Senkung der Anzahl notwendiger Unterstützer einer Initiative von acht auf fünf führte dies dazu, daß der Anteil benötigter Abgeordneter an der Gesamtzahl von Nationalratsmitgliedern von 4,8 Prozent (bis 1970), über rund 4,4 Prozent (1971-1988) auf etwa 2,7 Prozent (seit 1988) fiel.

ren eine etwas schwächere als in den beiden deutschsprachigen Ländern, zumal Vorlagen, die in der zweiten Lesung vom Unterhaus angenommen wurden, in ihrem Kerngehalt nicht mehr verändert werden dürfen.

- Die einzelnen für das Gesetzgebungsverfahren relevanten Rechte der Ausschüsse variieren von Land zu Land erheblich. Die Ständigen Ausschüsse des Bundestages und des Nationalrates besitzen zunächst das Recht, Beamte und Sachverständige herbeizurufen bzw. Aktenmaterial anzufordern, sofern dies im Rahmen der Beratung eines Gesetzentwurfes wünschenswert erscheint, wozu in Großbritannien lediglich die nicht der Gesetzesberatung dienenden Select committees und die in der Praxis beinahe bedeutungslosen Special standing committees berechtigt sind. Ferner müssen in der Bundesrepublik und in Österreich die Auffassungen dissentierender Minderheiten bei der Berichterstattung des Ausschusses an das Plenum berücksichtigt werden. Weitere Unterschiede betreffen das Recht der Ausschüsse, von sich aus tätig zu werden bzw. die in der Geschäftsordnung fixierten Vorbehaltsrechte der Regierung. In Großbritannien besitzen die der Gesetzesberatung dienenden Ausschüsse nicht nur kein Selbstbefassungsrecht; zugleich kann die Regierungsmehrheit in Form der sogenannten "guillotine" auch die Dauer der Ausschußberatungen ohne Rücksicht auf die Interessenlage des Ausschusses selbst in ihrem Sinne steuern. In rein rechtlicher Hinsicht bestehen bezüglich des letztgenannten Aspekts in Österreich praktisch identische Bedingungen; dafür besitzen die Fachausschüsse des Nationalrates jedoch ein (eingeschränktes) Gesetzesinitiativrecht, wofür es weder in Großbritannien noch in Deutschland ein Äquivalent gibt. Die Vorbehaltsrechte der Regierung gegenüber der zeitlichen Dauer der Ausschußberatungen sind in der Bundesrepublik am vergleichsweise schwächsten ausgeprägt. Mit den entsprechenden Regeln in Großbritannien und Österreich vergleichbare Fristsetzungsanträge sind in der Geschäftsordnung des Bundestages nicht vorgesehen, obwohl das Plenum im Extremfall durch Rücknahme seines Überweisungsbeschlusses die Rückverweisung einer Vorlage anordnen und damit die Ausschußberatungen über diese faktisch beenden kann.

- Nur in Großbritannien tagen die der Gesetzesberatung dienenden Ausschüsse grundsätzlich öffentlich. In der Bundesrepublik besitzen die normalerweise nichtöffentlich tagenden Ausschüsse zumindest das Recht, zu einzelnen ihrer Sitzungen die Öffentlichkeit zuzulassen; seit 1995 verfügen sie ferner über die Möglichkeit, im Einvernehmen mit dem Ältestenrat und den mitberatenden Ausschüssen die Schlußberatung in Form einer öffentlichen Aussprache durchzuführen, in deren Rahmen die Beschlußempfehlung verabschiedet und der Bericht des federführenden Ausschusses beschlossen wird. In Österreich finden demgegenüber grundsätzlich sämtliche Ausschußberatungen unter Ausschluß der Öffentlichkeit statt; eine im hier gegebenen Kontext relevante Ausnahme bilden lediglich Sachverständigenanhörungen von Ausschüssen, für die ein betroffener Ausschuß seit der GONR-Reform 1996 die Öffentlichkeit zulassen kann.

(c) Verhältnis zwischen Erster und Zweiter Kammer

Die hier zusammenfassend als "Zweite Kammern" bezeichneten Organe[287] - House of Lords, österreichischer Bundesrat und deutscher Bundesrat - besitzen eine stark unterschiedliche Stellung im Gesetzgebungsverfahren der zentralstaatlichen Ebene:
- Obwohl sowohl das Oberhaus wie der deutsche und der österreichische Bundesrat ein Initiativrecht besitzen, ist eine ausführliche Erstbehandlung von Gesetzentwürfen mit verbindlichem Beschluß nur im House of Lords, nicht aber im deutschen und österreichischen Bundesrat möglich. In der Bundesrepublik ist die Einbringung eines vom Bundesrat initiierten Gesetzes in den Bundestag zudem nur über das zwischengeschaltete Stellungnahmeverfahren der Bundesregierung möglich. Ferner kann der deutsche Bundesrat von seinem Initiativrecht nur auf der Grundlage eines Mehrheitsbeschlusses Gebrauch machen, während in Österreich die Unterstützung eines Initiativantrags durch ein Drittel der Mitglieder des Bundesrates genügt.
- Der deutsche Bundesrat verfügt bei allen "zustimmungspflichtigen" Gesetzesbeschlüssen des Bundestages über ein nicht überstimmbares Vetorecht. Ein solches besteht seitens des österreichischen Bundesrates nur bei einem äußerst geringen Anteil an Gesetzesbeschlüssen des Nationalrates. Was Einspruchsgesetze betrifft, setzt die Überstimmung eines mit Zweidrittelmehrheit beschlossenen Bundesrats-Einspruchs dort, anders als in der Bundesrepublik, auch keine Zweidrittelmehrheit der Abstimmenden im Nationalrat voraus. Das britische Oberhaus verfügt demgegenüber grundsätzlich nur über ein suspensives Veto, bei Finanzgesetzen über gar keine Vetomöglichkeit.
- Nur in der Bundesrepublik existiert ein eigenständiges Vermittlungsorgan für die Lösung von Konflikten zwischen "Erster" und "Zweiter Kammer", durch das die - im Vergleich zu den beiden anderen Ländern - extrem starke Rolle der zweiten in das Gesetzgebungsverfahren involvierten Körperschaft zusätzlich unterstrichen wird.

(d) Diskontinuität

Alle drei Systeme kennen den Grundsatz der sachlichen Diskontinuität, der allgemein ausgedrückt besagt, daß Gesetzesvorlagen innerhalb eines bestimmten zeitlichen Rahmens gewisse Stadien des Gesetzgebungsverfahrens durchlaufen müssen, um zu einem Gesetz werden zu können. In der Bundesrepublik und in Österreich bildet die jeweilige Wahlperiode, die deshalb auch als Gesetzgebungsperiode bezeichnet wird, den entscheidenden zeitlichen Rahmen, innerhalb dessen sämtliche Vorlagen vom Bundestag bzw. vom Nationalrat in dritter Lesung beschlossen sein müssen, damit sie nicht verfallen. Die wichtigste Besonderheit des britischen Systems besteht darin, daß der Zeitraum, innerhalb dessen eine Vorlage vollständig zu beschließen ist, nicht identisch ist

---

287 Vgl. die auf S. 60f. gemachten Vorbehalte in bezug auf diese Begriffsverwendung.

mit der Dauer einer Wahlperiode. Die entscheidende Zeiteinheit ist hier eine Session, wobei sich eine nicht vorzeitig beendete Wahlperiode heute aus bis zu fünf einzelnen Sessionen zusammensetzen kann. Von Bedeutung ist ferner, daß in Großbritannien, abweichend von den einschlägigen Bestimmungen in der Bundesrepublik und in Österreich, eine Vorlage bis zum Ende einer Session *beide* Kammern des Parlaments vollständig passiert haben muß, um in der nächsten Session nicht nochmals neu eingebracht werden zu müssen. Zudem kommt es in Großbritannien vor, daß einzelne Private bills und Hybrid bills von der Diskontinuitätsregel ausgenommen werden, wofür es in den beiden deutschsprachigen Ländern kein Äquivalent gibt.

3.5 Die Auswirkungen der formal-rechtlichen Organisationsregeln des Gesetzgebungsverfahrens auf den Status der Opposition im parlamentarischen Entscheidungsprozeß

Im Rahmen dieses Kapitels der Arbeit sind mit dem Begriff des parlamentarischen Gesetzgebungsverfahrens - im Gegensatz zu dem ansonsten zugrundegelegten Begriffsverständnis - nur die parlamentarischen Verfahrensregeln im wörtlichen Sinne angesprochen worden, d.h. unter Ausblendung der umfassenderen Artikulations- und Willensbildungsdimension parlamentarischer Praxis einerseits und des ebenfalls weiter dimensionierten politisch-sozialen Gesetzgebungsprozesses andererseits. Am Ende dieses Überblicks bleibt kurz zu erörtern, inwiefern die unter Punkt 3.4 aufgeführten Unterschiede die Handlungsbedingungen der Opposition im parlamentarischen Entscheidungsprozeß im engeren Sinne beeinflussen.

Zu den diesbezüglich relevanten Dimensionen[288] der innerparlamentarischen Ordnung, die im Rahmen der Entscheidung über die institutionelle Fall-

---

288 Bewußt nicht zu den für die parlamentarische Opposition im engeren Sinne relevanten Bestimmungen wird im Rahmen dieser Arbeit die nach Art. 44 Abs. 3 B-VG bestehende Möglichkeit gezählt, auf Wunsch eines Drittels der Abgeordneten des Nationalrates bzw. eines Drittels der Mitglieder des Bundesrates eine Volksabstimmung über Teiländerungen der Bundesverfassung herbeizuführen (vgl. Anm. 281). Wichtiger hierfür als die vergleichsweise geringe Anzahl der von dieser Möglichkeit betroffenen gesetzgeberischen Entscheidungen und die jahrzehntelange Verfassungspraxis, in der diese Regelung (im Gegensatz zur Verfassungsklage) auch keineswegs als präventives Drohinstrument gegenüber der Mehrheit genutzt wurde, erscheint die Tatsache, daß von dieser Bestimmung nur im Zusammenhang mit solchen Gesetzen Gebrauch gemacht werden kann, die unmittelbar zuvor vom Nationalrat und vom Bundesrat mit mindestens Zweidrittelmehrheit der Abstimmenden beschlossen wurden. Mit Ausnahme des beinahe nur theoretisch relevanten Falles, daß Nationalrat und Bundesrat in einer bestimmten Entscheidungssituation tatsächlich exakt in Zweidrittel Befürworter und ein Drittel Gegner der Maßnahme zerfallen, ist für solche Maßnahmen Konsens zwischen Regierungsmehrheit und Opposition bzw. zwischen Vertretern parteipolitisch unterschiedlich dominierter Länder bereits als Grundlage der parlamentarischen Abstimmung herzustellen, bevor die Frage einer nachträglichen Volksabstimmung über eine Maßnahme überhaupt virulent werden kann. Allen anderen denkbaren Szenarien zufolge kommt ein Parlamentsbeschluß entweder gar nicht erst zustande oder aber ist die Regierungsmehrheit bzw. die Bundesratsmehrheit so stark, daß sie allein über eine ausreichende Stimmenmehrheit verfügt, womit dann auf seiten der Opposition die Voraussetzungen für eine Inanspruchnahme dieses Instruments fehlten. Bezüglich des damit einzig relevanten Falles, in dem eine geplante Maßnahme als Kompromiß zwischen parlamentarischer

auswahl in Abschnitt I, 2.2 nicht eigens berücksichtigt wurden, zählen vor allem: die Struktur des der Gesetzesberatung dienenden Ausschußsystems, die Öffentlichkeit bzw. Nichtöffentlichkeit von gesetzesberatenden Ausschüssen, die Initiativmöglichkeiten dieser Ausschüsse, der Einfluß der Regierung auf die Tätigkeit der Ausschüsse sowie die spezifische Ausgestaltung des Grundsatzes der sachlichen Diskontinuität. Diesen Aspekten ist gemein, daß sie keine Kernbestandteile der institutionellen Chancenstruktur der parlamentarischen Opposition im engeren Sinne bilden, wenn darunter lediglich solche Rechtspositionen verstanden werden, die der Opposition *unmittelbar* zugute kommen (wie beispielsweise ein Minderheitenveto bei der Verabschiedung verfassungsändernder Gesetze oder die Möglichkeit einer qualfizierten parlamentarischen Minderheit, Entscheidungen vor dem Verfassungsgericht anzufechten). Sie müssen jedoch ungeachtet dessen als wichtige institutionelle Einflußfaktoren angesehen werden, die die "opportunity structure" der Opposition in unterschiedlicher Wirkungsrichtung modifizieren können. Mit Blick auf die drei ausgewählten Länder läßt sich dabei insgesamt von einem "Verstärkungseffekt" der weiteren Rahmenbedingungen sprechen. Das bedeutet: die Beschaffenheit des "innerparlamentarischen Handlungskorridors", innerhalb dessen die Opposition in den drei untersuchten Ländern agiert, befindet sich weitgehend im Einklang mit dem oben erörterten spezielleren Chancenprofil der parlamentarischen Opposition und unterstreicht damit im großen und ganzen die in den einzelnen Ländern jeweils vorfindbare Stärke bzw. Schwäche oppositioneller Mitwirkungsmöglichkeiten.

In Großbritannien wird die hinsichtlich ihrer verbrieften Mitwirkungsansprüche und Vetomöglichkeiten ohnehin extrem dürftig ausgestattete Opposition zusätzlich durch eine Reihe weiterer Rahmenbedingungen potentiell geschwächt: In diesem Zusammenhang ist zunächst die Struktur des Systems der Ständigen Ausschüsse, in denen die Gesetzesvorlagen beraten werden, zu nennen, das in Großbritannien - anders als in der Bundesrepublik und in Österreich - keine Ressortorientierung aufweist. Von Bedeutung ist dieser Aspekt vor allem insofern, als eine spiegelbildliche Orientierung von den der Gesetzesberatung dienenden Ausschüssen auf die entsprechenden Fachministerien Ausschußmitgliedern die Chance zu einer längerfristigen fachlichen Spezialisierung eröffnet. Da dies für Vertreter von Regierungs- und Oppositionsparteien gleichermaßen gilt, kann sich in einem solcherart organisierten Ausschußsystem zugleich leichter ein "Verhandlungsklima" zwischen Spezialisten herausbilden, das eine Annäherung in Sachpositionen zwischen Ausschußmitgliedern beider Seiten potentiell begünstigt. Damit unmittelbar verbunden ist die

---

Mehrheit und Minderheit zustandekommt, ließe sich von Art. 44 Abs. 3 B-VG als einem Oppositionsrecht im engeren Sinne allenfalls insoweit sprechen, als die Opposition die theoretische Möglichkeit besitzt, während der allein zulässigen Periode zwischen Parlamentsbeschluß und Ausfertigung der Maßnahme gegen die von ihr selbst mitbeschlossene Maßnahme ins Feld zu ziehen, um diese von der Bevölkerung mit einem Veto versehen zu lassen. Anzeichen für die Relevanz einer derart abstrakten und in sich widersprüchlichen Argumentationsstruktur sind weder dem Verfassungstext noch der Verfassungspraxis zu entnehmen. Vgl. Ludger Helms, Die Institutionalisierung der politischen Opposition in den deutschsprachigen Ländern: Deutschland, Österreich und die Schweiz im Vergleich, in: Aus Politik und Zeitgeschichte 1997 (i.E.).

Frage nach dem Ausmaß an Kontinuität in der personellen Zusammensetzung von Ausschüssen, welche in Österreich und Deutschland ungleich höher ist als in Großbritannien. Beide Aspekte konstituieren gemeinsam das, was Sartori[289] als "kontinuierlichen Entscheidungskontext" bezeichnet.

Zu den negativen institutionellen Rahmenbedingungen, unter denen die Opposition in Großbritannien agiert, zählt ferner das Recht der Regierung, die maximale Dauer der Ausschußberatungen unabhängig vom erreichten Beratungsstand verbindlich festzulegen. Dies kann zwar grundsätzlich auch zum Mißvergnügen einzelner Ausschußmitglieder der Regierungsmehrheit eingesetzt werden; erheblich wahrscheinlicher ist es jedoch, daß eine solche Maßnahme mit dem Ziel und dem Effekt getroffen wird, die Opposition ihres wichtigen Instruments des "filibuster" - der möglichst langen Hinauszögerung eines ihr unliebsamen Beschlusses durch ausgedehnte Debattenbeiträge - zu berauben.

Die im Vergleich zu den entsprechenden Regeln in der Bundesrepublik und in Österreich zeitlich viel enger gefaßten britischen Bestimmungen über die sachliche Diskontinuität wirken demgegenüber auf den ersten Blick eher dahingehend, die Aussichten der Opposition auf eine erfolgreiche Verschleppung eines Beschlusses bis über das Sessionsende hinaus potentiell zu verbessern. Tatsächlich wird eine Regierung - will sie nicht den Verfassungskonsens ernsthaft gefährden - kaum sämtliche wichtigen Ausschußberatungen terminlich restringieren können. Die vergleichsweise kurze Periode, während derer Gesetzesvorlagen das parlamentarische Verfahren vollständig passiert haben müssen, ist aber für sich selbst genommen kaum als wirkliches Gegengewicht gegen die ausgesprochen weit bemessene Entscheidungshoheit der Regierung in Fragen der Detailberatung von Gesetzentwürfen anzusehen noch verfassungsrechtlich als solches gedacht.

Zu den für die Opposition in Großbritannien eher negativen Rahmenbedingungen gehört ferner das Gebot der grundsätzlichen Öffentlichkeit von Ausschußberatungen, da dies eine wirklich vertrauliche Kompromißsuche - zumindest im Rahmen des rechtlich vorgezeichneten Entscheidungsverfahrens - ausschließt. Allerdings ist die Wirkung der Öffentlichkeit von Ausschußsitzungen, vor allem was das Ausmaß der Medienberichterstattung über Ausschußberatungen betrifft, minimal im Vergleich zu der ausgiebigen Beschäftigung der britischen Medien mit den Vorgängen im Plenum des Unterhauses. So gesehen stellen die Ausschüsse auch in Großbritannien Orte parlamentarischer Beratung und Entscheidungsvorbereitung dar, in denen es möglich ist, unter vergleichsweise geringerer Anteilnahme der breiten Öffentlichkeit zu verhandeln.

In Großbritannien besitzen die der Gesetzesberatung dienenden Ausschüsse, in denen es potentiell eher zu einer parteiübergreifenden Einigung über einzelne Sachfragen kommen kann als im Plenum, schließlich auch keinerlei Selbstbefassungsrechte, geschweige denn selbständige Initiativrechte wie die Gesetzgebungsausschüsse des österreichischen Nationalrates.

---

289 G. Sartori, a.a.O. (Anm. 63), S. 223f.

Demgegenüber sind die weiteren Rahmenbedingungen des Gesetzgebungsverfahrens in der Bundesrepublik und in Österreich im wesentlichen so beschaffen, daß die im Vergleich zu der Situation der Minderheit in Großbritannien mit starken bzw. sehr starken direkten Mitwirkungs- und Vetorechten ausgestattete Opposition zusätzlich begünstigt oder zumindest in nur geringfügigem Maße durch andere Bestimmungen in ihrer Aktionsfähigkeit gehemmt wird. Eine zumindest in formal-rechtlicher Hinsicht wichtige Ausnahme bildet hierbei lediglich die im Nationalrat bestehende Möglichkeit, einem Ausschuß (unabhängig vom bis dahin erreichten Stand der Beratungen) mit einfacher Stimmenmehrheit des Plenums den exakten Zeitpunkt für die abschließende Berichterstattung vorzuschreiben, wofür es in der Bundesrepublik kein Äquivalent gibt. Gleichermaßen günstige Bedingungen für die Opposition in beiden deutschsprachigen Ländern schafft hingegen der Umstand, daß die Detailberatungen von Gesetzentwürfen im Ausschußstadium sowohl in der Bundesrepublik als auch in Österreich, von Ausnahmeregelungen abgesehen, grundsätzlich unter Ausschluß der Öffentlichkeit stattfinden.

Vergleicht man zudem die übrigen Bestimmungen - wie das nur in Österreich realisierte Gesetzesinitiativrecht der Ausschüsse oder die seit Ende der achtziger Jahre deutlich minderheitenfreundlichere Definition von fraktionsadäquaten Gruppen im Wiener Parlament -, so läßt sich feststellen, daß die Opposition im Nationalrat von den allgemeinen Organisationsregeln des parlamentarischen Gesetzgebungsverfahrens insgesamt etwas stärker profitiert als die Opposition im Bundestag, weshalb Österreich in der Gesamtperspektive auf die oppositionellen Einflußchancen im parlamentarischen Entscheidungsverfahren noch ein Stück näher an die Bundesrepublik heranrückt.

II. Hauptteil (empirisch-analytischer Teil)

1. Methodischer Zugang, Untersuchungszeitraum und Auswahl des empirischen Materials

Die Beantwortung der in den vorausgehenden Abschnitten formulierten Leitfragen der Untersuchung stellt eine Reihe von Anforderungen sowohl an das methodische Vorgehen als auch an das Auswahlverfahren für das empirische Material. Im Zusammenhang mit letzterem ist zudem eine Entscheidung über den Untersuchungszeitraum zu treffen.

1.1 Methodischer Zugang

1.1.1 Grenzen statistischer Zugänge

Den meisten quantitativen Ansätzen zur Analyse des Gesetzgebungsverfahrens ist gemein, daß sie nicht den Entscheidungs*prozeß* im eigentlichen Sinne untersuchen, sondern von unterschiedlichen quantifizierbaren Aspekten ausgehen und von dort aus Rückschlüsse auf die Entscheidungsstruktur ziehen. Dies gilt zunächst für die quantitative *Analyse von parlamentarischen Abstimmungsergebnissen* über eine bestimmte Maßnahme. Dort dient eine einzelne punktuelle Willensäußerung von Akteuren am Schluß des Verfahrens als Substitut für die nicht geleistete Prozeßanalyse. Dabei wird vom Konsens im Ergebnis rückgeschlossen auf erfolgte Kooperation während des Entscheidungsverfahrens. Umgekehrt wird das klare Hervortreten von - in der Regel parteipolitisch bestimmten - Gegensätzen in der Schlußabstimmung als Beleg für nicht zustande gekommene Kooperation bewertet.

Beide Interpretationen sind methodisch blind gegenüber der Vielschichtigkeit von Handlungsmotiven parlamentarisch agierender Akteure und der daraus hervorgehenden Vielzahl möglicher Szenarien. So hat es schon immer Fälle gegeben, in denen die Opposition nach Kräften an einer Entscheidung mitwirkte, um "Schlimmeres zu verhindern", aber einer abschließenden Billigung des Gesetzes aus strategischen, sachpolitischen und/oder ideologischen Gründen widerstand. Ebenso bekannt sind Fälle, in denen die Regierungsmehrheit mehr oder minder unbeirrt ihre programmatischen Ziele verwirklicht und am Ende trotzdem die formale Zustimmung der Opposition erhält, weil eine Maßnahme in der Bevölkerung so attraktiv ist, daß sich die Opposition durch eine dezidierte Verweigerungshaltung einen schweren politischen Ansehens- bzw. Sympathieverlust zufügen würde. Schließlich sind Fälle denkbar, in denen Konsens im Ergebnis nicht die Folge intensiver Kooperations- und Konsensbildungsprozesse darstellt, sondern aufgrund übereinstimmender Sachpositionen unterschiedlicher Akteure bereits zu Beginn des Verfahrens gegeben war.

Ausgehend von der empirisch gesicherten Tatsache, daß die letztgenannte Variante bei zahlreichen Routineentscheidungen des Parlaments wirksam ist, wurde in jüngeren Studien auf der Grundlage einer Typologisierung von verabschiedeten Gesetzen nach deren politischer Wichtigkeit und/oder deren parlamentarischer Mehrheitsbasis (mehrheitlich, mit großer Mehrheit, einstimmig angenommen) gearbeitet[1], jedoch ebenfalls mit begrenztem Aussagewert.[2] Die zentrale Frage, in welchem Ausmaß und mit welchem Ergebnis der letztendlichen Beschlußfassung des Parlaments institutionalisierte oder informelle Kompromißverhandlungen zwischen der regierenden Mehrheit und der parlamentarischen Opposition vorausgegangen sind und inwieweit die Vorstellungen der Opposition tatsächlich berücksichtigt wurden, läßt sich ohne die detaillierte Analyse des Weges bis zur Abstimmung über eine Maßnahme nicht zufriedenstellend beantworten.[3]

Auf den ersten Blick anspruchsvoller und damit erklärungskräftiger sind quantitative Bestandsaufnahmen hinsichtlich der *Anzahl der in den Ausschußberatungen erfolgten Änderungen an einer Vorlage.* Auch für sie gilt jedoch,

---

1 Vgl. Volker Nienhaus, Konsensuale Gesetzgebung im Deutschen Bundestag: Zahlen und Anmerkungen zur 7. bis 9. Wahlperiode, in: Zeitschrift für Parlamentsfragen 16 (1985), S. 163-168.
2 Für die im Rahmen dieser Arbeit behandelten Länder käme als erschwerender Umstand ferner hinzu, daß die verfügbaren Informationen über Stimmenverhältnisse in parlamentarischen Abstimmungen von Land zu Land stark variieren. In Großbritannien werden die exakten Ergebnisse von Abstimmungen (divisions), sofern solche verlangt werden, nach der zweiten und dritten Lesung einer Vorlage grundsätzlich namentlich in den offiziellen Parlamentsprotokollen festgehalten. In der Bundesrepublik und in Österreich kommt es demgegenüber zu namentlichen Abstimmungen mit anschließender Aufnahme des Ergebnisses in das stenographische Protokoll nur nach ausdrücklicher Beantragung durch eine genügend große Gruppe von Abgeordneten gemäß § 52 GOBT bzw. § 66 GONR. Die Bedeutung dieses Unterschiedes liegt darin, daß in der Bundesrepublik und in Österreich exakte Zahlen über Abstimmungsergebnisse nur für ebendiese namentlich erfolgten Abstimmungen verfügbar sind. Alle übrigen Abstimmungsergebnisse können nur aus den im stenographischen Protokoll festgehaltenen Formulierungen des Bundestags- bzw. Nationalratspräsidenten geschlossen werden, mit denen dieser die Annahme einer Vorlage bekanntgibt. Alle Vorlagen, die nicht einstimmig verabschiedet wurden, sondern - im Wortlaut des Präsidenten - "mit Mehrheit" angenommen wurden, können deshalb sowohl breite Zustimmung als auch relativ starke Ablehnung seitens der Abgeordneten erfahren haben. Konsequenterweise wurde deshalb die im Rahmen der deutschen Dokumentation zur Gesetzgebungsarbeit "Stand der Gesetzgebung des Bundes" (GESTA) ursprünglich getroffene Unterscheidung in (a) "kontrovers verabschiedete" Gesetze und (b) "mit Mehrheit verabschiedete" Gesetze aus Gründen des mangelhaften Aussagewertes einer entsprechenden Klassifizierung von Entscheidungen ab der 9. Wahlperiode nicht weiter fortgesetzt.
3 Vgl. Gianfranco Pasquino, Perché e come studiare l'opposizione, in: ders. (Hrsg.), Opposizione, governo ombra, alternative, Bologna 1990, S. 1-26, 17. Auch Volker Nienhaus, a.a.O. (Anm. 1), S. 167, räumt ein, daß die seit Mitte der siebziger Jahre rückläufige Tendenz etwa in der direkten Unterstützung von Gesetzesentwürfen der Opposition durch die Regierungsmehrheit in der Bundesrepublik nicht heiße, "daß die Opposition nicht doch in mehr oder minder deutlichem Einvernehmen mit den Regierungsparteien einen Einfluß auf die Gesetzgebung nehmen konnte" und verweist ausdrücklich auf die bestehenden Möglichkeiten für Aushandlungsprozesse in den Bundestagsausschüssen. Ähnliche Vorbehalte sind auch in bezug auf die Bewertung der Oppositionstätigkeit im britischen System formuliert worden; vgl. Philip Norton, Opposition to Government, in: Michael Ryle/Peter G. Richards (Hrsg.), The Commons under Scrutiny, London 1988, S. 99-119, 118f.

daß die eigentlich entscheidende Frage nach der Tiefe und Richtung von inhaltlichen Änderungen an einem Gesetzentwurf bzw. nach dem Initiator dieser Änderungen (bei dem es sich speziell im Falle von Regierungsvorlagen ebensogut um Mitglieder der Regierungsmehrheit wie um Vertreter der Opposition handeln kann) vollkommen unberührt bleibt.

Der Erklärungswert von anspruchsvolleren quantitativen Analysen wird in ländervergleichenden Untersuchungen zudem weiter herabgesetzt durch die Schwierigkeit, gemeinsame Meßkriterien zu finden, die der spezifischen institutionellen Ausstattung und Funktionslogik unterschiedlicher Systeme hinreichend gerecht werden. Dies sei am naheliegendsten Beispiel verdeutlicht: In einer der empirisch aufwendigsten Untersuchungen zur Opposition im Deutschen Bundestag wird schwerpunktmäßig auf den Aspekt der *Anzahl und Erfolgschancen von Gesetzesinitiativen der Opposition* abgehoben.[4] Obwohl mit diesem Ansatz noch kein vollständiges Bild der Möglichkeiten und tatsächlichen Reichweite oppositioneller Einflußnahme auf die Gesetzgebung zu gewinnen ist, wurde damit tatsächlich eine wichtige - und zudem besonders präzise erforschbare - Dimension der Oppositionstätigkeit in der Bundesrepublik erfaßt, die sich auch in bezug auf die Oppositionstätigkeit in einer Reihe anderer parlamentarischer Systeme sinnvoll studieren ließe. Für die Erforschung des Verhältnisses zwischen Regierungsmehrheit und Opposition in den drei hier interessierenden Ländern ist dieser Zugang gleichwohl kaum geeignet, wofür konkret die abweichende Funktionslogik und Institutionenausstattung des britischen Westminster Systems verantwortlich sind.

Der Arbeit von Veen liegt in der Tat eine Frage zugrunde, "die in dieser Form zur britischen Oppositionstätigkeit kaum gestellt werden würde."[5] Selbst da, wo sich die Opposition in Großbritannien um eine konstruktive Einflußnahme auf den Inhalt einzelner Gesetze bemühen wollte, würde sie dies vermutlich kaum primär auf der Grundlage selbständiger Gesetzentwürfe tun, wofür sie im übrigen auch keine vergleichbaren institutionellen Voraussetzungen vorfindet.[6]

Ähnliche Probleme ergeben sich bei einer quantitativen *Bewertung des Einspruchsverhaltens "Zweiter Kammern"*. In Österreich und der Bundesrepublik gilt nicht zuletzt eine hohe Frequenz von Einsprüchen bzw. von "Zustimmungsverweigerung" des Bundesrates als Anzeichen einer konfliktuellen Beziehungsstruktur zwischen Regierungsmehrheit und Opposition; eine Einschätzung, die freilich auf der Annahme basiert, daß die Handlungslogik des Bundesrates primär von parteipolitischen Erwägungen bestimmt wird. Selbst wenn man bereit ist, die Annahme einer im Kern parteipolitisch motivierten Handlungslogik kontinentaler Gliedstaatenkammern widerspruchslos zu akzeptieren, ergibt sich daraus noch kein sinnvolles Meßkriterium für den hier beabsichtigten Drei-Länder-Vergleich. Die Einspruchshäufigkeit des Oberhauses taugt

---

4   Vgl. Hans-Joachim Veen, Opposition im Bundestag. Ihre Funktionen, institutionellen Handlungsbedingungen und das Verhalten der CDU/CSU-Fraktion in der 6. Wahlperiode 1969-1972, Bonn 1976.
5   Winfried Steffani, Neuere Abhandlungen zur Opposition, in: Zeitschrift für Parlamentsfragen 5 (1975), S. 114-121, 116.
6   Vgl. S. 79f.

nicht als Indikator für das Ausmaß an Kritik, das die Oppositionsparteien im Unterhaus einer Maßnahme entgegenbringen. Dies hat zum einen mit der vergleichsweise geringeren Bedeutung von Parteien im Oberhaus insgesamt zu tun. Mindestens ebenso wichtig ist der Umstand, daß *prinzipielle* Einsprüche des Oberhauses - sprich die Ablehnung einer vom Unterhaus bereits abschließend gebilligten Vorlage in der entscheidenden zweiten Lesung - in Großbritannien zumindest bis vor kurzem auch an (wenngleich selbstauferlegte) verfassungsrechtliche Schranken in Form entsprechender Constitutional conventions stießen.[7]

Zusammenfassend läßt sich feststellen, daß eine auf statistischer Basis durchgeführte Analyse der oppositionellen Einflußnahme im Gesetzgebungsverfahren zumindest im Rahmen eines Drei-Länder-Vergleichs zwischen Großbritannien, Österreich und der Bundesrepublik nicht sehr weit führen würde.

1.1.2 Die Fallstudienmethode

Tiefergehende Einsichten als statistische Zugänge vermag die Fallstudienmethode zu bieten, mit der die Entscheidungsprozesse über ausgewählte Gesetze detaillierter durchleuchtet werden können. Der methodische Ansatz der Fallstudie stellt innerhalb der Sozialwissenschaften noch immer einen Zugang dar, auf den sich überdurchschnittlich zahlreiche Vorbehalte beziehen. Diese zielen primär auf die - wie Kritiker betonen, mangelhafte - Generalisierbarkeit von Untersuchungsergebnissen ab.[8] Immun gegen diese Kritik sind lediglich die unterschiedlichen Varianten der ideographisch orientierten Fallstudie, für die sich das Problem potentiell unzureichender Repräsentativität insofern nicht stellt, als sie einen Bezug zu generalisierenden Hypothesen nur in Form einer interpretativen Anwendung von Theorien zur Erklärung des untersuchten Einzelfalls herstellen.[9] Sofern Fallstudien mit dem Ziel der empirischen Überprüfung theoretischer Aussagen durchgeführt werden (deduktiv-nomothetische Variante), ist dem Vorwurf mangelnder Generalisierbarkeit lediglich durch eine möglichst systematisch begründete, repräsentative Auswahl untersuchter

---

7 Vgl. S. 84f.
8 Vgl. für eine umfassende Auseinandersetzung mit den gängigen Argumenten Robert K. Yin, Case Study Research. Designs and Methods, London 1984, S. 21ff. und Claude Durand, Fallstudien in der international vergleichenden Forschung, in: Martin Heidenreich/Gert Schmidt (Hrsg.), International vergleichende Organisationsforschung. Fragestellungen, Methoden und Ergebnisse, Opladen 1991, S. 41-47. Eine stärker auf die Brauchbarkeit dieses Zugangs für politologische Entscheidungsstudien bezogene Diskussion findet sich bei Arend Lijphart, Comparative Politics and the Comparative Method, in: American Political Science Review 65 (1971), S. 682-693, 691f. und John Greenaway/Steve Smith/John Street, Deciding Factors in British Politics. A Case-studies Approach, London/New York 1992, S. 11f.
9 Vgl. Dieter Nohlen, Fallstudie, in: ders. (Hrsg.), Lexikon der Politik. Bd. 2: Politikwissenschaftliche Methoden (hrsg. von Jürgen Kriz/Dieter Nohlen und Rainer-Olaf Schultze), München 1994, S. 128-129.

Fälle ein Stück weit entgegenzuwirken.[10] Weniger ernstzunehmen ist demgegenüber die Arroganz einiger quantitativ-empirisch arbeitender Autoren, die in jeder detaillierteren Analyse von spezifischen Ausschnitten sozialer Realität einen Hauch von methodischer Provinzialität zu wittern meinen. "Case studies are essential for description, and are, therefore, fundamental to social science. It is pointless to seek to explain what we have not described with a reasonable degree of precision."[11] Noch wichtiger als im allgemeinen Kontext betrachtet erscheint ein solches Urteil bezogen auf das Gebiet der international vergleichenden Forschung, die zusätzliche historische und kulturelle (nicht zuletzt sprachliche) Transferleistungen zu vollbringen hat und streng genommen erst in Form der Analyse selbst den Nachweis über die Vergleichbarkeit der untersuchten Gegenstände führen kann.

In methodischer Hinsicht im engeren Sinne basiert der zweite Hauptteil der Untersuchung in erster Linie auf einer zeithistorischen Dokumentenanalyse, für die veröffentlichte und unveröffentlichte Parlamentaria[12] (Plenarprotokolle, Ausschußprotokolle, Parlamentskorrespondenzen, parlamentarische Drucksachen), die internationale Presseberichterstattung sowie weitere, nicht veröffentlichte Dokumente (wie Stellungnahmen einzelner Interessengruppen) ausgewertet wurden. In Ergänzung dazu wurde die einschlägige fachwissenschaftliche Spezialliteratur einer intensiven Sekundäranalyse unterzogen. Beide Komponenten gemeinsam bilden die empirische Basis für die erstrebte "dichte Beschreibung"[13] ausgewählter Entscheidungsprozesse in Gestalt vergleichend angeordneter politikwissenschaftlich-zeithistorischer Fallstudien.

Zum methodischen Zugang im weiteren Sinne ist auch der innere Aufbau der Fallstudien bzw. das diesen zugrundeliegende analytische Konzept der Komplexitätsreduktion zu zählen. Das traditionelle Mehrphasen-Prozeßmodell,

10 Vgl. David Collier/James Mahoney, Insights and Pitfalls. Selection Bias in Qualitative Research, in: World Politics 49 (1996), S. 56-91; in bezug auf diese Studie II, 1.3 u. 1.4.
11 Gary King/Robert O. Keohane/Sidney Verba, Designing Social Inquiry. Scientific Inference in Qualitative Research, Princeton/New Jersey 1994, S. 44.
12 In der Bundesrepublik, in Großbritannien und in Österreich bestehen jeweils eigene Bestimmungen für die Zugänglichkeit zu Parlamentsakten. Ein befristeter Archivverschluß von Parlamentsakten besteht prinzipiell nur für die nichtöffentlichen Sitzungen von parlamentarischen Organen, sprich den der Gesetzesberatung dienenden Ausschüssen (sowie in der Bundesrepublik dem Vermittlungsausschuß). Da in Großbritannien die Ständigen Ausschüsse - anders als in der Bundesrepublik und in Österreich - grundsätzlich öffentlich tagen, entfällt dort die andernorts übliche, zeitlich befristete Verschlußhaltung von Ausschußprotokollen. Die strengsten diesbezüglichen Vorschriften gelten in Österreich, wo die Zugangssperre zu Protokollen der nichtöffentlichen, teils vertraulich tagenden Ausschüsse und Unterausschüsse prinzipiell 30 Jahre beträgt und auch mit einer Sondergenehmigung des Präsidenten des Nationalrates nicht weiter als auf 20 Jahre Sperrfrist verkürzt werden kann. Die in der Bundesrepublik bestehende Regel, nach der die Einsichtnahme in Protokolle nichtöffentlicher Ausschußsitzungen nach Ablauf zweier Legislaturperioden möglich ist, stellt in dieser Hinsicht einen Mittelfall dar. Für den gewählten Untersuchungszeitraum dieses Teils der Studie (vgl. II, 1.2) ergibt sich dabei für Österreich die Notwendigkeit, die Nichtverfügbarkeit von Protokollen nichtöffentlicher Ausschußsitzungen - bei denen es sich jedoch ohnehin nur um reine Beschlußprotokolle handelt - nach Maßgabe des Möglichen durch die Auswertung anderer Quellen, inbesondere der von der Wiener Parlamentsdirektion zur Information von Abgeordneten und einer breiteren interessierten Öffentlichkeit herausgegebenen Parlamentskorrespondenz des Nationalrates, zu kompensieren.
13 Clifford Geertz, Dichte Beschreibung, 3. Aufl. Frankfurt a.M. 1994.

das im Rahmen eines konstruierten Policy-Zyklus verschiedene Stadien der Politikgestaltung unterscheidet, hat in der jüngeren Policy-Forschung als begrifflicher und strukturierender Referenzrahmen für empirische Untersuchungen seine ehemals dominante Stellung teilweise eingebüßt.[14] Neuere Studien aus diesem Bereich basieren häufig auf einem institutionalistisch-netzwerkanalytischen Ansatz, welcher tiefere Einsichten in die Struktur des Entscheidungsverfahrens ermöglichen soll als eine chronologisch orientierte Betrachtungsweise. Die Charakteristika netzwerkanalytischer Ansätze sind im folgenden kurz zu skizzieren.

Die Formulierung unterschiedlicher Konzepte der Netzwerkanalyse seit Ende der siebziger Jahre wurde mehrheitlich als methodisch-analytischer Reflex auf den Wandel der Interessenvermittlungsstrukturen in der politischen Realität hochentwickelter westlicher Demokratien gesehen. In theoretischer Hinsicht kam die Konjunktur der Netzwerkanalyse weitgehend einer Überwindung sowohl des klassisch-pluralistischen wie des neo-korporatistischen Paradigmas gleich, mit der in methodischer Hinsicht eine bemerkenswerte Verfeinerung der Analysetechniken verbunden war.[15] Die Frage, ob Policy-Netze primär als "Erscheinungsform moderner Politiksteuerung oder methodischer Ansatz"[16] aufzufassen seien, ist dabei zumindest unter praktisch-empirischen Gesichtspunkten betrachtet von untergeordneter Bedeutung. Ein größeres Problem stellt die über weite Strecken mangelhafte Verständigung über den Bedeutungsgehalt und die Reichweite zentraler Begriffe und Analysekategorien der Netzwerkanalyse dar.[17]

Hinsichtlich des Gebrauchs des politikwissenschaftlichen Netzwerkbegriffes kann zunächst zwischen einer materialen und einer analytischen Begriffsverwendung unterschieden werden.[18] Im Rahmen des zu Ende der siebziger Jahre konzipierten "issue network"-Ansatzes, der in bewußter Abgrenzung zum in der amerikanischen Politikwissenschaft bis dahin dominierenden "iron triangle"-Ansatz formuliert worden war, bezeichnete der Begriff einen speziellen, von stärker issue- als interessenorientierten Akteuren bestimmten Typ von Entscheidungsstrukturen.[19] Diese materiale, an einem bestimmten Grad struk-

---

14 Vgl. zu den Problemen und Grenzen des Cycle-Modells Klaus Schubert, Politikfeldanalyse, Opladen 1991, S. 78; ausführlicher Adrienne Héritier, Policy-Analyse. Elemente der Kritik und Perspektiven der Neuorientierung, in: dies. (Hrsg.), Policy-Analyse (Sonderheft 24/1993 der Politischen Vierteljahresschrift), Opladen 1993, S. 9-36, 15f. sowie Paul A. Sabatier, The Suitability of Several Models for Comparative Analysis of the Policy Process, in: Louis M. Imbeau/Robert D. McKinlay (Hrsg.), Comparing Government Activity, London 1996, S. 101-117, 101f.
15 Vgl. Grant Jordan/Klaus Schubert, A preliminary ordering of policy network labels, in: dies (Hrsg.), Policy Networks (Special Issue des European Journal of Political Research 21/1), Dordrecht u.a. 1992, S. 7-27.
16 Franz Urban Pappi, Policy Netze: Erscheinungsform moderner Politiksteuerung oder methodischer Ansatz?, in: A. Héritier, a.a.O. (Anm. 14), S. 84-94.
17 Vgl. Dorothea Jansen/Klaus Schubert, Netzwerkanalyse, Netzwerkforschung und Politikproduktion: Ansätze zur 'cross-fertilization', in: dies. (Hrsg.), Netzwerke und Politikproduktion. Konzepte, Methoden, Perspektiven, Marburg 1995, S. 9-23.
18 Vgl. zum folgenden Frank Nullmeyer/Friedbert W. Rüb, Die Transformation der Sozialpolitik. Vom Sozialstaat zum Sicherungsstaat, Frankfurt a.M./New York 1993, S. 296f.
19 Vgl. Hugh Heclo, Issue Networks and the Executive Establishment, in: Anthony King (Hrsg.), The New American Political System, Washington 1978, S. 87-124.

tureller Öffnung oder Schließung eines Politikfeldes orientierte Begriffsverwendung findet sich zuweilen auch in jüngeren Arbeiten.[20]

Weitere Verbreitung hat jedoch eine Verwendung des Netzwerkbegriffes gefunden, die diesen lediglich als analytischen Oberbegriff zur Bezeichnung der Gesamtheit derjenigen Faktoren versteht, durch die die Politikentwicklung in einem bestimmten Politikfeld bestimmt wird. Nach diesem Verständnis handelt es sich bei einem Policy-Netzwerk um "ein analytisches Konstrukt, das aus der Perspektive der Herstellung bindender politischer Entscheidungen für einen begrenzten Regelungsgegenstand (...) definiert wird"[21]. Bei dem Versuch, aus dem Netzwerkbegriff ein Analyseraster zur Struktur- und Prozeßbeschreibung wie zur Erfassung von institutionellen Veränderungen im Rahmen eines Politikfeldes zu konstruieren, sind fünf Dimensionen der Netzwerkanalyse unterschieden worden. Diese umfassen die Struktur eines Policy-Netzwerkes, die auftretenden Akteure, die ökonomische Steuerungsstruktur ("governance"), die in einem Netzwerk vorherrschenden Handlungsmuster und schließlich die strategische Selektivität, welche sich aus der Addition der übrigen vier Variablen ergibt und auf das Verhältnis zwischen Strategie und den vom Policy-Netzwerk eröffneten Formen der politischen Problembearbeitung bezogen ist.[22]

Der institutionell-netzwerkanalytische Ansatz, wie er in jüngeren Policy-Studien verwendet wird, ist von Héritier[23] folgendermaßen skizziert worden: "Politik und die Entstehung von Policies werden als verschiedene Ströme von Ereignissen, Akteuren, Problemlösungsangeboten und Wahlsituationen verstanden, die sich zu Policy-Netzwerken verdichten können. Sie kristallisieren sich um öffentliche Maßnahmen - Policies - und entwickeln im Verlaufe der Zeit eine gewisse Stabilität." Bei den Mitgliedern eines Netzwerkes handelt es sich um solche Akteure, "die (formal und faktisch) an der Steuerung und Koordination von Ressourcen des Netzwerkes beteiligt sind, seien diese materieller oder symbolischer Natur"[24]. Zugleich beschreibt der Netzwerkbegriff aber auch "die gegenseitigen Beziehungen und die Abhängigkeiten, die das Handeln dieser individuellen Organisationen strukturieren"[25].

Der methodische Zugang des folgenden Teils dieser Arbeit teilt mit dem Netzwerkansatz die primäre Orientierung auf das strategische Verhalten und die Relation von Akteuren, womit letzterer sich von der älteren Politikfeldanalyse und deren Konzentration auf die Inhalte und Ergebnisse politischer Ent-

---

20 Vgl. etwa Patrick Kenis/Volker Schneider, Policy Networks and Policy Analysis: Scrutinizing a New Analytical Toolbox, in: Bernd Marin/Renate Mayntz (Hrsg.), Policy Networks. Empirical Evidence and Theoretical Considerations, Frankfurt a.M./Boulder 1991, S. 25-59.
21 Marian Döhler, Gesundheitspolitik nach der "Wende". Policy-Netzwerke und ordnungspolitischer Strategiewechsel in Großbritannien, den USA und der Bundesrepublik Deutschland, Berlin 1990, S. 34.
22 Vgl. ebd., S. 35f.
23 Adrienne Héritier, Staatliche Steuerung aus politikwissenschaftlicher, policy-analytischer Sicht - erörtert am Beispiel der amerikanischen Luftpolitik, in: Klaus König/Nicolai Dose (Hrsg.), Instrumente und Formen staatlichen Handelns, Köln u.a. 1993, S. 249-278, 252.
24 Ebd.
25 Thomas König, Policy- und Netzwerkanalyse, in: Jahrbuch zur Staats- und Verwaltungswissenschaft 5 (1991), S. 241-256, 243.

scheidungen abgrenzt.[26] Im Gegensatz zu netzwerkanalytischen Ansätzen, denen es gerade um die "ganzheitliche" Erfassung einer Entscheidungssituation geht, konzentriert sich die Analyse der Akteursinteraktionen gemäß der vorab dargelegten Problemdimension im folgenden jedoch auf das Verhältnis zwischen Regierungsmehrheit und Opposition im parlamentarischen Gesetzgebungsverfahren. In den Analysekategorien Döhlers gesprochen ist somit insbesondere die Analyse von Akteuren bzw. Akteurskonstellationen und -koalitionen sowie von Handlungsmustern von zentraler Bedeutung. Demgegenüber verbleiben etwa Fragen nach der Steuerungstechnik oder des Verhältnisses zwischen öffentlichem und privatem Sektor, welche häufig im Zentrum von Langzeitstudien zu einzelnen Politikfeldern stehen, außerhalb des hier interessierenden Zusammenhangs.

Eine zweite Abgrenzung des gewählten methodischen Zugangs dieser Arbeit von netzwerkanalytischen Ansätzen besteht in der Betonung der prozessualen Dimension des Untersuchungsgegenstandes. Dabei bietet es sich an, auf das traditionelle "Phasensequenzschema" (Héritier) als generellen analytischen Rahmen zurückzugreifen. Die häufig verkannte enge inhaltliche Übereinstimmung von auf den ersten Blick stark unterschiedlichen Begriffen der "klassischen" Politikforschung und der modernen Policy-Forschung[27] erlaubt es zudem, die im hier gegebenen Gesamtzusammenhang näherliegenden Termini der traditionellen Gesetzgebungslehre weiterzuverwenden. Schneidet man die im herkömmlichen Policy-Zyklus unterschiedenen Phasen[28] - Problemdefinition, Agenda-Gestaltung, Politikformulierung, Politikimplementation, Evaluation und Politik-Terminierung oder Neuformulierung - begrifflich und analytisch stärker auf den Prozeß der Gesetzgebung in parlamentarischen Systemen zu, lassen sich, unabhängig von länderspezifischen Regeln für die Organisation des Gesetzgebungsverfahrens, folgende Phasen des Entscheidungsprozesses unterscheiden:

(1) Die *vorparlamentarische Phase* umfaßt grundsätzlich alle Prozesse, die vor der formellen Einbringung einer Gesetzesinitiative im Parlament erfolgen. Am Beginn dieser Phase steht der "Problemimpuls" (Stern), durch den die rechtsetzenden Organe dazu motiviert werden, normativ tätig zu werden.[29] Problemimpulse können nicht nur vom formellen Gesetzgeber ausgehen, sondern ebenso von Verbänden oder anderen gesellschaftlichen Interessengruppen (Interessenelement), Expertengremien (elitäres Element) oder der öffentlichen Meinung (plebiszitäres oder populistisches Element).[30] Ferner kann ein Rege-

---

26 Vgl. Klaus Schubert, Struktur-, Akteur- und Innovationslogik: Netzwerkkonzeptionen und die Analyse von Politikfeldern, in: D. Jansen/K. Schubert (Hrsg.), a.a.O. (Anm. 17), S. 222-240, 224f.
27 Vgl. Werner Jann, Staatslehre - Regierungslehre - Verwaltungslehre, in: Stephan von Bandemer/Göttrik Wewer (Hrsg.), Regierungssystem und Regierungslehre. Fragestellungen, Analysekonzepte, Forschungsstand, Opladen 1989. S. 33-56, 47f.
28 Vgl. Adrienne Windhoff-Héritier, Policy-Analyse. Eine Einführung, Frankfurt a.M./New York 1987, S. 64ff.
29 Vgl. hierzu ausführlich Hermann Hill, Impulse zum Erlaß eines Gesetzes, in: Die öffentliche Verwaltung 34 (1981), S. 487-497.
30 Vgl zu dieser Unterscheidung Ulrich Karpen, Zum gegenwärtigen Stand der Gesetzgebungslehre in der Bundesrepublik Deutschland, in: Zeitschrift für Gesetzgebung 1 (1986), S. 5-32, 21f.

lungsbedarf durch Verfassungswidrigkeitserklärungen, Appell- und Signalentscheidungen der Rechtsprechung (justitielles Element) oder durch supra-nationale Regelungen (supra-nationales Element) gegeben sein. Im Problemimpuls drückt sich stets "ein Wertgefälle zwischen dem gegebenen und einem gewünschten Zustand aus"[31]. Nachdem ein gesellschaftliches Problem als handlungsrelevant bzw. regelungsbedürftig anerkannt und auf die Entscheidungsagenda gesetzt worden ist, wird die formelle Initiative in aller Regel durch umfassende Vorarbeit innerhalb der ministeriellen Verwaltung vorbereitet.[32] Dies ist das Stadium, in dem noch einmal ausgiebige Versuche der Einflußnahme insbesondere von betroffenen Interessengruppen auf die Politikformulierung von besonderer Bedeutung sind. Aus konservativer pluralismus-theoretischer Sicht bisweilen als "Herrschaft der Verbände" (Eschenburg) gegeißelt, wird die zum Teil enge Zusammenarbeit zwischen Interessenverbänden und der Ministerialbürokratie vor allem in der jüngeren Literatur funktional mit dem unabdingbaren Sachverständnis der Verbände gerechtfertigt.[33] Den regelmäßigen Abschluß des vorparlamentarischen Gesetzgebungsverfahrens bildet ein Regierungsentwurf.

(2) Das *parlamentarische Stadium* umgreift das gesamte parlamentarische Beratungs- und Entscheidungsverfahren über eine Vorlage. Es beginnt mit der formellen Einbringung eines Gesetzentwurfs, nimmt seinen Fortgang mit der allgemeinen Erörterung einer geplanten Maßnahme im Plenum und der detaillierteren Verhandlung einer Gesetzesvorlage in den Ausschüssen und endet mit der Verabschiedung einer Vorlage durch einen (gegebenenfalls qualifizierten) Mehrheitsbeschluß des Parlaments. Mit Blick auf das Gesetzgebungsverfahren in der Bundesrepublik haben Juristen die Gesetzesberatung im Bundesrat als der faktischen "Zweiten Kammer" des deutschen Systems mit guten Gründen als Teil des nachparlamentarischen Gesetzgebungsverfahrens klassifiziert.[34] Im Rahmen einer politologisch vergleichenden Studie, die auch Fälle wie den britischen einschließt, in dem das Oberhaus auch in formal-rechtlicher Hinsicht eindeutig einen Teil des Parlaments darstellt, mag es jedoch vertretbar sein, das parlamentarische Stadium im weiteren Sinne für alle behandelten Systeme pauschal als jene Phase von der formellen Initiative bis zur endgültigen verfassungsrechtlich vorgesehenen Beschlußfassung (also einschließlich etwaiger Einsprüche bzw. Zustimmungsbeschlüsse von Institutionen wie dem deutschen oder dem österreichischen Bundesrat) zu verstehen.

(3) Als *nachparlamentarische Phase* des Gesetzgebungsverfahrens läßt sich demgegenüber der Zeitraum zwischen der letztendlichen Beschlußfassung und dem Beginn der Implementation einer Maßnahme bezeichnen. Diese umfaßt zumindest die Ausfertigung des Gesetzes durch das Staatsoberhaupt und

---

31 Ebd., S. 23.
32 Vgl. Rolf Grawert, Gesetzgebung zwischen Politik und Bürokratie, in: Zeitschrift für Gesetzgebung 6 (1991), S. 97-116.
33 So schon Joseph H. Kaiser, Die Repräsentation organisierter Interessen, 2. Aufl. Berlin 1978 (zuerst 1955), S. 269ff.; grundlegender Robert A. Dahl, Dilemmas of Pluralist Democracy. Autonomy vs. Control, New Haven/London 1982.
34 Vgl. Helmuth Schulze-Fielitz, Theorie und Praxis der Gesetzgebung - besonders des 9. Deutschen Bundestages (1980-1983) -, Berlin 1988, S. 361.

die offizielle Verkündung, ohne die eine vom Parlament beschlossene Maßnahme keine Rechtsgültigkeit erlangt. Teil der nachparlamentarischen Auseinandersetzung kann darüber hinaus auch die in mehreren Systemen mögliche Anrufung des Verfassungsgerichts durch dazu legitimierte Gruppen oder Institutionen sein, die die Verfassungsmäßigkeit eines Gesetzes anzweifeln bzw. diese Begründung gegebenenfalls für abweichende politische Zielsetzungen zu instrumentalisieren versuchen. In Systemen, die diese Möglichkeit der repressiven (d.h. abstrakten und nachträglichen) Normenkontrolle vorsehen[35], ist ein solcher Schritt jedoch nicht zwingend auf den Zeitraum zwischen der Verkündung eines Gesetzes und dessen praktischer Durchführung beschränkt, sondern kann auch zu jedem späteren Zeitpunkt erfolgen.[36]

(4) Schließlich ist das *Implementationsstadium* zu unterscheiden. Dieses bezieht sich auf die Durchführung der zuvor rechtsverbindlich getroffenen Entscheidungen. Die Feststellung von zumindest geringfügigeren Wirkungsdefiziten in Kraft gesetzter Gesetze als Ergebnis von Vollzugskontrolle und Wirkungsbeobachtung bildet nicht die Ausnahme, sondern die Regel.[37] Die Folge ist im allgemeinen der Entwurf einer oder möglicherweise mehrerer aufeinanderfolgender Novellen, die das ursprüngliche Gesetz mehr oder minder partiell verändern. Die Novellierung bestehender Gesetze stellt gleichsam den "Alltagsfall der Gesetzgebung"[38] dar, sofern es nicht zur vollständigen Terminierung einer Maßnahme kommt.

Die unterschiedenen Phasen besitzen für die Fallstudien in Abschnitt II, 2 mehr eine allgemeine Orientierungsfunktion als eine strukturierende Funktion im engeren Sinne. Das parlamentarische Entscheidungsverfahren in hochentwickelten Parteiendemokratien läßt sich nur bedingt als linear ablaufender Prozeß begreifen. Es ist mindestens so sehr durch das Nebeneinander wichtiger faktischer Entscheidungsschritte charakterisiert wie durch das geordnete Nacheinander rechtlich vorgezeichneter Verfahrensschritte. Gerade politikwissenschaftliche Fallstudien über die Entstehung einer bestimmten Maßnahme müssen zudem noch hinter das vorparlamentarische Stadium der einzelnen untersuchten Entscheidung zurückgehen und auch die bereits bestehenden gesetzlichen Regelungen in einem Bereich berücksichtigen, welche eine wichtige

---

35 Vgl. die Überblicke bei Albrecht Weber, Generalbericht: Verfassungsgerichtsbarkeit in Westeuropa, in: Christian Starck/Albrecht Weber (Hrsg.), Verfassungsgerichtsbarkeit in Westeuropa, Teilband. I: Berichte, Baden-Baden 1986, S. 41-120, S. 64ff. und Alexander v. Brünneck, Verfassungsgerichtsbarkeit in den westlichen Demokratien. Ein systematischer Verfassungsvergleich, Baden-Baden 1992, S. 37ff.
36 In der Reihe westlicher Länder gibt es Fälle, die sowohl die repressive (a posteriori) als auch die präventive (a priori) Normenkontrolle kennen. Die ausschließliche Möglichkeit zur präventiven Prüfung von Normen - noch vor deren parlamentarischer Verabschiedung - besitzt nur in Frankreich Tradition.
37 Vgl. U. Karpen, a.a.O. (Anm. 30), S. 25.
38 Klaus Leonhardt, Vom Gesetzgebungsauftrag bis zur Gesetzesverabschiedung, in: Bundesakademie für öffentliche Verwaltung (Hrsg.), Praxis der Gesetzgebung, Regensburg 1983, S. 47-61, 51.

Einflußgröße in bezug auf die Struktur des aktuellen Entscheidungsprozesses wie auf dessen materielle Ergebnisse bilden.[39]

1.2 Untersuchungszeitraum

Der publizistischen Beschäftigung mit staatlicher Politik ist eine geradezu instinktiv stärker ausgeprägte Neugier am Zustandekommen aktueller politischer Entscheidungen zu eigen. Die Festlegung des Untersuchungszeitraumes einer wissenschaftlichen, zumal vergleichenden Studie erfordert jedoch strengere Kriterien als die Orientierung an der tagespolitischen Konjunktur einzelner Issues.

Diesbezüglich ist zunächst ein Blick auf die vorherrschenden Regierungsformen in der Bundesrepublik, in Großbritannien und in Österreich nach 1945 zu werfen. Tabelle 3 zeigt, daß in dieser Hinsicht große Unterschiede zwischen allen drei Systemen bestanden. Zugleich weist jedes System für sich betrachtet eine gewisse Bandbreite an unterschiedlichen Regierungsformen auf. Diese war mit Abstand am größten im Falle Österreichs, wo mit Ausnahme einer Koalitions-Minderheitsregierung sämtliche denkbaren Regierungsformen zu beobachten waren. Das Spektrum realisierter Regierungsformen war deutlich kleiner in den beiden anderen Ländern, deren "übliche" Regierungsform der Einparteienregierung (Großbritannien) bzw. der kleinen Koalition (Bundesrepublik) nur für jeweils sehr kurze Zeit durch alternative Regierungsformen unterbrochen wurde. Tabelle 3 zeigt ferner, daß die für die drei Länder als "üblich" charakterisierten Regierungsformen im Falle der Bundesrepublik seit den späten sechziger Jahren, in Großbritannien seit Mitte der siebziger Jahre und in Österreich seit der zweiten Hälfte der achtziger Jahre praktisch ununterbrochen bestanden.

---

39 Vgl. Edward O. Laumann/David Knoke, The Organizational State, Wisconsin 1987, S. 31; Richard Rose/Philip L. Davies, Inheritance in Public Policy. Change without Choice in Britain, New Haven/London 1994.

Tabelle 3: Regierungsparteien und Regierungsformen im Vergleich (1945/49-96)

Bundesrepublik Deutschland		
Regierungsparteien	**Amtsperiode**	**Regierungsform**
CDU/CSU - FDP - DP	09/1949-10/1953	Erweiterte Kleine Koalition
CDU/CSU - FDP - DP und GB/BHE	10/1953-10/1957	Erweiterte Kleine Koalition
CDU/CSU - DP	10/1957-09/1960	Kleine Koalition
CDU/CSU	09/1960-11/1961	Einparteienregierung
CDU/CSU - FDP	11/1961-11/1966	Kleine Koalition
CDU/CSU - SPD	12/1966-10/1969	Große Koalition
SPD - FDP	10/1969-09/1982	Kleine Koalition
CDU/CSU - FDP	10/1982-	Kleine Koalition
Österreich		
Regierungsparteien	**Amtsperiode**	**Regierungsform**
SPÖ - ÖVP - KPÖ	04/1945-12/1945	Allparteienregierung
ÖVP - SPÖ - KPÖ	12/1945-11/1947	Allparteienregierung
ÖVP - SPÖ	11/1947-04/1966	Große Koalition
ÖVP	04/1966-04/1970	Einparteienregierung
SPÖ	04/1970-11/1971	Einparteien-Minderheitsregierung
SPÖ	11/1971-05/1983	Einparteienregierung
SPÖ - FPÖ	05/1983-01/1987	Kleine Koalition
SPÖ - ÖVP	01/1987-	Große Koalition
Großbritannien		
Regierungsparteien	**Amtsperiode**	**Regierungsform**
Labour Party	07/1945-10/1951	Einparteienregierung
Conservative Party	10/1951-10/1964	Einparteienregierung
Labour Party	10/1964-06/1970	Einparteienregierung
Conservative Party	06/1970-03/1974	Einparteienregierung
Labour Party	03/1974-10/1974	Einparteien-Minderheitsregierung
Labour Party	10/1974-04/1976	Einparteienregierung
Labour Party	04/1976-05/1979	Einparteienregierung
Conservative Party	05/1979-	Einparteienregierung

Anmerkung: GB/BHE und DP eigenständige Regierungspartei nur bis zu deren (Teil-)Integration in die CDU im Juli 1955 bzw. September 1960; nicht berücksichtigt wurden die drei allesamt sehr kurzlebigen Minderheitsregierungen in der Bundesrepublik (CDU/CSU 09/1962-11/1962; CDU/CSU 10/1966-12/1966 sowie SPD 09/1982-10/1982).
Quelle: Jaap Woldendorp/Hans Keman/Ian Budge (Hrsg.), Political Data 1945-1990. Party Government in 20 Democracies (Special Issue des European Journal of Political Research 24/1), Dordrecht u.a. 1993; Ergänzungen vom Autor nach Daten aus dem Archiv der Gegenwart.

Die in westlichen Demokratien im allgemeinen seltene, in Österreich jedoch seit 1987 (erneut) vorherrschende Regierungsform der Großen Koalition muß für eine vergleichende Arbeit als problematisch angesehen werden. Dies gilt zumindest für einen Vergleich von Regierungsphasen Großer Koalitionen mit Legislaturperioden anderer Systeme, während derer die Regierungsmehrheit über eine deutlich schmalere parlamentarische Mehrheitsbasis verfügte. Speziell die im Rahmen der Kooperationsthese Herzog'scher Spielart betonte Bedeutung des Strebens der Regierungsmehrheit nach einer Verbreiterung der parlamentarischen Mehrheitsbasis (und damit zugleich der demokratischen Legitimationsbasis) für besonders wichtige Entscheidungen läßt sich dann nicht mehr sinnvoll vergleichend untersuchen.

Tabelle 4: *Parlamentarisch repräsentierte Oppositionsparteien und Mandatsdifferenz zwischen Regierungsmehrheit und Opposition im Vergleich (1945/49-96)*

Bundesrepublik Deutschland				
Periode	Oppositionsparteien	Mandate in %	Mandatsdiff. R./O.	
09/1949-10/1953	SPD (131), BP (17), KPD (15), WAV (12), Zentrum (10), DRP (5), SSW (1), Unabhängige (3)	48,3	208:194	(14)
10/1953-10/1957	SPD (151), Zentrum (3)	31,6	333:154	(179)
10/1957-11/1961	SPD (169), FDP (41)	42,3	287:210	(77)
11/1961-09/1965	SPD (190)	38,0	309:190	(119)
09/1965-11/1969	SPD (202)	40,7	294:202	(92)
12/1966-10/1969	FDP (49)	9,9	447:49	(12)
10/1969-11/1972	CDU/CSU (242)	48,8	254:242	(12)
11/1972-10/1976	CDU/CSU (225)	45,4	271:225	(46)
10/1976-10/1980	CDU/CSU (243)	49,0	253:243	(10)
10/1980-09/1982	CDU/CSU (226)	45,5	271:226	(45)
09/1982-03/1983	SPD (215), Fraktionslose (2)	43,7	279:217	(62)
03/1983-01/1987	SPD (193), Grüne (27)	44,2	278:220	(58)
01/1987-12/1990	SPD (186), Grüne (42)	45,9	269:228	(41)
12/1990-10/1994	SPD (239), PDS/LL (17), B 90/Grüne (8)	39,9	398:264	(134)
10/1994-	SPD (252), B 90/Grüne (49), PDS (30)	49,3	341:331	(10)
Österreich				
Periode	Oppositionsparteien	Mandate in %	Mandatsdiff. R./O.	
04/1945-11/1947	-	0,0	-	
11/1947-10/1949	KPÖ (4)	2,4	161:4	(157)
10/1949-02/1953	KPÖ (5), VdU (16)	12,7	144:21	(123)
02/1953-05/1956	KPÖ (4), VdU (14)	10,9	147:18	(129)
05/1956-05/1959	FPÖ (6), KPÖ (3)	5,5	156:9	(147)
05/1959-11/1962	FPÖ (8)	4,8	157:8	(149)
11/1962-04/1966	FPÖ (6)	3,6	159:6	(153)
04/1966-04/1970	SPÖ (74), FPÖ (6)	48,5	85:80	(5)
04/1970-11/1971	ÖVP (78), FPÖ (6)	50,9	81:84	(-3)
11/1971-10/1975	ÖVP (80), FPÖ (10)	49,2	93:90	(3)
10/1975-05/1979	ÖVP (80), FPÖ (10)	49,2	93:90	(3)
05/1979-05/1983	ÖVP (77), FPÖ (11)	48,0	95:88	(7)
05/1983-01/1987	ÖVP (81)	44,3	102:81	(21)
01/1987-10/1990	FPÖ (18), Grüne Alternative (8)	14,2	157:26	(131)
10/1990-10/1994	FPÖ (33), Grüne (10)	23,5	140:43	(97)
10/1994-12/1995	FPÖ (42), Grüne (13), LIF (11)	36,0	117:66	(51)
12/1995-	FPÖ (40), Grüne (9), LIF (10)	32,2	124:59	(65)

Fortsetzung von Tabelle 4
Großbritannien

Periode	Oppositionsparteien	Mandate in %	Mandatsdiff. R./O.	
07/1945-02/1950	Conservative (213), Liberal (12), Others (7), Ind. Conservative (4), Irish Nationalists (3), ILP (3), Communist (2), Common Wealth (1), Ind. Labour (1), Ulster Unionists (1)	38,6	393:247	(146)
02/1950-10/1951	Conservative (298), Liberal (9), Irish Nationalists (2), Ind. Labour (1)	49,6	315:310	(5)
10/1951-05/1955	Labour (295), Liberal (6), Irish Nationalists (3)	48,6	321:304	(17)
05/1955-10/1959	Labour (277), Liberal (6), Irish Nationalists (2)	45,2	345:285	(58)
10/1959-10/1964	Labour (258), Liberal (6), SNP (1),	42,0	365:265	(100)
10/1964-03/1966	Conservative (304), Liberal (9),	49,7	317:313	(4)
03/1966-06/1970	Conservative (253), Liberal (12), Ind. Labour (1), Irish Nationalists (1)	42,4	363:267	(96)
06/1970-03/1974	Labour (288), Liberal (6), Irish Nationalists (3), Ulster Unionists (1), SNP (1), Ind. Labour (1)	47,6	330:300	(30)
03/1974-10/1974	Conservative (297), Liberal (14), Ulster Unionsts (11), SNP (7), Plaid Cymru (2), Ind. Conservative (2), Irish Nationalists (1), Ind. Labour (1)	52,8	300:335	(-35)
10/1974-05/1979	Conservative (277), Liberal (13), SNP (11), Ulster Unionists (10), Plaid Cymru (3), Irish Nationalists (2)	49,8	319:316	(3)
05/1979-06/1983	Labour (269), Liberal (11), Ulster Unionists (10), Plaid Cymru (2), SNP (2), Irish Nationalists (2)	46,6	339:296	(43)
06/1983-06/1987	Labour (209), Liberal (17), Ulster Unionists (15), Social Democrat (6), Plaid Cymru (2), SNP (2), Irish Nationalists (2)	38,9	397:253	(144)
06/1987-04/1992	Labour (229), Liberal (17), Ulster Unionists (14), Social Democrat (5), Plaid Cymru (3), SNP (3), Irish Nationalists (3)	42,2	376:274	(102)
04/1992-	Labour (271), Liberal Democrat (20), Ulster Unionists (13), Plaid Cymru (4), Irish Nationalists (4), SNP (3)	48,4	336:315	(21)

Anmerkung: Die aufgeführte Anzahl und Stärke der im Parlament vertretenen Oppositionsparteien bezieht sich jeweils auf den Beginn der angegebenen Periode. Bei Veränderungen in der parteipolitischen Zusammensetzung von Regierungen wurde der Monat der Regierungsneubildung als entscheidender Zeitpunkt berücksichtigt; in allen anderen Fällen das Datum der Neuwahlen. Fraktionswechsel und Ergebnisse sogenannter By-elections während einer Legislaturperiode wurden grundsätzlich nicht berücksichtigt. Der in Klammern gesetzte Wert in Spalte 4 bezeichnet den bestehenden Mandatsvorsprung der Regierungspartei(en) zum Beginn einer Wahlperiode bzw. unmittelbar nach erfolgter Regierungsumbildung während einer Legislaturperiode. - Die Bezeichnung "Irish Nationalists" im Großbritannien-Teil wurde als Sammelbezeichnung für unterschiedliche Splitterparteien dieser Richtung verwendet. Die Rubrik "Others" im Großbritannien-Teil setzt sich aus Vertretern verschiedener britischer Universitäten zusammen, die bis 1948 über ein eigenes Mandatskontingent verfügten.
Quelle: Eigene Berechnungen und Daten nach Thomas T. Mackie/Richard Rose, The International Almanac of Electoral History, 3. Aufl. London 1991; David Butler/Gareth Butler, British Political Facts 1900-1994, 7. Aufl. London 1994; F.W.S. Craig (Hrsg.), British Electoral Facts 1885-1975, 3. Aufl. London 1976; Andreas Khol/Günther Ofner/Alfred Stirnemann (Hrsg.), Österreichisches Jahrbuch für Politik 1995, München/Wien 1996; Peter Schindler, Datenhandbuch zur Geschichte des Deutschen Bundestages 1949 bis 1982, 3. Aufl. Baden-Baden 1984; Peter Schindler, Datenhandbuch zur Geschichte des Deutschen Bundestages 1983 bis 1991, Baden-Baden 1994; Archiv der Gegenwart Bd. 64 (1994), Bd. 65 (1995).

Als maßgebliches quantitatives Auswahlkriterium wird im Rahmen dieser Studie eine Mandatsstärke der parlamentarischen Opposition von mindestens einem Drittel aller Sitze zugrundegelegt. Die Erfüllung dieses Kriteriums ist prinzipiell auch während der Existenz einer Regierungskoalition zwischen den beiden stimmen- bzw. mandatsstärksten Parteien eines Systems vorstellbar, welche gemeinhin als Große Koalition bezeichnet wird. Zumindest läßt sich feststellen, daß der Begriff der Großen Koalition in der Literatur nicht auf einen Typus der "oversized coalition" (Lijphart) verengt ist, der per definitionem eine parlamentarische Zweidrittelmehrheitsbasis der Regierungsseite voraussetzt.[40]

Tatsächlich gab es nach den Nationalratswahlen von 1994 auch in Österreich erstmals eine Große Koalition aus SPÖ und ÖVP, die über keine Zweidrittelmehrheit der Mandate im Parlament verfügte. Allerdings war diese Legislaturperiode mit nur rund 14 Monaten Dauer so ungewöhnlich kurz, daß sie sich nicht als Untersuchungszeitraum dieser Studie eignet. Eine Auflösung dieses Dilemmas scheint nur durch eine Verlagerung des Untersuchungszeitraumes auf eine Gesetzgebungsperiode möglich, in der auch in Österreich ein - in zahlenmäßiger Hinsicht - stärker ausgeglichenes parlamentarisches Machtverteilungsmuster gegeben war. Die am kürzesten zurückliegende Phase mit entsprechend günstigeren Mehrheitsverhältnissen stellt für Österreich die Regierungszeit der kleinen Koalition aus SPÖ und FPÖ zwischen 1983 und 1986 dar. Aus Gründen der zeitlichen Symmetrie der vergleichenden Untersuchung empfiehlt es sich, auch für die Bundesrepublik und Großbritannien die in beiden Ländern 1983 beginnende Legislaturperiode zum Untersuchungszeitraum zu machen. Damit umfaßt der Untersuchungszeitraum dieses Teils der Studie für Österreich die Jahre 1983 bis 1986 und für die Bundesrepublik und Großbritannien den Zeitraum zwischen 1983 und 1987. Die Rahmendaten der entsprechenden Legislaturperioden sind im folgenden kurz zu skizzieren.

Die hier interessierende 10. Wahlperiode des *Deutschen Bundestages* umfaßte den Zeitraum vom 29. März 1983, dem Tag der Konstituierung, bis zum 18. Februar 1987, an dem, als Folge der Bundestagswahlen vom 25. Januar 1987, der neu gewählte 11. Bundestag zusammentrat. Die Regierung wurde gebildet aus einer kleinen Koalition, bestehend aus CDU/CSU und FDP; die parlamentarische Opposition umfaßte die Fraktionen der SPD und der Grünen, wobei letztere erstmals im Bundestag vertreten waren. Die Anzahl der erzielten Stimmen und Mandate verteilte sich auf die einzelnen Parteien wie folgt: CDU/CSU 48,8 Prozent der Stimmen, 244 Sitze; SPD 38,2 Prozent der Stimmen, 193 Sitze; FDP 7,0 Prozent der Stimmen, 34 Sitze; Grüne 5,6 Prozent der Stimmen, 27 Sitze. Damit verfügte die Regierungsmehrheit von CDU/CSU und FDP über eine Gesamt-Mandatsstärke von 278 Sitzen gegenüber insgesamt 220 Sitzen der Oppositionsparteien SPD und Grüne. Bei der zwischen 1983 und Anfang 1987 regierenden CDU/CSU-FDP-Koalitionsregierung handelte es sich um die zweite Regierung Kohl, die durch die Wahlen vom 6. März 1983

---

40 Vgl. Manfred G. Schmidt, Große Koalition, in: ders., Wörterbuch zur Politik, Stuttgart 1995, S. 382.

im Amt bestätigt wurde. Allerdings hatte die von der parteipolitischen Zusammensetzung her identische 1. Regierung Kohl zuvor keine vollständige Legislaturperiode lang amtiert, sondern war erst im Oktober 1982, also nach rund 23 Monaten Dauer der 9. Wahlperiode, im Gefolge des ersten auf Bundesebene erfolgreichen konstruktiven Mißtrauensvotums gegen Bundeskanzler Schmidt (SPD) und der gleichzeitigen Wahl Kohls (CDU) zu dessen Amtsnachfolger, eingesetzt worden.

Die parteipolitische Färbung des Bundesrates und damit das Verhältnis zwischen Bundestag und Bundesrat war über den gesamten Untersuchungszeitraum hinweg durch eine klare CDU/CSU-FDP-Stimmenmehrheit und damit eine praktische Identität der Mehrheitsverhältnisse beider gesetzgebenden Körperschaften gekennzeichnet. Eine solche weitgehende Identität der Mehrheitsverhältnisse in Bundestag und Bundesrat kann für die Bundesrepublik als eher typisch gelten.[41]

In *Großbritannien* brachten die Unterhauswahlen vom 9. Juni 1983 einen überwältigenden Wahlsieg der Conservative Party, womit es dieser möglich wurde, die bereits 1979 übernommenen Regierungsgeschäfte, wiederum unter Premierministerin Thatcher, für die Dauer zunächst einer weiteren Legislaturperiode (Juni 1983 bis Juni 1987) weiterzuführen. Alle übrigen im Parlament vertretenen Parteien bildeten einen unterschiedlich großen Teil der parlamentarischen Opposition. Die genaue Stimmen- und Mandatsverteilung nach den Wahlen vom Juni 1983 zeigt die für das britische Mehrheitswahlsystem typischen Disproportionalitäten im Verhältnis von Stimmen und Mandaten: Conservative Party 43,5 Prozent der Stimmen, 397 Sitze; Labour Party 28,3 Prozent der Stimmen, 209 Sitze; Alliance (gebildet aus der SDP und der Liberal Party) 26 Prozent der Stimmen, 17 Sitze für die Liberalen, 6 Sitze für die SDP; SNP 1,1 Prozent der Stimmen, 2 Sitze; Plaid Cymru 0,4 Prozent der Stimmen, 2 Sitze. Auf die vier nordirischen Regionalparteien (Official Unionists, Democratic Unionists, Social Democratic and Labour Party, Provisional Sinn Fein) entfielen insgesamt 3,1 Prozent der Stimmen und 17 Sitze.

Für das Oberhaus existieren keine vergleichbaren offiziellen Daten, sondern lediglich unterschiedliche Schätzungen. Beavan[42] hat für das Jahr 1984 folgende Zahlen hinsichtlich der Zurechenbarkeit von Oberhausmitgliedern zu politischen Parteien genannt: Conservative Party 401; Labour Party 128; Liberal Party 40; SDP 39; Independent 248, wobei letztere nicht als im engeren Sinne politische Gruppierung zu rechnen sind. Die parteipolitische Orientierung der sehr viel geringeren Anzahl von dauerhaft in der parlamentarischen Auseinandersetzung engagierten Oberhausmitgliedern lautete nach Einschätzung desselben Autors für die Mitte der achtziger Jahre wie folgt: Conservative Party 110; Labour Party 70; Alliance ca. 40. Demgegenüber nennt Shell[43]

---

41 Jedenfalls bestanden weitgehend identische parteipolitische Mehrheitsverhältnisse zwischen Bundestag und Bundesrat von 1949 bis 1969 und nach dem Regierungswechsel 1982 bis wenige Monate vor der deutschen Vereinigung sowie nochmals kurz zwischen Oktober 1990 bis April 1991.
42 John Beavan, The State of the Parties in Parliament. IV: At Bay in the Lords, in: Political Quarterly 55 (1984), S. 375-381, 377f.
43 Donald Shell, The House of Lords, 2. Aufl. New York u.a. 1992, S. 67.

für die Session 1984-85 folgende Zahlen betreffend jene Mitglieder des Hauses, die an mindestens einem Drittel (oder mehr) aller Sitzungen teilgenommen haben: Conservative Party 168; Labour Party 91; Alliance 51; Independent 68.

Die 16. Wahlperiode des *österreichischen Nationalrates* begann am 19. Mai 1983 mit dem Tage der Konstituierung und fand ihr offizielles Ende, rund zwei Monate nach den Wahlen zum 17. Nationalrat vom 23. November 1986, am 21. Januar 1987. Bereits am 25. November 1986 war die Regierung Vranitzky-Steger demissioniert. Die Wahlen zum 16. Nationalrat vom 24. April 1983 brachten folgende parlamentarische Mehrheitsverhältnisse: SPÖ 47,6 Prozent der Stimmen, 90 Sitze; ÖVP 43,2 Prozent der Stimmen, 81 Sitze; FPÖ 4,98 Prozent der Stimmen, 12 Sitze. Die Regierung der 16. Wahlperiode des Nationalrates wurde aus den Parteien SPÖ und FPÖ gebildet; die einzige im Parlament vertretene Oppositionspartei war die ÖVP. Die aus SPÖ und FPÖ formierte kleine Koalition trat an die Stelle einer SPÖ-Alleinregierung, die (im Anschluß an die kurze Phase einer SPÖ-Minderheitsregierung 1970/71) seit Ende 1971 drei volle Legislaturperioden lang amtiert hatte. Ein wichtiger Einschnitt der 16. Wahlperiode des Nationalrates auf der Regierungsebene stellte der parteiinterne Kanzlerwechsel innerhalb der SPÖ von Sinowatz zu Vranitzky im Juni 1986 dar, so daß die Regierungszeit der kleinen Koalition in das Kabinett Sinowatz (vom 24. Mai 1983 bis 9. Juni 1986) und das erste Kabinett Vranitzky (ab 16. Juni 1986) zerfällt. Die Mehrheitsverhältnisse im österreichischen Bundesrat waren während der 16. Wahlperiode des Nationalrates durch eine permanente ÖVP-Stimmenmehrheit gekennzeichnet. Diese betrug von März bis November 1983 32 ÖVP-Stimmen gegenüber 31 Stimmen der SPÖ und seit November 1983 bis über das Ende der kleinen Koalition hinaus 33 ÖVP-Stimmen gegenüber 30 SPÖ-Stimmen.

1.3 Auswahl des empirischen Materials

1.3.1 Typologien und Klassifikationskategorien von Gesetzen

Relevante Aussagen über die Beziehungsmuster zwischen regierender Mehrheit und parlamentarischer Minderheit im staatlichen Entscheidungsverfahren lassen sich nur unter Bezugnahme auf solche Maßnahmen formulieren, die nicht von vornherein politisch relativ unumstritten sind. Tatsächlich wurden in den ersten vier Jahrzehnten nach dem Zweiten Weltkrieg selbst im institutionell und politisch-kulturell am stärksten auf Konflikt gestimmten britischen Westminster System mehr als Dreiviertel aller Maßnahmen ohne Gegenstimmen der Opposition vom Parlament verabschiedet[44], was auf die Notwendig-

---

44 Vgl. Dennis Van Mechelen/Richard Rose, Patterns of Parliamentary Legislation, Aldershot 1986, S. 59f. Wer indes aus diesen Zahlen für Großbritannien folgert, daß die Gesamtheit der im britischen System mit Billigung der Opposition verabschiedeten Gesetze kaum geringer sei als in sogenannten Konkordanzsystemen (so Herbert Döring, Das klassische Modell in Großbritannien. Ein Sonderfall, in: Walter Euchner (Hrsg.), Politische Opposition in Deutschland und im internationalen Vergleich, Göttingen 1993, S. 21-38, 33), übersieht zumindest die unterschiedlichen Operationalisierungsmöglichkeiten für eine Kategorisie-

keit verweist, zwischen dem sehr unterschiedlichen Gewicht einzelner Gesetze zu differenzieren.

Typologien von Gesetzen können sich auf unterschiedliche Begriffsebenen und Abstraktionsniveaus beziehen.[45] Grundsätzlich gilt, daß sich typologisierende Differenzierungen von Gesetzen als Grundlage empirischer Analysen des Gesetzgebungsprozesses sinnvoll nur mit Blick auf das jeweils bestehende übergeordnete Erkenntnisinteresse einer Untersuchung vornehmen lassen. Bei der im hier gegebenen Zusammenhang relevanten, an der politisch-sozialen Bedeutung von gesetzgeberischen Maßnahmen orientierten Unterscheidung handelt es sich um eine untergeordnete Klassifikationskategorie einer gesellschaftstheoretisch ausgerichteten Gesetzestypologie.[46]

Oberreuter[47] unterscheidet diesbezüglich grob zwischen der mehr nachvollziehenden "Anpassungsgesetzgebung" und der "Gestaltungsgesetzgebung", welche sich auf Grundfragen der politischen, sozialen und rechtsstaatlichen Ordnung erstreckt. Ähnliche Typologisierungen stammen von Burton und Drewry und, aus genuin juristischer Perspektive, von Schulze-Fielitz. Burton und Drewry[48] treffen eine grundsätzliche Unterscheidung in "policy bills" und "administrative bills", die weiter differenziert werden in "minor policy bills" und "administrative reform bills". Das entscheidende Kriterium zur Unterscheidung der beiden Haupttypen ist das des politischen Innovationspotentials; die weitere Klassifizierung orientiert sich an der jeweiligen Komplexität von Programmen. Die speziell auf das deutsche System bezogene Gesetzestypologie von Schulze-Fielitz[49] unterscheidet "Kodifikationsgesetze" und "Anpassungsgesetze"; eine Differenzierung, die von ihrem Gehalt im Kern übereinstimmt mit den entsprechenden Gesetzestypen bei Oberreuter bzw. Burton und Drewry.

Der kurze vergleichende Überblick zeigt, daß als das zentrale Unterscheidungsmerkmal von Gesetzen übereinstimmend deren *Grad an innovativer, auf*

---

rung der von der Opposition gebilligten Gesetze und überschätzt damit zugleich die Ähnlichkeiten in der statistisch meßbaren Dimension des Oppositionsverhaltens in unterschiedlichen Systemen. Die von Van Mechelen und Rose für Großbritannien ermittelte Rate von durchschnittlich 79 Prozent (1945-1983) von der Opposition "gebilligter" Regierungsvorlagen beschreibt nur den Anteil jener Beschlüsse, für die von der Opposition (oder gegebenenfalls von Hinterbänklern der Regierungsmehrheit) keine ausdrückliche Abstimmung (division) verlangt wurde. Demgegenüber wurde beispielsweise in Österreich noch in den siebziger und achtziger Jahren eine vergleichbar hohe Prozentrate von Gesetzen nicht lediglich ohne Gegenstimmen der Opposition, sondern tatsächlich mit den Stimmen letzterer beschlossen und ein weiterer beträchtlicher Teil mit den Stimmen der Regierungsparteien und eines Teils der Abgeordneten der Oppositionsparteien verabschiedet. Vgl. Anton Nevlacsil, Der Nationalrat in der XVII. GP, in: Andreas Khol/Günther Ofner/Alfred Stirnemann (Hrsg.), Österreichisches Jahrbuch für Politik 1990, München/Wien 1991, S. 431-460, 435, Tab. 8.

45 Vgl. hierzu ausführlich H. Schulze-Fielitz, a.a.O. (Anm. 34), S. 39ff.
46 Vgl. ebd., S. 65f.
47 Heinrich Oberreuter, Krise des Gesetzgebers? Bemerkungen zur legislatorischen Kompetenz des Parlaments, in: Politische Studien 25 (1974), S. 5-18, 14.
48 Ivor Burton/Gavin Drewry, Legislation and Public Policy. Public Bills in the 1970-74 Parliament, London 1981, S. 35ff.
49 Helmuth Schulze-Fielitz, Das Parlament als Organ der Kontrolle im Gesetzgebungsprozeß, in: Horst Dreier/Jochen Hofmann (Hrsg.), Parlamentarische Souveränität und technische Entwicklung, Berlin 1987, S. 71-124, 77f.

Veränderung und Neugestaltung zielender Orientierung angesehen wird. Unmittelbar damit zusammen hängt das Kriterium der *Reichweite und Wirkungsbreite* einer Entscheidung. Von "Schlüsselentscheidungen" läßt sich auf der Ebene einer unmittelbar auf das Gesetz selbst bezogenen Auswahldimension dann sprechen, wenn Maßnahmen zum einen innovativ, also gestaltend im engeren Sinne sind und ferner "nicht nur partielle Bedeutung haben, sondern entweder direkt weite Kreise der Bevölkerung betreffen (...) oder zwar zunächst nur einen begrenzten Anwendungsbereich haben, aber exemplarischen Charakter besitzen und später für ähnliche Regelungen in anderen Bereichen Vorbild sein können"[50]. Gegenüber dieser inhaltlichen Klassifizierung von Entscheidungen ist die begriffliche Differenzierung unterschiedlicher Gesetzestypen im Rahmen dieser Studie allenfalls von zweitrangiger Bedeutung. Für die weitere Diskussion wird der auch alltagssprachlich gebräuchlichste Terminus "Gestaltungsgesetze" weiterverwendet.

Auch von ihren Wirkungen her weitreichende Gestaltungsgesetze können sich jedoch - unabhängig von ihrer Zugehörigkeit zu unterschiedlichen Politikfeldern - stark voneinander unterscheiden. Innerhalb der Policy-Forschung wurden Maßnahmen neben einer nominellen Einordnung und der Unterscheidung nach deren Beschaffenheit (materiell, immateriell oder verhaltensnormierend) vor allem nach Steuerungstechniken oder Wirkungen (Policy-Typen) klassifiziert.[51] Die meisten jüngeren Typologien von Maßnahmen sind zumindest indirekt von der "klassischen" Dreiteilung Lowis beeinflußt. Lowi[52] unterscheidet distributive, redistributive und regulatorische Policy-Typen, denen bestimmte Machtarenen entsprächen, die sich durch den Grad ihrer Konflikthaftigkeit voneinander unterscheiden. Die Tendenz neuerer Klassifikationsversuche verläuft generell in Richtung einer fortschreitenden Ausdifferenzierung der Entscheidungskategorien, wobei zuweilen zusätzlich nach der Ebene der Regelsetzung und der Ebene staatlicher Leistungen unterschieden wird. Von Beyme[53] unterscheidet diesbezüglich prohibitive bzw. restriktive, regulative

---

50 V. Nienhaus, a.a.O. (Anm. 1), S. 165f. Diese Definition weist eine gewisse Ähnlichkeit zu der im britischen Recht bestehenden Unterscheidung in Public bills in Abgrenzung zu Private bills auf, obwohl mit der bloßen Zugehörigkeit einer Maßnahme zur Kategorie der Public bills noch nichts über deren besondere Wichtigkeit ausgesagt ist. Bei Public bills handelt es sich, vereinfacht ausgedrückt, um Maßnahmen, die das generelle öffentliche Interesse berühren und für die gesamte Bevölkerung bzw. zumindest die gesamte von einer Maßnahme betroffene Bevölkerungsgruppe (wie beispielsweise alle Männer über 65 Jahren) gelten; Private bills hingegen betreffen nur einzelne Personen oder Körperschaften, denen durch entsprechende Maßnahmen spezielle Rechte oder Auflagen gewährt bzw. auferlegt werden können. Vgl. Gavin Drewry, Legislation, in: M. Ryle/P. G. Richards (Hrsg.), a.a.O. (Anm. 3), S. 120-140, 131.

51 Die Klassifizierung von einzelnen Maßnahmen anhand der Betroffenenperspektive stellt demgegenüber eher eine Ausnahme dar. Vgl. Nicolai Dose, Muster von Verhandlungsprozessen mit Ordnungsverwaltungen. Ein steuerungstheoretisch angeleiteter Versuch einer Typenbildung, in: Adrienne Windhoff-Héritier (Hrsg.), Verwaltung und ihre Umwelt. Festschrift für Thomas Ellwein, Opladen 1987, S. 111-131.

52 Theodore J. Lowi, American Business, Public Policy, Case Studies, and Political Theory, in: World Politics 17 (1964), S. 677-715, 691ff.

53 Klaus von Beyme, Die Massenmedien und die politische Agenda des parlamentarischen Systems, in: Friedhelm Neidhardt (Hrsg.), Öffentlichkeit, öffentliche Meinung, soziale Bewegungen (Sonderheft 34/1994 der Kölner Zeitschrift für Soziologie und Sozialpsychologie),

und extensive Maßnahmen (auf der Ebene der Regelsetzung) sowie protektive, distributive und redistributive Maßnahmen (auf der Ebene von Leistungen).[54] Für die hier interessierende Klassifizierung einer Maßnahme als "Schlüsselentscheidung" sind diese und ähnliche Kategorien insgesamt wenig hilfreich. Sofern ein hinreichendes Maß an "Neuordnungscharakter" einer Maßnahme gegeben ist, sind sowohl restriktive bzw. redistributive als auch protektive und distributive Schlüsselentscheidungen vorstellbar.

Unbrauchbar für eine Studie, welche die um eine Entscheidung sich kristallisierenden Konflikt- und Konsensbildungsprozesse zur abhängigen Variable erklärt, ist auch ein weiteres, in anderen Arbeiten zum Gesetzgebungsprozeß verwendetes Bestimmungskriterium für key decisions, das die "Konflikthaftigkeit" einer Maßnahme in den Vordergrund stellt.[55] Da eine Auswahl der näher zu analysierenden Entscheidungen anhand dieses Kriteriums eine faktische Präjudizierung der Ergebnisse zur Folge hätte, muß das Ziel des Auswahlverfahrens dieser Studie vielmehr darin bestehen, diese Dimensionen nach Möglichkeit vollkommen auszublenden.

Ein verwandtes Kriterium, anhand dessen eine gesetzgeberische Maßnahme häufig als "Schlüsselentscheidung" klassifiziert wird, stellt der Grad des Interesses bzw. der Anteilnahme einer breiteren allgemeinen Öffentlichkeit an der Auseinandersetzung über eine Entscheidung dar. Verwandt ist dieses Kriterium insofern, als ein besonderes Maß an öffentlicher Aufmerksamkeit in aller Regel eine Begleiterscheinung besonders konsequenzenreicher Entscheidungen darstellt. Die Differenzierung in öffentlich umkämpfte politische Probleme einerseits und Fachprobleme (die ausschließlich in der Fachöffentlichkeit von Experten diskutiert werden) besitzt dabei lediglich typisierenden Charakter, da die politische Praxis häufig durch Zwischenstufen gekennzeichnet ist, in denen ein Fachproblem schrittweise zu einer öffentlich umkämpften Entscheidung wird.[56]

Trotz der häufiger anzutreffenden Orientierung an den referierten Kriterien zur Klassifizierung einer Maßnahme als "Schlüsselentscheidung" läßt sich zusammenfassend feststellen, daß es bislang "keine akzeptierten Kategorien, die Bedeutung eines Gesetzes zu ermessen"[57] gibt. Für eine zumindest ansatzweise Systematisierung der Auswahl eingehender zu untersuchender Gesetze bzw. deren Entstehungsprozeß scheinen sich die oben umrissenen Kriterien - (a) Zugehörigkeit eines Gesetzes zu der Gruppe politisch bedeutender und in ihren

---

Opladen 1994, S. 320-336, 332 sowie ders., Steuerung und Selbstregelung. Zur Entwicklung zweier Paradigmen, in: Journal für Sozialforschung 35 (1995), S. 197-217, 215.
54 Dabei hat sich der Autor gegenüber einer eigenen älteren Typologie zur Aufnahme der Kategorie redistributiver Maßnahmen entschieden. Vgl. Klaus von Beyme, Elite Input and Policy Output: The Case of Germany, in: Moshe M. Czudnowski (Hrsg.), Does Who Governs Matter?, New York 1982, S. 55-67, 56f.
55 Vgl. etwa Klaus von Beyme, Der Gesetzgeber. Der Bundestag als Entscheidungszentrum, Opladen 1997 (i.E.), Kap. 4.
56 Vgl. Eberhard Schütt-Wetschky, Macht der Verbände - Ohnmacht der Bürger? Mit einer Fallstudie zum Kampf um § 116 Arbeitsförderungsgesetz, in: Jahrbuch für Politik 4 (1994), Halbband 1, S. 35-104, S. 56f.
57 Joachim Jens Hesse/Thomas Ellwein, Das Regierungssystem der Bundesrepublik Deutschland. Bd. 1: Text, 7. Aufl. Opladen 1992, S. 224.

Auswirkungen weitreichender Gestaltungsgesetze und (b) ein hoher Grad an durch eine (geplante) Maßnahme erzeugte Publizität - jedenfalls zu eignen.

Ein zusätzliches Kriterium muß sich (c) auf die Auswahl der Politikfelder beziehen, denen Entscheidungen entstammen. Trotz häufig beobachteter internationaler spill-over-Effekte bei der Entstehung und Etablierung neuer Politikfelder gibt es in der Tat noch immer Politikbereiche, für die sich in einigen Ländern kein Äquivalent finden läßt.[58] Noch wichtiger als eine Übereinstimmung in der nominalen Dimension berücksichtigter Politikfelder ist jedoch ein hinreichendes Ausmaß an *struktureller Vergleichbarkeit von Entscheidungssituationen*. Ein Urteil über die strukturelle Vergleichbarkeit von Entscheidungssituationen kann dabei jeweils nur mit Blick auf einen klar definierten Aspekt - in diesem Falle das Verhältnis zwischen Regierungsmehrheit und Opposition - getroffen werden. Die Möglichkeit einer sinnvollen Analyse dieses Ausschnitts des Entscheidungsprozesses setzt konkret voraus, daß über eine Maßnahme *tatsächlich* - nicht nur de jure - in der Arena des Parlaments und des Parteiensystems entschieden wird. Speziell mit Blick auf Österreich ist diesbezüglich festzustellen, daß zumindest noch in den achtziger Jahren ein Großteil der Entscheidungen in den Bereichen der Wirtschafts- und Sozialpolitik sowie speziell auf dem Felde der Industriepolitik nicht von den (regierenden) Parteien, sondern faktisch im Rahmen der sogenannten "Sozialpartnerschaft" getroffen wurde.[59] Den Parteien kam hierbei lediglich die Funktion zu, den andernorts gefällten Entscheidungen durch Parlamentsbeschluß die notwendige rechtsverbindliche Form zu verleihen. Dem Parlament verblieb nur die Rolle eines "Staatsnotars"[60]. Für ein Studium der Konflikt- und Konsensbildungsprozesse zwischen Regierungsmehrheit und Opposition sind Maßnahmen aus diesem Bereich von daher nicht geeignet.

Schließlich muß (d) auch danach differenziert werden, ob Entscheidungen primär das Gemeinwesen als Ganzes oder lediglich die politische Klasse betreffen. "Selbstversorgungsentscheidungen" der politischen Klasse wird auch in der theoretisch orientierten Diskussion ein Sonderstatus zugewiesen[61], da sie prinzipiell weniger konfliktgeladen sind. Das zeigt auch ein flüchtiger Vergleich der für den gewählten Untersuchungszeitraum relevanten Maßnahmen zur Parteienfinanzierung in der Bundesrepublik (Parteienfinanzierungsgesetz 1984) und zur Ruhestandsregelung für Politiker in Österreich (Bezügegesetz 1984), die im Fallstudienteil nicht berücksichtigt werden sollen, obwohl

---

58 Vgl. Klaus von Beyme, Policy-Making in the Federal Republic of Germany: A Systematic Introduction, in: ders./Manfred G. Schmidt (Hrsg.), Policy and Politics in the Federal Republic of Germany, New York 1985, S. 1-26, 11f.
59 Vgl. mit weiteren Nachweisen Ludger Helms, Parteienregierung im Parteienstaat. Voraussetzungen und Charakteristika der Parteienregierung in der Bundesrepublik Deutschland und Österreich (1949 bis 1992), in: Zeitschrift für Parlamentsfragen 24 (1993), S. 635-654, 651f.
60 Wolfgang C. Müller, Österreichs Regierungssystem, in: Der Bürger im Staat 38 (1988), S. 121-127, 124.
61 Vgl. S. 37f.; ferner Hans-Peter Schneider, Gesetzgeber in eigener Sache. Zur Problematik parlamentarischer Selbstbetroffenheit im demokratischen Parteienstaat, in: Dieter Grimm/ Werner Maihofer (Hrsg.), Gesetzgebungstheorie und Rechtspolitik (Jahrbuch für Rechtssoziologie und Rechtstheorie, Bd. XIII), Opladen 1988, S. 327-349.

sie prinzipiell zu den wichtigeren Entscheidungen der hier untersuchten Legislaturperiode gezählt werden können.

Das deutsche Parteienfinanzierungsgesetz von 1984 wurde mit sehr großer Mehrheit der Abgeordneten aus den Reihen der Regierungs- und Oppositionsparteien verabschiedet; insgesamt votierten beinahe 95 Prozent der Abstimmenden (ohne Berliner Abgeordnete) für die Neuregelung der Parteienfinanzierung, die später zu Teilen vom Bundesverfassungsgericht für verfassungswidrig erklärt wurde. Nur die zu diesem Zeitpunkt noch stark von der "Anti-Parteien"-Doktrin beherrschten Grünen, die auch für die Normenkontrollklage in Karlsruhe verantwortlich waren, stimmten geschlossen gegen die Vorlage.[62]

Das österreichische Bezügegesetz 1984, mit dem unter anderem die in anderen Bereichen bereits bestehenden Ruhestandsregelungen auf die Berufsgruppe der Parlamentarier ausgedehnt wurden, ging sogar von einem von allen im Nationalrat vertretenen Parteien gemeinsam formulierten Initiativantrag aus und wurde nach einer wenig spektakulären Behandlung im Plenum mit überwältigender Mehrheit angenommen. Eine Besonderheit bestand lediglich darin, daß ein Mitglied der Regierungsmehrheit (der FPÖ-Abgeordnete Gugerbauer) gegen die von allen Parlamentsparteien getragene Maßnahme stimmte.[63]

Daß parlamentarisches Einvernehmen bei der Verhandlung von Maßnahmen, die die "Selbstversorgung" der politischen Klasse betreffen, nicht auf kontinentale Systeme beschränkt ist, zeigt auch der Entscheidungsprozeß im House of Commons über den Parliamentary Pensions Act 1984, mit dem die Ruhestandsregelung für Parlamentarier und Regierungsmitglieder zu deren Gunsten reformiert wurde. In der Debatte vor der entscheidenden zweiten Lesung der Vorlage im Unterhaus am 12. Juni 1984 gab es keinen Redner, der die Vorlage nicht ausdrücklich begrüßte. Die Vorlage wurde vom Haus ohne Abstimmung (division) in zweiter und dritter Lesung angenommen.[64]

1.3.2 Schlüsselentscheidungen des Deutschen Bundestages, des britischen House of Commons und des österreichischen Nationalrates in den achtziger Jahren

Die im folgenden aufgeführten Entscheidungen wurden unter Berücksichtigung der oben dargelegten Kriterien ausgewählt. Als zusätzlicher - sekundäranalytischer - Orientierungsmaßstab dienten die Hervorhebung bestimmter Entscheidungen in Gesetzeschroniken und Datenübersichten über wichtige innenpolitische Ereignisse[65] sowie entsprechende Klassifikationen in der einschlägigen

---

62 Vgl. für die Hintergründe des parlamentarischen Entscheidungsprozesses Christine Landfried, Parteifinanzen und politische Macht. Eine vergleichende Studie zur Bundesrepublik Deutschland, zu Italien und den USA, 2. Aufl. Baden-Baden 1994, S. 47ff.
63 Vgl. Anton Pelinka, Die Kleine Koalition. SPÖ und FPÖ 1983-1986, Wien 1993, S. 70f.
64 Official Report, House of Commons, Parliamentary Debates, Session 1983-84, Vol. 61, Cols. 782ff.
65 Hierbei vor allem das Annuaire de législation francaise et étrangère, publié par l'institut de recherches juridiques comparatives du centre national de la recherche scientifique, nouvelle série, tome XXXI (1984) ff. sowie für die einzelnen Länder Archiv der Gegenwart, Jg. 53-57 (1983-87), die Jahreschroniken des Österreichischen Jahrbuchs für Politik 1983, 1984,

Spezialliteratur. Für die Bundesrepublik wurden als wichtigste Entscheidungen der 10. Wahlperiode des Bundestages (1983-87) ausgewählt: das Gesetz zur Änderung des Strafgesetzbuches und des Versammlungsgesetzes (1985), das Gesetz zur Bekämpfung des Terrorismus (1986) und das Gesetz zur Sicherung der Neutralität der Bundesanstalt für Arbeit bei Arbeitskämpfen (1986). Als besonders wichtige Entscheidungen des House of Commons während der Legislaturperiode 1983-87 wurden herausgegriffen: der British Telecommunications Act 1984, der Police and Criminal Evidence Act 1984 und der Public Order Act 1986. Als zentrale Entscheidungen des österreichischen Nationalrates während der Regierungszeit der kleinen Koalition (1983-86) wurden folgende Gesetze klassifiziert: Die Suchtgiftgesetznovelle 1985, das Arbeits- und Sozialgerichtsgesetz (1985) und das Weingesetz 1985.

Die Unterschiedlichkeit der jeweiligen Schwerpunktsetzungen der deutschen, britischen und österreichischen Regierungen erwies sich als nicht geeignet, um ausschließlich Entscheidungen aus in nominaler Hinsicht identischen Politikfeldern zu berücksichtigen, ohne ungebührlich gegen das Kriterium der politischen Relevanz einzelner Maßnahmen zu verstoßen. Trotzdem wurde versucht, ein möglichst hohes Maß an Vergleichbarkeit hinsichtlich des Sachzusammenhangs und der Regelungsart einzelner Maßnahmen zu wahren. Die ausgewählten Entscheidungen zielen inhaltlich entweder auf eine weiterreichende institutionelle Reform bestehender Strukturen bzw. etablierter Regelungen (Privatisierung der British Telecom, Arbeits- und Sozialgerichtsgesetz, Weingesetz 1985) und/oder sind im wesentlichen restriktiver Natur (sämtliche übrigen Entscheidungen). Für jedes Land sind zudem mindestens zwei unterschiedliche Politikfelder vertreten; gleichzeitig stammen für jedes Land jeweils zwei Maßnahmen aus dem Bereich der Rechtspolitik.

Es gibt eine Reihe weiterer Entscheidungen von großer politischer Relevanz, die wegen der mangelhaften Vergleichbarkeit nicht für den Fallstudienteil in Abschnitt II, 2 herangezogen werden sollen. In diesem Zusammenhang ist vor allem die aufsehenerregende Maßnahme der Regierung Thatcher zu nennen, auf der Grundlage des Local Government Acts 1985 den Greater London Council abzuschaffen. Die Auseinandersetzung über diese Entscheidung war zu wesentlichen Teilen ein politischer Konflikt zwischen der konservativen Zentralregierung und der radikalisierten Labour-Gruppierung der Londoner Lokal-Szene und ist von daher im hier interessierenden Zusammenhang wenig aussagekräftig.[66] Für den österreichischen Fall ist festzuhalten, daß die öffentlichkeitswirksamsten Debatten während der Regierungszeit der kleinen

---

1985 und 1986 und die von der britischen Regierung herausgegebene Monatsschrift Current Affairs - A Monthly Survey (1983-87).
66 Vgl. hierzu mit weiteren Nachweisen David Butler/Andrew Adonis/Tony Travers, Failure in British Government. The Politics of the Poll Tax, Oxford 1994, S. 25ff.

Koalition über das Kraftwerk Hainburg und die Nicht-Inbetriebnahme des Atomkraftwerkes Zwentendorf geführt wurden, denen jedoch jeweils keine vergleichbaren Maßnahmen zugrundelagen. So kam es in keinem der beiden Fälle zu mit den anderen Maßnahmen vergleichbaren Policy-Entscheidungen in Gesetzesform.[67]

---

[67] Die Nichtfertigstellung des Kraftwerkes bei Hainburg war das Resultat einer vom sogenannten "Siebener-Komitee" der SPÖ beschlossenen unbefristeten Verlängerung eines Baustopps, was de facto einer Rücknahme des im Regierungsprogramm festgeschriebenen Baubeschlusses gleichkam. Beim "Fall Zwentendorf" ging es darum, ob das 1978 beschlossene Atomsperrgesetz aufgehoben werden sollte oder nicht. Nachdem eine für die Durchführung einer Volksabstimmung über die Aufhebung der Atomsperre erforderliche parlamentarische Zweidrittelmehrheit nicht zustandekam, verschwand das Thema von der politischen Tagesordnung. Vgl. A. Pelinka, a.a.O. (Anm. 63), S. 42ff.

2. Fallstudien zu ausgewählten Gesetzgebungsprozessen in der Bundesrepublik Deutschland, Großbritannien und Österreich

2.1 Bundesrepublik Deutschland

2.1.1 Das Gesetz zur Änderung des Strafgesetzbuches und des Versammlungsgesetzes (1985)

Das Gesetz zur Änderung des Strafgesetzbuches und des Versammlungsgesetzes[68] - in der öffentlichen Diskussion häufig mit dem Schlagwort "Vermummungsverbot" belegt - bildete eine der einschneidendsten rechtspolitischen Reformmaßnahmen in der Bundesrepublik während der achtziger Jahre.[69] Durch den in das Versammlungsgesetz eingefügten § 17a wurden die passive Bewaffnung und die Vermummung bei Demonstrationen grundsätzlich verboten, wobei Ausnahmeregelungen bezüglich dieses Verbotes durch die zuständige Behörde möglich sind, sofern nach deren Einschätzung von einer Veranstaltung keine Gefährdung der öffentlichen Ordnung und Sicherheit ausgeht. Als passive Bewaffnung wird das Mitführen von sogenannten "Schutzwaffen" oder Gegenständen, die als Schutzwaffen geeignet sind (hierzu rechnen etwa Schutzhelme, Schilder sowie potentiell auch Motorradhelme) definiert; als "Vermummung" gilt eine Aufmachung, die geeignet und den Umständen nach darauf gerichtet ist, die Feststellung der Identität eines Teilnehmers zu verhindern. Zuwiderhandlungen gegen § 17a werden nach dem ebenfalls geänderten § 29 Abs. 1 des Versammlungsgesetzes prinzipiell als Ordnungswidrigkeiten geahndet. Als Vergehen gemäß § 125 Abs. 2 des Strafgesetzbuches (StGB) werden die angesprochenen Verhaltensweisen dann gewertet, wenn auf einer Veranstaltung Gewalttätigkeiten begangen werden und die Polizei einen Veranstaltungsteilnehmer aufgefordert hat, die entsprechenden Gegenstände bzw. "Vermummungsartikel" abzulegen oder sich zu entfernen.[70]
Die bis zur Inkraftsetzung des restriktiven Reformgesetzes der christlich-liberalen Koalition aus CDU/CSU und FDP im Sommer 1985 wichtigste Rechtsquelle im betroffenen Bereich stellte die Demonstrationsstrafrechtsnovelle der sozial-liberalen Koalition vom Mai 1970 dar, die gegen die Stimmen der damaligen CDU/CSU-Opposition verabschiedet worden war.[71] Durch die Reformmaßnahme der sozial-liberalen Koalition wurden unter anderem die aus

---

68 BGBl. 1985, Teil I, S. 1511f.
69 Vgl. Christine Landfried, Rechtspolitik, in: Klaus von Beyme/Manfred G. Schmidt (Hrsg.), Politik in der Bundesrepublik Deutschland, Opladen 1990, S. 76-98, 83f.
70 Vgl. zur weiteren rechtlichen Einordnung und Interpretation dieser Bestimmungen Dieter Weingärtner, Demonstration und Strafrecht. Eine rechtsvergleichende Untersuchung zum deutschen, französischen, niederländischen und schweizerischen Recht, Freiburg i.Br. 1986, S. 63ff.
71 Vgl. Jens A. Brückner, Die Rechtspolitik der sozial-liberalen Koalition, in: Gert-Joachim Glaeßner/Jürgen Holz/Thomas Schlüter (Hrsg.), Die Bundesrepublik in den siebziger Jahren. Versuch einer Bilanz, Opladen 1984, S. 174-196, 188f.

dem 19. Jahrhundert stammenden rechtlichen Bestimmungen hinsichtlich der sogenannten "Massendelikte" bei öffentlichen Zusammenkünften - vor allem der § 125 StGB - neu gefaßt, indem die Strafbarkeit auf jene Demonstrationsteilnehmer eingeschränkt wurde, denen eine aktive Beteiligung bei gewalttätigen Ausschreitungen nachgewiesen werden kann.[72] Die von der CDU/CSU-FDP-Koalition getragene Entscheidung vom Sommer 1985 wurde in der Literatur nicht völlig zu unrecht als direkte "Gegenreform" zu der Demonstrationsstrafrechtsreformnovelle von 1970 klassifiziert.[73]

Die große Bedeutung, die die im Oktober 1982 ins Amt gelangte christlich-liberale Koalition aus CDU/CSU und FDP einer Änderung des Demonstrationsstrafrechts zuerkannte, belegt bereits die ungewöhnliche Tatsache[74], daß mit § 125 StGB eine einzelne Strafrechtsregelung in die Koalitionsvereinbarungen aufgenommen wurde. Hier hieß es, abweichend vom späteren Gesetzesbeschluß des Bundestages, wie folgt:

> 5. § 125 StGB:
> Die Strafbarkeit des Landfriedensbruchs soll geändert werden:
> a) Teilnehmer an einer Menschenmenge, aus der Gewalttätigkeiten gegen Menschen oder Sachen oder Bedrohungen von Menschen mit einer Gewalttätigkeit in einer die Öffentlichkeit gefährdenden Weise begangen werden, sollen unter Strafe gestellt werden, wenn sie sich nach einer Aufforderung durch den zuständigen Hoheitsträger aus der Menschenmenge nicht entfernen.
> Ausnahmen sollen für solche Personen gelten, die sich wie Journalisten oder Polizisten aus beruflichen Gründen in der Menge aufhalten und für diejenigen, die sich nachweisbar darum bemühen, mäßigend auf Gewalttäter einzuwirken.
> b) In bestimmten Fällen soll der Richter die Möglichkeit haben, von einer Strafe abzusehen.
> 6. Vermummung und Passivbewaffnung:
> Es soll unverzüglich geprüft werden, ob Strafvorschriften gegen die Vermummung und passive Bewaffnung bei Demonstrationen erforderlich sind.[75]

Den aktuellen Hintergrund für das Drängen der Unionsparteien auf eine schriftliche Fixierung des Programmziels einer Demonstrationsstrafrechtsreform bildeten die öffentlichen Auseinandersetzungen im Zusammenhang mit dem Kernkraftwerk Brokdorf und der atomaren Wiederaufbereitungsanlage Wackersdorf im näheren zeitlichen Vorfeld des Machtwechsels von 1982. Da-

---

72 Vgl. Dieter Strohmaier, Die Reform des Demonstrationsstrafrechts, Tübingen 1985, S. 82ff.
73 Vgl. Peter Floerecke, Reform und Gegenreform des Demonstrationsstrafrechts. Ansätze zur Analyse von Normsetzungsprozessen in einem turbulenten Politikfeld, in: Kriminologisches Journal 19 (1987), S. 119-133.
74 Ungewöhnlich jedenfalls für das bis Anfang der achtziger Jahre in Koalitionsvereinbarungen übliche Ausmaß an konkreten Vorvereinbarungen über bestimme Gesetzesvorhaben. Die allgemeine Tendenz läuft zweifellos in Richtung einer stetigen Zunahme der in Koalitionsvereinbarungen verbindlich geklärten und anschließend schriftlich fixierten Zielvorgaben für die nächste Legislaturperiode, obwohl gegenläufige Etappen (wie etwa im Falle der Koalitionverhandlungen nach den Wahlen von 1994) nicht zu leugnen sind. Vgl. mit weiteren Hinweisen Ludger Helms, Executive Leadership in Parliamentary Democracies: The British Prime Minister and the German Chancellor Compared, in: German Politics 5 (1996), S. 101-120, 115.
75 Ergebnisse der Koalitionsvereinbarungen 1983, zit.n.: Die neue Bonner Depesche 5/83, Dokumentation.

bei ist jedoch nicht zu übersehen, daß es bereits seit der ersten Hälfte der siebziger Jahre inhaltlich ähnliche Vorstöße durch die CDU/CSU-Fraktion im Bundestag bzw. den - parteipolitisch betrachtet seinerzeit unionsdominierten - Bundesrat gab, denen die sozial-liberale Regierungsmehrheit stets eine Absage erteilte.[76] Die Idee einer Strafandrohung für sogenannte passive Bewaffnung tauchte offiziell erstmals in einem Gesetzentwurf der CDU/CSU-Fraktion im Bundestag vom Oktober 1977 auf.[77] Der Verzicht auf eine Festschreibung des "Vermummungsverbotes" in der Koalitionsvereinbarung bildete einen der größten Erfolge der FDP während der Koalitionsverhandlungen, in denen sich die Liberalen mit einer Fülle repressiver rechtspolitischer Forderungen speziell aus den Reihen der CSU konfrontiert sahen.[78]

Die Vorabverständigung über legislative Schwerpunktsetzungen der neuen Regierung Kohl im Rahmen der Koalitionsvereinbarung vom Mai 1983 konnte jedoch nicht verhindern, daß es über die geplante Reform des Demonstrationsstrafrechts noch vor der Abfassung einer entsprechenden Regierungsvorlage zu heftigen koalitionsinternen Auseinandersetzungen zwischen der CSU und der FDP kam, deren Repräsentanten an der Spitze des Innenministeriums (Zimmermann, CSU) bzw. des Justizministeriums (Engelhard, FDP) standen. Nicht der Gegensatz zwischen der Regierungsmehrheit und der Opposition, die geschlossen zu erkennen gab, sie sehe überhaupt keinen Handlungsbedarf auf dem Felde des Demonstrationsstrafrechts, bestimmte die Berichterstattung in den Medien während der vorparlamentarischen Entscheidungsphase, sondern der Streit zwischen den Ministern Zimmermann und Engelhard.[79] Dabei ging es

---

76 Vgl. diesbezüglich den Entwurf eines Gesetzes zum Schutze des Gemeinschaftsfriedens vom November 1974, Gesetzentwurf der BT-Fraktion der CDU/CSU, BT-Drucks. 7/2772; den vom Titel her gleichlautenden, inhaltlich teilidentischen Gesetzentwurf des Bundesrates vom November 1974, zustandegekommen auf Initiative Bayerns, BR-Drucks. 507/74 (Beschluß), BT-Drucks. 7/2854; den Entwurf eines Gesetzes zur Bekämpfung von Terrorismus und Gewaltkriminalität sowie zum Schutz des inneren Friedens vom April 1977, Gesetzentwurf der BT-Fraktion der CDU/CSU, BT-Drucks. 8/322; den Entwurf eines Gesetzes zur Änderung des Versammlungsgesetzes und des Strafgesetzbuches vom März 1979, Gesetzentwurf der BT-Fraktion der CDU/CSU, BT-Drucks. 8/2677; den Entwurf eines Gesetzes zum Schutz friedfertiger Demonstrationen und Versammlungen vom Juni 1981, Gesetzentwurf der BT-Fraktion der CDU/CSU, BT-Drucks. 9/628 sowie den Entwurf eines Gesetzes zur Änderung des Versammlungsgesetzes und des Strafgesetzbuches vom Januar 1982, Gesetzentwurf des Bundesrates, zustandegekommen auf Initiative der unionsgeführten Länder Baden-Württemberg, Bayern, Niedersachsen, Rheinland-Pfalz und Schleswig-Holstein, BR-Drucks. 255/81 (Beschluß), BT-Drucks. 9/1258. Die beiden letztgenannten Gesetzentwürfe wurden zwar vom Bundestag im Rahmen der ersten Lesung und des Ausschußstadiums beraten; zu einer zweiten und dritten Lesung der Vorlagen im Plenum kam es jedoch in der 9. Wahlperiode nicht. Vgl. Herbert Kast, Das neue Demonstrationsrecht. Das Gesetz zur Änderung des Strafgesetzbuches und des Versammlungsgesetzes vom 18. Juli 1985 und seine Vorgeschichte, Köln 1986, S. 17.
77 Vgl. BT-Drucks. 8/996, Art. 5.
78 Vgl. Kölner Stadt-Anzeiger vom 21. März 1983.
79 Eine Ausnahme hiervon bildete lediglich die Bundestagsplenardebatte über die Regierungserklärung Kanzler Kohls, in der der geplanten Demonstrationsstrafrechtsreform ein zentraler Stellenwert zukam und die Fronten zwischen den einzelnen Debattenteilnehmern eindeutig entlang der Trennungslinie zwischen Regierungsmehrheit und Opposition verliefen. Vgl. Stenographische Berichte über die Verhandlungen des Deutschen Bundestages, 10. Wahlperiode, 5. Sitzung vom 5. Mai 1983, S. 219ff. Hinzuzufügen ist freilich, daß dieser Schlagabtausch kaum als Teil des Entscheidungsprozesses im engeren Sinne angesehen werden kann.

vor allem darum, ob das in Punkt 5a) der Koalitionsvereinbarung formulierte Phänomen des "Abwiegelns" (des nachweislichen Bemühens eines Teilnehmers, mäßigend auf die versammelte Menschenmenge oder einzelne Personen einzuwirken) automatisch Straffreiheit für einen Betroffenen bedeuten oder die Entscheidung hierüber dem zuständigen Richter vorbehalten bleiben sollte. Ferner blieb lange umstritten, ob die Polizei sich damit begnügen können sollte, im Falle eines Ausbruchs von Gewalttätigkeiten nur eine Teilmenge der versammelten Demonstrationsteilnehmer aufzulösen.[80]

Der am 13. Juli 1983 vom Bundeskabinett sanktionierte Kompromiß sah eine neuerliche Festschreibung der bis zur Reform von 1970 geltenden Regel vor, nach der - allerdings unter einer geringeren Strafandrohung - potentiell auch solche Teilnehmer einer in gewalttätige Auseinandersetzungen umgeschlagenen Demonstration wegen "Landfriedensbruch" vor Gericht gestellt werden konnten, die sich selbst nicht gewalttätig verhalten, aber die Veranstaltung nach Aufforderung der Polizei nicht verlassen haben. Das von der CSU geforderte Verbot der "Vermummung" und der "passiven Bewaffnung" wurde nicht mit in die Vereinbarung aufgenommen[81]; jedoch verlautete noch am Tage des Kabinettsbeschlusses aus dem Innenministerium, ein entsprechender Vorentwurf zur Änderung des Versammlungsgesetzes sei bereits erarbeitet worden.[82] In einer Gemeinsamen Erklärung zur Änderung des Demonstrationsstrafrechts des Innen- und des Justizministeriums wurde die vorgesehene Regelung als "wirksames Instrument zur Bekämpfung sozialschädlicher Verhaltensweisen im Zusammenhang mit Massenansammlungen"[83] präsentiert.

Beide Bonner Oppositionsparteien reagierten auf die Ankündigungen der Koalition mit scharfer Ablehnung. Die öffentliche Formulierung konkreter Gegenpositionen war aber weniger eine Sache der Grünen als der SPD und der Gewerkschaften. Die IG Metall sprach von einer "reaktionären Gegenreform" zu der 1970 vollzogenen Liberalisierung des Demonstrationsstrafrechts, mit der oppositionelle Kräfte eingeschüchtert und kriminalisiert werden sollten[84]; der stellvertretende Vorsitzende der SPD-Bundestagsfraktion Schmude kritisierte insbesondere die Umkehr der Beweislast zum Nachteil der Beschuldigten und die Abkehr von der gesetzlichen Unschuldsvermutung und sah in der geplanten Maßnahme zugleich eine empfindliche Einschränkung des Grundrechts auf Demonstrationsfreiheit[85]; der nordrhein-westfälische Innenminister Schnoor (SPD) deutete gar an, seine Landesregierung erwäge eine Verfassungsklage für den Fall einer parlamentarischen Verabschiedung des Koalitionskompromisses.[86]

Die Bundesregierung legte ihren aus den Ergebnissen der langwierigen Koalitionsverhandlungen hervorgegangenen Gesetzentwurf am 22. Juli 1983 vor

---

80 Vgl. Frankfurter Allgemeine Zeitung vom 15. Juni 1983; Frankfurter Rundschau vom 30. Juni 1983 und vom 5. Juli 1983 sowie Süddeutsche Zeitung vom 4. Juli 1983.
81 Vgl. Süddeutsche Zeitung vom 14. Juli 1983.
82 Vgl. Frankfurter Rundschau vom 14. Juli 1983.
83 Bulletin der Bundesregierung vom 20. Juli 1983.
84 Vgl. Frankfurter Rundschau vom 20. Juli 1983.
85 Vgl. Manuskriptfassung eines Interviews mit Jürgen Schmude im SFB vom 16. Juli 1983, 18 Uhr (Kommentarübersicht der DPA vom 18. Juli 1983).
86 Vgl. Frankfurter Rundschau vom 20. Juli 1983.

und übersandte ihn dem Bundesrat zur Beratung und Stellungnahme.[87] Nachdem der (federführende) Rechtsausschuß mit dem einstimmig gefaßten Beschluß, daß das Gesetz nicht der Zustimmung des Bundesrates bedürfe, seine Beratungen am 17. August beendet hatte, billigte der Bundesrat die Vorlage in seiner Sitzung vom 2. September 1983 mit der Mehrheit der Stimmen der unionsgeführten Länder. Gleichzeitig wurde ein Antrag der SPD-geführten Länder (Hamburg, Bremen, Hessen und Nordrhein-Westfalen)[88], von der Einbringung des Entwurfs im Bundestag abzusehen, da er "verfassungsrechtlich bedenklich, überflüssig, nicht praktikabel und deshalb auch keineswegs geeignet (sei), die öffentliche Sicherheit und den inneren Frieden besser zu schützen"[89], zurückgewiesen. Statt dessen beschloß der Bundesrat auf Antrag des Landes Baden-Württemberg eine Stellungnahme[90], in der es hieß, die geplante Verschärfung reiche nicht aus, die Bundesregierung möge die Prüfung für die Einführung eines "Vermummungsverbotes" vorantreiben.

Der Bundesratsbeschluß hatte nur eine begrenzte außerparlamentarische Wirkung. Die wenigen öffentlichen Reaktionen in diesem Stadium blieben auf den engen Kreis der berufsmäßig betroffenen Institutionen beschränkt. Sie fielen in ihrer Bewertung überwiegend negativ aus, so vor allem die Stellungnahmen der Gewerkschaft der Polizei und einer größeren Gruppe deutscher Strafrechtsprofessoren.[91]

Die erste Lesung der Vorlage im Bundestag am 24. Februar 1984 war durch eine angriffslustige Haltung der Oppositionsfraktionen und ein hohes Maß an parteipolitisch geprägter Konfrontation gekennzeichnet. In seiner Eröffnungsrede begründete Justizminister Engelhard die Initiative der Regierung mit der in den letzten Jahren insgesamt angestiegenen Intensität der Gewalttaten bei Demonstrationen und der daran gemessen mangelhaften rechtlichen Handhabe der Polizei, rechtzeitig gegen Gewalttäter einzuschreiten.[92] Nach Einschätzung der SPD handelte es sich bei der geplanten Maßnahme jedoch keineswegs um eine durch die äußeren Umstände notwendig gewordene rechtspolitische Routineentscheidung, sondern - so deren Abgeordneter Vogel - vielmehr um "einen gefährlichen Anschlag auf die Rechtskultur"[93]. Der Interpretation des Grünen-Abgeordneten Fischer zufolge zielte die Vorlage primär auf die "innere Abschreckung"[94] politisch Andersdenkender ab, eine Auslegung, die auch in den Ausführungen von Vertretern der SPD zum Ausdruck kam. "Sie finden es beschwerlich", formulierte wiederum der Abgeordnete Vogel, "sich mit diesen Bürgern auseinanderzusetzen, mit ihnen argumentativ zu ringen. Sie finden es

---

87 BR-Drucks. 323/83.
88 BR-Drucks. 323/4/83.
89 So die Ausführungen des Vertreters von Nordrhein-Westfalen, in: Niederschrift über die 515. Sitzung des Ausschusses für Innere Angelegenheiten (BR) am 18. August 1983, S. 12.
90 BR-Drucks. 323/5/83.
91 Vgl. die entsprechenden Dokumente in: Deutscher Bundestag/Parlamentsarchiv (Red.), Gesetzesmaterialien, erstellt unter Mitarbeit des Bundesrates, 10. Wahlperiode, Bd. 158, A 2.
92 Vgl. Stenographische Berichte über die Verhandlungen des Deutschen Bundestages, 10. Wahlperiode, 57. Sitzung vom 24. Februar 1984, S. 4052.
93 Ebd., S. 4059.
94 Ebd., S. 4065.

leichter, sie auszugrenzen (...) Konservative - das ist ja nicht neu - haben zu allen Zeiten gewußt, wie man mit obrigkeitsstaatlichen Mitteln störender Kritik begegnet."[95]

Was die auf den ersten Blick praktisch identische Haltung beider Oppositionsfraktionen gleichwohl unterschied, war zumindest das entschlossene Werben der SPD um die FDP, ihr Appell an deren liberale Grundwerte, die auch der Reform von 1970 zugrundegelegen hätten[96], wofür es auf seiten der Grünen keine Anzeichen gab. Ungeachtet dessen gab es in dieser Phase keinerlei Ansätze für den Versuch der Oppositionsfraktionen, ein konstruktives Verhandlungsklima über Sachfragen aufzubauen, da beide Parteien jegliche Neuregelung des Demonstrationsstrafrechts schlicht für überflüssig hielten und die bestehende Rechtslage beibehalten wollten. Ein wenig günstiges Licht auf den möglichen Anspruch speziell der SPD, ihre ablehnende Haltung gegenüber der Vorlage auch durch eine starke parlamentarische Präsenz zu unterstreichen, wirft die Tatsache, daß am Ende der ersten Plenumsdebatte zu wenige Abgeordnete anwesend waren - nach Schätzung des CDU-Abgeordneten Seiters lediglich 20 Vertreter der SPD[97] - um die Beschlußfähigkeit des Hauses zu gewährleisten. Die Vorlage konnte deshalb erst in der übernächsten Sitzung des Bundestages vom 15. März 1984 beschlossen und an den Rechtsausschuß (federführend) und den Innenausschuß zur weiteren Beratung überwiesen werden.[98]

Das wichtigste Ergebnis der 33. Sitzung des Rechtsausschusses vom 3. Oktober 1984 war der auf Antrag der SPD gefaßte Beschluß über die Durchführung einer Expertenanhörung. Beobachter, die sich auf Interviewäußerungen von Ausschußmitgliedern stützen können, haben mit Blick auf die Gutachterauswahl von einem eindeutig (partei-)politisch und interessengeleiteten Procedere gesprochen.[99] Das im Rahmen der 39. Sitzung des Rechtsausschusses vom 12. und 13. Dezember 1984 durchgeführte Hearing förderte insgesamt eine sehr kritische Haltung seitens der Mehrzahl der gehörten Sachverständigen zutage. Lediglich fünf von 25 Fachexperten stimmten dem Gesetzentwurf uneingeschränkt zu. Bedenken gegen die geplante Ausdehnung der Strafbarkeit auf anwesende, aber selbst nicht gewalttätig agierende Personen wurden vor allem mit dem Argument der verfassungsrechtlichen Unzulässigkeit und dem Hinweis auf eine Überforderung der Strafverfolgungsbehörden erklärt. So gut

---

95 Ebd., S. 4058.
96 Vgl. etwa den Beitrag des Abgeordneten Vogel (SPD), in: ebd., S. 4060.
97 Vgl. ebd., S. 4083.
98 Vgl. Stenographische Berichte über die Verhandlungen des Deutschen Bundestages, 10. Wahlperiode, 59. Sitzung vom 15. März 1984, S. 4213.
99 Vgl. Peter Floerecke, Staatliche Normsetzung auf unterschiedlichen "Bühnen". Empirische Ergebnisse zur Genese des Demonstrationsstrafrechts seit 1970, in: Günther Kaiser/Helmut Kury/Hans-Jörg Albrecht (Hrsg.), Kriminologische Forschung in den achtziger Jahren. Bd. 1, Freiburg i.Br. 1988, S. 3-22, 13. Nicht gefolgt werden kann der Einschätzung Floereckes, das Anhörungsverfahren sei maßgeblich auf Betreiben der FDP angesetzt worden. Vgl. Stenographisches Protokoll der 33. Sitzung des Rechtsausschusses (BT) vom 3. Oktober 1984.

wie keine Unterstützung erhielt das Institut des "Abwieglers".[100] Die SPD sprach hinsichtlich des Ergebnisses der Anhörung von einem "Desaster" für die Regierungskoalition.[101]

Vom Parlament wurde die Materie im Anschluß an die Expertenbefragung erst wieder ab Juni 1985 behandelt. Nachdem führende Innen- und Rechtspolitiker der Union und der FDP in Gesprächen mit der Frankfurter Allgemeinen Zeitung unmittelbar nach der Ausschußanhörung angedeutet hatten, von dem vorliegenden Gesetzentwurf möglicherweise abrücken zu wollen[102], verschwand das Thema Demonstrationsstrafrecht für einige Wochen beinahe vollständig aus der öffentlichen politischen Diskussion. Dies war zum einen dem Bestreben der Regierungskoalition geschuldet, keine Selbstbeschädigung durch zur Schau gestellte Orientierungslosigkeit zu betreiben; zum anderen verhielt sich auch die Opposition passiv abwartend.

In der Zwischenzeit - von Mitte Dezember 1984 bis zum Frühsommer 1985 - kam es jedoch gleich zu einem doppelten Kurswechsel auf seiten der Regierung. Am 31. Januar 1985 traten 16 Rechtsexperten der Koalitionsfraktionen im Anschluß an eine zweitägige Klausurtagung in Berlin mit einem neuen Vorschlag - dem sogenannten "Berliner Kompromiß" - an die Öffentlichkeit. Auf die Strafbarkeit des bloßen Verbleibs einer von der Polizei zum Gehen aufgeforderten Person auf einer Demonstration, aus der heraus Gewalttätigkeiten verübt werden, wurde darin verzichtet. Wer Gewalttätigkeiten aus einer Menschenmenge heraus begeht und zudem etwa bewaffnet oder "vermummt" ist, sollte jedoch mit einer höheren Strafe als bisher belegt werden können. Von einer besonderen Bestrafung für bloße "Vermummung" wurde im "Berliner Kompromiß" ausdrücklich abgesehen, der Polizei jedoch die Möglichkeit eingeräumt, Teilnehmer, die "vermummt" oder "passiv bewaffnet" auf einer Demonstration erscheinen, nach dem Ordnungswidrigkeitengesetz mit einem Bußgeld zu belegen.[103]

Bei der SPD rief diese Ankündigung eine unterschiedlich weitreichende positive Resonanz hervor. Während etwa der nordrhein-westfälische Innenminister Schnoor die neuen Koalitionspläne ausdrücklich begrüßte, sahen einzelne Mitglieder der Bundestagsfraktion darin nur einen in der Sache nach wie vor überflüssigen "faulen Kompromiß". Insbesondere der stellvertretende Fraktionsvorsitzende der Sozialdemokraten im Bundestag, Emmerlich, zögerte jedoch nicht, die Berliner Entscheidung dezidiert als eine Folge der von der SPD geäußerten Kritik zu werten.[104]

Der in Berlin gefundene Koalitionskompromiß sollte sich jedoch nicht als haltbar erweisen. Vor allem Rechtspolitiker der CSU kritisierten die getroffenen Vereinbarungen als ungenügend und erklärten, ein solches Zugeständnis

---

100 Vgl. Stenographisches Protokoll der 39. Sitzung des Rechtsausschusses (BT) vom 12. und 13. Dezember 1984; für die ausführlicheren schriftlichen Stellungnahmen Deutscher Bundestag/Parlamentsarchiv (Red.), a.a.O. (Anm. 91).
101 Vgl. Informationen der SPD-Fraktion vom 13. Dezember 1984.
102 Vgl. Frankfurter Allgemeine Zeitung vom 14. Dezember 1984.
103 Vgl. Frankfurter Rundschau vom 1. Februar 1985.
104 Vgl. Süddeutsche Zeitung vom 2. Februar 1985 sowie die Manuskriptfassung des Interviews mit Alfred Emmerlich im DLF vom 1. Februar 1985, 12.10 Uhr (Kommentarübersicht der DPA vom 4. Februar 1985).

der Union an die Liberalen sei nur durch entsprechende Kompensationsangebote der FDP in anderen (nicht notwendigerweise rechtspolitischen) Fragen vorstellbar.[105]

Ein solcher "Kuhhandel" wurde von der FDP - zumindest in allen ihren öffentlichen Stellungnahmen - barsch zurückgewiesen. Im weiteren trat immer deutlicher das Bemühen einzelner CSU-Politiker hervor, die Notwendigkeit einer weiterreichenden Verschärfung des Demonstrationsstrafrechts mit dem Ziel einer effektiven Terrorismusbekämpfung in Zusammenhang zu bringen.[106] Eine solche Strategie mochte insofern erfolgversprechend anmuten, als in unmittelbarer zeitlicher Nähe der Verhandlungen, am 1. Februar 1985, ein terroristischer Mordanschlag auf den Vorstandsvorsitzenden der Motoren- und Turbinen-Union, Zimmermann, verübt worden war, der eine entsprechende Sensibilisierung und Verunsicherung der Öffentlichkeit gegenüber terroristischer Bedrohung zur Folge hatte. Ebenso wie die Opposition bestritt auch die FDP die Tauglichkeit eines "Vermummungsverbotes" bei Demonstrationen als wirksames Instrument gegen den Terrorismus.[107] Im Anschluß an diese Episode verschwand der Issue nochmals bis Mitte Juni des Jahres weitgehend aus der öffentlichen Diskussion.

Am 10. Juni 1985 gab die Koalition schließlich bekannt, Kanzleramtschef Wolfgang Schäuble (CDU), Staatskanzleileiter Edmund Stoiber (CSU) und Staatssekretär Klaus Kinkel (FDP) hätten sich auf eine neue Variante zur Reform des Demonstrationsstrafrechts geeinigt. Es sei nunmehr der Beschluß gefaßt worden, die "Vermummung" bei gewalttätigen Demonstrationen unter bestimmten Umständen doch in den Rang eines strafbewehrten Vergehens zu erheben. Strafbar sollte sich nun derjenige machen, der auch nach dreimaliger Aufforderung durch die Polizei, "Vermummung" und "Schutzwaffen" abzulegen, nicht nachkommt.[108] Mit diesem Kompromiß hatte sich die FDP endgültig von ihren im Wahlprogramm von 1983 festgelegten rechtspolitischen Zielsetzungen gelöst. Dort hatte es unmißverständlich geheißen: "eine Einschränkung des Demonstrationsrechts z.B. über eine Verschärfung des Versammlungsrechts (...) lehnen wir ab; ein allgemeines Vermummungsverbot ist angesichts der Rechtslage, die die gezielte Anordnung eines solchen Verbotes im Einzelfall bereits heute zuläßt, entbehrlich."[109]

Das Verhandlungsergebnis vom 10. Juni wurde drei Tage später von den Parteivorsitzenden der CDU, CSU und FDP gebilligt.[110] Bereits am 12. Juni 1985 legte die CDU/CSU-Bundestagsfraktion dem Rechtsausschuß eine

---

105 Vgl. Frankfurter Allgemeine Zeitung vom 6. Februar 1985.
106 Vgl. etwa den Meinungsbeitrag des Parlamentarischen Staatssekretärs im Bundesinnenministerium, Carl-Dieter Spranger, Der Terror und sein Nährboden: Vermummte Gewalt, in: Bayernkurier vom 9. Februar 1985.
107 Vgl. Frankfurter Rundschau vom 18. und 20. Februar 1985.
108 Vgl. Frankfurter Rundschau vom 11. Juni 1985.
109 Vgl. Wahlaussage '83 der Freien Demokratischen Partei für die Bundestagswahlen am 6. März 1983, Bonn 1983, S. 20. Eine ähnlich lautende Formulierung enthielt im übrigen auch das "Regierungsprogramm 1983-1987" der SPD, während die Unionsparteien die Thematik des Demonstrationsstrafrechts in ihrem gemeinsamen Wahlprogramm von 1983 nicht eigens erwähnten.
110 Vgl. Süddeutsche Zeitung vom 14. Juni 1985.

schriftliche Ausformulierung des neuen Koalitionskompromisses vor, der in inhaltlich identischer Form in der 55. Sitzung des Rechtsausschusses am 19. Juni 1985 als Änderungsantrag gestellt wurde. Der Einschätzung der SPD zufolge handelte es sich bei dem neuen Vorstoß der Koalition lediglich um einen "gesichtswahrende(n) Restkompromiß für die Bundesregierung", der nur neue Unklarheiten und Schwierigkeiten mit sich bringe; "zu begrüßen" sei jedoch die Tatsache, daß die Regierungsfraktionen ihre ursprünglichen Pläne, jeden zu bestrafen, der sich nach Aufforderung der Polizei aus einer eskalierenden Demonstration nicht entfernt, endgültig zu den Akten gelegt haben.[111]

Die Beratungen im Rechtsausschuß am 19. und 26. Juni 1985 waren ebenso wie die Verhandlungen im Innenausschuß am 19. Juni 1985 durch einen ausgesprochen konfrontativen Umgangston zwischen Vertretern der Regierungsmehrheit und der Opposition gekennzeichnet. Sowohl im Innen- als auch im Rechtsausschuß versuchte die Opposition vergeblich, eine erneute öffentliche Anhörung über das veränderte Vorhaben der Regierung zu erreichen. Die Mehrheit lehnte dies in beiden Fällen mit der Begründung ab, daß es sich bei ihrem Vorschlag lediglich um einen Änderungsantrag, nicht aber um ein aliud handele, weshalb das Anhörungsrecht durch die stattgefundene Anhörung vom Dezember 1984 verbraucht sei. Ein noch weitergehender Antrag der Grünen, die Ausschußberatung zu unterbrechen und die Vorlage wegen der großen politischen Tragweite der veränderten Passagen zur erneuten ersten Lesung an das Plenum rückzuüberweisen, fand hingegen nicht einmal die Unterstützung der SPD-Vertreter im Rechtsausschuß.[112]

Der thematische Schwerpunkt der Verhandlungen lag auf der kontroversen Erörterung des neu eingeführten Begriffes der "Schutzwaffe". Weitere inhaltliche Änderungen aufgrund der Ausschußberatungen gab es an keiner einzigen Passage der von den Regierungsparteien neugefaßten Vorlage. In der Schlußabstimmung im Ausschuß fand weder der Entwurf als Ganzes noch irgendeine Teilregelung die Zustimmung der Opposition. Überhaupt beanspruchten neben den sachlichen Verhandlungen parteipolitisch geprägte Auseinandersetzungen über das Procedere der Beratungen einen nicht unbeträchtlichen Anteil der Sitzungszeit. Die christlich-liberale Regierungsmehrheit setzte sowohl einen Antrag auf Schluß der Debatte (über einen besonders strittigen Abschnitt der Vorlage) als auch einen weiteren Antrag auf Schluß der Rednerliste durch, gegen den die Opposition nur noch machtlos protestieren konnte: Ich habe den Eindruck", so der SPD-Abgeordnete de With,

> hier wird buchstäblich kurzer Prozeß gemacht. Ich bin seit 1969 im Bundestag, im Strafrechtssonderausschuß und hier im Rechtsausschuß gewesen. Ich habe es noch niemals erlebt, daß bei Sachberatungen zur Änderung des Strafgesetzbuches Schluß der Debatte beantragt wurde, obwohl noch Wortmeldungen vorlagen und eine wirkliche Einzelberatung überhaupt nicht stattgefunden hat. (...) Hier wird gehackt und nicht mehr vertrauensvoll etwas vereinbart. (...) Sie spüren ganz genau, daß hier nicht mit Sorgfalt beraten werden kann und wollen

---

111 So die Erklärung des Obmanns der SPD-Fraktion im Rechtsausschuß, Hans de With, in: Sozialdemokratischer Pressedienst vom 13. Juni 1985.
112 Vgl. Kurzprotokoll der 70. Sitzung des Innenausschusses (BT) vom 19. Juni 1985 und Beschlußprotokoll der 56. Sitzung des Rechtsausschusses (BT) vom 26. Juni 1985.

das mit solchen Machenschaften - anders kann ich das nicht bezeichnen - abkürzen.[113]

Der stellvertretende SPD-Fraktionsvorsitzende Emmerlich ließ durchblicken, er werde die Meinung von Verfassungsrichtern nicht nur zum Inhalt der geplanten Maßnahme, sondern auch zum Verfahren einholen und die SPD notfalls das Bundesverfassungsgericht anrufen.[114]

Nur zwei Tage später, am 28. Juni 1985, wurde die vom Rechtsausschuß beschlossene Vorlage vom Bundestag in zweite und dritte Lesung genommen. Die Zeit zwischen dem Ende der Ausschußberatungen und abschließender Verhandlung der Vorlage im Plenum reichte nicht einmal aus, um zu Beginn der zweiten Lesung einen schriftlichen Ausschußbericht vorlegen zu können. In der Schlußdebatte vor der endgültigen Beschlußfassung des Bundestages spitzte sich die Auseinandersetzung nochmals zu. Dem Vorwurf der Opposition, die Mehrheit hätte bei den Verhandlungen jede Kompromißbereitschaft vermissen lassen, wurde von Vertretern der Union entgegengehalten, daß die Opposition selbst an gar keiner konstruktiven Mitarbeit zwecks Verbesserung der gemachten Vorschläge interessiert gewesen sei, sondern vielmehr von Anfang an erklärt hätte, keinerlei Änderung auf dem betreffenden Gebiet unterstützen zu wollen.[115]

Wie schon in früheren Phasen des Entscheidungsprozesses versuchten Abgeordnete der SPD, insbesondere die Prinzipienlosigkeit und mangelnde Standfestigkeit der FDP für das Zustandekommen der Maßnahme verantwortlich zu machen. Interessante Einsichten in das Selbstverständnis der Liberalen in bezug auf diese Anschuldigung gewähren die erwidernden Ausführungen des Abgeordneten Kleinert:

> Ich möchte mich erst einmal bei meinem Herrn Vorredner, Hans de With, bedanken, daß er auf unsere gemeinsame Reform des Demonstrationsstrafrechts in früherer Zeit und dabei auf unsere Beständigkeit zu sprechen gekommen ist, Rückdrehung dieses Demonstrationsstrafrechts abzuwenden. Nun haben wir - darauf hat er zu Recht hingewiesen, das war auch unübersehbar - eine neue Koalition. Daraus zieht er ganz seltsame Schlüsse. Er meinte nämlich: Das, was ihr mit der SPD gemacht habt, als ihr bis an den Rand des Erträglichen einer Reihe von Ansinnen, insbesondere im sozialpolitischen Bereich, nachgegeben habt (...), das dürft ihr dem neuen Koalitionspartner gegenüber an Entgegenkommen nicht zeigen, sondern bei denen dürft ihr nur das machen, was ihr schon immer gemacht habt, und auf den mit Abstand Größeren nicht die geringste Rücksicht nehmen. - (Zuruf von der SDP: Nichts als faule Ausreden!) - Das kann doch nicht sein. Wir haben uns etlichen Vorstellungen von Ihnen in früherer Zeit nicht verschlossen, weil wir uns klar darüber waren, daß der kleinere Partner für die Bedürfnisse und Absichten des Größeren Verständnis haben muß. Das gilt in der neuen Koalition naturgemäß ganz genauso, auch wenn Sie das im Einzelfall auf einmal nicht anerkennen wollen.[116]

---

113 Protokoll der 56. Sitzung des Rechtsausschusses (BT) vom 26. Juni 1985, S. 56.
114 Vgl. Stuttgarter Zeitung vom 25. Juni 1985.
115 Vgl. Abgeordneter Stark (CDU/CSU), in: Stenographische Berichte über die Verhandlungen des Deutschen Bundestages, 10. Wahlperiode, 150. Sitzung vom 28. Juni 1985, S. 11259.
116 Ebd., S. 11263f.

Neue Argumente gab es in der Schlußdebatte erwartungsgemäß nicht mehr. Nach rund zweieinhalbstündiger Beratung wurde die Vorlage - auf Verlangen der Unions-Fraktion und der Fraktion der Grünen - einer namentlichen Abstimmung unterzogen, aus der sie mit 239 Ja-Stimmen zu 157 Nein-Stimmen (ohne Enthaltungen) hervorging.[117]

Der Bundesrat beschloß am 5. Juli 1985 nach kurzer, ebenfalls von parteipolitischen Gegensätzen geprägter Debatte die Ablehnung eines Antrags der Länder Bremen, Hamburg, Hessen, Nordrhein-Westfalen und Saarland auf Einberufung des Vermittlungsausschusses mit dem Ziel der Aufhebung des Gesetzesbeschlusses und zugleich, keinen Antrag gemäß Art. 77 Abs. 2 GG zu stellen.[118] Damit waren die Voraussetzungen dafür erfüllt, daß das Gesetz vom Bundespräsidenten ausgefertigt und am 25. Juli 1985 verkündet werden konnte.

Ein indirektes Nachspiel fand der parlamentarische Entscheidungsprozeß über die Verschärfung des Demonstrationsstrafrechts in Form eines rechtspolitischen Grundsatzurteils des Bundesverfassungsgerichts. In ihrem am 23. Juli 1985 veröffentlichten Urteil[119] zum Verbot einer (durchgeführten) Großdemonstration gegen das Kernkraftwerk Brokdorf Anfang 1981 betonten die Karlsruher Richter den hohen Rang der Versammlungsfreiheit und die dem Staat gezogenen engen Grenzen für ein Demonstrationsverbot. Danach bleibe das Recht der Versammlungsfreiheit für friedliche Demonstrationsteilnehmer auch dann bestehen, wenn gewalttätige Ausschreitungen einzelner oder einer Minderheit zu befürchten seien.

SPD und Grüne begrüßten die Entscheidung aus Karlsruhe uneingeschränkt und interpretierten sie zugleich als eine zumindest indirekte Absage des Bundesverfassungsgerichts an die kurz zuvor verabschiedete Gesetzesänderung.[120] Im Gegensatz zur distanzierten Haltung der Union bewerteten auch einzelne Vertreter der FDP das Urteil des Bundesverfassungsgerichts ausdrücklich positiv, widersprachen jedoch entschieden der Auffassung der Oppositionsparteien, nach der das neue Demonstrationsstrafrecht durch die Karlsruher Entscheidung in verfassungsrechtlich zweifelhaftem Licht erschiene.[121]

An dem Beschluß über die Demonstrationsstrafrechtsreform und deren Inkraftsetzung sollte die Veröffentlichung des Karlsruher Urteilsspruchs nichts ändern. Die Opposition verzichtete vielmehr - ungeachtet ihrer zahlreichen Drohgebärden während des Entscheidungsverfahrens - darauf, gegen die Reformmaßnahme zu klagen; möglicherweise auch deshalb, weil sie die Entscheidung des Bundesverfassungsgerichts ohne weitere Mühen als nachträgliche Aufwertung ihres Standpunktes in der Demonstrationsstrafrechtsfrage und als moralischen Teilsieg präsentieren konnte.

---

117 Vgl. ebd., S. 11275.
118 Vgl. Stenographische Berichte über die Verhandlungen des Bundesrates, 1985, 553. Sitzung vom 5. Juli 1985 und BR-Drucks. 326/85 (Beschluß).
119 BVerfGE 69, 315.
120 Vgl. Frankfurter Allgemeine Zeitung vom 25. Juli 1985; ferner Sozialdemokratischer Pressedienst vom 24. Juli 1985.
121 Vgl. freie demokratische korrespondenz vom 24. Juli 1985 sowie Die Welt vom 12. August 1985.

Von direktem Interesse für das Verständnis des parlamentarischen Entscheidungsprozesses über die Demonstrationsstrafrechtsreform vom Sommer 1985 ist im Rückblick indes weniger der Inhalt als solcher, als vor allem der Zeitpunkt der Veröffentlichung des Urteils. Kritische Beobachter haben gemutmaßt, daß die Regierungsmehrheit über informelle Kanäle bereits vor der Beendigung des parlamentarischen Verfahrens und vor der Veröffentlichung des bereits am 14. Mai 1985 vom Ersten Senat gefällten Urteils von dessen Inhalt in Kenntnis gesetzt worden sei.[122] So wenig sich diese Behauptung auf der Grundlage der bestehenden Quellenlage überprüfen läßt, bietet sie zumindest einen plausiblen Erklärungsansatz für die vielbeklagte Eile des parlamentarischen Verfahrens ab der Einbringung des Änderungsantrages der Mehrheitsfraktionen im Rechtsausschuß Mitte Juni 1985; auch wurde sie von Vertretern der Regierungsmehrheit nicht explizit zurückgewiesen.

2.1.2 Das Gesetz zur Bekämpfung des Terrorismus (1986)

Das Gesetz zur Bekämpfung des Terrorismus[123] war die zweite große rechtspolitische Entscheidung der zweiten Regierung Kohl.[124] In der Literatur gilt das Terrorismusbekämpfungsgesetz als Kernstück der sogenannten "Anti-Terror-Gesetzgebung" der christlich-liberalen Koalition, zu der auch das oben behandelte Gesetz zur Verschärfung des Demonstrationsstrafrechts und eine Reihe anderer, weniger aufsehenerregender rechtspolitischer Maßnahmen gezählt werden.[125]

Durch das am 1. Januar 1987 in Kraft getretene Terrorismusbekämpfungsgesetz wurde zum einen der bis dahin geltende Strafkatalog in § 129a StGB erweitert; bei den neu geschaffenen Tatbeständen handelte sich um gefährliche Eingriffe in Bahn-, Schiff- und Luftverkehr (§ 305 StGB), die Störung öffentlicher Betriebe (§ 316b StGB) und die Zerstörung wichtiger Arbeitsmittel (§ 305a StGB), also sämtlich um Delikte, mit denen die "neuen terroristischen Aktionsformen" strafrechtlich erfaßt werden sollten. Die Anleitung zu bestimmten schweren Gewalttaten wurde auf der Grundlage eines neuen Paragraphen 130a StGB wieder mit Strafe bedroht. Weitere Neuerungen betrafen die Aufwertung der Strafandrohung bei Gründung bzw. Mitgliedschaft (in) einer terroristischen Vereinigung vom Vergehen zum Verbrechen gemäß § 129a StGB, die Erhöhung des Strafmaßes auf bis zu zehn Jahren Haft (bei Rädelsführern und Hintermännern nicht unter drei Jahren) sowie die Aufhebung der Möglichkeit, beim nachweislichen Versuch der Gründung einer terroristischen Vereinigung von Strafe abzusehen.[126]

---

122 So etwa Hans Schueler, Eine Demonstration für die Bürgerfreiheit, in: Die Zeit vom 2. August 1985.
123 BGBl. 1986, Teil I, 2566f.
124 Vgl. C. Landfried, a.a.O. (Anm. 69), S. 84f.
125 Vgl. Stefan Lau/Anina Mischau, Normgenese, Zielsetzung und Rechtswirklichkeit des § 129 (R)StGB und des § 129a StGB, in: Kriminologisches Journal, 3. Beiheft 1991, S. 65-82, 70.
126 Vgl. die einschlägigen rechtswissenschaftlichen Kommentare zum Terroristenbekämpfungsgesetz von Friedrich Dencker, Kronzeuge, terroristische Vereinigung und rechtsstaat-

Nicht Teil des Gesetzes wurde die ursprünglich vorgesehene Regelung, Mitgliedern terroristischer Vereinigungen Straffreiheit bzw. Strafmilderung zu gewähren, wenn sie durch geeignete Aussagen zur Aufklärung terroristischer Straftaten beitragen (Kronzeugenregelung). Das Institut der Kronzeugenregelung war erstmals 1975/76 im Rahmen verschiedener Gesetzentwürfe inhaltlich umrissen und auf parlamentarischer Ebene diskutiert worden.[127] Der Bundestag erklärte sämtliche diesbezüglichen Entwürfe in seiner Sitzung vom 24. Juni 1976, gemäß einer entsprechenden Empfehlung des Rechtsausschusses[128], einstimmig für erledigt.[129]

Ein beträchtlicher Teil der durch das Terroristenbekämpfungsgesetz von 1986 berührten rechtlichen Bestimmungen war erst in dem der Entscheidung unmittelbar vorausgehenden Jahrzehnt eingeführt und dann teilweise wieder abgeschafft worden. Im Sommer 1976 verabschiedete die seinerzeit sozial-liberale Regierungsmehrheit gegen die Stimmen der CDU/CSU das Gesetz zur Änderung des Strafgesetzbuches, der Strafprozeßordnung, des Gerichtsverfassungsgesetzes, der Bundesrechtsanwaltsordnung und des Strafvollzugsgesetzes[130], mit dem der § 129a StGB eingeführt wurde. In diesem wurden kriminelle Vereinigungen, die schwere und schwerste Verbrechen begehen, erstmals gesondert als "terroristische Vereinigungen" erfaßt und unter eine erhöhte Strafandrohung gestellt. Ebenfalls 1976 beschlossen alle drei Parteien im Bundestag in namentlicher Abstimmung mit 402 zu null Stimmen die Einführung des § 130a StGB gegen Gewaltverherrlichung in Wort, Schrift und Bild.[131] Im Anschluß an eine Phase brutaler terroristischer Gewalt[132] verabschiedete der Bundestag am 16. Februar 1978 mit den Stimmen der SPD und der FDP - gegen die Opposition der Unionsparteien, denen die geplanten Regelungen nicht weit genug gingen, und vier Dissidenten aus den Reihen der Sozialdemokraten, die die Maßnahme als freiheitsgefährdend ablehnten - das Gesetz zur Ände-

---

liche Strafgesetzgebung, in: Kritische Justiz 20 (1987), S. 36-53 und Martin Fürst, Grundlagen und Grenzen der §§ 129, 129a StGB. Zu Umfang und Notwendigkeit der Vorverlagerung des Strafrechtsschutzes bei der Bekämpfung krimineller und terroristischer Vereinigungen, Frankfurt a.M. u.a. 1989, S. 143ff.
127 Vgl. den Entwurf eines Gesetzes zur Änderung der Strafprozeßordnung des Landes Nordrhein-Westfalen vom 13. März 1975, BR-Drucks. 176/75 und den daraus hervorgehenden Gesetzentwurf des Bundesrates zur Erleichterung der Strafverfolgung krimineller Vereinigungen, BR-Drucks. 176/75 (Beschluß); ferner die textidentischen Entwürfe eines Gesetzes zur Änderung des Strafgesetzbuches, der Strafprozeßordnung, des Gerichtsverfassungsgesetzes und der Bundesrechtsanwaltsordnung, die am 4. Juni 1975 bzw. am 30. August 1975 von den Fraktionen der SPD und FDP bzw. der Bundesregierung vorgelegt wurden, BT-Drucks. 7/3729 und 7/4005.
128 BT-Drucks. 7/5401.
129 Vgl. Stenographische Berichte über die Verhandlungen des Deutschen Bundestages, 7. Wahlperiode, 253. Sitzung vom 24. Juni 1976, S. 18008f. Siehe zum Hintergrund dieses ersten gescheiterten Versuchs der Einführung einer Kronzeugenregelung im Bereich der Terrorismusbekämpfung ausführlicher Uwe Bocker, Der Kronzeuge. Genese und Funktion der Kronzeugenregelung in der politischen Auseinandersetzung mit dem Terrorismus in der Bundesrepublik Deutschland, Pfaffenweiler 1991, S. 42.
130 BGBl. 1976, Teil I, S. 2181.
131 14. Strafrechtsänderungsgesetz, BGBl. 1976, Teil I, S. 1056.
132 Vgl. Wolfgang Jäger, Die Innenpolitik der sozial-liberalen Koalition 1974-82, in: ders./ Werner Link, Republik im Wandel 1974-1982. Die Ära Schmidt, Stuttgart/Mannheim 1987, S. 9-272, 83f.

rung der Strafprozeßordnung.[133] Darin wurde im Zusammenhang mit der Bekämpfung des Terrorismus die Rechtsgrundlage für weitergehende Eingriffe geschaffen. Das nach Anrufung des Vermittlungsausschusses in namentlicher Abstimmung mit den Stimmen der sozial-liberalen Regierungsmehrheit und gegen die Stimmen der Union verabschiedete 19. Strafrechtsänderungsgesetz[134] vom Sommer 1981 schließlich hob die 1976 eingeführten Paragraphen 88a und 130a StGB bis auf weiteres wieder auf. Bei dieser innerhalb der sozial-liberalen Koalition umstrittenen Maßnahme setzte sich die FDP mit ihrem Drängen auf Streichung der beiden Artikel gegen massive Vorbehalte von Teilen der SPD durch.[135]

Die intensivierte Diskussion über Reformen auf dem Feld der "Anti-Terror-Gesetzgebung" im Rahmen der zweiten Amtsperiode der Regierung Kohl nahm ihren Anfang im August 1984, als die SPD einen Gesetzentwurf zur Änderung des § 129a StGB[136] im Bundestag einbrachte, in dem gefordert wurde, das Tatbestandsmerkmal des bloßen "Werbens" für eine terroristische Vereinigung ersatzlos zu streichen.[137] Der Vorstoß der Sozialdemokraten wurde von der CDU als "Schlag gegen die innere Sicherheit" gewertet und die SPD aufgefordert, den Gesetzentwurf unverzüglich zurückzuziehen.[138] Deutlich weitergehende Reformvorschläge enthielt der Gesetzentwurf der Grünen vom 21. November 1984[139], in dem angeregt wurde, die §§ 129 und 129a StGB ersatzlos zu streichen, da diese mit rechtsstaatlichen Anforderungen unvereinbar und überhaupt überflüssig seien.

Noch bevor die Gesetzesvorschläge der Opposition im Parlament behandelt wurden, deutete sich zu Beginn des Jahres vorübergehend eine mögliche Aufweichung der Fronten zwischen Teilen der SPD-Fraktion und den Unionsparteien an, die sich jedoch schnell als ein innerhalb der SPD nicht mehrheitsfähiger Vorstoß eines Querdenkers entpuppte. In Interviews mit mehreren Tageszeitungen hatte der sozialdemokratische Vorsitzende des Innenausschusses Wernitz eine unnachgiebige Härte des Staates gegenüber der terroristischen Bedrohung bis hin zur Verschärfung gesetzlicher Bestimmungen gefordert[140]; ein Vorschlag, der im übrigen nicht nur bei der SPD, sondern auch bei der FDP auf scharfe Ablehnung stieß.

Die parlamentarische Behandlung der beiden Gesetzesinitiativen der Opposition fand im Februar 1985 vor dem Hintergrund eines neuerlichen Höhepunktes öffentlicher Empörung über terroristische Gewalttaten statt. Die erste

---

133 BGBl. 1978, Teil I, S. 497.
134 BGBl. 1981, Teil I, S. 808f.
135 Vgl. Frankfurter Allgemeine Zeitung vom 13. Februar 1981.
136 BT-Drucks. 10/1883.
137 Gerechtfertigt wurde dieser Schritt mit dem Hinweis auf die vermeintliche Diskrepanz zwischen der ursprünglichen Regelungsintention des Gesetzgebers, der unter Werbung lediglich Mitgliederwerbung verstanden habe, einerseits und der Interpretation durch den Generalbundesanwalt und die Gerichte, nach der bereits die Sympathiewerbung als strafbares Delikt gemäß § 129a StGB zu werten sei, andererseits. Vgl. die diesbezügliche Erklärung des stellvertretenden Vorsitzenden der SPD-Bundestagsfraktion, Emmerlich, in: Informationen (SPD-Fraktion) vom 20. August 1984.
138 Vgl. Deutschland-Union-Dienst vom 21. Februar 1984.
139 Vgl. BT-Drucks. 10/2396.
140 Vgl. Hannoversche Neue Presse vom 7. Januar 1985; die tageszeitung vom 9. Januar 1985.

Lesung der Vorlagen (welche sich im späteren Verfahren beide als nicht mehrheitsfähig erweisen sollten) wurde in derselben Sitzung abgehalten, in der der Präsident des Deutschen Bundestages die Gedenkworte des eine Woche zuvor von der RAF ermordeten Geschäftsführers der Motoren- und Turbinen-Union, Zimmermann, verlaß.[141] Interessant in bezug auf den späteren Entscheidungsprozeß über das Terroristenbekämpfungsgesetz 1986 ist die Debatte über die Gesetzesinitiativen der Oppositionsparteien vor allem wegen der Perspektive, den diese auf die Struktur des parteipolitischen Kräftefeldes im Bereich der "Anti-Terror-Politik" eröffnet. Während die CDU/CSU bei der sozialdemokratischen Opposition dafür warb, die SPD möge zur Gemeinsamkeit "der demokratischen Parteien" in der Terrorismusbekämpfung zurückkehren[142], zeigte sich zugleich eine scharfe Frontstellung der CDU/CSU, FDP und der SPD gegen die Grünen, deren strafgesetzlichen Vorstellungen von Vertretern aller drei Fraktionen als unangemessen und gefährlich zurückgewiesen wurden.

Zwischen Februar 1985 und der Ankündigung der inner-koalitionären Einigung über das neue Terrorismusbekämpfungsgesetz im Oktober 1986 gehörte das Thema Terrorismusabwehr nicht zu den bestimmenden Themen der innenpolitischen Auseinandersetzung. Einzelne Elemente der späteren restriktiven Reformmaßnahme wurden zu unterschiedlichen Zeitpunkten in die Diskussion geworfen, ohne jedoch eine größere politische Debatte hervorzurufen. Bereits im Februar 1985 hatte die Union den Wunsch nach einer Wiedereinführung der 1981 gegen ihren Willen abgeschafften §§ 88a und 130a StGB artikuliert.[143] Die Möglichkeit der Einführung einer Kronzeugenregelung im Zusammenhang mit Terroristenprozessen wurde vom stellvertretenden Vorsitzenden der CDU/CSU-Bundestagsfraktion, Miltner, im August 1985 erstmals wieder öffentlich thematisiert, mit dem ausdrücklichen Hinweis, daß es sich bei der Anregung um private Überlegungen des CDU-Politikers handele.[144] Unter dem Eindruck des Mordanschlages auf den Ministerialdirektor im Bonner Auswärtigen Amt, von Braunmühl, wurde dieser Vorschlag ab Mitte Oktober 1986 vor allem von wichtigen Vertretern der FDP als wünschenswertes strafrechtliches Reformprojekt herausgestellt.[145]

Am 22. Oktober 1986 schließlich traten die Rechtsexperten der Bonner Koalitionsfraktionen mit der Nachricht an die Öffentlichkeit, sie hätten sich darauf verständigt, eine Reihe von gesetzgeberischen Maßnahmen im Bereich der Rechtspolitik in Form einer Gemeinschaftsinitiative der Fraktionen von CDU/CSU und FDP auf den Weg zu bringen, darunter auch eine auf zwei Jahre befristete Kronzeugenregelung.[146] Nur einen Tag später beschlossen die Koalitionsfraktionen auf getrennten Sondersitzungen, die Empfehlungen der

---

141 Vgl. Stenographische Berichte über die Verhandlungen des Deutschen Bundestages, 10. Wahlperiode, 120. Sitzung vom 7. Februar 1984.
142 Vgl. die diesbezüglichen Ausführungen des Abgeordneten Saurin (CDU/CSU), in: ebd., S. 8931.
143 Vgl. Stuttgarter Zeitung vom 20. Februar 1985.
144 Vgl. Süddeutsche Zeitung vom 20. August 1985.
145 So vor allem vom FDP-Bundesvorsitzenden Bangemann und dem FDP-Landesvorsitzenden in Baden-Württemberg, Döring; vgl. Stuttgarter Zeitung vom 14. Oktober 1986, Bonner General-Anzeiger vom 21. Oktober 1986.
146 Vgl. Frankfurter Rundschau vom 23. Oktober 1986.

Expertenrunde in die Praxis umsetzen zu wollen. In beiden Fraktionen gab es verhaltenen Widerstand vor allem gegen die geplante Kronzeugenregelung. Bei der Abstimmung in der Unionsfraktion gab es zwei Enthaltungen; die FDP stimmte der Einbringung der Gesetzentwürfe einmütig zu, wobei allerdings zwei ihrer Abgeordneten - die Innenpolitiker Baum und Hirsch - ankündigten, sich ihr Abstimmungsverhalten im Bundestag noch überlegen zu wollen.[147] Die Vorbehalte bezüglich der Kronzeugenregelung waren in dieser Phase des Entscheidungsprozesses auf seiten der Liberalen ohne Zweifel stärker als in den Reihen der Union und in Teilen der FDP durchaus vergleichbar mit dem Ausmaß an Gegnerschaft gegenüber der Maßnahme innerhalb der Oppositionsparteien.[148]

Noch vor der offiziellen Einbringung des Gesetzentwurfs durch die Fraktionen der CDU/CSU und der FDP am 31. Oktober 1986[149] veröffentlichen die Innen- und Justizminister der fünf sozialdemokratisch geführten Bundesländer (Bremen, Hamburg, Hessen, Nordrhein-Westfalen und Saarland) ein gemeinsam mit der SPD-Bundestagsfraktion erarbeitetes Papier, in dem die geplanten rechtspolitischen Gesetzgebungspläne der Koalition pauschal verurteilt wurden.[150] Die Sozialdemokraten kritisierten aber nicht nur die inhaltliche Dimension des Vorstoßes der Regierung, sondern warnten zugleich "dringend vor einer hektischen parlamentarischen Beratung"[151] des Gesetzesvorhabens. Zumindest die Aufmerksamkeit der Medien war in dieser Phase jedoch weniger auf das Verhältnis zwischen parlamentarischer Mehrheit und Minderheit als auf die Situation innerhalb der FDP konzentriert.[152]

Die erste Lesung des Gesetzentwurfs im Bundestag fand am 6. November 1986 statt. Wie in der vorparlamentarischen Diskussion der geplanten Maßnahme stand die beabsichtigte Kronzeugenregelung im Zentrum der Debatte. Sie wurde dem Bundestag auch von Justizminister Engelhard als das "Kernstück des Gesetzgebungsvorhabens"[153] präsentiert. Der Umgangston zwischen den vortragenden Vertretern der Regierungsmehrheit und der Opposition verriet eine gereizte Angespanntheit, die nur mühsam hinter dem vordergründigen Appell zum gemeinsamen Handeln verborgen gehalten werden konnte: "Selbstverständlich", so Minister Engelhard,

> werden wir uns in der parlamentarischen Beratung Anregungen und Verbesserungen nicht verschließen. Es ist das Recht der Opposition, alles, aber auch

---

147 Vgl. Frankfurter Allgemeine Zeitung vom 24. Oktober 1986.
148 Manch einem Abgeordneten der FDP erschien die Zustimmung zu den erarbeiteten Vorschlägen offenbar eher als Opfer für den internen Koalitionsfrieden denn als eine in sachlicher Hinsicht gerechtfertigte Maßnahme: "Wir werden das machen müssen", so deren Abgeordneter Schäfer, "obwohl wir wissen, daß es nichts hilft"; zit.n. Süddeutsche Zeitung vom 24. Oktober 1986.
149 BT-Drucks. 10/6286.
150 Vgl. Die Welt vom 29. Oktober 1986.
151 Interview mit dem Vorsitzenden des Bundestagsinnenausschusses, Wernitz (SPD), in: Neue Osnabrücker Zeitung vom 30. Oktober 1986.
152 Vgl. etwa Frankfurter Allgemeine Zeitung vom 6. und 8. November 1986; Frankfurter Rundschau vom 8. November 1986.
153 Stenographische Berichte über die Verhandlungen des Deutschen Bundestages, 10. Wahlperiode, 243. Sitzung vom 6. November 1986, S. 18835.

alles in Frage zu stellen und kritisieren zu können. Es ist andererseits aber die Pflicht, die Aufgabe und manchmal auch das harte Brot der Regierung und der sie tragenden Fraktionen, auch schwierigste Sachverhalte entscheiden zu müssen (...) Ja, deshalb schert mich (...) das Feldgeschrei der Opposition nicht. (...) Wenn ich vom Feldgeschrei der Opposition gesprochen habe, so setze ich hinzu, daß es mich auch weniger bekümmert, daß man es in der vorgegebenen Situation weitesten Teilen der veröffentlichten Meinung nicht recht machen kann.[154]

Anzeichen für eine mögliche kooperative Zusammenarbeit zwischen der Regierungsseite und der Opposition gab es in diesem Stadium des Entscheidungsprozesses nicht. Während die Opposition, in den Worten des Abgeordneten Mann von den Grünen, den Gesetzentwurf der Mehrheitsfraktionen als "ein Dokument für die Hilflosigkeit der gegenwärtigen Bundesregierung in der Auseinandersetzung mit dem Terrorismus"[155] wertete, kritisierten Vertreter der Regierungsmehrheit, daß es von seiten der Opposition überhaupt keine eigenen Vorschläge zur wirksameren Terrorismusbekämpfung gäbe.[156]

Von den grundlegenden Voraussetzungen her war die Entscheidungssituation also durchaus vergleichbar mit der Ausgangslage bei der politischen Auseinandersetzung über die Änderung des Demonstrationsstrafrechts: Dem Drängen der Regierung auf Inkraftsetzung restriktiverer strafgesetzlicher Bestimmungen entsprach in beiden Fällen eine Haltung der Opposition, die die bestehenden gesetzlichen Regelungen für ausreichend (bzw. gar für überflüssig) hielt. Für die Struktur der politischen Debatte über das Terrorismusbekämpfungsgesetz spielte jedoch auch die Tatsache eine Rolle, daß die SPD die Einführung einer Kronzeugenregelung in den siebziger Jahren zunächst selbst erwogen hatte und von daher in diesem Punkt zwar auf bestehende Detailunterschiede zwischen ihren früheren (im übrigen vom Bundestag einstimmig zurückgewiesenen) Vorschlägen und den aktuellen Plänen der Regierungskoalition[157] hinweisen, aber den Gegenstand kaum als prinzipiell nicht diskussionswürdig abqualifizieren konnte. Die konsequente Weigerung der SPD, vor al-

---

154 Ebd., S. 18834. Zum Hintergrund dieser Äußerung läßt sich zweierlei anmerken: In einer für die Wochenzeitschrift QUICK durchgeführten repräsentativen Bevölkerungsumfrage der Tübinger Wickert-Institute antworteten im Oktober 1986 auf die Frage "Sollen deutsche Terroristen belohnt werden und straffrei ausgehen, wenn sie als Kronzeuge andere Terroristen bei der Polizei denunzieren?" insgesamt 19 Prozent aller Befragten mit Ja, 81 Prozent dagegen mit Nein. Am vergleichsweise stärksten war die Unterstützung in der Gruppe der Unionswähler, von denen nach dieser Erhebung immerhin 30 Prozent mit Ja antworteten; am zweitstärksten vertreten waren Befürworter einer solchen Maßnahme mit 17 Prozent in der Gruppe der Grünen-Wähler. Vgl. QUICK vom 30. Oktober 1986. Bemerkenswerter als die Ergebnisse dieser, zudem auf einer sehr suggestiv formulierten Fragestellung basierenden Umfragestudie ist die Tatsache, daß die öffentliche Aufmerksamkeit insgesamt nur in sehr geringem Maße auf den politischen Entscheidungsprozeß über das Terrorismusbekämpfungsgesetz gerichtet war. Vgl. die tageszeitung vom 28. Oktober 1986.
155 Stenographische Berichte, 243. Sitzung (a.a.O.), (Anm. 153), S. 18832.
156 So der Abgeordnete Seiters (CDU/CSU), in: ebd., S. 18825.
157 Der wesentliche Unterschied zwischen der seinerzeit von der SPD angeregten Kronzeugenregelung und dem von der CDU/CSU-FDP-Koalition favorisierten Modell bestand darin, daß letzteres die Möglichkeit beinhaltete, einem Betroffenen selbst bei Mord völlige Straffreiheit (und nicht lediglich Strafmilderung) zu gewähren. Außerdem sah der Entwurf der CDU/CSU-FDP-Koalition vor, die Entscheidung hierüber dem Generalbundesanwalt mit bloßer Zustimmung des Ermittlungsrichters, ohne weiteres Verfahren, zu überlassen.

lem die vorgeschlagene Kronzeugenregelung überhaupt ernsthaft zu diskutieren, führte deshalb auf seiten der Mehrheit zu der mehrfach geäußerten Vermutung, die Sozialdemokraten steuerten einen rechtspolitischen Kurs, der in erster Linie darauf bedacht sei, sie den Grünen als potentiellem Koalitionspartner nach den Wahlen von 1987 so wenig wie möglich zu entfremden.[158]

Grundsätzliche Parallelen zum Entscheidungsprozeß über die Verschärfung des Demonstrationsstrafrechts zeigt auch der weitere Verlauf der parlamentarischen Behandlung der geplanten Maßnahme zur Terrorismusbekämpfung. Nachdem der Bundestag die Vorlage in erster Lesung beschlossen und an den Rechtsausschuß (federführend) und den Innenausschuß zur weiteren Beratung überwiesen hatte, fand auf Wunsch aller Fraktionen am 14. November 1986, in der 101. Sitzung des Rechtsausschusses eine öffentliche Anhörung über den Gesetzentwurf der Regierungsfraktionen statt.

An dieser nahmen insgesamt 19 geladene Experten teil, in der Mehrzahl Repräsentanten wichtiger Fachverbände oder staatlicher Institutionen wie des Deutschen Richterbundes oder des Bundeskriminalamtes. Die meisten Redner konzentrierten sich in ihren Beiträgen auf eine Auseinandersetzung mit der geplanten Kronzeugenregelung. Dabei kam lediglich Generalbundesanwalt Rebmann - auf den, wie sich im weiteren herausstellte, ein Großteil der Bestimmungen in der zu begutachtenden Vorlage zurückging - zu einem uneingeschränkt positiven Urteil über die geplante Maßnahme als Ganzes. Eine (bedingt) positive Einschätzung speziell über die Kronzeugenregelung äußerten außer Rebmann lediglich zwei weitere unabhängige wissenschaftliche Fachreferenten. Alle übrigen Vortragenden beurteilten vor allem die geplante Kronzeugenregelung eindeutig negativ[159]; auch die übrigen Bestimmungen der geplanten Vorlage fanden nur bei einer kleinen Minderheit der gehörten Experten Zustimmung.[160]

Die SPD sah in den Ausführungen der Sachverständigen einen "Verriß"[161] der Koalitionspläne. Weitaus wichtiger für den weiteren Entscheidungsprozeß als die Kritik der Opposition sollten jedoch die Entwicklungen in den Reihen des kleineren Koalitionspartners werden. Nachdem FDP-Sprecher Mähling bereits drei Tage nach dem Ausschußhearing in einer Presseerklärung darauf hingewiesen hatte, daß seine Partei die "Konsequenzen aus dieser Anhörung sorgfältig überlegen" wolle[162], stimmte auf dem Mainzer Bundesparteitag der Liberalen am 20./21. November 1986 eine Mehrheit der Delegierten für einen Antrag des Vorstandes, der vorsah, die Kronzeugenregelung so zu ändern, daß

---

158 Vgl. Stenographische Berichte, 243. Sitzung, a.a.O. (Anm. 153), S. 18825, Abgeordneter Seiters (CDU/CSU).
159 Der Frankfurter Strafrechtslehrer Winfried Hassemer konnte seine ablehnende Haltung gegenüber dem Institut des Kronzeugen zusätzlich mit dem Hinweis auf eine inhaltlich gleichlautende Erklärung von 91 Fachkollegen deutscher Universitäten untermauern, die dem Rechtsausschuß am Tage der Anhörung offiziell übergeben worden war. Vgl. das entsprechende Dokument 35, in: Deutscher Bundestag/Parlamentsarchiv (Red.), Gesetzesmaterialien, erstellt unter Mitarbeit des Bundesrates, 10. Wahlperiode, Bd. 287, A 2.
160 Vgl. die einzelnen Debattenbeiträge im Protokoll der 101. Sitzung des Rechtsausschusses (BT) vom 14. November 1986.
161 Ebd., S. 171, Abgeordneter de With (SPD).
162 freie demokratische korrespondenz vom 17. November 1986 (Ausgabe 332).

dem Betroffenen bei Mord keine Straffreiheit, sondern lediglich Strafmilderung angeboten werde. Immerhin ein Drittel der Delegierten trat dafür ein, den Koalitionsentwurf zur Terroristenbekämpfung vollständig fallenzulassen.[163] Einige Beobachter werteten die Entscheidungen des FDP-Parteitages als ein Anzeichen dafür, "daß der Wahlkampf fast mehr zwischen den Koalitionspartnern zu verlaufen beginnt als gegen die Opposition"[164].

Bei den folgenden Verhandlungen innerhalb der Koalition konnte die FDP ihre Vorstellungen nur sehr bedingt zum Tragen bringen. In einem Gespräch bei Bundeskanzler Kohl am 26. November 1986 einigten sich die Koalitionspartner darauf, von einer wie auch immer gearteten Kronzeugenregelung bis auf weiteres vollständig abzusehen. Ferner wurden zwei kleinere Detailänderungen für das Ausschußstadium vereinbart, die den Bereich der Brandstiftung (auf Antrag der FDP) und die Kompetenzen des Generalbundesanwaltes, der nunmehr in Zusammenhang mit dem neuen § 129a StGB nicht mehr in jedem Fall die Ermittlung übernehmen müssen sollte (auf Antrag der CSU), betrafen.[165]

Auf der parlamentarischen Beratungsebene, zunächst in den fortgeführten Ausschußverhandlungen, zeigte sich indes auch nach dem kurzfristig beschlossenen Verzicht auf die Kronzeugenregelung keinerlei Zusammengehen zwischen (Teilen) der Regierungsmehrheit und der Opposition. Im Innenausschuß versuchte die Opposition vergeblich, einen von der SPD gestellten Antrag auf Nichtbeschließen des Gesetzentwurfs durchzubringen.[166] Der Rechtsausschuß votierte in seiner Schlußabstimmung am 27. November 1986, wie zuvor bereits der Innenausschuß, mit den Stimmen der Koalition und gegen die Stimmen von SPD und Grünen für den veränderten Gesetzentwurf. Während die SPD-Vertreter bei einer Reihe von (überwiegend "technischen") Einzelbestimmungen, so im Falle von Art. 4 (Neufassung des Strafgesetzbuches) und Art. 5 (Berlin-Klausel), Stimmenthaltung übten, stimmte das einzige Mitglied der Grünen im Rechtsausschuß gegen jede einzelne Teilbestimmung der geplanten Maßnahme.[167] Vom Vertreter der Grünen kam auch die schärfste Kritik an der ungewöhnlichen Eile des Beratungsverfahrens[168], während die Union sich ihrerseits rühmte, die Beratung der Vorlage im Rechtsausschuß mit gebührender Behutsamkeit zu Ende gebracht zu haben "- trotz des einwöchigen Störfeuers aus den Reihen der Opposition, die bis zum Schluß alles daran gesetzt hat, die Beratungen dieses Gesetzgebungsvorhabens zu torpedieren und zu verzögern"[169].

163 Vgl. Süddeutsche Zeitung vom 22./23. November 1986.
164 Frankfurter Allgemeine Zeitung vom 24. November 1986.
165 Vgl. Süddeutsche Zeitung vom 27. November 1986.
166 Vgl. Protokoll der 134. Sitzung des Innenausschusses (BT) vom 27. November 1986.
167 Vgl. Protokoll der 103. Sitzung des Rechtsausschusses (BT) vom 27. November 1986.
168 Vgl. die diesbezüglichen Ausführungen des Abgeordneten Mann, in: ebd., S. 34f. Derartige Vorwürfe lassen sich auch aus nüchterner, nicht parteipolitisch geprägter Perspektive durchaus nachvollziehen, wenngleich weniger im Hinblick auf das Procedere im Rechtsausschuß als vielmehr im Innenausschuß, dem bis einschließlich zur Schlußabstimmung nicht einmal die endgültige Fassung des teilweise neugefaßten, von ihm zu billigenden Entwurfs vorgelegen hatte.
169 So der Wortlaut einer Erklärung des rechtspolitischen Sprechers der CDU/CSU-Bundestagsfraktion, Wittmann, und des Berichterstatters der CDU/CSU-Bundestagsfraktion im Rechtsausschuß, Eylmann, in: CDU/CSU-Fraktion, Pressedienst vom 28. November 1986.

Während der am 5. Dezember 1986 stattfindenden zweiten und dritten Lesung der Vorlage im Bundestag gab es keine neuen sachlichen Argumente mehr. Bemerkenswert an der fortgesetzten Auseinandersetzung war allenfalls die Tiefe der Differenzen in rechtspolitischen Fragen, die zwischen der Mehrheit und der Minderheit, aber auch, wenngleich in geringerem Maße, zwischen den beiden Oppositionsparteien zutage trat. Risse innerhalb der Regierungsmehrheit, die weite Strecken des außerparlamentarischen Entscheidungsprozesses geprägt hatten, waren hingegen nicht mehr erkennbar.

Dem Vorwurf der Regierungsseite, die Opposition entzöge sich mit ihrer Verweigerungshaltung jeder politischen Verantwortung[170], wurde von der SPD mit der Klage über den "unheilvollen Gesetzgebungsaktionismus"[171] der Koalition begegnet. Drastischer und zugleich konkreter fiel der an die Regierung adressierte Vorwurf der Grünen aus, die das eigentliche Ziel des "sogenannten Gesetzes zur Bekämpfung des Terrorismus" in dem Versuch einer "Einschüchterung und Unterdrückung der gesamten Anti-Atom-Bewegung"[172] sahen. Die Kritik der Grünen galt jedoch nicht nur den Regierungsparteien; gleichzeitig wurden auch die Differenzen zu der größeren Oppositionspartei herausgestellt: "Ihre Antwort auf die hinterhältigen und verabscheuungswürdigen Morde", so deren Abgeordneter Mann, "sind neue Sondergesetze, mit denen Sie politische Handlungsfähigkeit vortäuschen, während die im herrschenden Sicherheitsdenken tief verstrickte SPD den Ruf nach besserer Fahndung anstimmt. Wir GRÜNE setzen dem die Forderung nach einer umfassenden Auseinandersetzung mit den Ursachen des Terrorismus entgegen."[173]

Schweren Angriffen der sozialdemokratischen Opposition sahen sich, ähnlich wie in der parlamentarischen Debatte über die Reform des Demonstrationsstrafrechts, vor allem die Liberalen ausgesetzt, denen ihr ehemaliger Koalitionspartner vorwarf, sich überhaupt auf die rechtspolitischen Pläne der Union eingelassen zu haben.[174] Auf die Drohung, das Bundesverfassungsgericht anzurufen, verzichteten die Sozialdemokraten hingegen, obwohl einzelne Parteivertreter außerhalb des Parlaments - im Anschluß an entsprechende, zunächst von der FDP(!) geäußerte Bedenken[175] - die Möglichkeit einer Verfassungsklage bereits vor Beginn der zweiten und dritten Lesung des Entwurfs öffentlich erwogen hatten.[176]

Der Bundestag nahm den Gesetzentwurf schließlich in dritter Lesung mit den Stimmen der Koalition - bei Stimmenthaltung dreier FDP-Abgeordneter (Hamm-Brücher, Baum und Hirsch)[177] - gegen die Stimmen von SPD und Grü-

---

170 So der Abgeordnete Kleinert (FDP), in: Stenographische Berichte über die Verhandlungen des Deutschen Bundestages, 10. Wahlperiode, 254. Sitzung vom 5. Dezember 1986, S. 19794.
171 Ebd., S. 19806, Abgeordneter Emmerich (SPD).
172 Ebd., S. 19796f., Abgeordneter Mann (Grüne).
173 Ebd., S. 19797.
174 Vgl. insbesondere die Ausführungen des Abgeordneten de With (SPD), in: ebd. S. 19793.
175 Vgl. Badische Neueste Nachrichten vom 26. November 1986.
176 So der hessische Justizminister Günther (SPD); vgl. Frankfurter Allgemeine Zeitung vom 4. Dezember 1986.
177 Diese erklärten ihr Abstimmungsverhalten in einem eigens verfaßten Papier mit der mangelnden Eignung der geplanten Bestimmungen zur effektiveren Terrorismusbekämpfung und der Gefahr, den Terrorismusbegriff durch die einschlägigen Formulierungen unziem-

nen an. Ein Entschließungsantrag der SPD-Fraktion vom 3. Dezember 1986[178], in dem es unter anderem hieß, der Gesetzentwurf von CDU/CSU und FDP folge "selbstgesetzten Handlungszwängen und tagespolitischer Opportunität", fand erwartungsgemäß keine Mehrheit, sondern wurde, bei einigen Enthaltungen, mit den Stimmen der Regierungsparteien zurückgewiesen.

Damit war der Entscheidungsprozeß praktisch gelaufen. Im Anschluß an die Feststellung der Zustimmungsbedürftigkeit des Gesetzes empfahl der Rechtsausschuß des Bundesrates am 11. Dezember 1986, wie einen Tag zuvor bereits der Innenausschuß, gegen die Stimmen der Vertreter der SPD-geführten Länder Bremen, Hamburg, Hessen, Nordrhein-Westfalen und Saarland, dem Gesetz gemäß Art. 96 Abs. 5 GG (Ausübung der Gerichtsbarkeit des Bundes durch Gerichte der Länder) zuzustimmen.[179] Herbe Kritik erntete der Beschluß des Bundestages in der abschließenden Plenumssitzung des Bundesrates vor allem noch einmal vom Vertreter Hessens, Justizminister Günther (SPD), der den Gesetzesbeschluß nicht zuletzt mit Blick auf die "unzumutbare Eile"[180] als "ein Schulbeispiel dafür, wie man Gesetze nicht machen soll" charakterisierte. Schließlich beschloß der Bundesrat - gleichzeitig mit der Zurückweisung eines Antrages der fünf SPD-geführten Länder, dem Gesetz die Zustimmung zu verweigern, da dieses "überflüssig, verfassungsrechtlich zum Teil bedenklich und für das angestrebte Ziel der wirksamen Bekämpfung terroristischer Gewaltkriminalität nicht geeignet" sei - mit den Stimmen der Vertreter der übrigen sechs Länder, dem Gesetz gemäß Art. 96 Abs. 5 GG zuzustimmen.

Das damit endgültig beschlossene Gesetz wurde am 30. Dezember 1986 vom Bundespräsidenten ausgefertigt, um bereits am 1. Januar 1987 in Kraft zu treten. Zu einer nachparlamentarischen Anfechtung der Maßnahme beim Bundesverfassungsgericht durch die Opposition kam es ungeachtet der mehrfachen diesbezüglichen Andeutungen einzelner Repräsentanten der Opposition während des Entscheidungsverfahrens nicht.

2.1.3 Das Gesetz zur Sicherung der Neutralität der Bundesanstalt für Arbeit bei Arbeitskämpfen (1986)

Das Gesetz zur Sicherung der Neutralität der Bundesanstalt für Arbeit bei Arbeitskämpfen[181], mit dem das Arbeitsförderungsgesetz von 1969 geändert wurde, zählt ebenfalls zu den Schlüsselentscheidungen der zweiten Amtszeit der Regierung Kohl. Politisch eher links stehende Beobachter sahen in der Re-

---

lich weit auszudehnen. Vgl. Dr. Hildegard Hamm-Brücher, Gerhart R. Baum, Dr. Burkhard Hirsch, Erklärung zu unserem Abstimmungsverhalten im Bezug auf das "Gesetz zur Bekämpfung des Terrorismus", Bonn, 5. Dezember 1986.
178 BT-Drucks. 10/6654.
179 Vgl. Niederschrift über die 568. Sitzung des Ausschusses für Innere Angelegenheiten (BR) vom 10. Dezember 1986 und Niederschrift über die 576. Sitzung des Rechtsausschusses (BR) vom 11. Dezember 1986.
180 Stenographische Berichte über die Verhandlungen des Bundesrates, 572. Sitzung vom 19. Dezember 1986, S. 730.
181 BGBl. 1986, Teil I, S. 740.

formmaßnahme lediglich die "Spitze des Eisberges"[182] innerhalb eines umfangreicheren Umstrukturierungsprozesses der arbeitskampfrechtlichen Grundlagen in der Bundesrepublik. Auch nach Ansicht anderer Autoren handelte es sich bei dem Regelungsgegenstand "um eine Frage von erheblicher grundsätzlicher Bedeutung und von hoher sozial- und allgemeinpolitischer Brisanz"[183], die in den Jahren 1985 und 1986 "zu einem der Hauptstreitpunkte auf der innenpolitischen Bühne der Bundesrepublik"[184] avancierte.

Im Zentrum des Gesetzes zur Sicherung der Neutralität der Bundesanstalt für Arbeit bei Arbeitskämpfen stand die Änderung des § 116 des Arbeitsförderungsgesetzes (AFG)[185], welcher klarstellt, unter welchen Voraussetzungen Leistungsansprüche von Arbeitnehmern, die an einem Arbeitskampf nicht unmittelbar beteiligt sind, ruhen. Nach der 1986 beschlossenen Regelung erhalten mittelbar betroffene Arbeitnehmer im umkämpften Tarifgebiet grundsätzlich keine Leistungen. Mittelbar betroffene Arbeitnehmer außerhalb des Tarifgebietes erhalten nur dann keine Leistung, wenn in ihrem eigenen Gebiet eine Forderung erhoben worden ist, die der Hauptforderung des Arbeitskampfes - so der Wortlaut des geänderten § 116 Abs. 3 Satz 1 Nr. 2 AFG - "nach Art und Umfang gleich ist, ohne mit ihr übereinstimmen zu müssen". Über die Anwendung des § 116 entscheidet ein durch § 206a AFG neu geschaffener Neutralitätsausschuß, der sich aus Vertretern der Tarifparteien unter dem Vorsitz des Präsidenten der Bundesanstalt für Arbeit (BfA) zusammensetzt.[186]

Politische und juristische Auseinandersetzungen um das Arbeitsförderungsgesetz hatte es seit dessen - in der damaligen Schlußabstimmung vom Bundestag einstimmig beschlossenen[187] - Verabschiedung im Jahre 1969 gegeben. Das Kernproblem betraf stets die Frage nach den Leistungsansprüchen von indirekt von Arbeitskampfmaßnahmen betroffenen Arbeitnehmern außerhalb des räumlichen, aber innerhalb des fachlichen Geltungsbereichs eines Tarifvertrages gegenüber der BfA. Die bis zur Reform von 1986 geltende Rechtslage in diesem Bereich bestand in der das ursprüngliche Gesetz von 1969[188] konkretisierenden "Neutralitäts-Anordnung" der BfA aus dem Jahre 1973, nach der der Leistungsanspruch nur dann ruht, "wenn die Gewerkschaften für den Tarifvertragsbereich des arbeitslosen nicht beteiligten Arbeitnehmers *nach Art und*

---

182 Ulrich Mückenberger, § 116 AFG und das Verbot der Aussperrung, in: Gerd Muhr (Hrsg.), Streikrecht, Demokratie und Sozialstaat, Köln 1987, S. 95-112, 95.
183 Ernst Benda, Sozialrechtliche Eigentumspositionen im Arbeitskampf. Ein Beitrag zur Diskussion um die Änderung des § 116 Arbeitsförderungsgesetz, Baden-Baden 1986, S. 61.
184 Emil Hübner/Horst-Hennek Rohlfs, Jahrbuch zur Bundesrepublik Deutschland 1986/87, München o.J. (1986), S. 390f.
185 BGBl. 1969, Teil I, S. 582ff.
186 Vgl. die einschlägigen rechtswissenschaftlichen Kommentare insbesondere von Fritz Ossenbühl/Reinhard Richardi, Neutralität im Arbeitskampf. Zur Neufassung des § 116 AFG, Köln u.a. 1987 und Hugo Seiter, Staatsneutralität im Arbeitskampf. Systematische Darstellung der mit § 116 AFG zusammenhängenden Rechtsfragen auf der Grundlage des Neutralitätsgesetzes von 1986, Tübingen 1987.
187 Vgl. Stenographische Berichte über die Verhandlungen des Deutschen Bundestages, 5. Wahlperiode, 234. Sitzung vom 13. Mai 1969, S. 12937.
188 § 116 AFG in der Fassung von 1969 bestimmte für diese Gruppe von Arbeitnehmern lediglich, daß kein Anspruch auf Arbeitslosengeld bestehe, wenn "die Gewährung des Arbeitslosengeldes den Arbeitskampf beeinflussen würde" und überließ die detailliertere rechtliche Ausgestaltung dieser Grundsatzbestimmung der BfA.

Umfang gleiche Forderungen wie für die am Arbeitskampf beteiligten Arbeitnehmer erhoben haben und mit dem Arbeitskampf *nach Art und Umfang gleiche Arbeitsbedingungen* durchgesetzt werden sollen"[189].

Den unmittelbaren Anlaß für einen neuerlichen Streit über eine angemessene Auslegung der Neutralitätspflicht der BfA bot der Arbeitskampf um die 35-Stunden-Woche in der Metall- und Druckindustrie im Frühsommer 1984, im Zuge dessen der Verwaltungsrat der BfA in Form des sogenannten "Franke-Erlasses" entschied, keine Unterstützungsgelder an mittelbar Kampfbetroffene außerhalb des Kampfgebietes zu zahlen, da die IG Metall in den einzelnen Tarifgebieten praktisch identische Forderungen erhoben habe. Gegen diese Entscheidung klagte die Gewerkschaft beim hessischen Landessozialgericht, das den Erlaß am 22. Juni 1984 aufhob und die Arbeitsämter zur Zahlung entsprechender Leistungen verpflichtete.[190] Umstritten ist, ob der Gesetzgeber tatsächlich primär wegen der unterschiedlichen Interpretation des Neutralitätsprinzips durch BfA und Sozialgerichtsbarkeit gefordert war[191] oder ob es dabei auch um eine notwendige "Selbstbehauptung des parlamentarischen Gesetzgebers gegenüber einer immer selbstherrlicher gewordenen Rechtsprechung und Selbstverwaltungsautonomie"[192] ging. Die Bundesregierung selbst begründete ihr Tätigwerden in der Regierungsvorlage vom 20. Dezember 1985[193] mit der dringend erforderlichen Beseitigung der Rechtsunsicherheit, die aus den divergierenden Äußerungen der Bundesanstalt einerseits und den Sozialgerichten andererseits resultiere.

Der Eröffnung des formalen parlamentarischen Gesetzgebungsverfahrens durch die Einbringung des Regierungsentwurfs im Bundesrat am 20. Dezember 1985 gingen eine Reihe wichtiger Stadien des Willensbildungs- und Entscheidungsprozesses voraus. In diesem Zusammenhang ist zunächst ein unter dem Titel "Entwurf Dr. Faltlhauser" bekanntgewordener Initiativantrag von Abgeordneten der Unionsparteien im Bundestag zu erwähnen, der nie offiziell ins Gesetzgebungsverfahren eingebracht wurde, laut Presseberichten jedoch von immerhin rund der Hälfte der Mitglieder der CDU/CSU-Fraktion unterzeichnet worden war.[194] Dieser enthielt Formulierungen, die in bezug auf die mittelbar Kampfbetroffenen noch deutlich restriktiver ausfielen als die entsprechenden Passagen des späteren Regierungsentwurfs. Der Entwurf schlug vor, § 116 Abs. 1 AFG unverändert zu lassen und Abs. 3 und 4 ersatzlos zu streichen; dagegen sollte § 116 Abs. 2 AFG festschreiben, daß - sofern "die Arbeitslosigkeit durch einen inländischen Streik oder eine inländische Aussperrung verur-

---

189 Zit.n. Thomas von Winter, Die CDU im Interessenkonflikt. Eine Fallstudie zur parteiinternen Auseinandersetzung über den Paragraphen 116 AFG, in: Leviathan 17 (1989), S. 46-84, 57; Hervorhebung im Original.
190 Vgl. Traute Hoffmann, Neutralität der Bundesanstalt für Arbeit bei Arbeitskämpfen. Vorgeschichte und Diskussion zu § 116 Arbeitsförderungsgesetz. Materialienauswahl, Materialien (Deutscher Bundestag), Heft 94, Bonn 1986, S. 14ff.
191 So etwa E. Schütt-Wetschky, a.a.O. (Anm. 56), S. 65.
192 So H. Seiter, a.a.O. (Anm. 186), § 8 II, II 1.
193 BR-Drucks. 600/85, S. 5f.
194 Vgl. Handelsblatt vom 14. Februar 1985. Erste Hinweise auf einen entsprechenden Entwurf gab es jedoch bereits etwa drei Wochen früher; vgl. Frankfurter Allgemeine Zeitung vom 25. Januar 1985.

sacht" sei - "der Anspruch auf Arbeitslosengeld nicht nur im regionalen Bereich des umkämpften Tarifvertrages, sondern darüber hinaus innerhalb des gesamten fachlichen Geltungsbereichs während der Dauer des Streiks oder der Aussperrung" ruht.[195]

Größeren Einfluß auf die mediale Aufmerksamkeit gegenüber dem Gegenstand des Arbeitskampfrechts hatte ein Gutachten des ehemaligen Präsidenten des Bundesarbeitsgerichts, Gerhard Müller, das dieser im Auftrag des Bundesministers für Arbeit und Sozialordnung anfertigte. In seinem im Sommer 1985 vorgelegten Gutachten[196] kam Müller zu dem Ergebnis, daß die sozialgerichtliche Rechtsprechung zu § 116 AFG verfassungswidrig sei; er empfahl deshalb eine Änderung des Gesetzestextes mit dem Ziel einer verbindlichen Klarstellung der diesbezüglich relevanten Bestimmungen.[197]

Die Bundesregierung geriet jetzt in Zugzwang, wollte sie nicht die Empfehlungen des von ihr selbst bestellten Gutachtens öffentlich in den Wind schlagen. Dabei fand sie sich an der Seite eines Koalitionspartners, der - gleichsam als "Speerspitze in der Auseinandersetzung für eine Neuregelung des § 116 AFG"[198] - bereits im Herbst 1984 angekündigt hatte, das Arbeitskampfrecht gesetzlich regeln zu wollen und zu diesem Zweck eigens eine "Kommission Arbeitskampfrecht" eingesetzt hatte.[199] Mindestens ebenso intensiv wie die Auseinandersetzung innerhalb der Koalition und zwischen Regierung und Opposition war in dieser Phase jedoch der Konflikt innerhalb der CDU, die einen internen Ausgleich herstellen mußte zwischen den betont restriktiven Forderungen jener vor allem mittelständisch geprägten Abgeordnetengruppe, die den Faltlhauser-Entwurf unterstützt hatte, und den Vertretern der Sozialausschüsse.[200] Sogar Bundesarbeitsminister Blüm selbst schien zunächst einer Einigung zwischen den Tarifpartnern, die eine gesetzliche Regelung überflüssig gemacht hätte, den Vorzug zu geben. Entsprechende Versuche, in mehreren Treffen zwischen Regierungsmitgliedern und führenden Vertretern der Arbeitnehmer- und der Arbeitgeberseite einen Kompromiß herbeizuführen, blieben jedoch ergebnislos. Bereits einen Tag vor der letzten Zusammenkunft der Konfliktparteien beim Bundeskanzler am 10. Dezember 1985 gab die Regierung in den Medien bekannt, daß es auf jeden Fall eine gesetzgeberische Initiative geben werde.[201] Parallel zu den fortschreitenden tripartistischen Vermittlungsbemühungen hatte sich bis Anfang Dezember auch innerhalb der Union allmählich

---

195 Vgl. den Abdruck des Entwurfs im Wortlaut in: Frankfurter Rundschau vom 22. März 1985.
196 Vgl. Gerhard Müller, Arbeitskampf und Arbeitskampfrecht, insbesondere die Neutralität des Staates und verfahrensrechtliche Fragen (hrsg. vom Bundesminister für Arbeit und Sozialordnung, Bd. 125), Bonn 1985.
197 Vgl. ebd., S. 255f.
198 Ulrich Mückenberger, § 116 AFG: Stadien eines Gesetzgebungsprozesses, in: Kritische Justiz 19 (1986), S. 166-186, 177.
199 Vgl. Süddeutsche Zeitung vom 13. November 1984. Diese empfahl in ihrem Abschlußbericht dafür zu sorgen, daß die BfA nicht "als Ersatzstreikkasse mißbraucht" wird und entsprechend gesetzlich klarzustellen, "daß während Arbeitskämpfen der Anspruch auf Arbeitslosengeld nicht ruht, sondern nicht besteht, da der Arbeitssuchende der Arbeitsvermittlung nicht zur Verfügung steht"; vgl. fdk tagesdienst (FDP) vom 8. März 1985.
200 Vgl. hierzu sehr detailliert T. von Winter, a.a.O. (Anm. 189), S. 59ff.
201 Vgl. Süddeutsche Zeitung vom 10. Dezember 1985.

eine Mehrheit zusammengefunden, die eine Gesetzesänderung für unumgänglich hielt.[202]

Einen prägnanten Eindruck von der parteipolitischen Konfliktkonstellation kurz vor Beginn des formalen Gesetzgebungsverfahrens vermittelt die parlamentarische Auseinandersetzung, die im Rahmen einer Aktuellen Stunde im Bundestag am 12. Dezember 1985 stattfand. Die Debatte wurde von Bundesarbeitsminister Blüm eröffnet, der das Parlament offiziell davon in Kenntnis setzte, daß die Regierung nunmehr entschieden habe, gesetzgeberisch aktiv zu werden. Die Ausführungen Blüms rankten sich um die These "Klarstellung der Neutralitätspflicht der Bundesanstalt für Arbeit im Arbeitskampf" - so auch der Titel der Regierungserklärung - "nicht Gewichtsverlagerung zwischen den Tarifparteien"[203]. Genau dies wurde von den verschiedenen Rednern der Opposition energisch bestritten. Sie warfen der Koalition vor, die Arbeitgeberseite durch gesetzliche Änderungen in künftigen Auseinandersetzungen mit den Gewerkschaften stärken zu wollen. Vor allem die SPD erklärte lapidar, es bestehe "kein Handlungsbedarf"[204] und kündigte durch ihren Abgeordneten Rappe, zugleich Vorsitzender der IG Chemie-Papier-Keramik, "Aufklärung und Mobilisierung weit über die Reihen der Gewerkschaftsmitglieder hinaus" an.[205] Den Höhepunkt der Auseinandersetzung im Rahmen der Plenarsitzung vom 12. Dezember 1985 bildete die namentliche Abstimmung über je einen Entschließungsantrag der SPD[206] und der Grünen[207], in denen jeweils postuliert wurde, der Bundestag lehne eine Änderung des § 116 AFG ab. Erwartungsgemäß fand keiner der beiden Anträge eine Mehrheit des Hauses.[208] Bemerkenswerter ist die Tatsache, daß der Entschließungsantrag der Grünen - in dem zusätzlich zu der auch von der SPD formulierten Forderung festgestellt wurde: "In der Frage der Neutralitätsverpflichtung der Bundesanstalt für Arbeit sieht der Deutsche Bundestag keinen Handlungsbedarf. Der Deutsche Bundestag fordert die Bundesregierung auf, keine Maßnahmen zu ergreifen, die eine Änderung der derzeitigen Rechtssituation bewirken könnten" - mit den Stimmen der Sozialdemokraten (bei wenigen Enthaltungen) zurückgewiesen wurde. Der SPD-Abgeordnete Porzner begründete dies damit, die Formulierungen im Antrag der Grünen seien "unpräzise und unbestimmt"[209]. Offenbar war es der SPD in dieser Phase wichtiger, als alleiniger "Gralshüter" von Arbeitnehmerrechten im Bundestag zu erscheinen, als eine Geschlossenheit der oppositionellen Reihen zu demonstrieren.

Der am 18. Dezember 1985 vor dem Hintergrund massiver außerparlamentarischer Protestaktionen der Gewerkschaften[210] vom Kabinett beschlossene

---

202 Vgl. T. von Winter, a.a.O. (Anm. 189), S. 61.
203 Vgl. Stenographische Berichte über die Verhandlungen des Deutschen Bundestages, 10. Wahlperiode, 184. Sitzung vom 12. Dezember 1985, S. 13964f.
204 So deren Abgeordnete Fuchs, in: ebd., S. 13972; ebenso deren Abgeordneter Rappe, in: ebd., S. 13985.
205 Vgl. ebd., S. 13987.
206 BT-Drucks. 10/4548.
207 BT-Drucks. 10/4547.
208 Vgl. Stenographische Berichte, 184. Sitzung, a.a.O. (Anm. 203), S. 13992ff.
209 Ebd., S. 13992.
210 Vgl. Stuttgarter Zeitung vom 19. Dezember 1985.

Regierungsentwurf sah in bezug auf die umstrittenste Frage vor, daß der Anspruch auf Arbeitslosengeld für mittelbar vom Arbeitskampf betroffene Arbeitslose nur dann ruhen solle, wenn im räumlichen Geltungsbereich des Tarifvertrages, dem der Betrieb zuzuordnen ist, "eine Forderung erhoben worden ist, die einer Hauptforderung des Arbeitskampfes nach Art und Umfang annähernd gleich ist". Wie üblich, wurde der Gesetzentwurf der Bundesregierung zunächst dem Bundesrat zur Stellungnahme zugeleitet. In der Plenumssitzung des Bundesrates erschien Bundesarbeitsminister Blüm persönlich, um für den Entwurf der Regierung zu werben. Der Bundesrat empfahl schließlich in seiner Stellungnahme vom 31. Januar 1986, gegen den Entwurf keine Einwendungen zu erheben.[211] Ein Antrag der Länder Bremen, Hamburg, Hessen, Nordrhein-Westfalen und Saarland[212], den Gesetzentwurf der Bundesregierung abzulehnen, da dieser unter anderem die Neutralität der BfA bei Arbeitskämpfen beseitige und den sozialen Frieden gefährde, wurde mit den Stimmen der Vertreter der übrigen Länder zurückgewiesen.

Die vom Bundesrat zur Kenntnis genommene Regierungsvorlage[213] wurde vom Bundestag am 5. Februar 1986 in erste Lesung genommen. Sowohl Vertreter der Grünen als auch vor allem der SPD bekräftigten ihre Entschlossenheit zum entschiedenen Widerstand gegen die geplante Maßnahme.[214] Im Gegensatz zu der oben geschilderten Situation bei der parlamentarischen Verhandlung der maßgeblichen rechtspolitischen Maßnahmen der zweiten Regierung Kohl, buhlte die SPD aus naheliegenden Gründen nicht um die FDP, sondern um die CDA-Kreise innerhalb der Union. Der sozialdemokratische Abgeordnete und Vorsitzende des Ausschusses für Arbeit und Sozialordnung, Glombig, erklärte in diesem Zusammenhang, er "habe immer noch nicht die Hoffnung aufgegeben, daß die Mitglieder der Sozialausschüsse in der CDU/CSU-Fraktion diesen folgenschweren Unsinn ablehnen"[215] würden. Gleichzeitig mit der Vorlage wurden zwei Anträge von SPD[216] und Grünen[217], in denen der Bundestag aufgefordert wurde, die bestehenden Regelungen im Bereich des Arbeitskampfrechts unangetastet zu lassen, mit der Mehrheit der Abstimmenden an den Ausschuß für Arbeit und Sozialordnung (federführend) und drei weitere Fachausschüsse zur Mitberatung überwiesen.

Der Ausschuß für Arbeit und Sozialordnung beschäftigte sich im Rahmen einer von den Unionsfraktionen beantragten Sondersitzung noch am selben Tag mit dem Regierungsentwurf. Die SPD beantragte, ausgehend von der Erwartung, daß das spätere Gesetz Gegenstand einer Überprüfung durch das

---

211 Vgl. Stenographische Berichte über die Verhandlungen des Bundesrates, 560. Sitzung vom 31. Januar 1986, S. 30; BR-Drucks. 600/85 (Beschluß).
212 BR-Drucks. 600/1/85 (neu).
213 Im folgenden zit. als BT-Drucks. 10/4989.
214 Vgl. etwa die Ausführungen der Abgeordneten Schmidt (Grüne) und Vogel (SPD), in: Stenographische Berichte über die Verhandlungen des Deutschen Bundestages, 10. Wahlperiode, 196. Sitzung vom 5. Februar 1986, S. 15150 u. 15154.
215 Ebd., S. 15158.
216 BT-Drucks. 10/4995.
217 BT-Drucks. 10/5004. Anders als der etwas umfangreichere SPD-Antrag stellte der Antrag der Grünen ausdrücklich fest, der Bundestag unterstütze die Kampfmaßnahmen der Gewerkschaften gegen die geplante Änderung.

Bundesverfassungsgericht werden würde, gemäß § 73 Abs. 1 GOBT ein stenographisches Wortprotokoll von sämtlichen Sitzungen des Ausschusses anfertigen zu lassen[218] bzw. zu allen einschlägigen Ausschußberatungen die Öffentlichkeit zuzulassen[219], konnte sich damit jedoch nicht gegen die Stimmen der Koalitionsfraktionen durchsetzen.[220] Auch hinsichtlich der Terminplanung für die zuvor bereits interfraktionell vereinbarte Sachverständigenanhörung scheiterte die Opposition an der "Arroganz der Mehrheit"[221].

Einen wesentlichen Bestandteil der parlamentarischen Beschäftigung mit der Vorlage im Ausschußstadium bildete die Sachverständigenanhörung im Rahmen einer öffentlichen Informationssitzung des Ausschusses für Arbeit und Sozialordnung am 26. und 27. Februar 1986 in Bonn und am 10. März desselben Jahres im Berliner Reichstagsgebäude. Die Anhörung förderte wenig überraschende Positionen zutage. Vor allem Vertreter der Gewerkschaften und der Arbeitgeberverbände untermauerten lediglich ihre außerhalb des Parlaments bereits mehrfach verbreiteten Standpunkte, nach denen die diskutierte Vorlage überflüssig (so die herrschende Meinung auf der Arbeitnehmerseite) bzw. dringend erforderlich und sogar weiter zu konkretisieren sei (so die Arbeitgeberseite). Verfassungsrechtliche Bedenken gegenüber der Vorlage wurden nur vereinzelt von Gegnern der Maßnahme geäußert. Von den geladenen unabhängigen Rechtswissenschaftlern vertraten allerdings die meisten die Auffassung, der Gesetzentwurf bewirke weniger eine Klarstellung der geltenden Rechtslage als eine faktische Verschlechterung der Stellung der Arbeitnehmer.[222]

Am selben Tag, an dem in Berlin die Sachverständigenanhörung des Ausschusses für Arbeit und Sozialordnung zuendeging, bekundeten in Bonn die Sozialausschüsse der CDU ihre Absicht, die Bedingungen für die Nichtzahlung von Kurzarbeiter- oder Arbeitslosengeld noch einmal erheblich restriktiver formulieren und damit den Gewerkschaften entgegenkommen zu wollen.[223] Einen Tag später, am 11. März 1986, billigte die CDU/CSU-Bundestagsfraktion den von Arbeitsminister Blüm erläuterten neuen Formulierungsvorschlag des § 116 AFG, für den sich auch Bundeskanzler Kohl und der Fraktionsvorsitzende Dregger ausgesprochen hatten. Darin hieß es - wie im späteren Gesetzestext - daß mittelbar betroffenen Arbeitnehmern außerhalb des umkämpften Tarifgebietes nur dann keine Unterstützungsgelder gewährt würden, wenn "eine Forderung erhoben wird, die einer Hauptforderung des Arbeitskampfes nach Art und Umfang gleich ist, ohne mit ihr übereinstimmen zu müssen"[224]. Die FDP-Bundestagsfraktion billigte diesen Vorschlag ebenfalls ohne größere Ausein-

---

218 Vgl. Ausschuß für Arbeit und Sozialordnung (BT), 10. Wahlperiode, A-Drucks. 1080.
219 Vgl. Ausschuß für Arbeit und Sozialordnung (BT), 10. Wahlperiode, A-Drucks. 1079.
220 Vgl. Protokoll der 88. Sitzung des Ausschusses für Arbeit und Sozialordnung (BT) vom 5. Februar 1986, S. 13 u. 15. Anzumerken ist, daß auch ein Vertreter der SPD mit der Ausschußmehrheit gegen die Herstellung der Öffentlichkeit der Ausschußberatungen stimmte.
221 So der Abgeordnete Lutz (SPD), in: ebd., S. 102.
222 Vgl. Stenographisches Protokoll der 91./92./93. Sitzung des Ausschusses für Arbeit und Sozialordnung (BT), Öffentliche Informationssitzung, vom 26./27. Februar 1986 und vom 10. März 1986.
223 Vgl. Frankfurter Allgemeine Zeitung vom 11. März 1986.
224 Zit.n. Frankfurter Allgemeine Zeitung vom 12. März 1986.

andersetzung. Teil des neuerlichen Koalitionskompromisses bildete ferner eine Verständigung über die Einführung eines "Neutralitätsausschusses" (siehe oben), die gegen die Empfehlung der Sozialausschüsse zustandekam. Die genannten Punkte wurden, gemeinsam mit einer Reihe weiterer, im wesentlichen unkontroverser Ergänzungsvorschläge, als Änderungsanträge der Fraktionen der CDU/CSU und der FDP[225] in den einzelnen Fachausschüssen eingebracht.

Der Opposition, die der Vorlage auch in der geänderten Fassung unverändert ablehnend gegenüberstand, ging es in den Ausschußverhandlungen nicht zuletzt um Verfahrensfragen. Zu den härtesten diesbezüglichen Konfrontationen zwischen der Mehrheit und der Minderheit kam es im mitberatenden Ausschuß für Wirtschaft. Hier bemühte sich die Opposition (jeweils auf Anträge der SPD) geschlossen darum, zunächst die Behandlung der Vorlage insgesamt bis auf weiteres von der Tagesordnung abzusetzen, dann ein erneutes Anhörungsverfahren über die Änderungsvorschläge durchzuführen und schließlich, den Wirtschaftsminister herbeizurufen, damit dieser den Entwurf erläutere. Nachdem sämtliche Anträge der Opposition mit den Stimmen der Regierungsfraktionen zurückgewiesen worden waren, verließen nach nur kurzer sachlicher Beratung der Vorlage die Ausschußmitglieder der SPD und der Grünen den Sitzungssaal und überließen damit die Vorlage dem Mehrheitsvotum der Vertreter von CDU/CSU und FDP, die dem Plenum die geänderte Entwurffassung zur Beschlußfassung empfohlen.[226]

Im federführenden Ausschuß für Arbeit und Sozialordnung fanden demgegenüber noch insgesamt drei weitere Sondersitzungen statt, in denen sowohl über die einzelnen Bestimmungen der Vorlage wie über den Verfahrensstil der Beratungen heftig gestritten wurde. Inhaltlich stand vor allem das Pro und Contra des von den Regierungsparteien vorgeschlagenen "Neutralitätsausschusses" im Vordergrund, der von der Opposition als untauglich zurückgewiesen wurde.[227] Der Gesetzentwurf insgesamt wurde von der SPD als "eine schlimme gesellschaftspolitische Fehlentwicklung"[228] charakterisiert. Am 14. März 1986 schließlich stimmte der Ausschuß sowohl sämtlichen Einzelbestimmungen als auch der Vorlage als Ganzes mit den Stimmen der Koalitionsfraktionen gegen die Stimmen der SPD (bei wenigen Enthaltungen auf seiten letzterer und in Abwesenheit des einzigen Vertreters der Grünen) zu.[229]

Im Rahmen der zweiten und dritten Beratung des Gesetzentwurfs im Bundestag am 20. März 1986 traten die unterschiedlichen Auffassungen der Regierungs- und Oppositionsparteien, nicht nur in der Frage des § 116 AFG, noch einmal mit besonderer Schärfe hervor. Während Vertreter der Regierungsmehrheit der Opposition vorwarfen, keinen einzigen Verbesserungsvorschlag

---

225 Vgl. Ausschuß für Arbeit und Sozialordnung (BT), 10. Wahlperiode, A-Drucks. 1149 (neu).
226 Vgl. Kurzprotokoll der 58. Sitzung des Ausschusses für Wirtschaft (BT) vom 12. März 1986.
227 Vgl. hierzu insbesondere das Kurzprotokoll der 95. Sitzung des Ausschusses für Arbeit und Sozialordnung (BT) vom 13. März 1986, S. 22ff.
228 So deren Abgeordneter Lutz, in: Kurzprotokoll der 96. Sitzung des Ausschusses für Arbeit und Sozialordnung (BT) vom 14. März 1986, S. 38.
229 Vgl. ebd., S. 41ff.

gemacht zu haben[230] und eine "kaltblütige Strategie gegen die Bundesregierung"[231] gefahren zu haben, beschuldigten Parlamentarier der Oppositionsparteien die Regierung, verfahrensmäßig "einen parlamentarischen Schweinsgalopp an den Tag gelegt"[232] zu haben und inhaltlich "das gesellschaftliche Kräfteverhältnis in unserem Land zum Nachteil der Arbeitnehmer und ihrer Gewerkschaften und zum Vorteil der Arbeitgeber und ihrer Verbände"[233] verändern zu wollen. Das eigentümlich verengte Verständnis des parlamentarischen Gesetzgebungsverfahrens auf seiten einiger Unionsvertreter wurde am deutlichsten in den Ausführungen des Abgeordneten Müller (CDU/CSU):

> Die Opposition hat die argumentative Auseinandersetzung zur Sache, zum Inhalt und zu den Details des § 116 verweigert. Sie hat statt dessen eine schlimme Kampagne gestartet. Sie betreibt Desinformation unter den Arbeitnehmern. Sie versucht, Emotionen zu wecken und Ängste zu schüren. Die SPD ist leider der Versuchung erlegen, die Entscheidung des Parlaments durch Druck von außen zu beeinflussen. Sie bedient sich dabei der Schützenhilfe einer mächtigen Interessengruppe, die in dieser Auseinandersetzung Partei, also nicht neutral ist.[234]

Noch bevor der Bundestag in namentlicher Abstimmung mit 265 zu 210 Stimmen (ohne Enthaltungen) die Vorlage verabschiedete und die zu Beginn des parlamentarischen Verfahrens im Dezember 1985 gestellten Anträge von SPD und Grünen mit Mehrheit zurückwies[235], erklärte der SPD-Fraktionsvorsitzende Vogel, daß eine sozialdemokratische Regierung das Gesetz während der ersten hundert Tage ihrer nächsten Amtszeit aufheben und den bisherigen Rechtszustand wiederherstellen würde.[236]

Eine weitere Wegmarke des außerparlamentarischen Protests gegen das geplante Gesetz bildete die "Befragungsaktion" des DGB.[237] Einen Tag nach dem Verfahrensabschluß im Bundestag veröffentlichten die Gewerkschaften einen Abstimmungstext, in dem es hieß: "Ich will die Streikfähigkeit der Gewerkschaften erhalten. Deshalb lehne ich die vom Bundestag beschlossene Änderung des Streikparagraphen ab". Gemäß dem vom DGB am 17. April 1986 veröffentlichten Ergebnis der Befragung stimmten mehr als 95 Prozent der 7,6 Millionen befragten Arbeitnehmer dieser Stellungnahme zu.[238]

Das parlamentarische Entscheidungsverfahren über das umstrittene Gesetz fand seinen Schlußpunkt in der wenig spektakulären Plenardebatte und abschließenden Beschlußfassung des Bundesrates am 18. April 1986. Nach der Einschätzung des nordrhein-westfälischen Ministerpräsidenten Rau (SPD), ei-

---

230 Vgl. Stenographische Berichte über die Verhandlungen des Deutschen Bundestages, 10. Wahlperiode, 207. Sitzung vom 20. März 1986, S. 15827, Abgeordneter Scharrenbroich (CDU/CSU).
231 Ebd., S. 15852, Abgeordnete Adam-Schwaetzer (FDP).
232 Ebd., S. 15833, Abgeordneter Lutz (SPD).
233 Ebd., S. 15868, Abgeordneter Vogel (SPD).
234 Ebd., S. 15858.
235 Ebd., S. 15974.
236 Ebd., S. 15872.
237 Vgl. Schütt-Wetschky, a.a.O. (Anm. 56), S. 70.
238 Vgl. E. Hübner/H. Rohlfs, a.a.O. (Anm. 184), S. 399.

nem der entschiedensten Gegner der Maßnahme, war der von der Bundestagsmehrheit geänderte Entwurf in seinen Wirkungen "um keinen Deut besser"[239] als die ursprüngliche Vorlage der Bundesregierung. Gleichzeitig kündigte Rau an, seinem Kabinett vorschlagen zu wollen, beim Bundesverfassungsgericht gegen das Gesetz zu klagen.[240] Der Bundesrat billigte schließlich mit den Stimmen der unionsgeführten Länder das Gesetz[241], welches am 23. Mai 1986 verkündet wurde und schon einen Tag später in Kraft trat.

Anfang Januar 1987 informierte die SPD die Öffentlichkeit über zwei gleichlautende, bereits am 29. Dezember des Vorjahres eingereichte Normenkontrollanträge der Landesregierung von Nordrhein-Westfalen und der SPD-Bundestagsfraktion an das Bundesverfassungsgericht, in denen der Verstoß des neuen § 116 AFG gegen den im GG verankerten Eigentumsschutz, den Gleichheitsgrundsatz und den Schutz der Koalitionsfreiheit beklagt wurde.[242] Zur politischen Begründung der Initiative sagte der Fraktionsvorsitzende Vogel, mit der Gesetzesänderung sei der "schwerste Sozialkonflikt seit 1949" ausgelöst und die Gewerkschaften auf bislang beispiellose Art und Weise herausgefordert worden.[243] Die große Gelassenheit, mit der die Regierungsparteien auf den Schritt der Opposition reagierten, sollte sich letztlich als gerechtfertigt erweisen. In seinem Urteil vom 4. Juli 1995 erklärte der Erste Senat des Bundesverfassungsgerichts sämtliche von den Klägern vorgebrachten verfassungsrechtlichen Bedenken für unbegründet.[244] Damit hatte die SPD nicht nur die Auseinandersetzung über die Maßnahme mit parlamentarischen Mitteln, sondern auch auf dem Rechtsweg endgültig verloren.

2.2 Großbritannien

2.2.1 Der British Telecommunications Act 1984

Der British Telecommunications Act 1984[245] kann sowohl in seiner Eigenschaft (a) als wichtiger Bestandteil des konservativen Privatisierungsprogramms wie auch (b) als bedeutende Maßnahme im Bereich der Telekommunikationsgesetzgebung zu den Schlüsselentscheidungen der zweiten Amtsperiode der Regierung Thatcher gezählt werden.[246] Entsprechend sind bei der Skizzie-

---

239 Stenographische Berichte über die Verhandlungen des Bundesrates, 563. Sitzung vom 18. April 1986, S. 226.
240 Ebd., S. 227.
241 Ebd., S. 243.
242 Vgl. Süddeutsche Zeitung vom 7. Januar 1987. Die Regierungen der Bundesländer Hamburg, Bremen und Saarland traten der Klage wenig später bei. Die IG Metall hatte bereits am 16. Dezember 1986 eine eigenständige Verfassungsbeschwerde eingereicht.
243 Vgl. ebd.
244 BVerfGE 92, 365.
245 The General Public Acts and General Synod Measures 1984, Part II, HMSO, S. 61ff.
246 Über den Grad der inhaltlichen Aufeinanderbezogenheit von Liberalisierungsmaßnahmen im Telekommunikationsbereich und dem Privatisierungsprogramm der Regierung gehen die Auffassungen weit auseinander. Während James Foreman-Peck und Dorothy Manning, Telecommunications in the United Kingdom, in: James Foreman-Peck/Jürgen Müller (Hrsg.), European Telecommunication Organisations, Baden-Baden 1988, S. 257-278, 259 die mit

rung des politischen "Backgrounds" dieser Entscheidung und deren wichtigsten inhaltlichen Komponenten beide Bereiche angemessen zu berücksichtigen.

(a) Die Privatisierungspolitik ab 1979 gilt unbestritten als zentraler Bestandteil des Gesamtprogramms der Thatcher-Regierungen.[247] Bereits in einer Bilanz der ersten Regierung Thatcher (1979-83) wurden die Privatisierungsmaßnahmen als die vermutlich langlebigsten Reformen der konservativen Regierung bewertet.[248] Daran gemessen ist es vergleichsweise unwichtig, daß der Terminus "privatisation" im Wahlprogramm der Conservative Party von 1979 noch nicht vorkam und erst im Laufe der ersten Regierungsjahre Thatchers mehr und mehr zu einem politischen Leitbegriff avancierte. Im Rahmen der Gesamtkonzeption der konservativen Regierungspolitik seit 1979 dienten die unterschiedlichen Varianten[249] der Privatisierung von staatseigenen Unternehmen im wesentlichen folgenden Zielen[250]: (a) der Reduzierung der Rolle des Staates und der Expansion der Rolle des Marktes, (b) der Senkung öffentlicher Ausgaben, (c) der Schwächung der Gewerkschaftsmacht, insbesondere jener der Gewerkschaften des öffentlichen Sektors, (d) der Steigerung der Produktivitäts- und der Profitabilitätsrate sowie (e) der Vergrößerung der Bevölkerungsgruppe mit Aktienbesitz (der Schaffung eines sogenannten "Volkskapitalismus"). Die mit dem British Telecommunications Act 1984 beschlossene (Teil-)Privatisierung von British Telecom stellte nicht nur die bis dahin von der Kapitalsumme her mit Abstand größte einzelne Privatisierungsmaßnahme der Regierung Thatcher dar; mit einem Finanzvolumen von 3,7 Milliarden Pfund war diese Maßnahme zugleich finanzwirksamer als alle der über zwanzig bis dahin vollzogenen (Teil-)Privatisierungen zusammen.[251] Auch aus diesem Blickwinkel läßt sich der Verkauf von 51 Prozent der British Telecom mit einigem Recht als "Paradestück für die Privatisierungsstrategie der Regierung"[252] charakterisieren.

---

dem Telecommunications Act 1984 beschlossene Privatisierung von British Telecom als notwendige Begleitmaßnahme der Liberalisierung werten, die letzterer lediglich wegen spezieller Probleme der notwendig werdenden Neustrukturierung des Pensionsfinanzierungsmodells zeitlich nachgeordnet wurde, sieht beispielsweise J.H. Solomon, Telecommunications Evolution in the UK, in: Telecommunications Policy 10 (1986), S. 186-192, 189 keine notwendige Verbindung zwischen Liberalisierung und Privatisierung. Die deutlichste Zurückweisung der Annahme einer inneren Kohärenz zwischen Liberalisierung und Privatisierung wurde von Nicholas Garnham, Telecommunications Policy in the United Kingdom, in: Media, Culture and Society 7 (1985), S. 7-29, 13 formuliert: "The decision to sell a majority shareholding in BT to the private sector has everything to do with the ideology of the Conservative government but nothing to do with its telecommunications policy".

247 Vgl. Heidrun Abromeit, Veränderung ohne Reform. Die britische Privatisierungspolitik (1979-1985), in: Politische Vierteljahresschrift 27 (1986), S. 271-289, 273f.
248 Vgl. Peter Riddell, The Thatcher Government, Oxford 1985, S. 180.
249 Siehe hierzu Geoff Lee, Privatisation, in: Bill Jones (Hrsg.), Political Issues in Britain Today, 4. Aufl. Manchester/New York 1994, S. 243-287, 243f.
250 Vgl. Stephen Edgell/Vic Duke, A Measure of Thatcherism. A Sociology of Britain, London 1991, S. 139.
251 Vgl. die Übersicht bei G. Lee, a.a.O. (Anm. 249), S. 282ff.
252 Kenneth Dyson, Die Entwicklung der Telekommunikationspolitik in Westeuropa, in: Edgar Grande/Rainer Kuhlen/Gerhard Lehmbruch/Heinrich Mäding (Hrsg.), Perspektiven der Telekommunikationspolitik, Opladen 1991, S. 43-68, 48.

(b) Der British Telecommunications Act 1984 war jedoch nicht nur eine außerordentlich umfangreiche Privatisierungsmaßnahme, sondern bildete zugleich einen zentralen Bestandteil des bereits mit dem Telecommunications Act 1981 begonnenen Reformprozesses auf dem Felde der Telekommunikationspolitik. Das Jahrzehnt vor der Machtübernahme der Conservative Party 1979 war im Bereich der Telekommunikation durch einen anhaltenden Abwärtstrend gekennzeichnet. Dieser betraf sowohl die Entwicklung des von britischen Herstellern gehaltenen Weltmarktanteils, welcher von 25 Prozent am Ende der sechziger Jahre auf 6 Prozent 1979 fiel, als auch die Situation innerhalb Großbritanniens, die insbesondere durch rasch steigende Tarife und mangelhafte Serviceleistungen gekennzeichnet war.[253] Der Bereich der Telekommunikation war bereits mit dem von der Regierung Wilson (1964-70) lancierten Post Office Act von 1969 zu einer vom übrigen Postverkehr getrennten Abteilung innerhalb des Post Office gemacht worden; zugleich wurden damit die Verantwortlichkeiten zwischen dem Post Office Board und dem Ministry of Industry neu verteilt, indem ersteres selbständige Entscheidungsrechte für alle kleineren Angelegenheiten erhielt.[254] Davon abgesehen blieb der britische Telekommunikationssektor bis 1981 durch eine klassische Monopolstruktur gekennzeichnet. Das Post Office besaß eine Monopolstellung bei den Telekommunikationsnetzen, den Diensten und Endgeräten (mit der geringfügigen Ausnahme von kleinen Nebenstellenanlagen) und war außerdem allein zur Lizenzvergabe an andere Nutzer von Funkfrequenzen ermächtigt.

Weder die konservative Regierung Heath (1970-74) noch die nachfolgenden Labour-Regierungen der siebziger Jahre ließen eine entschlossene Reformwilligkeit erkennen. Die auf eine konsequente Trennung des Telekommunikations- und des Postsektors im Rahmen zweier eigenständiger öffentlicher Unternehmen zielenden Empfehlungen des von der Regierung Wilson initiierten Carter Committees[255] wurden von der wenig später scheidenden Labour-Regierung vor allem aus Angst vor gewerkschaftlicher Opposition nicht berücksichtigt. Der von der konservativen Regierung seit Ende der siebziger Jahre verspürte wachsende Veränderungsdruck im Bereich der Telekommunikationspolitik hatte nicht zuletzt etwas mit den weitreichenden Veränderungen innerhalb der amerikanischen Telekommunikation zu tun, welche gleichermaßen als "Bedrohung" wie als Modell und Vorbild aufgefaßt wurden.[256]

Die dem British Telecommunications Act 1984 um drei Jahre vorausgehende Entscheidung von 1981 brachte vor allem eine Liberalisierung des Telekommunikationsmarktes auf der Grundlage einer organisatorischen Aufspaltung des Post Office in die Bereiche Post und Telekommunikation und der

---

253 Vgl. J. Solomon, a.a.O. (Anm. 246), S. 188.
254 Vgl. Mark Thatcher, Institutional Reform and Transnational Forces for Change. The Case of Telecommunication in Britain and France, in: Jahrbuch für europäische Verwaltungsgeschichte. Bd. 7: Öffentliche Verwaltung und Wirtschaftskrise, Baden-Baden 1995, S. 283-305, 289f.
255 Vgl. Carter Committee. Report of the Post Office Review Committee, HMSO, Cmnd. 6850, London 1978.
256 Vgl. Gerhard Lehmbruch, Telekommunikation: Ein Politikfeld im Wandel, in: E. Grande u.a. (Hrsg.), a.a.O. (Anm. 252), S. 10-15.

Schaffung jeweils eigenständiger öffentlicher Unternehmen.[257] Der British Telecommunications Act 1984 selbst enthielt neben der Entscheidung für eine Umwandlung von British Telecom in eine private Aktiengesellschaft mit (Quasi-)Monopolstellung zugleich Bestimmungen über die Errichtung von Regulierungsinstitutionen, von denen die wichtigste 1985 in Form des Office of Telecommunications (OFTEL) ins Leben gerufen wurde.[258]

Die vorparlamentarischen Komponenten des Entscheidungsprozesses über die Privatisierung von British Telecom fielen noch in die Amtszeit der ersten Regierung Thatcher (1979-83). Während das Wahlprogramm der Conservative Party von 1979 explizit nur die Privatisierung der British Aerospace und British Shipbuilding sowie der National Freight Corporation angekündigt hatte[259], gab es spätestens seit 1981 mehrfach halboffizielle Äußerungen von Regierungsmitgliedern, aus denen auf umfangreichere Privatisierungsvorhaben der Regierung zu schließen war.[260] Nach der Einschätzung von Moon, Richardson und Smart[261] spielten einzelne Minister nicht nur eine wichtige Rolle für die Verlautbarung umfangreicher Privatisierungspläne, sondern waren diese letztlich auch verantwortlich für die Entscheidung, die Privatisierung von British Telecom auf die politische Agenda der konservativen Regierung zu setzen. Nach Lage aller verfügbaren Informationen läßt sich in bezug auf den Regelungsanlaß eindeutig von einem programmatisch-ideologisch motivierten Impuls sprechen, der durch wichtige Repräsentanten der konservativen Regierungspartei ventiliert wurde.

Der ideologische Impuls wurde allerdings durch mindestens drei weitere Einflußkomponenten maßgeblich verstärkt. Hierzu zählten erstens die bedrängte finanzielle Situation der British Telecom, wegen der es innerhalb der Regierung zu Auseinandersetzungen zwischen dem Ministry of Industry und dem Treasury kam; zweitens die wachsende Kritik und entsprechendes Lobbying vor allem der geschäftlichen Nutzer der British Telecom-Leistungen, die als Folge des als rückständig empfundenen Entwicklungsstandes der telekommunikativen Hoch-Technologie in Großbritannien konkrete Wettbewerbsnachteile auf internationalen Märkten fürchteten; hinzu kam drittens die seitens des Managements artikulierten Befürchtungen, British Telecom könne als staatliches Unternehmen sowohl wegen seines Images als auch wegen regulierender, potentiell bremsender Eingriffsmöglichkeiten der Regierung keine echte Konkurrenzfähigkeit entfalten.[262]

---

257 Vgl. Edgar Grande, Der Triumpf der Ideologie? Die Telekommunikationspolitik der Regierung Thatcher, in: Roland Sturm (Hrsg.), Thatcherismus - Eine Bilanz nach zehn Jahren, Bochum 1990, S. 179-197, 182ff.
258 Vgl. Peter Gist, The Role of OFTEL, in: Telecommunications Policy 14 (1990), S. 26-51.
259 Vgl. David Steel/David Heald, The Privatisation of Public Enterprises 1979-1983, in: Peter Jackson (Hrsg.), Implementing Government Policy Initiatives: The Thatcher Administration 1979-83, London 1985, S. 69-91, 69.
260 Vgl. Bill Jones, The Policy Making Process, in: ders. (Hrsg.), Politics UK, New York u.a. 1991, S. 501-520, 517.
261 Jeremy Moon/J.J. Richardson/Paul Smart, The Privatisation of British Telecom: A Case Study of the Extended Process of Legislation, in: European Journal of Political Research 14 (1986), S. 339-355, 344f.
262 Vgl. M. Thatcher, a.a.O. (Anm. 254), S. 293f.

Die offizielle Ankündigung der Regierung, 51 Prozent der British Telecom-Aktien zu verkaufen, erfolgte im Juli 1982 in Form der Veröffentlichung eines White Paper[263]. Der vorparlamentarische Entscheidungsprozeß bis zu diesem Zeitpunkt war insbesondere durch den Ausschluß der Gewerkschaften, die bislang einen wesentlichen Bestandteil der "policy community" im Telekommunikationssektor gebildet hatten, gekennzeichnet, was in den späteren Stadien des Gesetzgebungsverfahrens dazu führte, daß von gewerkschaftlicher Seite eine stark kämpferisch geprägte "outsider strategy" verfolgt wurde.[264] Die unmittelbare Reaktion der Opposition auf die Offenlegung der Privatisierungsabsichten der Regierung fiel recht unheitlich aus, wenngleich keine der drei Haupt-Oppositionsparteien im Unterhaus positive Worte fand. Während die Labour Party bereits in diesem Stadium energisch bekannte, British Telecom im Falle einer tatsächlichen Privatisierung schnellstmöglich re-nationalisieren zu wollen, sobald die Machtverhältnisse dies erlaubten, drückten Vertreter der SDP lediglich ihr "Bedauern" über das Vorhaben der Regierung aus, und ein Abgeordneter der Liberal Party gestand gar ein, seine Partei habe sich noch kein genaues Urteil gebildet, stände der Maßnahme aber eher ablehnend gegenüber.[265] Eine zusätzlich polarisierende Wirkung hatte der ebenfalls Mitte Juli 1982 veröffentlichte Bericht "Telecommunications in Britain: Switching Direction" des Centre for Policy Studies[266], in dem gefordert wurde, daß eine privatisierte British Telecom keinerlei Verpflichtung zur Aufrechterhaltung kostenloser Serviceleistungen im Bereich "sozial wünschenswerter" Telefonversorgung (etwa in ländlichen Regionen) haben sollte.[267]

Noch vor der offiziellen Einbringung der Regierungsvorlage im Parlament kam es - erstmals am 29. Juli 1982 - wiederholt zu einer parlamentarischen Aussprache über mögliche Vorteile und Gefahren einer Privatisierung von British Telecom, in deren Rahmen auch Abgeordnete der Conservative Party erhebliche Vorbehalte gegen die geplante Maßnahme äußerten.[268] Bereits in dieser Phase bildeten sich jene Hauptkritikpunkte heraus, die von da an immer wieder von Gegnern der Privatisierungsmaßnahme aufgegriffen wurden. Dabei handelte es sich um: (a) Unsicherheiten hinsichtlich der Arbeitsplatzsicherheit und der Pensionsleistungen für Beschäftigte der Telecom, (b) die offene Frage nach der künftigen Preisentwicklung für Serviceleistungen der Telecom sowie (c) die Frage nach der technischen Anbindung ländlicher Regionen.

---

263 The Future of Telecommunications in Britain. Department of Industrie, HMSO, Cmnd. 8610, London 1982.
264 Vgl. J. Moon u.a., a.a.O. (Anm. 261), S. 346.
265 Vgl. The Times vom 19. Juli 1982.
266 Das Centre for Policy Studies gehört gemeinsam mit dem Institut for Economic Affairs und dem Adam Smith Institute zu jener Gruppe von konservativen "think-tanks", die insbesondere während der achtziger Jahre von zentraler Bedeutung für die Formulierung konservativer Regierungspolitik war. Vgl. John Barnes/Richard Cockett, The Making of Party Policy, in: Anthony Seldon/Stuart Ball (Hrsg.), Conservative Century. The Conservative Party since 1900, Oxford 1994, S. 347-382.
267 Vgl. The Times vom 19. Juli 1982.
268 Vgl. Official Report, House of Commons, Parliamentary Debates, Session 1981-82, Vol. 28, Cols. 1372ff.

Am 19. November 1982 wurde die Telecommunications Bill[269] vom Secretary of State for Industry, Jenkin, offiziell im Unterhaus eingebracht. Bei dieser Gelegenheit wurde das Bemühen der Regierung deutlich, wirtschaftspolitische und ideologische Präferenzen (die in Richtung eines Minimums an unabhängiger Kontrolle der privatisierten British Telecom gingen) einerseits mit den zum Teil in den eigenen Reihen formulierten Forderungen nach "sozial verantwortbaren" Lösungen (was vor allem die Garantie flächendeckender Telefonversorgung, eine akzeptable Preisentwicklung sowie Arbeitsplatzsicherung und eine gesicherte Altersversorgung betraf) andererseits in Einklang zu bringen.[270] Radikale Lösungsvorschläge, wie der des Centre for Policy Studies, wurden von der Regierung bereits in dieser Phase nicht mehr ernsthaft weiterverfolgt.

Am 29. November 1982 wurde die Vorlage vom Unterhaus in zweite Lesung genommen, ohne daß dabei qualitativ neue Argumente formuliert wurden. Zu den häufigsten Äußerungen von Mitgliedern der Opposition zählte der Hinweis, daß die geplante Maßnahme nicht im Wahlprogramm der Conservative Party genannt worden sei.[271] Das Abstimmungsergebnis nach der zweiten Lesung lautete: 281 Ja-Stimmen gegen 237 Nein-Stimmen. Dabei stimmten die drei wichtigsten Oppositionsparteien geschlossen gegen die Vorlage.[272]

Die Ausschußbehandlung der Vorlage erfolgte im Standing Committee H, das seine Verhandlungen am 9. Dezember 1982 aufnahm und bis zum 10. März des darauffolgenden Jahres insgesamt 35 Sitzungen abhielt.[273] Die Beendigung der Ausschußberatungen am 10. März 1983 erfolgte nicht auf freien Wunsch der Abgeordneten, sondern als Ergebnis einer "guillotine", die das Unterhaus gegen 227 Nein-Stimmen der Oppositionsparteien angenommen hatte.[274] Bis zu diesem Zeitpunkt hatte der Ausschuß rund 110 Stunden lang getagt, aber gleichwohl erst drei von insgesamt 84 Paragraphen der Vorlage beraten.

Der Schwerpunkt der Ausschußberatungen lag auf der Erörterung jener Passagen der Vorlage, die die Kontrolle der zu privatisierenden British Telecom betraf. Der Erfolg der Opposition, ihre Vorstellungen einzubringen, fiel insgesamt äußerst bescheiden aus. Letztlich gelang es nur in einem Fall, die Regierung zur Änderung einer wichtigen Bestimmung in Paragraph 3 zu bewegen.[275] Hinzuzufügen ist, daß wichtige Teile der Kritik an der Regierungsvorlage ohnehin nicht von Vertretern der Opposition, sondern von Mitgliedern der Regierungsmehrheit artikuliert wurden, was auch mit der stark ideologisch aufgeladenen Entscheidungssituation erklärt werden kann, welche die Bereit-

---

269 House of Commons, Parliamentary Papers, Session 1982-83, Bills, Bill 15, 48/4.
270 Vgl. J. Moon u.a., a.a.O. (Anm. 261), S. 346.
271 Vgl. die diesbezüglichen Debattenbeiträge der Abgeordneten Orme (Labour Party) und Penhaligon (Liberal Party) in: Official Report, House of Commons, Parliamentary Debates, Session 1982-83, Vol. 33, Cols. 41f., 58f.
272 Ebd., Cols. 79f.
273 Vgl. Official Report, House of Commons, Parliamentary Debates, Standing Committees, Session 1982-83, Vol. VI: Standing Committee H.
274 Vgl. Official Report, House of Commons, Parliamentary Debates, Session 1982-83, Vol. 37, Cols. 299ff.
275 Vgl. Official Report (H.C.), Standing Committee H, a.a.O. (Anm. 273), Col. 985.

schaft der Opposition zur Mitarbeit eher lähmte als beförderte, wie ein Ausschußmitglied für die Conservative Party treffend bemerkte: "The opposition has been so total that it has even stifled Labour Members and prevented their putting down improving amendments."[276] Diese Haltung kam auch in dem Wortbeitrag des Labour-Ausschußmitglieds Orme kurz vor der Rücküberweisung der Vorlage an das Plenum zum Ausdruck, in der mehr von Kampf als von Kooperation und Verhandlung die Rede war: "I thank my right hon. and hon. Friends for the way in which they have fought the Bill. We are only pausing. We shall return to the hustings on the Floor of the House. We are utterly opposed to the principles in the Bill. The fight will continue."[277]

Im Anschluß an die Erörterung der Ausschußänderungen beschloß das Unterhaus die Vorlage am 28. März 1983 mit 286 zu 241 Stimmen in dritter Lesung.[278] Auch in der Schlußdebatte fand die tiefe Spaltung zwischen Regierungslager und vor allem der Labour-Opposition noch einmal beredten Ausdruck. Der Labour-Abgeordnete Orme sprach von einer "philosophical difference between the Opposition and the Government"[279], die jede konstruktive Zusammenarbeit unmöglich gemacht hätte; und selbst der Abgeordnete Penhaligon aus den Reihen der gemäßigteren Liberal Party zögerte nicht, "party dogma"[280] als den wichtigsten Impuls der Maßnahme zu nennen.

Ab Mitte 1983 befaßte sich das Oberhaus mit dem Beschluß des House of Commons. Das House of Lords nahm die Vorlage am 18. April 1983 in zweiter Lesung an und überwies sie an ein Committee of the Whole House.[281] Die letzte Oberhaus-Debatte über die Telecommunications Bill vor den Parlamentswahlen vom 9. Juni 1983 fand am 5. Mai 1983 statt.

Die Telecommunications Bill war unter jenen fünf von insgesamt sechzehn in der Thronrede vom 22. Juni 1983 erwähnten Maßnahmen, die bereits einen Teil des parlamentarischen Verfahrens hinter sich gebracht hatten, aber nun noch einmal vollständig neu beraten werden mußten.[282] Die neue Telecommunications Bill[283] wurde am 17. Juli 1983 gedruckt. Gegenüber der ursprünglichen Regierungsvorlage aus der vorausgehenden Session gab es wenige grundlegende Änderungen. Zu den gegenüber der Erstvorlage geänderten Passagen zählte vor allem Clause 3, in der die umfangreichen Anregungen und Kritikpunkte der - vor allem von Vertretern der Regierungsseite dominierten - parlamentarischen Beratungen in Richtung einer Konkretisierung des Kontrollsystems für künftige Entscheidungen der British Telecom entsprechend berücksichtigt wurden. Die wichtigste Innovation betraf die Festsetzung eines Tarif-Systems mit einer Obergrenze in nicht-kompetitiven Leistungsbereichen

---

276 Official Report, House of Commons, Parliamentary Debates, Session 1982-83, Vol. 37, Col. 332.
277 Official Report (H.C.), Standing Committee H, a.a.O. (Anm. 273), Col. 1525.
278 Official Report, House of Commons, Parliamentary Debates, Session 1982-83, Vol. 40, Cols. 278ff.
279 Ebd., Col. 249.
280 Ebd., Col. 265.
281 Vgl. Official Report, House of Lords, Parliamentary Debates, Session 1982-83, Vol. 441, Col. 469.
282 Vgl. The Times vom 23. Juni 1983.
283 House of Commons, Parliamentary Papers, Session 1983-84, Bills, Bill 65, 49/1.

der British Telecom. Dabei ist es wichtig zu betonen, daß diese Änderung nicht etwa Gedankengut der Opposition widerspiegelte, sondern direkt aus einem vom Department of Trade and Industry in Auftrag gegebenen Expertengutachten übernommen wurde.[284]

In der Unterhausdebatte vor der zweiten Lesung am 18. Juli 1983 zeigten sich nicht zuletzt auch deutliche Unterschiede in den Auffassungen der Oppositionsparteien. Im Vergleich zu der Labour-Opposition stellten Vertreter der SDP fest, daß für sie ein hohes Maß an langfristiger Stabilität des Telecommunikationssektors vorrangige Bedeutung besäße und dieses durch einen Verbleib der British Telecom im Privatsektor am besten gewährleistet sei. Falls es jedoch zu einer Verstaatlichung kommen sollte, würde sie nichts unternehmen, um diese Entscheidung zu einem späteren Zeitpunkt rückgängig zu machen.[285] Neue Argumente tauchten in der Generaldebatte im Rahmen der zweiten Lesung nicht auf. Im Zentrum der Erörterungen standen wiederum Fragen nach der Kontrollfähigkeit einer privatisierten British Telecom, und auch diesmal gehörten Hinterbänkler der Conservative Party zu den engagiertesten Vertretern der Forderung nach noch mehr Klarheit in diesem Punkt. Im Hinblick auf die unterschiedlich weitgehende Ablehnung der Privatisierungsmaßnahme durch die Opposition läßt sich feststellen, daß auch die gemäßigtere Einstellung der Alliance-Opposition nicht dazu führte, der Regierungsmehrheit deutlich konstruktivere Vorschläge zu unterbreiten als ihrerseits die Labour Party. Der Ablehnung der Maßnahme durch Vertreter der Alliance wegen der befürchteten Destabilisierung des Telecommunikationssektors stand auf seiten der Labour Party neben einer generellen ideologischen Ablehnung eher die Frage des Sinns einer solchen Maßnahme gegenüber, da ein nachprüfbarer Zusammenhang zwischen Privatisierung und Wettbewerbssteigerung schlicht bestritten wurde.

Auch in den am 25. Oktober 1983 begonnenen Ausschußberatungen konnte die Opposition nichts ausrichten. Am 21. November verhängte das House of Commons zudem erneut eine "guillotine", die es dem beauftragten Standing Committee A vorschrieb, seine Verhandlungen bis zum 1. Dezember des laufenden Jahres abzuschließen. Am 15. Dezember 1983 schließlich wurde die Vorlage vom Unterhaus in dritter Lesung mit 313 zu 187 Stimmen angenommen. Während des vorangehenden Report stage ging es der Opposition vor allem darum, umfassende Rechte der Arbeitnehmer der künftigen British Telecom im Bereich des Streikrechts, der Pensionsversorgung und weiterer sozialer Versorgungsansprüche in das Gesetz hineinzuschreiben. Sämtliche dieser Vorschläge wurden mit beträchtlichem Stimmenvorsprung der Regierungsmehrheit zurückgewiesen.[286]

Zu den relevanten außerparlamentarischen Rahmenbedingungen dieser Phase des parlamentarischen Entscheidungsprozesses zählt zumindest die Tatsa-

---

284 Vgl. Stephen Littlechild, Regulation of British Telecommunications' Profitability, Department of Trade and Industry, London 1983.
285 Vgl. Official Report, House of Commons, Parliamentary Debates, Session 1983-84, Vol. 46, Cols. 61f.
286 Vgl. Official Report, House of Commons Parliamentary Debates, Session 1983-84, Vol. 50, Cols. 1018ff.

che, daß die Unterstützung der Privatisierungsmaßnahme in der Bevölkerung, gemäß repräsentativen Umfragen, gegenüber der Stimmung zum Jahresende 1982 deutlich im Abnehmen begriffen war.[287]

Ab Mitte Januar 1984 wurde die Maßnahme wieder im Oberhaus behandelt. Wie im ersten Durchgang der parlamentarischen Behandlung der Vorlage wurde die Telecommunications Bill vom Oberhaus in zweiter Lesung angenommen und an ein Committee of the Whole House überwiesen. In den nachfolgenden Erörterungen kam es kaum noch zu einer generellen Infragestellung der Privatisierungsmaßnahme. Zumindest zwei Regierungsniederlagen in Detailfragen sorgten jedoch für größere mediale Aufmerksamkeit: ein amendment der Opposition vom 13. Februar, in dem die gleichwertige Service-Versorgung ländlicher Regionen festgeschrieben wurde, und die, ebenfalls auf Betreiben oppositioneller Peers zustande gekommene Aufnahme eines ausdrücklichen Verbots von Telefonabhöraktionen am 22. Februar 1984.[288] Die Telecommunications Bill wurde vom Oberhaus am 29. März 1984 endgültig verabschiedet[289] und erhielt am 12. April desselben Jahres den Royal Assent.[290]

Die Implementation der Privatisierungsentscheidung erwies sich aus der Sicht der Regierung als Erfolgsgeschichte. Am 28. November 1984 begann, im Anschluß an eine außerordentlich aufwendige Werbekampagne, der offizielle Verkauf von 51 Prozent der British Telecom-Aktien. Insgesamt wurden 3,01 Milliarden Aktien im Wert von 3,92 Milliarden Pfund angeboten und verkauft. Die Nachfrage nach Aktien überstieg das Angebot um ein Vielfaches.[291]

Seit der Endphase des parlamentarischen Entscheidungsprozesses hatte sich dem Hauptargument der Regierung für eine Privatisierung der British Telecom (die drastische Erhöhung des Wettbewerbs) mit dem artikulierten Wunsch nach Schaffung eines "Volkskapitalismus" (einer möglichst großen Anzahl von Aktienbesitzern innerhalb der britischen Bevölkerung) ein weiteres Argument hinzugesellt. Für die initiierte breite Streuung der Aktienbesitzer gab es neben der offiziellen Begründung jedoch zumindest noch zwei weitere Gründe. Einerseits sollten Hinterbänkler der Regierungsmehrheit, die wegen des Verkaufs "nationaler Besitzstände" bis zuletzt starke Vorbehalte gegen die Privatisierung der British Telecom hatten, besänftigt werden. Andererseits meinten kritische Beobachter darin schon früh den Versuch der Regierung zu erkennen, eine spätere Renationalisierung des Konzerns durch die Opposition entsprechend zu erschweren.[292]

Vor diesem Hintergrund kann es nicht verwundern, daß zumindest die Labour Party auch während der Implementationsphase einen mehr oder minder radikalen Konfrontationskurs beibehielt. Während die kleineren Oppositionsparteien der Umsetzung der beschlossenen Maßnahme praktisch keine beson-

---

287 Vgl. The Times vom 15. November 1983.
288 Vgl. Official Report, House of Lords, Parliamentary Debates, Session 1983-84, Vol. 448, Cols. 16ff., 460ff.
289 Vgl. Official Report, House of Lords, Parliamentary Debates, Session 1983-84, Vol. 450, Col. 411.
290 Vgl. Official Report, House of Commons, Parliamentary Debates, Session 1983-84, Vol. 58, Col. 541.
291 Vgl. Karin Newman, The Selling of British Telecom, London u.a. 1986, S. 80ff.
292 Vgl. The Times vom 8. August 1984; The Guardian vom 8. August 1984.

dere politische Aufmerksamkeit mehr widmeten, ließ die Labour Party kaum eine Gelegenheit aus, um auf ihre fortbestehenden Renationalisierungspläne hinzuweisen. Sogar in Prospekten der British Telecom, mit der Aktionäre geworben werden sollten, tauchte der Hinweis auf, daß die Labour Party im Falle eines Machtwechsels und einer anschließenden Renationalisierung des Unternehmens - unabhängig vom tatsächlichen aktuellen Aktienwert - eine im vornherein festgelegte Entschädigungssumme von lediglich 1,30 Pfund pro Aktie zahlen würde.[293] Einen nennenswerten Einfluß auf den Verlauf der Implementation der Maßnahme hatte die Drohgebärde der Opposition allerdings nicht.

2.2.2 Der Police and Criminal Evidence Act 1984

Der Police and Criminal Evidence Act 1984[294] wurde zu Recht als eine der wichtigsten parlamentarischen Entscheidungen der gesamten achtziger Jahre und darüber hinaus beschrieben.[295] Mit dieser Maßnahme wurde zum einen eine grundlegende Reform der polizeilichen Ermittlungsrechte vorgenommen. Diese war vor allem gekennzeichnet durch die Schaffung eines Katalogs von zu großen Teilen erstmals gesetzesrechtlich exakt definierten Kompetenzen der Polizei mit, gemessen an der bis dahin bestehenden Rechtslage, insgesamt deutlich expansiver Stoßrichtung. Ferner wurden eine Reihe neu definierter Delikte in das Gesetzesrecht eingeführt, die ein polizeiliches Tätigwerden rechtfertigen. Die beiden weiteren großen Bereiche, die durch den Police and Criminal Evidence Act 1984 reformiert wurden, betrafen das Verfahren der gerichtlichen Beweisführung bei der Behandlung krimineller Delikte und das Beschwerdeverfahren für Bürger gegenüber der Polizei.[296] Aus der Perspektive der zweiten Hälfte der neunziger Jahre betrachtet, erscheint die rechtspolitische Reformmaßnahme der zweiten Regierung Thatcher zudem in der Tat als wegbereitender Schritt zur Abschaffung des traditionellen "right of silence" verhafteter Personen durch die Regierung Major Ende 1994[297], wie kritische Beobachter bereits Jahre zuvor befürchtet hatten.[298]

Die ersten Vorarbeiten der Reform von 1984 lassen sich mindestens bis in die Mitte der sechziger Jahre zurückverfolgen, als das seinerzeit konservativ regierte Home Office das Criminal Law Revision Committee beauftragte, Vorschläge zur Reformierung des Beweisführungssystems bei der Aufklärung krimineller Delikte vorzulegen. Dessen 1972 präsentierter Bericht rief wegen der, neben zahlreichen anderen Reformvorschlägen, angeregten Aufhebung des

---

293 Vgl. The Times vom 23. November 1984.
294 The General Public Acts and General Synod Measures 1984, Part III, HMSO, S. 2735ff.
295 In diesem Sinne etwa Philip Norton, The Constitution in Flux, in: B. Jones, a.a.O. (Anm. 260), S. 277-292, 284.
296 Vgl. hierzu ausführlich M.D.A. Freeman, Police and Criminal Evidence Act 1984, London 1985.
297 Vgl. Francesca Klug/Keir Starmer/Stuart Weir, Civil Liberties and the Parliamentary Watchdog: The Passage of the Criminal Justice and Public Order Act 1994, in: Parliamentary Affairs 49 (1996), S. 536-549.
298 Vgl. K.D. Ewing/C.A. Gearty, Freedom under Thatcher. Civil Liberties in Modern Britain, Oxford 1990, S. 37.

"right of silence" so viel Empörung hervor, daß das Thema einer umfassenden Reform polizeilicher Ermittlungsrechte vorübergehend vollständig von der politischen Agenda verschwand.[299]

Zur engeren zeitlichen Vorgeschichte der Maßnahme kann die Einsetzung der Royal Commission on Criminal Procedure unter Vorsitz von Sir Cyril Philips durch die Labour Regierung Callaghan 1978 gerechnet werden. In seiner Antwort auf eine schriftliche Anfrage im Juni 1977 rechtfertigte Callaghan seine Entscheidung mit der verwaltungstechnisch notwendigen Reform des Polizeirechts (sprich vor allem der gebotenen Zusammenfassung von bis dahin lediglich in verstreuter Form bestehenden Regeln) und dem Hinweis auf wachsende Sorge und Unkenntnis der Bevölkerung hinsichtlich der Frage nach polizeilicher Verbrechensbekämpfung und -aufklärung.[300]

Die Philips Commission legte ihren Abschlußbericht Anfang 1981 vor.[301] Der zentrale Anspruch des Berichts, auf den in späteren Stadien des Entscheidungsprozesses immer wieder Bezug genommen wurde, lag in dem Versuch, ein Gleichgewicht zu schaffen zwischen dem vorausgesetzten Interesse der Gesellschaft an einer optimalen Aufklärung von Straftaten einerseits und dem Ziel eines Höchstmaßes an rechtsstaatlichem Schutz für Tatverdächtige andererseits. Der Kommissionsbericht fand die Unterstützung eines Großteils der juristischen Fachwelt und eine ähnlich freundliche Aufnahme in Kreisen der Polizei; scharfe Kritik hingegen formulierten verschiedene Bürgerrechtsgruppen ebenso wie die offizielle Labour-Opposition.[302]

Zum Hintergrund des parlamentarischen Entscheidungsprozesses zählt ferner ein Anstieg der Kriminalität seit den siebziger Jahren sowie eine verbreitete Unzufriedenheit weiter Bevölkerungskreise mit der Arbeit der Polizei. Nach einem Bericht des Economist waren der Polizei in England und Wales im Jahre 1970 insgesamt 1,6 Millionen schwere Verbrechen ("serious crimes") bekannt, 1981 bereits 2,8 Millionen, bei einem allerdings ebenfalls steigenden Personalbestand der Polizei, der die höhere Registrierrate von Delikten miterklärt.[303] Umfangreiche öffentliche Kritik an dem Verhalten der Polizei, der ein übertrieben hartes Eingreifen vorgeworfen wurde, gab es speziell im Zusammenhang mit den schweren innerstädtischen Unruhen im Frühjahr und Sommer 1981, die auch den Anlaß für die Anforderung eines später vieldiskutierten Experten-Gutachtens[304] durch das Home Office darstellten. Nach Einschätzung einiger Beobachter war die Kritik am Mißbrauch der bestehenden Rechte durch die Polizei als Impuls für eine gesetzliche Ausdehnung polizeilicher

---

299 Vgl. Michael Zander, The Police and Criminal Evidence Act 1984, London 1985, S. xv.
300 Vgl. Official Report, House of Commons, Parliamentary Debates, Session 1976-77, Vol. 933, Written answers, Cols. 603-605.
301 Vgl. The Royal Commission on Criminal Procedure. The Investigation and Prosecution of Criminal Offences in England and Wales: The Law and Procedure, HMSO, Cmnd. 8092, London 1981.
302 Vgl. Michael Zander, Police Powers, in: Political Quarterly 53 (1982), S. 128-143, 132f.
303 Vgl. The Economist vom 8. Mai 1982, S. 47.
304 The Brixton Disorders April 10-12, 1981. Report of an Inquiry by the Rt. hon. The Lord Scarman, O.B.E., HMSO, Cmnd. 8427, London 1981.

Einsatzrechte von größerer Bedeutung als das seit den sechziger Jahren feststellbare Drängen der Polizei auf eine Ausweitung ihrer Kompetenzen.[305]

Etwa zwanzig Monate nach Abschluß der Arbeiten der Royal Commission, während derer es offensichtlich zu umfangreichen verdeckten Einflußversuchen der konservativen "Law and Order-Lobby" auf das Home Office kam[306], wurde die Police and Criminal Evidence Bill[307] am 17. November 1982 in erster Lesung im Parlament eingebracht. In der am 30. November 1982 stattfindenden Debatte im Rahmen der zweiten Lesung nannte Labour Shadow Home Secretary Hattersley in seinem Eröffnungsplädoyer drei Gründe, wegen derer seine Partei der Regierungsvorlage nicht zustimmen würde: die Gefährdung des Prinzips einer freien Gesellschaft durch die Erweiterung der polizeilichen Ermittlungsrechte, die daraus resultierende Entfremdung zwischen Bürger und Polizei sowie die in der Regierungsvorlage nicht enthaltene Fundamentalreform der innerpolizeilichen Verwaltungs- und Kontrollstrukturen.[308] Die stärkste Verurteilung durch die Labour Party in diesem Stadium erfuhr jedoch das in Clause 25 der Vorlage festgeschriebene Recht der Polizei, mutmaßliche Täter ohne Haftbefehl für länger als 24 Stunden festhalten zu können.[309]

Der Stil der Auseinandersetzung zwischen Gegnern und Befürwortern der Maßnahme war gleichwohl deutlich weniger aggressiv als etwa bei den Verhandlungen über den British Telecommunications Act. Sprecher der Labour Party deuteten bereits in diesem Stadium der parlamentarischen Verhandlungen an, sich trotz ihrer Zustimmungsverweigerung in der zweiten Lesung in der Ausschußphase um eine konstruktive Mitarbeit an der Verbesserung des Entwurfs bemühen zu wollen und lobten die insgesamt offene Diskussionsatmosphäre.[310] Noch deutlich weniger konfrontativ war die Haltung von Vertretern der Alliance. Sowohl die Abgeordneten der Liberal Party als auch der SDP enthielten sich in der Abstimmung über die zweite Lesung der Stimme. Das Abstimmungsergebnis lautete 273 Ja-Stimmen zu 187 Nein-Stimmen.[311] Im Anschluß daran wurde die Vorlage zur weiteren Beratung an das Standing Committee J überwiesen, das diese am 9. Dezember 1982 aufnahm.[312]

In der außerparlamentarischen Arena zeichneten sich unterdessen folgende Strukturen ab: Die Law Society, der Berufsverband britischer Rechtsanwälte, übte als erste größere Organisation scharfe Kritik an der vom Unterhaus in zweiter Lesung beschlossenen Maßnahme, vor allem wegen der fehlenden Sicherungen gegen einen möglichen Machtmißbrauch seitens der Polizei; im Ja-

---

305 Vgl. M.D.A. Freeman, a.a.O. (Anm. 296), C. 60-5.
306 Vgl. The Observer vom 27. März 1983; ferner Robert Reiner, The Politics of the Act, in: Public Law 1985, S. 394-402, 398.
307 House of Commons, Parliamentary Papers, Session 1982-83, Bills, Bill 16, 48/4.
308 Vgl. Official Report, House of Commons, Parliamentary Debates, Session 1982-83, Vol. 33, Cols. 157f.
309 Vgl. ebd., Col. 162.
310 Vgl. etwa die Äußerung des Abgeordneten Campbell-Savours (Labour Party), Official Report (H.C.), Parliamentary Debates, a.a.O. (Anm. 307), Vol. 33, Col. 206.
311 Vgl. ebd., Cols. 225f.
312 Die große Bedeutung, die die Regierung der parlamentarischen Beratung der Police and Criminal Evidence Bill zumaß, kam auch in der Tatsache zum Ausdruck, daß Home Secretary Whitelaw persönlich einen permanenten Sitz im Ausschuß nahm.

nuar 1983 veröffentlichte der National Council for Civil Liberties ein (an alle Ausschußmitglieder verteiltes) Papier, in dem insbesondere das im Gesetzentwurf vorgesehene Recht der Polizei, im Falle eines Ermittlungsverfahrens vertrauliche Aufzeichnungen von Ärzten, Pfarrern, Journalisten, Sozialarbeitern usw. einzusehen, verurteilt wurde; Mitte Februar 1983 erklärte die British Medical Association in einem Schreiben an alle Mitglieder des beratenden Ausschusses ihre schweren Bedenken gegen die vorgesehene Regelung, eine in polizeilichem Gewahrsam befindliche Person auch ohne deren Einwilligung körperlich untersuchen zu können und kündigte an, daß die Polizei in solchen Fällen auf die Mitwirkung von in ihrem Verband organisierten Ärzten werde verzichten müssen; wenig später erteilten auch mehr als fünfzig Bischöfe der Church of England dem geplanten Recht der Polizei zur Durchsuchung vertraulicher Aufzeichnungen Geistlicher eine scharfe Absage.[313] Die einzige praktisch bedingungslose Befürwortung der Vorlage durch eine national bedeutende Institution in diesem Stadium des Entscheidungsprozesses stammte von der rund 120.000 Mitglieder zählenden Police Federation.[314]

Die Ausschußberatungen über die Police and Criminal Evidence Bill waren von Beginn an durch ein für britische Verhältnisse auffallend konziliantes Verhältnis zwischen Vertretern der Mehrheits- und Minderheitsfraktionen charakterisiert, obwohl es kaum wichtige amendments der Opposition gab, die ein Mehrheitsvotum der Ausschußmitglieder erlangten. Die beiden Abgeordneten der kleineren Oppositionsparteien steuerten im übrigen einen Kurs, der zwischen Enthaltung und einem Wechsel der Fronten (mit allerdings deutlich häufigerer Unterstützung der Labour Party) schwankte. Der Ausschuß kam bis Ende März 1983 41 Mal zu ausführlichen Verhandlungen zusammen und konnte die Vorlage vollständig durchberaten, ohne daß eine "guillotine" verhängt wurde. Der Minister of State im Home Office, Mayhew, beschrieb die Arbeit des Ausschusses am Ende als "uniformly constructive, detailed and comprehensive"[315], wie auch der Abgeordnete Hattersley für die Labour Opposition von einem "good-tempered and constructive Committee"[316] sprach.

In deutlichem Gegensatz dazu blieb der Stil der Auseinandersetzung im Parlamentsplenum und außerhalb des Parlaments stark konfrontativ geprägt. Während der Prime Minister's Question Time vom 22. März 1983, in der die Premierministerin wegen auswärtiger Verpflichtungen vom Home Secretary vertreten wurde, forderte der Labour-Vorsitzende Foot die Zurücknahme der gesamten Vorlage und kündigte die sofortige Aufhebung der Entscheidung im Falle eines Machtwechsels an.[317] Eine ähnlich scharfe Verurteilung des Gesetzentwurfes formulierte der im Ausschuß sitzende Labour Shadow Home

---

313 Vgl. The Times vom 7. Dezember 1982, vom 18. Januar 1983, vom 14. Februar 1983 sowie vom 17. März 1983; The Guardian vom 8. Dezember 1982 und vom Februar 1983.
314 Vgl. The Times vom 25. März 1983.
315 Vgl. Official Report, House of Commons, Parliamentary Debates, Standing Committees, Session 1982-83, Vol. VII: Standing Committee J, Col. 1540.
316 Ebd.
317 Vgl. Official Report, House of Commons, Parliamentary Debates, Session 1982-83, Vol. 39, Cols. 718f.

Secretary Hatterslay im Rahmen einer politischen Abendveranstaltung in London.[318]

Die Times berichtete erstmals am 21. März 1983 über mögliche Konzessionen der Regierung speziell in der Frage der polizeilichen Ermittlungsrechte in sensiblen Bereichen.[319] Im mit der Beratung der Vorlage befaßten Ausschuß hatte es bereits Ende Januar erste Anzeichen für ein Einlenken der Regierung in diesem Punkt gegeben.[320] Nachdem die Premierministerin persönlich Ende März 1983 im Rahmen der Beantwortung einer schriftlichen Anfrage eines konservativen Hinterbänklers mehr oder minder moderate Änderungen hinsichtlich der vorgesehenen polizeilichen Ermittlungsrechte in Aussicht gestellt hatte[321], kündigte am 14. April 1983 auch Home Secretary Whitelaw zunächst nicht näher definierte Konzessionen an die Kritiker dieses Teils des Regierungsentwurfs an.[322]

Obwohl die Forderungen der British Medical Association und der Church of England nach mehr Schutz der Intimsphäre von Angeklagten von der parlamentarischen Opposition (und hier vor allem der Labour Party) begrüßt und mitgetragen wurden, kann das Einlenken der Regierung kaum als direktes Zugeständnis an die parlamentarische Opposition im engeren Sinne interpretiert werden. Spezielle Beratungsgespräche mit dem Ziel beidseitig akzeptabler Lösungen wurden jedenfalls nicht mit ersterer, sondern lediglich mit Repräsentanten verschiedener Organisationen, wie der National Union of Journalists geführt, die ebenfalls gegen die Offenlegung vertraulicher Unterlagen protestiert hatten.

Am 3. Mai 1983 brachte die Regierung im Unterhaus einen Antrag auf eine Rücküberweisung von Teilen der Vorlage an ein Committee of the Whole House ein, der auch von der Opposition unterstützt wurde. Daraufhin kam es zu einer nochmaligen ausführlichen Beratung jener Teile des Gesetzentwurfs, die die Rechte der Polizei zur Einsichtnahme in vertrauliche Aufzeichnungen Dritter betrafen (Clause 9 und 10) sowie einer Reihe weiterer neuer Paragraphen. An den vom Home Office neugefaßten Passagen gab es als Ergebnis der Beratungen aber keine zusätzlichen Änderungen mehr. Ebenso war weiteren Anträgen der Opposition, wie etwa bezüglich der vollständigen Tonbandaufzeichnung von polizeilichen Verhören, kein Erfolg beschieden. Die einleitenden Bemerkungen des Home Secretary im Rahmen der erneuten Detailberatung machten gleichwohl aus dem Teilrückzug der Regierung keinen Hehl: "In proposing the motion I hoped that I was going at least some way towards meeting the proper anxieties expressed (...). A constructive approach to the Bill must inevitably lead to meeting the Opposition's arguments where they are good. That is what we have done."[323]

---

318 Vgl. The Times vom 25. März 1983.
319 Vgl. The Times vom 21. März 1983.
320 Vgl. den Redebeitrag des Abgeordneten Mayhew (Conservative Party), in: Official Report (H.C.), Standing Committee J, a.a.O. (Anm. 315), Col. 353.
321 Official Report, House of Commons, Parliamentary Debates, Session 1982-83, Vol. 40, Written answers, Col. 108.
322 Vgl. ebd., Cols. 430f.
323 Vgl. Official Report, House of Commons, Parliamentary Debates, Session 1982-83, Vol. 42, Col. 34.

Wegen der Parlamentswahlen vom Juni 1983 mußten die parlamentarischen Beratungen jedoch abgebrochen werden, bevor auch nur das Unterhaus die Vorlage abschließend in dritter Lesung billigen konnte. Im Gegensatz zu einer Reihe anderer Gesetzesvorhaben der Regierung, die dem Prinzip der sachlichen Diskontinuität zum Opfer gefallen waren, wurde die Police and Criminal Evidence Bill nicht unmittelbar im Anschluß an die Eröffnung der neuen Parlamentssession nochmals eingebracht. Der neu berufene Home Secretary Brittan wartete bis Anfang November 1983, bevor er dem Unterhaus die revidierte Fassung der Regierungsvorlage präsentierte.[324] In der neugefaßten Vorlage wurden nicht nur die bis dahin parlamentarisch beschlossenen Veränderungen an der Originalvorlage berücksichtigt; zu den wichtigen Änderungen zählte ferner die stärkere rechtliche Konditionierung von körperlichen Untersuchungen Festgenommener durch die Polizei sowie nicht zuletzt die von der Opposition geforderte Verpflichtung zur Tonbandaufzeichnung sämtlicher polizeilicher Verhöre. Zu den Hauptstreitpunkten der parlamentarischen Verhandlung der Vorlage im Rahmen der neuerlichen zweiten Lesung gehörte die unverändert gebliebene Regelung, nach der mutmaßliche Täter ohne Haftbefehl im Einzelfall länger als 24 Stunden in Polizeigewahrsam gehalten werden können.

Kritik aus den Reihen konservativer Hinterbänkler blieb diesmal weitgehend, wenngleich nicht vollständig aus. Die Vertreter der Liberal Party und der SDP entschlossen sich trotz kritischer Anmerkungen erneut zur Stimmenthaltung. Demgegenüber verurteilten Abgeordnete der Labour Party - ungeachtet der keineswegs geleugneten Zugeständnisse der Regierung - die revidierte Regierungsvorlage vollständig, da sie nach wie vor geeignet sei, das Vertrauen zwischen Bevölkerung und Polizei zu zerstören und ferner eine nicht akzeptable Einschränkung ziviler Freiheitsrechte bedeute.

Die spezifische Vorgeschichte der neugefaßten Regierungsvorlage schuf insgesamt eine Verhandlungssituation, die als Verhärtung der Fronten beschrieben werden kann. Die dominierende Sicht auf seiten eines Großteils von Angehörigen der Regierungsmehrheit kommt gut zum Ausdruck in dem Debattenbeitrag des konservativen Abgeordneten Hawksley:

> This Bill is different from that which started its passage through the House a year ago. Compared to that Bill we are now seeing greater protection offered to the individual, but no increase in police powers. That is the result of the Committee stage on that previous Bill during the last Parliament. (...) The way that the Government gave way to demands and pressure from the Opposition and from the various lobby groups was extraordinary. I have never known a Bill on which so much ground was given by a Government to the Opposition. (...). I am anxious that, with so much ground having been given at that stage, the Government should today, in asking for the Bill's Second Reading, reassure the House that they intend to give no more.[325]

---

324 Der neuformulierte Gesetzentwurf war jedoch bereits am 27. Oktober 1983 gemeinsam mit zwei neuen White Papers veröffentlicht worden (House of Commons, Parliamentary Papers, Session 1983-84, Bills, Bill 44, 49/1) und zog schon vor Beginn der parlamentarischen Debatte erneut scharfe Kritik oppositioneller außerparlamentarischer Gruppen auf sich. Vgl. The Times vom 28. Oktober 1983 sowie vom 29. Oktober 1983.

325 Official Report, House of Commons, Parliamentary Debates, Session 1983-84, Vol. 48, Cols. 56f.

Diese Sichtweise wurde auch vom seinerzeitigen Minister of State im Home Office, Hurd, unmittelbar vor der Abstimmung über die zweite Lesung der Vorlage bekräftigt, indem er ausführte: "the changes that we have already made will to some extent inevitably limit the changes that we can make in the future"[326]. Das Unterhaus nahm die Police and Criminal Evidence Bill schließlich am 7. November 1983 in zweiter Lesung mit 339 Ja-Stimmen gegen 188 Nein-Stimmen an.

Die Vorlage wurde weiterberaten im Standing Committee E, das zwischen dem 17. November 1983 und dem 29. März 1984 zu der historischen Rekordanzahl von nicht weniger als 59 Sitzungen von jeweils mehrstündiger Dauer zusammenkam. Während des Ausschußstadiums kam es gleichwohl kaum noch zu wichtigen Änderungen an der in zweiter Lesung beschlossenen Textfassung. Keiner der zahlreichen amendments der Opposition erreichte das erforderliche Mehrheitsvotum. Allerdings wurde auch Alleingängen von Mitgliedern der Regierungsmehrheit, die auf eine weitere Expansion polizeilicher Untersuchungsrechte zielten, eine Absage erteilt.[327] Zum wichtigsten Zugeständnis der Regierungsmehrheit während der gesamten Ausschußberatungen kam es am 16. Februar 1984, als diese dem Drängen der Opposition nach einer Verschärfung der rechtlichen Voraussetzungen für das Festhalten Verdächtiger ohne Haftbefehl über die Grenze von 24 Stunden hinaus nachgab und eine entsprechende Initiative der Regierung in Aussicht stellte, ohne allerdings die geplante maximal zulässige Zeitspanne von 96 Stunden aus der Vorlage zu streichen.[328] Im übrigen gestand die Regierung dem Ausschuß auch diesmal das Recht zu, die Vorlage ohne zeitliche Pressionen vollständig durchzuberaten.

Das Plenum des Unterhauses behandelte die Vorlage erneut am 14. und 16. Mai 1984 im Rahmen des Report stage und der dritten Lesung. Dabei präsentierte die Regierung eine Reihe kleinerer Änderungswünsche aus dem thematischen Zusammenhang polizeilicher Ermittlungsrechte, die von der Opposition ausdrücklich begrüßt wurden. Neuen amendments der Opposition war jedoch keinerlei Erfolg beschieden. Die Schlußdebatte der dritten Lesung war vor allem durch gegenseitige Versuche der Mehrheit und Minderheit gekennzeichnet, die während der umfangreichen parlamentarischen Beratungen ausgehandelten Änderungen an der Regierungsvorlage auf die jeweils eigenen Fahnen zu schreiben. "The Opposition have achieved a number of (...) major changes in the Bill", resümierte der Labour-Abgeordnete und Chief Opposition Spokesman on Home Affairs Kaufman, "all these matters are ones on which we put forward amendments, for which we argued, against which in many cases the Minister of State resisted our arguments, and to which in the end Government yielded"[329]. Demgegenüber bemühte sich Hurd für die Regierungs-

---

326 Vgl. ebd., Col. 107.
327 Vgl. etwa den Vorstoß des Abgeordneten Eldon Griffiths, gegen den sowohl die Opposition als auch (mit einer Ausnahme) sämtliche Vertreter der Conservative Party stimmten, in: Official Report, House of Commons, Parliamentary Debates, Standing Committees, Session 1983-84, Vol. VI: Standing Committee E, Cols. 241ff.
328 Vgl. ebd., Cols. 1218ff.
329 Official Report, House of Commons, Parliamentary Debates, Session 1983-84, Vol. 60, Col. 384.

seite, den Eindruck eines souveränen Mehrheitsentscheids in allen wichtigen Sachfragen zu erzeugen:

> The impression given by the right hon. Gentleman, that we were forced to yield and to make concessions, when we had a majority both in Committee and in the House, is obviously absurd. We were conscious of the concessions already made and of the need not to overload the police. We were not willing to win an easy cheer or two by concessions on, for example, the detention timetable.[330]

Die Opposition - und zwar sowohl Vertreter der Labour Party als auch der beiden kleineren Parteien der Alliance - nannten das Recht der Polizei, mutmaßliche Täter bis zu 96 Stunden lang festhalten zu können, als den wichtigsten Grund für ihre geschlossene Ablehnung der Vorlage in der Schlußabstimmung. Kritik speziell an dieser Regelung gab es aber auch noch einmal aus den Reihen der konservativen Mehrheitsfraktion, weshalb sich am Ende ein Abgeordneter der Conservative Party der Stimme enthielt und ein weiterer gar gegen die Regierungsvorlage votierte. Die Vorlage wurde schließlich am 16. Mai 1984 in dritter Lesung vom Unterhaus angenommen.[331]

Die Police and Criminal Evidence Bill wurde ab dem 4. Juni 1984 im Oberhaus behandelt, das sie am selben Tage in der entscheidenden zweiten Lesung (ohne division) billigte.[332] Vertreter und unabhängige Sympathisanten der Oppositionsparteien wiesen im Zuge der weiteren Verhandlungen immer wieder auf die befürchtete Gefährdung des Verhältnisses zwischen der Bevölkerung und der Polizei hin. Aufsehenerregende Änderungen an der Vorlage gab es aber trotz der insgesamt über 350 Lords amendments kaum. Die in der Medienöffentlichkeit am entschiedensten als Niederlage der Regierung aufgefaßte Änderung[333] gab es im Zuge des mit einer knappen 125 zu 110 Stimmenmehrheit angenommenen Änderungsantrages Lord Scarmans, mit dem ein Ermessensspielraum des Haftrichters in bezug auf die rechtlich einwandfreie Erlangung von Beweismaterial und dessen zulässiger Verwendbarkeit vor Gericht in die Vorlage hineingeschrieben wurde.[334] Das Oberhaus nahm die Vorlage am 18. Oktober 1984 in dritter Lesung an.[335]

Die zahlreichen vom House of Lords vorgenommenen Änderungen wurden daraufhin noch einmal vom Unterhaus im Rahmen zweier Sitzungen am 25. und 29. Oktober 1984 eingehender Prüfung unterzogen. Im Zuge dessen wurden nicht nur der vom Oberhaus angenommene Änderungsantrag Lord Scarmans, sondern zusätzlich zwei weitere Lords amendments, die gegen das Anraten der Regierung beschlossen worden waren, gegen die Stimmen der Opposition von der Mehrheit des Unterhauses zurückgewiesen.[336] Von der strecken-

---

330 Ebd., Cols. 410f.
331 Vgl. ebd., Cols. 411f.
332 Vgl. Official Report, House of Lords, Parliamentary Debates, Session 1983-84, Vol. 452, Cols. 404ff.
333 Vgl. The Times vom 1. August 1984.
334 Vgl. Official Report, House of Lords, Parliamentary Debates, Session 1983-84, Vol. 455, Cols. 464ff.
335 Vgl. ebd., Col. 1186.
336 Vgl. Official Report, House of Commons, Parliamentary Debates, Session 1983-84, Vol. 65, Cols. 831ff., 1011ff.

weise kooperativ geprägten Atmosphäre vorausgehender Beratungsphasen war in diesem Stadium des parlamentarischen Entscheidungsprozesses nichts mehr zu spüren. Noch in seinem letzten Debattenbeitrag bekräftigte der Shadow Home Secretary und Labour-Abgeordnete Kaufman die Entschlossenheit seiner Partei, das nicht mehr aufzuhaltende Gesetz so bald als möglich zurücknehmen zu wollen.[337] Die vom Unterhaus beschlossenen Änderungen blieben vom Oberhaus unwidersprochen. Der Gesetzesbeschluß des Parlaments erhielt am 31. Oktober 1984 den Royal Assent, womit aus der Police and Criminal Evidence Bill der Police and Criminal Evidence Act 1984 wurde.[338]

2.2.3 Der Public Order Act 1986

Der Public Order Act 1986[339] markiert die zweite große rechtspolitische Schlüsselentscheidung der Regierung Thatcher während der Wahlperiode 1983 bis 1987. Von kritischen Beobachtern wurde sie wegen des ungewöhnlichen Ausmaßes an Restriktivität schon früh als eine der einschneidensten Maßnahmen für das britische Rechtssystem überhaupt bewertet.[340] Mit dem Public Order Act 1986 wurden zunächst zahlreiche Vergehen gegen die öffentliche Ordnung erstmals in Form parlamentarisch beschlossenen Gesetzesrechts fixiert und der Katalog strafbarer Handlungen aus dem Bereich der öffentlichen Ordnung deutlich erweitert. Abschnitt II des Gesetzes gibt der Polizei umfangreiche Kontrollrechte in bezug auf öffentliche Zusammenkünfte und Demonstrationen. Es wird die landesweit geltende Verpflichtung von Demonstrations-Veranstaltern festgeschrieben, der Polizei mindestens sechs volle Tage vor dem geplanten Termin Kenntnis von ihren Absichten zu geben. Die Polizei erhält das Recht, im Vorfeld und während einer Veranstaltung spezifische Verhaltensrichtlinien zu erlassen und im Falle befürchteter Unruhen Versammlungsorte und Demonstrationsrouten ohne weitere Begründung zu verlegen. Zuwiderhandlungen können mit Geldbußen oder Gefängnis bestraft werden. Der Public Order Act 1986 enthält ferner eine Strafandrohung von bis zu zehnjähriger Haft bei Verurteilung wegen öffentlichen Aufruhrs (riot). Darunter wird das gewalttätige oder gewaltandrohende Auftreten einer Gruppe von zwölf Personen (oder mehr) verstanden. Gemäß Abschnitt IV des Public Order Act 1986 erhalten die Gerichte die Möglichkeit, einzelnen Personen bei bestehenden Befürchtungen hinsichtlich zu erwartender Ordnungsverstöße, den Zutritt zu Fußballstadien zu untersagen.[341]

Der weitere Entstehungsprozeß des Public Order Act 1986 läßt sich bis Ende der siebziger Jahre zurückverfolgen. Am 27. Juni 1979 kündigte Home Secretary Whitelaw im Zuge einer parlamentarischen Debatte über im Frühjahr

---

337 Vgl. ebd., Col. 1122.
338 Vgl. ebd., Col. 1389.
339 The General Public Acts and General Synod Measures 1986, Part IV, HMSO, S. 2691.
340 Vgl. Thomas Noetzel, Die Revolution der Konservativen. England in der Ära Thatcher, Hamburg 1987, S. 91f.
341 Vgl. grundlegend John Marston, Public Order: A Guide to the 1986 Public Order Act, London 1987.

desselben Jahres stattgefundene öffentliche Ausschreitungen in Southall die Absicht der Regierung zur Einleitung weitreichender rechtspolitischer Reformmaßnahmen an.[342] Das Wahlprogramm der Conservative Party von 1979 enthielt diesbezüglich zwar kaum konkretere Zielvorstellungen, ließ jedoch bereits durch die gewählte Überschrift zu diesem Programmpunkt - "Deterring the Criminal" - keinerlei Zweifel an der Stoßrichtung der angestrebten Reform aufkommen.[343]

Bis zur Veröffentlichung eines White Paper[344] des Home Office im Frühjahr 1985, das als direkte Vorstufe der kurze Zeit später im Unterhaus eingebrachten Public Order Bill angesehen werden kann, gab es eine Reihe weiterer erwähnenswerter Bestandsaufnahmen unterschiedlicher Institutionen. Dazu gehörten ein Green Paper des Home Office, das sich speziell mit der Reform der Polizeigewalt befaßte, der fünfte Bericht des Home Affairs Committee des House of Commons sowie ein Working Paper und ein ausführlicher Bericht der Law Commission. Hinzu kamen kleinere ad hoc-Bestandsaufnahmen nach Art des Scarman Reports über die Unruhen in Brixton im Frühjahr 1981.[345]

Anders als im Falle des eigens erwähnten Police and Criminal Evidence Act 1984 enthielt das Wahlprogramm der Conservative Party von 1983 keinen speziellen Hinweis auf den Public Order Act. Überhaupt nahm die Law and Order-Thematik bei den Wahlen von 1983 eine, im Gegensatz zu 1979, höchst bescheidene Position ein.[346] Der Public Order-Issue schnellte erst wenige Monate vor der Veröffentlichung der Public Order Bill am 6. Dezember 1986 auf eine Spitzenposition der politischen Agenda der beiden großen Parteien. "Law and Order" bildete auch das zentrale Thema des Parteitages der Conservative Party vom Oktober 1985. In ihrer Hauptrede brachte Thatcher den - im krassen Gegensatz zu dem libertär geprägten, ursachenorientierten Ansatz Labours[347] stehenden - konservativen Standpunkt im Bereich der Law and Order-Politik unmißverständlich zum Ausdruck. "It is not the police", faßte die Parteivorsitzende zusammen, "who create threats to public order. All too often they are the victims (...) Nor is it social conditions that generate violence."[348]

Die Public Order-Thematik bildete auch einen Schwerpunkt der Queen's Speech zur Eröffnung der Parlamentssession 1985/86 am 6. November 1985 und der nachfolgenden Generaldebatte im Unterhaus. Der barschen Zurückweisung der offengelegten Regierungspläne durch Vertreter der Labour Opposition, da diese nichts zur Bekämpfung der Ursachen öffentlicher Unruhen beitrügen, standen rhetorische Versuche der Regierungsseite gegenüber, die La-

---

342 Vgl. House of Commons, Official Report, Parliamentary Debates, Session 1979-1980, Vol. 969, Col. 441.
343 Vgl. Conservative Manifesto 1979, in: F.W.S. Craig (Hrsg.), British General Election Manifestos 1959-1987, 3. Aufl. Aldershot 1990, S. 276.
344 Review of Public Order Law, Home Office, HMSO, Cmnd. 9510, London 1985.
345 Vgl. mit weiteren Nachweisen A.T.H. Smith, The Offences against Public Order. Including the Public Order Act 1986, London 1987, S. 25f.
346 Vgl. N.C.M. Elder, Conclusion, in: Philip Norton (Hrsg.), Law and Order and British Politics, 2. Aufl. Aldershot 1986, S. 193-211, 193.
347 Vgl. Howard Elcock, Law, Order and the Labour Party, in: P. Norton (Hrsg.), a.a.O. (Anm. 346), S. 149-164.
348 Zit.n. The Times vom 12. Oktober 1985.

bour Party für die eigene Sache zu gewinnen, so etwa durch Home Secretary Hurd:

> I hope we can all agree, as the Leader of the Opposition did yesterday, that once crime has been committed it should and must be dealt with firmly under the law and the police and courts should have the full support of every law-abiding citizen and democratic party. It will be a poor day when that statement becomes a matter of debate in this House. (...) We are not asking, and it would be silly to ask, the Opposition to relax their views on the social and economic policies of the Government. But I would ask all Labour MPs to join with us and the vast majority of citizens in supporting the police.[349]

Die im Anschluß an die Veröffentlichung der Public Order Bill[350] am 6. Dezember 1985 zu beobachtenden Protestreaktionen der Labour Party und linker Bürgerrechtsorganisationen (vor allem des National Council for Civil Liberties) ließen bereits einen auf Konfrontation gestimmten Verhandlungston der nachfolgenden Entscheidungsphasen voraussahen. In der Regierungsvorlage waren einzelne Passagen deutlich restriktiver gefaßt als angesichts der Reformvorschläge des White Paper vom Mai desselben Jahres zu erwarten gewesen wäre. Die wichtigste diesbezügliche Einzeländerung betraf die Ersetzung der maximalen Strafandrohung für gewalttätigen öffentlichen Aufruhr von zehnjähriger Haft durch lebenslängliche Freiheitsstrafe.[351] Der außerparlamentarische Protest sich betroffen fühlender Gruppen und Institutionen blieb in dieser Phase, vor allem im direkten Vergleich mit der Protestwelle im Zuge der öffentlichen Diskussion der Police and Criminal Evidence Bill, gleichwohl deutlich beschränkter. Speziell für die seinerzeitigen Proteste der Kirche, der Ärzteschaft oder juristischer Berufsverbände gab es keinerlei Äquivalent.

Während der zweiten Lesung der Public Order Bill im Unterhaus am 13. Januar 1986 bemühten sich Vertreter der Regierungsmehrheit, dem Plenum die Vorlage als "the most important piece of legislation to be brought before this House for decades"[352] zu präsentieren. Das Drängen der Mehrheit auf eine rasche Annahme des Entwurfs wurde von der Labour Party mit einem Antrag beantwortet, das Haus möge der Vorlage die zweite Lesung verweigern, da die vorgesehenen Regelungen keinerlei Ansätze zur präventiven Verhinderung von Verstößen gegen die öffentliche Ordnung erkennen ließen, die Polizei vielmehr von wichtigeren Aufgaben abgelenkt und traditionelle bürgerliche Freiheitsrechte in gravierendem Maße verletzt würden.[353] Der auch von der Alliance und einzelnen Vertretern der regionalen Kleinparteien unterstützte Antrag der Labour Party wurde mit 289 zu 202 Stimmen abgelehnt und die Vor-

---

349 Official Report, House of Commons, Parliamentary Debates, Session 1985-86, Vol. 86, Col. 126f.
350 House of Commons, Parliamentary Papers, Session 1985-86, Bills, Bill 40, 49/3.
351 Dieses Strafmaß sah auch der bis dahin geltende Public Order Act 1936 vor. Nach Einschätzung einiger Beobachter wurde die Entscheidung der Regierung, das bestehende Strafhöchstmaß in der Regierungsvorlage beizubehalten, durch ein aktuell verhängtes Lebenslänglich-Urteil inspiriert. Vgl. The Times vom 7. Dezember 1985.
352 So der Abgeordnete Giles Shaw (Conservative Party), in: Official Report, House of Commons, Parliamentary Debates, Session 1985-86, Vol. 89, Col. 862.
353 Vgl. ebd., Col. 801.

lage mit 292 zu 201 Stimmen in zweiter Lesung beschlossen.[354] Neue Argumente gab es während der zweiten Lesung ansonsten ebensowenig wie Ansatzpunkte für spätere Kompromisse hinsichtlich spezieller Regelungen der Regierungsvorlage. Um so mehr überrascht es, daß es - in krassem Gegensatz zu der heftigen parlamentarischen Auseinandersetzung - in der breiteren Öffentlichkeit auch im Anschluß an die zweite Lesung zu keinen größeren Protestaktionen kam. "Unnoticed, liberty erodes", kommentierte der Economist in der Überschrift eines Artikels, in dem die Reformvorschläge der Regierung mit scharfen Worten kritisiert wurden.[355]

Die Vorlage wurde ab dem 23. Januar 1986 im Standing Committee G weiter beraten. Bis zum 10. April 1986 fanden insgesamt 34 Sitzungen statt. Ein erwähnenswertes Maß an Übereinstimmung zwischen Regierungsmehrheit und Opposition hinsichtlich wünschenswerter Änderungen gab es lediglich im Zusammenhang mit den in Abschnitt IV der Vorlage behandelten "exclusion powers" gegenüber randalierenden Fußballfans.[356] Auch auf diesem Gebiet gab es jedoch wenige Änderungsvorschläge der Opposition, die einstimmig angenommen wurden. Häufig verzichtete die Opposition auf eine Abstimmung über ihre eigenen Anträge und zog diese zurück, nachdem die Regierungsseite eine entsprechende Neufassung der umstrittenen Passagen zugesagt hatte. In den großen Streitpunkten der Vorlage - wie der Frage nach dem Strafhöchstmaß für öffentlichen Aufruhr oder den zentralen Regelungen zur Verschärfung des Versammlungsrechts - gab es hingegen keinerlei Annäherung der Positionen.

Im Zuge der Ausschußberatungen wurde auch das Problem der rechtlichen Restringierung von gewerkschaftlichen Streikaktivitäten durch die geplanten Regelungen erstmals ausführlicher im Rahmen parlamentarischer Beratungen thematisiert.[357] Während das White Paper des Home Office vom Frühjahr 1985 die öffentlichen Auseinandersetzungen im Zusammenhang mit dem britischen Bergarbeiterstreik 1984/85[358] nur als nebensächliches Motiv der geplanten Reform angeführt hatte[359], wurde die Beschneidung der gewerkschaftlichen Handlungsmacht in Form der drastischen Sanktionsandrohungen gegenüber öffentlichen Zusammenkünften von mehr als 12 Personen sowohl von linken als auch von konservativen Zeitungen einstimmig als ein primäres Ziel der Regierungsinitiative bewertet.[360] Zu den Auffälligkeiten der Beratungen im Ausschußstadium zählte ferner das extrem angespannte Verhältnis zwischen Vertretern der Labour Party und dem einzigen Ausschußmitglied der kleineren

---

354 Vgl. ebd., Cols. 863ff.
355 Vgl. The Economist vom 22. März 1986, S. 33f.
356 Vgl. Official Report, House of Commons, Parliamentary Debates, Standing Committees, Session 1985-86, Vol. VI: Standing Committee G, Col. 933.
357 Vgl. in diesem Sinne vor allem die Eröffnungsrede des Abgeordneten Soley (Labour Party), in: ebd., Col. 4.
358 Vgl. statt vieler Karlheinz Dürr, Der Bergarbeiterstreik in Großbritannien 1984/85, in: Politische Vierteljahresschrift 26 (1985), S. 400-422.
359 Vgl. Review of Public Order, a.a.O. (Anm. 344), S. 2.
360 Vgl. The Times vom 17. Mai 1985; für eine solche Interpretation in der wissenschaftlichen Sekundärliteratur dezidiert Sarah McCabe/Peter Wallington. With John Alderson, Larry Gostin and Christopher Mason, The Police, Public Order and Civil Liberties. Legacies of the Miners' Strike, London/New York 1988.

Oppositionspartei SDP, Maclennan.[361] Maclennan votierte bei zahlreichen Gelegenheiten zugunsten der Vorschläge der Regierungsmehrheit bzw. enthielt sich der Stimme; an den letzten Sitzungen des Ausschusses nahm er gar nicht mehr teil.[362]

Die parlamentarischen Beratungen über die Public Order Bill im Rahmen des Report Stage am 30. April 1986 und der am selben Tag stattfindenden dritten Lesung zeigten trotz zweier Abstimmungsniederlagen der Opposition über zentrale Detailfragen (wie der grundsätzlichen Informationspflicht von Veranstaltern öffentlicher Versammlungen und Demonstrationen) ein beträchtliches Maß an erfolgter Annäherung der Standpunkte, wofür es noch in der zweiten Lesung kaum Anzeichen gegeben hatte. Mit ihren Änderungsanträgen hielt sich die Regierung nicht nur an die während der Ausschußphase gemachten Zusagen hinsichtlich der Nachbesserung einzelner Punkte, wie die Schaffung der Möglichkeit für einen Veranstalter, der Polizei seine Pläne auch brieflich mitzuteilen. Auch anderen Änderungswünschen der Opposition - etwa der Forderung, daß nur uniformierte Polizeikräfte das Recht zur Verhaftung von Teilnehmern einer Demonstration oder öffentlichen Versammlung erhalten mögen - wurde seitens der Mehrheit entsprochen. Schließlich konnte die Opposition auf der Grundlage eines eigenen (ohne division angenommenen) Änderungsantrages erreichen, daß eine öffentliche Versammlung (assembly), auf die sich zahlreiche Bestimmungen des Gesetzes beziehen, als eine Gruppe von mindestens zwanzig - und nicht wie ursprünglich vorgesehen, drei - Personen definiert wurde.[363] Der Abgeordnete der Liberal Party, Carlile, zog seinen Antrag auf eine Senkung des Strafhöchstmaßes von lebenslänglicher Freiheitsstrafe auf zehn Jahre Haft im Falle einer Verurteilung wegen öffentlichen Aufruhrs im Einvernehmen mit der Labour Party zurück in der Hoffnung, die Regierung selbst möge diesen Schritt während der Verhandlungen im Oberhaus vollziehen.[364]

Beißende Polemik seitens Abgeordneter der Oppositionsparteien gab es in diesem Stadium kaum mehr. Eine diesbezügliche Ausnahme bildete die scharfe Kritik des Labour-Linken Skinner, der die Public Order Bill einzig als Reaktion auf die öffentlichen Unruhen im Zusammenhang mit dem Bergarbeiterstreik 1984/85 und als verzweifelten Versuch der Schadensbegrenzung verfehlter konservativer Regierungspolitik bewertete.[365] Shadow Home Secretary Kaufman verschwieg demgegenüber in seiner Schlußrede zwar nicht die fortbestehenden Vorbehalte seiner Partei gegenüber wesentlichen Teilen der Regierungsvorlage und kündigte deren Außerkraftsetzung durch eine neu ins Amt kommende Labour-Regierung an, hob jedoch ebenso die - nur durch das Ein-

---

361 Vgl. Official Report (H.C.), Standing Committee G, a.a.O. (Anm. 356), Cols. 378f, 820f., 1041f.
362 Zu einem Teil läßt sich das Verhalten Maclennans als Indiz für die Richtigkeit der These begreifen, daß die SDP bis zur Mitte der achtziger Jahre noch keine kohärente Programmlinie im Bereich der Kriminalitätspolitik entwickelt hatte. Vgl. S.J. Ingle, Alliance Attitudes to Law and Order, in: P. Norton (Hrsg.), a.a.O. (Anm. 346), S. 165-178, 165.
363 Vgl. Official Report, House of Commons, Parliamentary Debates, Session 1985-86, Vol. 96, Cols. 1052f.
364 Vgl. ebd., Cols. 984f.
365 Vgl. ebd., Cols. 1067f.

lenken der Regierung - zustandegekommenen zahlreichen positiven Änderungen in unterschiedlichen Regelungsbereichen hervor.[366] Das auch wegen der späten Tageszeit der Verhandlung extrem spärlich besuchte Unterhaus nahm die Vorlage schließlich in dritter Lesung mit 116 Ja-Stimmen zu 14 Nein-Stimmen an. Die 14 Nein-Stimmen stammten ausschließlich von Abgeordneten der Labour Party, unter ihnen nicht einmal Shadow Home Secretary Kaufman.[367]

Die Public Order Bill wurde am 1. Mai 1986 im Oberhaus eingebracht und von diesem am 13. Juni 1986 nach einer konfliktarmen Debatte in zweiter Lesung (ohne division) angenommen.[368] Zu der wichtigsten Änderung des gesamten Beratungsprozesses der Vorlage im House of Lords kam es am 16. Juli 1986, als die Regierung, vertreten in erster Linie durch Lord Glenathur, Under Secretary of State im Home Office, einem Antrag von Lord Elwyn-Jones zustimmte, das Strafhöchstmaß für öffentlichen Aufruhr von lebenslänglicher Haft auf ein Maximum von zehn Jahren abzusenken.[369] Lord Glenathur begründete die Entscheidung der Regierung zu der Rückkehr des im White Paper des Home Office vom Mai 1985 formulierten Strafmaßes primär mit dem Hinweis auf einen Urteilsspruch des Obersten Appelationsgerichts vom Mai 1986, der die Verurteilung eines Mannes wegen gewalttätigen Verhaltens in einem Fußballstadion zu lebenslänglicher Haft revidiert hatte.[370] Obwohl es sich bei dieser Frage im Oberhaus selbst um keinen im eigentlichen Sinne parteipolitisch geprägten Issue handelte, wurde mit dieser Änderung den Forderungen der Oppositionsparteien im Unterhaus doch eindeutig entsprochen. Das Oberhaus nahm die Vorlage schließlich am 29. Oktober 1986 in dritter Lesung an und überwies die geänderte Fassung zur erneuten Beratung an das Unterhaus zurück.[371]

Außerhalb des parlamentarischen Entscheidungsverfahrens im engeren Sinne kam es in den Sommermonaten im Rahmen verschiedener parlamentarischer Erörterungen der Kriminalitätsproblematik jedoch zu äußerst konfliktgeladenen Zusammenstößen vor allem zwischen Vertretern der Conservative Party und der Labour Party, die in mehr oder minder deutlichem Gegensatz zu dem bis dahin verfolgten Stil der Verhandlungen über die Public Order Bill standen. Als ein Beispiel hierfür mag die scharfe Auseinandersetzung am 21. Juli 1986 im Rahmen einer von der Opposition angestrengten Grundsatzdebatte unter dem Motto "Fight against Crime" dienen. Darin warfen Abgeordnete der Labour Party der Regierung schlichte Unfähigkeit auf dem Gebiet der Kriminalitätsprävention und der Herstellung von innerer Sicherheit vor und brachten einen Antrag zur Auflage eines nationalen Dringlichkeitsprogramms zur Verhinderung einer weiter ansteigenden Kriminalitätsrate ein, der von der

---

366 Vgl. ebd., Cols. 1062ff.
367 Vgl. ebd., Cols. 1068f.
368 Vgl. Official Report, House of Lords, Parliamentary Debates, Session 1985-1986, Vol. 476, Cols. 513ff.
369 Vgl. Official Report, House of Lords, Parliamentary Debates, Session 1985-86, Vol. 478, Col. 919.
370 Vgl. ebd., Cols. 917f.
371 Vgl. Official Report, House of Lords, Parliamentary Debates, Session 1985-86, Vol. 481, Col. 757.

Mehrheit jedoch vor allem mit dem Hinweis auf die Kosten einer solchen Maßnahme zurückgewiesen wurde.[372]

Die abschließenden parlamentarischen Beratungen des Unterhauses über die an der Vorlage vom Oberhaus vorgenommenen Änderungen (Lords amendments) am 4. November 1986 ließen wiederum ein beträchtliches Maß an sachlichem Einverständnis zwischen der Regierungsmehrheit und der Opposition erkennen. Unter den von der Opposition ausdrücklich begrüßten Lords amendments befand sich auch die Passage zur Neuformulierung des Strafhöchsmaßes für öffentlichen Aufruhr, gegen die einzelne Abgeordnete der Conservative Party starke Vorbehalte äußerten. Lediglich eine der vom Oberhaus vorgenommenen Änderungen wurde einer namentlichen Abstimmung (division) unterzogen, bei der die Labour-Opposition - die Vertreter der übrigen Minderheitsfraktionen enthielten sich der Stimme bzw. stimmten sogar für den Antrag - das Nachsehen hatte.[373] Dabei ging es um das neu in den Katalog strafbarer Tätigkeiten aufgenommene Delikt des unerlaubten Betretens privaten Grundes; eine Regelung, die in früheren Stadien des Entscheidungsprozesses von namhaften Vertretern der Regierungsseite stets abgelehnt worden war.[374] Die vollständig durchberatene und beschlossene Public Order Bill erhielt kurz darauf, am 7. November 1986, dem letzten Tag der Parlamentssession 1985-86, den Royal Assent.[375]

2.3. *Österreich*

2.3.1 *Die Suchtgiftgesetznovelle 1985*

Die Suchtgiftgesetznovelle 1985[376], mit der das Suchtgiftgesetz 1951 zum insgesamt vierten Mal geändert wurde, stellt eine der nicht gerade zahlreichen wesentlichen Entscheidungen dar, die während der Regierungszeit der kleinen Koalition von SPÖ und FPÖ getroffen wurden. Der Novellierung aus dem Jahre 1985 war fünf Jahre zuvor bereits die - vom Nationalrat einstimmig beschlossene - Suchtgiftgesetznovelle 1980[377] vorausgegangen. Deren Kernstück bildete der neu eingeführte § 17, der der Staatsanwaltschaft die Möglichkeit eröffnete, das Verfahren gegen eine Person, die "unberechtigt ein Suchtgift erworben oder besessen hat" einzustellen, wenn sich der oder die Betreffende

---

372 Vgl. Official Report, House of Commons, Parliamentary Debates, Session 1985-86, Vol. 102, Cols. 38ff.
373 Vgl. Official Report, House of Commons, Parliamentary Debates, Session 1985-86, Vol. 103, Cols. 866f.
374 Vgl. den Rückblick auf diesbezügliche frühere Äußerungen von Mitgliedern der Regierungsmehrheit, in: The Times vom 5. November 1986. Den Hintergrund und Regelungsimpuls dieser ergänzenden restriktiven Bestimmung bildete in unmittelbarer zeitlicher Nähe zum parlamentarischen Beratungsprozeß, im Frühsommer 1986, sich ereignete Episode, bei der Mitglieder eines sogenannten "peace convoy" ihre Veranstaltung gegen den Willen des Eigentümers auf dessen Privatgrundstück abgehalten hatten und die Polizei sich aufgrund einer unklaren Rechtslage lange Zeit zusehend verhalten hatte.
375 Vgl. Official Report (H.C.), a.a.O. (Anm. 373), Col. 1195.
376 BGBl. 1985, Nr. 184, S. 1795f.
377 BGBl. 1980, Nr. 319, S. 2301f.

bereiterklärt, "sich der notwendigen ärztlichen Behandlung oder Überwachung zu unterziehen". Auf eine Reform der Strafbestimmungen wurde hingegen bei der Novellierung von 1980 verzichtet.

Die Suchtgiftgesetznovelle 1985 hielt zwar für den in § 17 bezeichneten Personenkreis an dem Prinzip "Helfen statt Strafen" fest und baute dieses geringfügig weiter aus. Gleichzeitig enthielt das Gesetz aber eine Reihe neuer restriktiver Bestimmungen. Dazu zählte vor allem die Erhöhung der Strafobergrenzen gegen den gewerbsmäßigen Suchtgifthandel gemäß § 12 mit einer Anhebung der maximalen Strafobergrenze für Handel mit besonders großen Suchtgiftmengen, beim organisierten Suchtgifthandel und speziell für Rädelsführer von zehn auf 15 bzw. 20 Jahre Freiheitsstrafe. Ferner wurden in einem neuen § 13a die Durchsuchungsrechte der Polizei und des Grenzschutzes auf Flugplätzen, in Grenzbahnhöfen und an der Bundesgrenze gegenüber Tatverdächtigen erweitert.

Noch während der Zeit der Alleinregierung der SPÖ hatte die ÖVP-Fraktion im Juni 1982 einen Gesetzentwurf zur Verschärfung der Strafbestimmungen im Suchtgiftgesetz eingebracht, in dem die Anhebung der Höchststrafe für international operierende Drogendealer von zehn auf 20 Jahre gefordert wurde. Dieser Schritt wurde mit der gestiegenen Zahl von Suchtgiftdelikten und der Notwendigkeit abschreckender Wirkung durch Strafen begründet.[378] Auch in den Kreisen der noch alleinregierenden SPÖ wurde bereits zwei Jahre nach der Reform von 1980 öffentlich über eine erneute Novellierung der Maßnahme nachgedacht, jedoch unter entgegengesetzten Vorzeichen. Auf einer eigens organisierten Informationsveranstaltung des Karl-Renner-Instituts zum Thema "Die Suchtgiftgesetznovelle 1980 auf dem Prüfstand" erklärte der seinerzeitige Gesundheitsminister Steyrer eine weitere Reform in Richtung "mehr Hilfe als Strafe" sei "nicht dringend, aber zweifellos notwendig". Das 1980 verabschiedete Gesetz würdigte er vor allem mit dem Hinweis, daß es das Drogenproblem aus dem "parteipolitischen Streit" herausgebracht habe.[379] Die unterschiedliche Stoßrichtung der Reformwünsche von SPÖ und ÖVP kam ferner dadurch zum Ausdruck, daß die regierende SPÖ eine parlamentarische Behandlung der ÖVP-Initiative bis zu den Neuwahlen vom April 1983 erfolgreich verhinderte.

Im Wahlkampf und in den Wahlprogrammen von SPÖ, ÖVP und FPÖ spielte die Rauschgiftkriminalitäts-Thematik hingegen praktisch keine Rolle. Im "Positionspapier der Volkspartei für die Gespräche zur Bildung einer Regierung der Partnerschaft", mit dem die SPÖ, die bei den Wahlen ihre absolute Stimmen- und Mandatsmehrheit eingebüßt hatte, umworben wurde, blieb gar der Gesamtkomplex der Rechtspolitik vollständig unberücksichtigt.[380] Auch das als Besiegelung des Regierungsbildungsprozesses von 1983 veröffentlichte SPÖ-FPÖ-Arbeitsübereinkommen vom 11. Mai 1983 enthielt keinen konkreten

---

378 Vgl. Kurier vom 26. Juni 1982.
379 Vgl. Wiener Zeitung vom 23. September 1982, Die Presse vom 23. September 1982.
380 Vgl. Positionspapier der Volkspartei für die Gespräche zur Bildung einer Regierung der Partnerschaft, übergeben am 3. Mai 1983. in: Andreas Khol/Alfred Stirnemann (Hrsg.), Österreichisches Jahrbuch für Politik 1984, München/Wien 1985, S. 511-518.

Hinweis auf eine geplante Maßnahme im Bereich der Rauschgiftkriminalitätsbekämpfung.[381]

Die Suchtgift-Thematik kam erneut auf die Agenda in Form einer Gesetzesinitiative der ÖVP, die diese Anfang Juni 1983 im Nationalrat einbrachte.[382] Darin wurde ausschließlich eine drastische Verschärfung des Strafmaßes für sämtliche Formen von gewerbsmäßigem Drogenhandel (gemäß § 12) gefordert mit maximalen Freiheitsstrafen von bis zu 20 Jahren Haft. Von politischen Beobachtern wurde der Vorstoß der ÖVP nicht zuletzt auch als "Probe für den neuen FPÖ-Justizminister Harald Ofner"[383] bewertet, der sich vor der Bildung der SPÖ-FPÖ-Regierung ebenfalls für eine härtere Bestrafung von Suchtgiftkriminalitätsdelikten ausgeprochen hatte, bis hin zu lebenslänglicher Freiheitsstrafe. In einer programmatischen Erwiderung auf die ÖVP-Initiative distanzierte sich die FPÖ hingegen deutlich von einem ausschließlich auf höhere Bestrafung zielenden Konzept und kündigte an, eine Heraufsetzung der Höchststrafe von 15 Jahren für gewerbsmäßige Händler mit der Schaffung erweiterter sozial-medizinischer Hilfeleistungen für Süchtige verbinden zu wollen.[384] Mitte September desselben Jahres differenzierte Justizminister Ofner diese Ankündigung dahingehend, daß nunmehr als restriktive Komponente des neuen Gesetzes doch mit einer Strafobergrenze von 20 Jahren zu rechnen sei.[385]

Am 28. September 1983 brachten SPÖ und FPÖ einen gemeinsamen Gesetzentwurf zur Reform des Suchtgiftgesetzes ein.[386] Dieser fiel deutlich umfangreicher und entsprechend differenzierter aus als die vorausgegangene ÖVP-Initiative. Die Höchststrafe für nicht gewerbsmäßigen Drogenhandel sollte bei fünf Jahren (nach dem Vorschlag der ÖVP bei 10 Jahren) liegen; für Rädelsführer im Bereich des gewerbsmäßigen Drogenhandels war jedoch ebenfalls eine Strafobergrenze von 20 Jahren Haft bzw. - wie im ÖVP-Entwurf - eine maximale Geldstrafe von 1 Million Schilling vorgesehen. Einen weiteren wichtigen Unterschied zwischen beiden Entwürfen bildete der Vorschlag von SPÖ und FPÖ, süchtige Drogenhändler milder zu bestrafen als nicht-süchtige Täter, wofür es in der ÖVP-Vorlage kein Äquivalent gab. Darüber hinaus enthielt der Entwurf der Regierungsfraktionen zusätzliche Vorschläge wie die Ausdehnung der rechtlichen Möglichkeiten, in bestimmten Fällen ein Strafverfahren auszusetzen (§ 17), und die Kostenübernahme von medizinisch-therapeutischen Maßnahmen durch den Bund (§ 21). Wie zuvor bereits der Entwurf der konservativen Opposition wurde auch der Gesetzentwurf von SPÖ und

---

381 Vgl. SPÖ-FPÖ-Arbeitsübereinkommen, Wien, 1983-05-11, in: A. Khol/A. Stirnemann (Hrsg.), a.a.O. (Anm. 380), S. 519-592.
382 Vgl. 4/A Beilagen zu den Stenographischen Protokollen des Nationalrates, XVI. Gesetzgebungsperiode; Stenographische Protokolle des Nationalrates, XVI. Gesetzgebungsperiode, 3. Sitzung vom 1. Juni 1983, S. 4.
383 Salzburger Nachrichten vom 3. Juni 1983.
384 Vgl. Die Presse vom 28. Juli 1983.
385 Vgl. Wiener Zeitung vom 15. September 1983.
386 Vgl. 48/A der Beilagen zu den Stenographischen Protokollen des Nationalrates, XVI. Gesetzgebungsperiode; Stenographische Protokolle des Nationalrates, XVI. Gesetzgebungsperiode, 11. Sitzung vom 28. September 1983, S. 686.

FPÖ (auf Empfehlung der Initiatoren ohne erste Lesung im Plenum) zur Weiterbehandlung an den Justizausschuß überwiesen.

Während beide Vorlagen im Ausschußstadium beraten wurden, gewann die Thematik der Suchtgiftkriminalitätsbekämpfung außerparlamentarisch an Bedeutung. Am 18. und 19. Januar 1984 fand in der Wiener Hofburg eine von mehreren Bundesministerien gemeinsam veranstaltete "Österreichische Enquete 1984 zur Bekämpfung des Suchtgiftmißbrauches" statt. Als ein Ziel der Veranstaltung unter anderen nannte das Innenministerium die Entwicklung von Ansatzpunkten für eine neuerliche Novellierung des Suchtgiftgesetzes.[387] Als wichtigste, jedoch kaum weiter spezifizierte Botschaft der Veranstaltung kündigten Innenminister Blecha (SPÖ) und Justizminister Ofner (FPÖ) eine deutliche Verschärfung des Strafmaßes für Drogen-Großhändler an.[388]

Die Ausschußberatungen wurden zunächst durch heftige Meinungsverschiedenheiten bestimmt. Die größten Differenzen zeigten sich dabei zwischen der konservativen Opposition und der größeren Regierungspartei, SPÖ, deren Vertreter Rieder den Gesetzentwurf der ÖVP als "wirklichkeitsfremd und legistisch verfehlt" brandmarkte, während der justizpolitische Fachmann der FPÖ-Fraktion, Kabas, betonte, seine Partei werde sich "der Initiative der Opposition nicht verschließen"[389]. Eine besondere Rolle kam der Frage zu, ob süchtigen Drogenhändlern - wie im gemeinsamen Entwurf der Regierungsfraktionen gefordert - eine mildere strafrechtliche Behandlung zuteil werden solle. Die Hauptinitiatorin des ÖVP-Entwurfs, Hubinek, bezeichnete die Position ihrer Partei in dieser Frage noch im Frühjahr 1984 ausdrücklich als "gar nicht kompromißbereit"; es sei "völlig uninteressant und vollkommen ohne Belang, ob ein Großhändler süchtig ist oder nicht"[390].

Die Auseinandersetzungen erreichten schließlich ein Ausmaß, das einzelne SPÖ-Vertreter zu der Warnung vor einer generellen "Änderung des Verhandlungsklimas"[391] im Bereich der Justizpolitik veranlaßte. Zu einer zeitweiligen Modifikation der parteipolitischen Fronten - im Sinne einer Annäherung zwischen der kleineren Regierungspartei FPÖ und der ÖVP-Opposition - kam es im Zusammenhang mit der Auseinandersetzung darüber, ob Haschisch weiterhin zu der Gruppe jener vom Suchtgiftgesetz erfaßten Rauschdrogen zu zählen sei oder nicht. Gesundheitsminister Steyrer (SPÖ) hatte sich im September 1984 öffentlich dafür ausgesprochen, den Genuß von Haschisch grundsätzlich nur symbolisch zu bestrafen; ein Vorschlag, der sowohl seitens der ÖVP als auch bei der FPÖ (unterschiedlich weitreichenden) Protest hervorrief.[392] Der Issue verschwand aus der parteipolitischen Auseinandersetzung ebenso schnell wie er aufgetaucht war, nachdem der Oberste Gerichtshof (OGH) in einem Berufungsverfahren am 11. Dezember desselben Jahres entschieden hatte, daß Haschisch (auch im Sinne der von Österreich unterzeichneten internationalen Suchtgift-Konvention) einwandfrei ein Gesundheit und Leben gefährdendes

---

387 Vgl. Die Presse vom 18. Januar 1984.
388 Vgl. Kronen-Zeitung vom 20. Januar 1984.
389 Parlamentskorrespondenz des Nationalrates vom 28. Juni 1983, S. 2.
390 Zit.n. Die Presse vom 6. April 1984.
391 Zit.n. Die Presse vom 18. Juni 1984.
392 Vgl. Oberösterreichische Nachrichten vom 15. September 1984.

Suchtgift sei und zu Recht vom Suchtgiftgesetz als solches klassifiziert werde.[393]

Schließlich gelang es im Justizausschuß trotz aller am Anfang bestehenden Differenzen, eine Lösung zu finden, die der Ausschuß dem Nationalrat einstimmig zur Beschlußfassung empfehlen konnte. Der Weg dahin hatte über die Einsetzung eines streng vertraulich beratenden Unterausschusses und zwei nichtöffentlichen Experten-Anhörungen geführt. Zur Grundlage der am 27. März 1985 vorgelegten, vom Justizausschuß einstimmig beschlossenen Fassung wurde der Gesetzentwurf der Regierungsfraktionen genommen, welcher durch einen von allen drei Fraktionen unterzeichneten Änderungsantrag modifiziert wurde. Der ursprüngliche Entwurf der ÖVP wurde demgegenüber fallengelassen. Keine Mehrheit fand auch ein zusätzlicher Änderungsantrag des ÖVP-Abgeordneten Lichal, der weitergehende Möglichkeiten des Personendurchsuchungsrechts vorsah.

Die Reichweite erzielter Kompromisse über die Ausschußfassung der Suchtgiftgesetznovelle, die später in unveränderter Form vom Nationalrat beschlossen wurde, läßt sich nur durch einen Detailvergleich der ursprünglichen Entwürfe von Regierungsmehrheit und Opposition einerseits und der Endfassung des Gesetzestextes andererseits erschließen.[394] Eine solche Detailanalyse ergibt folgenden Befund: In der Kernfrage der Neufassung von § 12 setzte sich eindeutig die Regierungsmehrheit durch. Mit einer Ausnahme (§ 12 Abs. 4) fielen die Höchststrafen für bestimmte Delikte allesamt geringer aus als in der ursprünglichen ÖVP-Vorlage gefordert. Auch diese Ausnahme kann aber keineswegs als reiner Erfolg der Opposition - zumindest nicht als Ergebnis von deren Verhandlungsgeschick im Ausschuß angesehen werden - da § 12 Abs. 4 (20 Jahre Haft für Rädelsführer internationaler Drogenhandelsorganisationen) wörtlich aus der SPÖ-FPÖ-Vorlage übernommen wurde. Gleichzeitig wurde die umstrittene Differenzierung, ob ein Täter selbst süchtig ist oder nicht mit entsprechender Milderung der Haftstrafe, nun ebenfalls in § 12 festgeschrieben. Dafür wurden die im SPÖ-FPÖ-Entwurf genannten Höchstgrenzen von Freiheitsstrafen sowie von Ersatzfreiheitsstrafen für uneinbringliche Geldstrafen gemäß § 13 - vermutlich auf Drängen der Opposition hin - von einem Jahr auf 18 Monate bzw. von 18 Monaten auf 2 Jahre hochgesetzt. Die in der SPÖ-FPÖ-Vorlage skizzierten sozialen Hilfestellungen und Möglichkeiten der Strafverfahrensaussetzung für bestimmte Personengruppen wurden direkt übernommen. Gänzlich neu hinzu kamen die §§ 13a, 14a, 23a, 24a sowie Neufassungen der §§ 14 und 27. Während die §§ 13a, 14, 14a und neue restriktive Bestimmungen enthielten (weiterreichende Personendurchsuchungsrechte für

---

393 Vgl. Die Presse vom 12. Dezember 1984.
394 Dabei gilt freilich grundsätzlich, daß Änderungen an der zur Grundlage genommenen Vorlage von SPÖ und FPÖ nicht zwingend von der Opposition angeregt und erkämpft worden sein müssen. Das gilt speziell für neue Regelungen in der Endfassung, die im ursprünglichen Entwurf der Mehrheitsfraktionen noch gar nicht vorgesehen waren. In einem Fall wie diesem, in dem eine Vorlage der Mehrheitsfraktionen zur Arbeitsvorlage genommen wird, ist es jedoch zumindest theoretisch betrachtet eher unwahrscheinlich, daß weitere Änderungen primär von den Mehrheitsfraktionen selbst initiiert werden im Gegensatz zu Fällen, in denen der Ausschuß eine Regierungsvorlage zur Grundlage seiner Verhandlungen zu machen hat.

staatliche Sicherheitsdienste und Erweiterung des Straftatenkatalogs), zielten die übrigen Ergänzungsbestimmungen vor allem auf die Schaffung eines verbesserten medizinisch-sozialen Hilfsangebots für einsichtige Suchtkranke ab.
Die am 27. März 1985 vom Ausschuß einstimmig beschlossene Fassung des Entwurfs einer Suchtgiftgesetznovelle wurde am 17. April vom Nationalrat in zweite und dritte Lesung genommen. Der teils gereizte, zumindest stark konkurrenzbetonte Unterton der Auseinandersetzung zwischen Vertretern der Regierungsmehrheit und der Opposition paßte wenig zu der Einstimmigkeit der Ausschußempfehlung und der späteren Schlußabstimmung, die offenbar bereits zu Beginn der Debatte für alle Anwesenden außer Frage stand. Bereits die erste Rednerin für die Opposition, Hubinek, eröffnete ihre Rede mit den Worten: "Ich freue mich, daß wir heute einvernehmlich eine Änderung des Suchtgiftgesetzes beschließen werden"[395]. Ein Großteil der Debatte wurde bestimmt durch Versuche der Regierungsmehrheit und der Opposition, die Maßnahme jeweils als Ergebnis der eigenen Initiative darzustellen[396], wenngleich die Redner der Opposition andere Teile der Vorlage als besonders zustimmungswürdig hervorhoben (so speziell die Strafverschärfungen) als Vertreter der Regierungsparteien, die speziell die erweiterten medizinisch-sozialen Hilfeleistungen für Süchtige in den Vordergrund stellten. Für scharfe Töne sorgte insbesondere der Debattenbeitrag des ÖVP-Abgeordneten Lichal, der sich mit seinem Antrag auf noch weitergehende Personaldurchsuchungsrechte der Polizei gegenüber verdächtigen Personen im Justizausschuß nicht hatte durchsetzen können. Von Vertretern der Mehrheit als "fast burgtheaterreife(r) Ritt des Kollegen Lichal für law and order"[397] bespöttelt, konnte dies aber die - im übrigen selbst von Lichal nicht bezweifelte - einstimmige Verabschiedung der Vorlage in zweiter und dritter Lesung nicht gefährden.
Im Bundesrat, von dem der Gesetzesbeschluß des Nationalrates am 26. April 1985 abschließend beraten wurde, gab es keinerlei parteipolitisch motivierten Scheingefechte mehr. Im Gegenteil wurde die Novelle von der Vertreterin des Bundeslandes Steiermark, Pohl (SPÖ), als Zeichen dafür gewertet, "daß der Parlamentarismus in wichtigen Angelegenheiten funktioniert"[398]. Auch die Vertreterin des Bundeslandes Tirol, Gföller (ÖVP), sprach von einem Gesetz, das "in vorbildlicher Zusammenarbeit im Wege des Konsenses mit den Regierungsparteien geschaffen wurde"[399]. Nach einem ähnlich stark normativ-appellativen Schlußbeitrag des einzigen weiteren Debattenteilnehmers, des Vertreters des Burgenlandes, Achs (SPÖ), beschloß der Bundesrat einmütig, keinen Einspruch gegen den Gesetzesbeschluß des Nationalrates zu erheben.[400] Das wenig später vom Bundespräsidenten ausgefertigte Gesetz trat daraufhin am 1. September 1985 in Kraft.

---

395 Stenographische Protokolle des Nationalrates, XVI. Gesetzgebungsperiode, 86. Sitzung vom 17. April 1985, S. 7697.
396 Vgl. etwa für die Regierungsseite Abgeordneter Keppelmüller (SPÖ), für die Opposition Abgeordnete Hubinek (ÖVP), in: ebd. S. 7697, 7714.
397 Ebd., S. 7709, Abgeordneter Keppelmüller (SPÖ).
398 Stenographische Protokolle des Bundesrates, 460. Sitzung vom 26. April 1985, S. 18667.
399 Ebd., S. 18676.
400 Ebd., S. 18678.

2.3.2 Das Arbeits- und Sozialgerichtsgesetz (1985)

Das Arbeits- und Sozialgerichtsgesetz (ASGG)[401] markiert sowohl vom bloßen Umfang her als auch - und vor allem - hinsichtlich der Regelungsbreite und -tiefe die vielleicht gewichtigste gesetzgeberische Entscheidung der kleinen Koalition. Durch das nicht weniger als 104 Paragraphen umfassende Gesetz wurde eine grundlegende Reform der österreichischen Gerichtsorganisation auf dem Gebiet des Arbeits- und Sozialrechts nebst einer Änderung zahlreicher verfahrensrechtlicher Bestimmungen auf dem betreffenden Gebiet vollzogen. Die wichtigsten Bestimmungen des Gesetzes lassen sich wie folgt skizzieren[402]: die Arbeits- und Sozialgerichtsbarkeit wurde in die ordentliche Gerichtsbarkeit (Zivilgerichtsbarkeit) integriert, wodurch gleichzeitig die bisherigen Arbeitsgerichte und die Schiedsgerichte der Sozialversicherung abgeschafft wurden; die Gerichtsorte für Arbeitsrechtsangelegenheiten wurden zahlenmäßig reduziert und in entsprechendem Maße die Zahl der Gerichtsorte für Sozialrechtssachen erhöht; der Justizminister erhielt die Möglichkeit, auf der Grundlage einer Verordnung die Abhaltung regelmäßiger Gerichtstage in Arbeits- und Sozialrechtssachen am Sitz eines Bezirksgerichts anzuordnen; schließlich wurden den Interessenvertretungen der Sozialpartner in Form "betrieblich-kollektiver" Feststellungsklagen[403] und "überbetrieblich-kollektiver" Feststellungsanträge[404] neue Klagemöglichkeiten eingeräumt.

Die "Schaffung einer modernen Sozialgerichtsbarkeit" bzw. die "Modernisierung der Gerichtsorganisation" wurden im Arbeitsübereinkommen der Regierungsparteien vom Frühsommer 1983 ausdrücklich als rechtspolitische Vorhaben der kommenden Legislaturperiode genannt.[405] Die Idee zur Schaffung neuer Organisationsstrukturen und Verfahrensrechte im Bereich von Arbeits- und Sozialrechtsangelegenheiten war jedoch bedeutend älter. Schon der im November 1969 vom seinerzeit ÖVP-geführten Bundesministerium für Justiz vorgelegte programmatische Entwurf "Gesamtreform der Justiz, Plan einer Neugestaltung im Verfassungsgefüge" nannte als Reformziele ausdrücklich die Integration der Sozialarbeitsgerichtsbarkeit und der Arbeitsgerichte in die or-

---

401 BGBl. 1985, Nr. 104, S. 999ff.
402 Vgl. für eine ausführlichere Zusammenfassung der Kernbestimmungen des ASGG Franz Schrank, Die wichtigsten Neuerungen im Arbeits- und Sozialgerichtsgesetz (I), in: Österreichisches Recht der Wirtschaft 3 (1985), S. 111-114; ders., Die wichtigsten Änderungen im Arbeits- und Sozialgerichtsgesetz (II), in: Österreichisches Recht der Wirtschaft 3 (1985), S. 154-156.
403 Diese geben den parteifähigen Organen der Arbeitnehmerschaft im Rahmen ihres Wirkungsbereichs die Möglichkeit, in allen bürgerlichen Arbeitsrechtsstreitigkeiten auf Feststellung des Bestehens von Rechten oder Rechtsverhältnissen, die mindestens drei Arbeitnehmer ihres Betriebes betreffen, zu klagen. Dabei sind die betroffenen Arbeitnehmer nicht Prozeßpartei und müssen ein solches Verfahren auch nicht verlangt haben bzw. diesem ausdrücklich zustimmen.
404 Diese eröffnen einer kollektivvertragsfähigen Körperschaft die Möglichkeit, im Rahmen ihres Wirkungsbereiches gegen die jeweils andere kollektivvertragsfähige Körperschaft unmittelbar und unter Außerachtlassung der ersten und zweiten Instanz einen Antrag auf Feststellung des Bestehens oder Nichtbestehens von Rechten oder Rechtsverhältnissen zu stellen. Vgl. den ausführlichen rechtswissenschaftlichen Kommentar zum ASGG insgesamt von Friedrich Kuderna, Arbeits- und Sozialgerichtsgesetz, Wien 1986.
405 Vgl. Arbeitsübereinkommen, a.a.O. (Anm. 381), S. 528.

dentliche Gerichtsbarkeit (jeweils auf der Ebene der Bezirksgerichte) und skizzierte überdies eine Reihe wünschenswerter verfahrensrechtlicher Neuerungen.[406] Seither verschwand der Gedanke nicht mehr vollständig aus der rechtspolitischen Diskussion. Während der Alleinregierungen der SPÖ, die entsprechende Maßnahmen durchaus als realisierungswürdig erachtete, trat die Schaffung einer Sozialgerichtsbarkeit mit den notwendigen verfahrensrechtlichen Begleitmaßnahmen jedoch gegenüber anderen Reformvorhaben, wie nicht zuletzt der "Großen Strafrechtsreform" der siebziger Jahre, zunächst in den Hintergrund.[407] Eine gewisse Priorität wurde einer arbeits- und sozialgerichtlichen Reformmaßnahme erstmals Ende der siebziger Jahre, zu Beginn der Amtszeit der bislang letzten SPÖ-Alleinregierung eingeräumt. In der Regierungserklärung vom 19. Juni 1979 fand sich sowohl ein Hinweis auf eine geplante Neustrukturierung der Gerichtsorganisation als auch auf eine Reform des sozialgerichtlichen Verfahrens.[408] Allerdings sorgten nicht zuletzt andere rechtspolitische Maßnahmen - wie die zwischen SPÖ und ÖVP höchst umstrittenen und entsprechend langwierig verhandelten Neuregelungen im Bereich des Mietrechts und des Presserechts[409] - dafür, daß eine intensivere Auseinandersetzung über eine arbeits- und sozialgerichtliche Reformmaßnahme erst im letzten Viertel der Legislaturperiode 1979-83 beginnen konnte.

Das Arbeits- und Sozialgerichtsgesetz (damals noch verkürzend als Sozialgerichtsgesetz deklariert) wurde von den Medien als mögliches "Abschiedsgeschenk" des seit 1970 ununterbrochen amtierenden Justizministers Broda (SPÖ), als "Schlußpunkt einer langen Perlenkette schillernder Reformen"[410] herausgestellt und mit entsprechender Aufmerksamkeit bedacht. Die SPÖ selbst bemühte sich darum, die geplante Maßnahme als eine weitere zentrale Komponente ihres komplexeren rechtspolitischen Konzepts eines "erleichterten Zugangs zum Recht" zu profilieren.[411] Die bereits am 13. Juli 1982 beschlossene Regierungsvorlage[412] war in nicht wenigen Teilen inhaltlich beeinflußt von den Ergebnissen intensiver Verhandlungen zwischen den großen Interessenvertretungen der Arbeitnehmer und der Arbeitgeber. Die parlamentarischen Verhandlungen der im Sommer 1982 eingebrachten Vorlage gelangten bis zum Ende der Legislaturperiode über informelle Abstimmungsbemühungen im Rahmen eines eigens konstituierten Sachverständigengremiums aus Experten aller drei Nationalratsfraktionen jedoch nicht hinaus.

Die im Mai 1983 gebildete Koalition aus SPÖ und FPÖ brachte am 15. Juni desselben Jahres eine mit dem Broda-Entwurf vom Sommer 1982 inhaltlich

---

406 Vgl. Franz Fiedler, Zur österreichischen Gerichtsorganisation, in: Andreas Khol/Alfred Stirnemann (Hrsg.), Österreichisches Jahrbuch für Politik 1982, München/Wien 1983, S. 143-172, 166f.
407 Vgl. Franz Fiedler, Bilanz der österreichischen Rechtspolitik, in: Andreas Khol/Günther Ofner/Alfred Stirnemann (Hrsg.), Österreichisches Jahrbuch für Politik 1985, München/Wien 1986, S. 125-154, 127ff.
408 Vgl. Stenographische Protokolle des Nationalrates, XV. Gesetzgebungsperiode, 2. Sitzung vom 19. Juni 1979, S. 18f.
409 Vgl. F. Fiedler, a.a.O. (Anm. 407), S. 142f.
410 Oberösterreichische Nachrichten vom 31. Juli 1982.
411 Vgl. Wiener Zeitung vom 7. August 1982.
412 1189 der Beilagen zu den Stenographischen Protokollen des Nationalrates, XV. Gesetzgebungsperiode.

identische Regierungsvorlage[413] zur Reform arbeits- und sozialgerichtlicher Strukturen und entsprechender Verfahrensänderungen im Nationalrat ein.[414] In der parteieigenen Presse befleißigte sich die ÖVP bereits eine Woche vor dem Einlangen des Regierungsentwurfs im Nationalrat, die Regierungspläne mit scharfer Kritik zu belegen. Die anvisierte Reform würde eher einen erschwerten Zugang zum Recht als eine Erleichterung des Verfahrens für die Betroffenen bewirken; daneben wurde speziell auch die vermeintliche Profillosigkeit des neuen FPÖ-Justizministers Ofner gegeißelt, da dieser den Entwurf seines Vorgängers unverändert wieder vorgelegt habe.[415]

Der Justizausschuß nahm die Regierungsvorlage erstmals am 28. Juni 1983 in Verhandlung und beschloß, den Entwurf zur weiteren Beratung an einen Unterausschuß zu überweisen, der diesen unter Leitung des Abgeordneten Kabas (FPÖ) von Juni 1983 an in insgesamt 12 Arbeitssitzungen verhandelte und dem Ausschuß erst am Tage der Beschlußfassung über den Ausschußbericht seine Ergebnisse vorlegte.[416] Noch vor Jahresende stellten Vertreter von SPÖ, FPÖ und ÖVP am 14. Dezember 1983 im Plenum einen interfraktionell vereinbarten Fristsetzungsantrag gemäß § 43 GONR, der dem Justizausschuß zur Berichterstattung über das Sozialgerichtsgesetz (wie auch die neue Regierungsvorlage die geplante Maßnahme zunächst noch bezeichnete) eine Frist bis zum 1. Oktober 1984 setzte. Dieser Antrag wurde einstimmig angenommen.[417]

Da die in diesem Falle maßgeblichen Unterausschußverhandlungen nicht nur nichtöffentlich, sondern wie üblich vertraulich abgehalten wurden[418], gibt es kaum Anhaltspunkte für die Struktur des Entscheidungsverfahrens während der Ausschußphase. An die Öffentlichkeit gewandte Stellungnahmen einzelner Ausschußmitglieder zum Zwischenstand der Beratungen betonten jedoch stets die Möglichkeit einer vollständigen Einigung zwischen den Regierungs- und Oppositionsparteien.[419] Der ÖVP-Abgeordnete Paulitsch erklärte in einem Zeitungsinterview noch zwei Tage vor der Verabschiedung des Ausschußberichts, daß die Vorlage "voraussichtlich einstimmig beschlossen werden"

---

413 7 der Beilagen zu den Stenographischen Protokollen des Nationalrates, XVI. Gesetzgebungsperiode.
414 Vgl. Stenographische Protokolle des Nationalrates, XVI. Gesetzgebungsperiode, 4. Sitzung vom 15. Juni 1983, S. 145.
415 Vgl. Neues Volksblatt vom 10. Juni 1983.
416 Vgl. den Bericht des Justizausschusses (NR), 527 der Beilagen zu den Stenographischen Protokollen des Nationalrates, XVI. Gesetzgebungsperiode, S. 1. Der Unterausschuß setzte sich aus einer gleichen Anzahl von Vertretern der SPÖ und der ÖVP (jeweils fünf) sowie einem Abgeordneten der FPÖ zusammen.
417 Vgl. Stenographische Protokolle des Nationalrates, XVI. Gesetzgebungsperiode, 27. Sitzung vom 14. Dezember 1983, S. 2292. Ein weiterer Fristsetzungsantrag mit einer dreieinhalbmonatigen Verlängerungswirkung wurde kurz vor Ablauf der ursprünglichen Frist am 27. September 1984 wiederum von Vertretern aller drei Nationalrats-Fraktionen gestellt und ebenfalls einstimmig angenommen. Vgl. Stenographische Protokolle des Nationalrates, XVI. Gesetzgebungsperiode, 58. Sitzung vom 27. September 1984, S. 4878, 4956.
418 Aus diesem Grunde werden Verhandlungspunkte und Beratungsgegenstände von Unterausschußverhandlungen grundsätzlich auch nicht in die Parlamentskorrespondenz des Nationalrates aufgenommen.
419 Vgl. etwa die Äußerungen des Unterausschußvorsitzenden Kabas (FPÖ), in: Wiener Zeitung vom 7. Oktober 1984.

würde und hob ausdrücklich hervor, der Gerichtszugang würde nach der Einschätzung seiner Fraktion durch die Maßnahme erleichtert.[420]

Insofern kam es offenbar nicht nur für außenstehende Beobachter, sondern auch für einige der Beteiligten selbst unerwartet, daß der Justizausschuß seinen abschließenden Bericht, nach entsprechender Frontenbildung im Unterausschuß, am 18. Januar 1985 nur mit den Stimmen von SPÖ und FPÖ und gegen die Stimmen der ÖVP-Opposition verabschiedete. In seinen Ausführungen vor den Mitgliedern des Justizausschusses erklärte der Abgeordnete Graff (ÖVP) anläßlich der Schlußabstimmung über die Vorlage, die Opposition beurteile den Einbau der Schiedsgerichtsbarkeit in die ordentliche Gerichtsbarkeit positiv und begrüße die neu geschaffene Möglichkeit, betriebliche Auseinandersetzungen in einem Rechtsstreit zwischen Betriebsrat und Unternehmer austragen zu können, sogar ausdrücklich. Kritisch stände die ÖVP indes unter anderem der Wegverlagerung der Arbeitsgerichtsbarkeit von der Bezirksgerichtsebene gegenüber, wodurch die arbeitsgerichtlichen Strukturen bürgerferner gestaltet würden. Für die Ablehnung der Vorlage seitens der Opposition sei jedoch "die Regelung einer gesonderten Bevollmächtigung der Funktionäre von Kammer und Gewerkschaft (...) ausschlaggebend gewesen"[421]. Vertreter der Regierungsmehrheit drückten bei derselben Gelegenheit ihr Bedauern darüber aus, daß es trotz der "zum überwiegenden Teil außerordentlich sachlich, kooperativ, aber auch konstruktiv" geführten Verhandlungen nicht zu einem einstimmigen Beschluß im Ausschuß gekommen sei.[422]

Die zweite und dritte Lesung der Vorlage im Nationalrat fand fünf Tage später, am 23. Januar 1985 statt. Der Schlagabtausch zwischen Regierungsmehrheit und Opposition ließ keinen Zweifel darüber aufkommen, daß über das endgültige Abstimmungsverhalten bereits vor Beginn der rund zweieinhalbstündigen Debatte auf beiden Seiten verbindlich entschieden worden war. Entsprechend ritualisiert wirkte die Konfrontation im Plenum über weite Strecken hinweg. Dabei versuchte sich die Opposition in dem Drahtseilakt, eine prinzipielle Würdigung der Maßnahme unter Herausstellung der eigenen Mitarbeit mit einer überzeugenden Begründung für ihr ablehnendes Stimmverhalten zu verbinden. Zu den auffälligsten Aspekten der Debatte zählte indes der Umstand, daß die meisten Vertreter der Opposition ihre ablehnende Haltung beinahe im Ton einer an die Mehrheit gerichteten Entschuldigung formulierten: "Es hat bei der letzten Sitzung einen Vorfall gegeben", so der Abgeordnete Paulitsch (ÖVP),

> bei dem keine Einigung herbeigeführt werden konnte. Es gab das Problem des uneinheitlichen Vorgehens auch von seiten der beiden anderen Fraktionen, wo der Fraktionsführer an sich zugestimmt hat, aber ein anderer Abgeordneter dagegen gesprochen hat. Es ist dann nach einer Unterbrechung, die die Österreichische Volkspartei veranlaßt hat, zu einer Beratung innerhalb unserer Fraktion

---

420 Vgl. Neue Tiroler Zeitung vom 17. Januar 1985.
421 So der Wortlaut in der Parlamentskorrespondenz des Nationalrates vom 18. Januar 1985, S. 5; die angesprochene Regelung befindet sich in § 40 Abs. 1, Satz 2 der Vorlage in der Ausschußfassung bzw. in § 40 des späteren ASGG.
422 So Justizminister Ofner (FPÖ), ähnlich der Abgeordnete Kabas (FPÖ), in: ebd., S. 6.

gekommen, die zu der Auffassung geführt hat, daß es nicht sehr sinnvoll ist, wenn eine solche Mentalität vorherrscht, trotz einiger positiver Aspekte als Oppositionspartei die Zustimmung zu diesem Gesetz zu geben (...) Sie müssen auch verstehen und überlegen, daß es an sich nicht Aufgabe der Opposition ist, die Regierungsparteien in ihren Bestrebungen zu unterstützen.[423]

Kritischere Töne aus den Reihen der Opposition, wie der Vorwurf, die Maßnahme sei ein Beispiel für "Papier- und Behördensozialismus", der das Verfahren "nicht besser, nur schwerfälliger, langsamer, teurer und umständlicher"[424] mache, blieben hingegen selten. Die Vertreter der Mehrheitsfraktionen zeigten ihrerseits kein Interesse daran, ihr Eingehen auf die Vorschläge der Opposition während der Ausschußverhandlungen zu leugnen. Vielmehr deutete die Verbindlichkeit des in der Plenardebatte angeschlagenen Tones an, daß sie eine einstimmige Verabschiedung der Maßnahme vorgezogen hätten. "Es tut mir einfach leid", resümierte etwa Justizminister Ofner (FPÖ), "daß die positive Haltung, die auch von seiten der ÖVP mehr als eineinhalb Jahre lang zu erkennen gewesen ist, nicht bis zum Schluß hat durchgehalten werden können"[425]. Die Vorlage wurde schließlich erwartungsgemäß in zweiter und dritter Lesung mit den Stimmen der Regierungsparteien und gegen die Stimmen der ÖVP-Opposition vom Nationalrat verabschiedet.[426]

Der Gesetzesbeschluß des Nationalrates wurde vom Bundesrat ab dem 29. Januar 1985 weiterberaten. Der zu Vorberatung bestimmte Rechtsausschuß folgte mit den Stimmen der ÖVP-geführten Länder einem Antrag der Berichterstatterin Göber (ÖVP), gegen den Beschluß des Nationalrates Einspruch einzulegen. Die Begründung der Beschlußempfehlung des Rechtsausschusses nannte als "gravierende Mängel" des Arbeits- und Sozialgerichtsgesetzes unter anderem, daß der Zugang für die rechtssuchende Bevölkerung, insbesondere in ländlichen Regionen, durch die künftige Zuständigkeit des Landes- und Kreisgerichts als Eingangsgerichte für sämtliche Arbeitsrechtssachen erschwert würde; daß eine Zusammenlegung von Arbeits- und Sozialrechtssachen sachlich nicht begründet sei und im Bereich des Sozialrechts weiterhin eine Kompetenzzersplitterung bestehen bleibe sowie daß durch die Einführung einer dritten Instanz in Sozialrechtssachen eine Verfahrensverlängerung zu erwarten sei.[427] Zu dem im Rechtsausschuß des Nationalrates besonders umstrittenen Passus in § 40 ASGG stellte der Bericht fest:

Die Beschränkung bzw. an Auflagen geknüpfte gerichtliche Vertretungsbefugnis gewählter Funktionäre einer gesetzlichen Interessenvertretung oder freiwilligen kollektivvertragsfähigen Berufsvereinigung bedeutet für den Rechtsuchenden eine sachlich nicht gerechtfertigte Einengung seiner Wahlmöglichkeit,

---

423 Stenographische Protokolle des Nationalrates, XVI. Gesetzgebungsperiode, 75. Sitzung vom 23. Januar 1985, S. 6788.
424 Ebd., S. 6809, Abgeordneter Kohlmaier (ÖVP).
425 Ebd., S. 6806.
426 Vgl. ebd., S. 6811.
427 Vgl. 2940 der Beilagen zu den Stenographischen Protokollen des Bundesrates, XVI. Gesetzgebungsperiode.

sich von einem bestimmten Funktionär seines Vertrauens vor Gericht vertreten zu lassen.[428]

Wohl auch, um dem verfassungsrechtlichen Anspruch des Bundesrates, als Länderkammer zu handeln zu entsprechen, brandmarkte der Antrag schließlich die "Zerschlagung der Struktur der bisherigen Arbeitsgerichte" ausdrücklich auch als "föderalismusfeindlich"[429].

In der Bundesratsplenardebatte vom 31. Januar 1985 variierten die Vertreter der konservativ regierten Bundesländer die im Bericht des Rechtsausschusses enthaltenen Argumente: Ganz wie in der vorausgegangenen Nationalratsdebatte zählte zu den bemerkenswerten Komponenten der Auseinandersetzung das offensichtliche Bedürfnis von Vertretern der ÖVP, die Konsensbereitschaft und konstruktive Mitarbeit ihrer Partei an der Vorlage zu unterstreichen.[430] Dem entsprach wiederum die ungemein verbindlich anmutende Erwiderung der Regierungsseite, zumindest im Rahmen der betreffenden Plenardebatte, wo Justizminister Ofner (FPÖ) resümierte: "Gerade bei einem solchen Gesetz, bei dem es doch sehr wesentlich darauf ankommt, daß wir uns alle bemühen, es mitzutragen, wäre es viel schöner gewesen, wenn wir die Drei-Parteien-Regelung, auf die wir alle hinverhandelt haben, auch wirklich hätten zustande bringen können."[431] Der Bundesrat beschloß schließlich in namentlicher Abstimmung mit den Stimmen der ÖVP-geführten Länder gegen die Stimmen der übrigen Länder, gegen den Gesetzesbeschluß des Nationalrates Einspruch zu erheben.[432]

Der Einspruch des Bundesrates[433] wurde am 20. Februar 1985 vom Nationalrat an dessen Justizausschuß überwiesen, der eine Woche später in seinem abschließenden Bericht[434] mit den Stimmen der Regierungsparteien dem Plenum die Fassung eines "Beharrungsbeschlusses" empfahl. Noch in diesem Stadium hielten beide Seiten - ungeachtet des gegensätzlichen Abstimmungsverhaltens - an ihrer konsensorientierten Rhetorik fest. Die Parlamentskorrespondenz vom 27. Februar 1985, in der die Beratungen des Justizausschusses vom selben Tag zusammengefaßt sind, hält als Äußerung der Oppositionsabgeordneten angesichts der Beschlußfassung im Ausschuß fest: "Nach dem allseitigen Bemühen, eine gute, dauerhafte und einvernehmliche Lösung herbeizuführen,

---

428 Ebd., S. 5.
429 Ebd.
430 Vgl. etwa die Ausführungen des Vertreters des Landes Tirol, Strimitzer (ÖVP), in: Stenographische Protokolle des Bundesrates, 456. Sitzung vom 31. Januar 1985, S. 18488f.
431 Ebd., S. 18499. Deutlich schärfere Worte fand am darauffolgenden Tag der SPÖ-Abgeordnete Rieder im Rahmen einer politischen Abendveranstaltung in Graz. Die ÖVP habe durch ihr Abstimmungsverhalten über das ASGG der parlamentarischen Konsensbereitschaft im Justizbereich einen "Tiefschlag" versetzt. Wenn die parlamentarische Minderheit das Entgegenkommen der Mehrheitsfraktionen in der Sache nicht mit Zustimmung bei der Abstimmung lohne, nehme auch die Bereitschaft der Mehrheit ab, auf Anliegen der Minderheit einzugehen. Vgl. Wiener Zeitung vom 2. Februar 1985.
432 Vgl. Stenographische Protokolle, 456. Sitzung, a.a.O. (Anm. 430), S. 18503f.
433 547 der Beilagen zu den Stenographischen Protokollen des Nationalrates, XVI. Gesetzgebungsperiode.
434 559 der Beilagen zu den Stenographischen Protokollen des Nationalrates, XVI. Gesetzgebungsperiode.

bedauert es die ÖVP außerordentlich, daß ein bedeutsames Gesetz im Ergebnis strittig geblieben ist."[435]

In der anschließenden Nationalratsdebatte vom 7. März 1985 kam es zwischen Vertretern der Mehrheit und der Minderheit zu der schärfsten Konfrontation des gesamten parlamentarischen Entscheidungsverfahrens über das ASGG. Mitglieder der Regierungsmehrheit beschuldigten die Opposition, im Bundesrat einen rein parteipolitisch motivierten Beschluß herbeigeführt zu haben, dem keinerlei ernsthafte länderbezogenen Bedenken zugrundegelegen hätten, um dann "mit Freude" anzukündigen, daß die Mehrheit "selbstverständlich bei ihrem seinerzeitigen Beschluß bleiben wird."[436] Der justizpolitische Sprecher der FPÖ, Kabas, warnte die Opposition vor den generellen Folgen ihrer Strategie:

> Der Konsens scheiterte letztlich - wir haben das ja alle schon einmal abgehandelt hier im Hohen Haus - an einem Punkt, der vom Justizsprecher der ÖVP, Generalsekretär Dr. Graff, selbst als "lächerlich" bezeichnet wurde. (Abg. Dr. Graff: So ist es!) (...) Diese Materie wurde 18 Monate oder 19 Monate lang in ungefähr 20 Sitzungen verhandelt (...) Und dann war der Konsens da, und dann sprang die ÖVP ab. (...) Wenn Sie das ein paarmal machen, könnte doch, fürchte ich, sehr viel an Konsensbereitschaft verlorengehen. Es erhebt sich dann die Frage für die Regierungsfraktionen: Warum investiert man so viel Zeit, wenn dann von der ÖVP solch ein Mutwillensakt gesetzt wird, wenn man mutwillig von diesem Konsens abspringt?[437]

Die rhetorische Gegenwehr der Opposition, die an ihrer Version für die Gründe des Scheiterns festhielt, vermochte jedoch nicht zu verhindern, daß der Nationalrat kurz darauf mit der Stimmenmehrheit der Regierungsparteien einen "Beharrungsbeschluß" faßte[438], den der Bundesrat nur mehr machtlos zur Kenntnis nehmen konnte. Die damit endgültig beschlossene Vorlage wurde kurz darauf vom Bundespräsidenten ausgefertigt und trat am 1. Januar 1987 als Arbeits- und Sozialgerichtsgesetz in Kraft.

2.3.3 Das Weingesetz 1985

Das Weingesetz 1985[439] ist die Maßnahme der kleinen Koalition, die das mit Abstand größte Interesse der breiteren Öffentlichkeit während der gesamten 16. Legislaturperiode des Nationalrates fand. Als direkte Reaktion auf den österreichischen "Weinpanscherskandal" des Jahres 1985 erhielt das Weingesetz eine beinahe ebenso prominente Stellung innerhalb der Medienberichterstattung und der öffentlichen Meinung wie der Weinskandal selbst. In Umfragen vom September 1985 bezeichneten mehr als Zweidrittel der Befragten den

---

435 Parlamentskorrespondenz des Nationalrates vom 27. Februar 1985, S. 1.
436 So der Abgeordnete Reinhart (SPÖ), in: Stenographische Protokolle des Nationalrates, XVI. Gesetzgebungsperiode, 83. Sitzung vom 7. März 1985, S. 7394.
437 Ebd., S. 7395.
438 Ebd., S. 7398.
439 BGBl. 1985, Nr. 444, S. 3445f.

Weinskandal als die schwerwiegendste politisch relevante "Affaire" der letzten Jahre.[440]

Inhaltliche Schwerpunkte des Weingesetzes 1985, dessen Zielsetzung laut der entsprechenden Regierungsvorlage[441] darin bestehen sollte, ein hohes Qualitätsniveau des österreichischen Weines zu gewährleisten und "den Konsumenten vor Täuschungen zu sichern", bildeten die Einführung strengerer Prüf- und Kontrollvorschriften hinsichtlich der Stoffe, die dem Wein zugesetzt werden dürfen; die verschärfte Überwachung des Weinverkehrs, unter anderem durch die Kennzeichnungspflicht von Behältnissen bis zu einem Inhalt von 50 Litern in Form einer von der jeweiligen Bezirksverwaltungsbehörde auszugebenden Banderole; die Erweiterung der Meldepflichten (insbesondere Erntemeldungen und Bestandsmeldungen); die Herabsetzung des erlaubten Zuckergehalts; die taxative Aufzählung der zulässigen Verfahren der Weinbehandlung sowie die Verschärfung der gerichtlichen Strafen bei Verstößen gegen die Bestimmungen des Weingesetzes.

Das Weingesetz 1985 bildete die unmittelbare Nachfolgemaßnahme der Weingesetznovelle 1985 ("Bundesgesetz vom 12. Juni 1985, mit dem das Weingesetz 1961 geändert wird").[442] Letztere wurde vom Nationalrat am 12. Juni 1985 in zweiter und dritter Lesung einstimmig angenommen[443] und ihre Inkraftsetzung auf den 1. September desselben Jahres terminiert. Die Weingesetznovelle 1985 hatte ebenfalls bereits verschiedene restriktive Kontrollbestimmungen enthalten, doch wurde in der Begründung der Vorlage als deren Ziel lediglich die Anhebung der Weinqualität und die Steigerung des Weinabsatzes genannt.[444] Daß die nachfolgende Maßnahme - das Weingesetz 1985 - im Nationalrat bereits Ende August 1985, also noch vor dem Inkrafttreten der ursprünglich vorgesehenen Maßnahme erfolgte, zeigt, unter welchem Außendruck die Entscheidung zustandekam.

Für das Verständnis des Entscheidungsprozesses über das Weingesetz 1985 sind eine Reihe von Hintergrundinformationen über den "Weinskandal" unverzichtbar. Der Beginn der "Weinaffäre" wird im allgemeinen für November 1984 angesetzt. Zu diesem Zeitpunkt erhält das Landwirtschaftsministerium einen ersten Hinweis darauf, daß bei einem burgenländischen Weinhändler Diäthylenglykol als verbotener und giftiger Zusatzstoff verwendet worden sei. Am 21. Dezember 1984 wird der Landwirtschaftlich-Chemischen Bundesversuchsanstalt anonym ein Mittel zugesandt, das angeblich als Zusatzstoff bei der Weinherstellung Verwendung finde und am 28. Januar des darauffolgenden Jahres als Diäthylenglykol identifiziert wird. Nachdem bei der Landwirtschaftlich-Chemischen Bundesversuchsanstalt am 15. März 1985 weitere anonyme Sendungen von Weinproben eingehen, in denen ebenfalls die Substanz

---

440 Vgl. A. Khol/G. Ofner/A. Stirnemann (Hrsg.), a.a.O. (Anm. 407), S. 872.
441 693 der Beilagen zu den Stenographischen Protokollen des Nationalrates, XVI. Gesetzgebungsperiode, S. 37.
442 BGBl. 1985, Nr. 273, S. 2183f.
443 Vgl. Stenographische Protokolle des Nationalrates, XVI. Gesetzgebungsperiode, 93. Sitzung vom 12. Juni 1985, S. 8475.
444 Vgl. 663 der Beilagen der Stenographischen Protokolle des Nationalrates, XVI. Gesetzgebungsperiode.

Diäthylenglykol nachgewiesen werden kann, informiert diese kurz darauf das Landwirtschaftsministerium über den Befund. Rund drei Wochen später, am 12. April, kommt es in einem burgenländischen Betrieb zur ersten Beschlagnahmung von mit Diäthylenglykol versetztem Wein. Am 23. April 1985 wird die Öffentlichkeit von Landwirtschaftsminister Haiden (SPÖ) erstmals offiziell über die zunächst noch auf das Burgenland beschränkten Vorkommnisse informiert. Im Anschluß an weitere Beschlagnahmungen in den folgenden Monaten erhält der österreichische "Weinskandal" im Juli desselben Jahres eine internationale Dimension durch ein striktes Importverbot für österreichische Weine in den USA und ähnliche Maßnahmen zahlreicher europäischer Länder, unter anderem der Bundesrepublik.

Die kurze Übersicht über die wichtigsten Entwicklungen bis zum Sommer 1985 zeigt, daß eine Reihe wichtiger Ereignisse des "Weinskandals" bereits das parlamentarische Entscheidungsverfahren über die Weingesetznovelle 1985 zeitlich überschattete. In den parlamentarischen Beratungen über diese Maßnahme spielte der Bezug zum "Weinskandal" jedoch eine auffallend untergeordnete Rolle. Vertreter sowohl aus den Reihen der Regierungsmehrheit als auch der Opposition stellten in der Schlußdebatte im Nationalrat die mehrere Jahre umfassende Entstehungsphase der Vorlage heraus und nutzten den Hinweis auf die jüngsten Vorkommnisse lediglich dazu, um die bei den betroffenen Weinbauern unattraktiven, ohnehin geplanten schärferen Kontroll- und Strafbestimmungen in der Novelle mit einer zusätzlichen Rechtfertigung zu versehen.[445]

Der Beginn des Entscheidungsprozesses über das Weingesetz 1985 kann für Ende Juli 1985 veranschlagt werden. Am 29. Juli trafen im Bundeskanzleramt Vertreter der im Nationalrat vertretenen Parteien, Repräsentanten der Bundesländer sowie der betroffenen Fachverbände (der Bundeswirtschaftskammer und des Bauernbundes) zusammen, um eine konsensfähige Vorgehensweise zu vereinbaren.[446] Das Ergebnis dieser unter dem Vorsitz von Bundeskanzler Sinowatz (SPÖ) geführten Verhandlungen sah vor, spätestens Anfang September desselben Jahres im Rahmen einer Sondersitzung des Nationalrates gemeinsam mit den Stimmen aller drei Fraktionen eine drastische Verschärfung des Weingesetzes zu beschließen. Dem Landwirtschaftsminister wurde der Auftrag erteilt, binnen drei Wochen einen Gesetzentwurf vorzulegen.[447] Vorgesehen waren unter anderem ein Aufzuckerungsverbot für Qualitäts- und Prädikatsweine, eine Beschränkung des Hektarhöchstbetrages für sämtliche österreichischen Weinbaugebiete, die obligatorische klare Deklaration der Herkunft wie der Alkohol-, Restzucker- und Säuremenge eines Pro-

---

445 Vgl. etwa Abgeordneter Hintermayer (FPÖ) und Abgeordneter Kirchknopf (ÖVP), in: Stenographische Protokolle, 93. Sitzung, a.a.O. (Anm. 443), S. 8464, 8467.
446 Die Hinzuziehung der Fachverbände zu dieser vor allem als Krisengipfel zwischen Vertretern von Regierungsmehrheit und Opposition gedachten Gelegenheit wurde mit der besonderen Eilbedürftigkeit der Maßnahme gerechtfertigt, die kein spezielles, ansonsten bei der Abfassung von Regierungsvorlagen übliches Begutachtungsverfahren für die betroffenen Interessenverbände gestatten würde.
447 Vgl. Die Presse vom 30. Juli 1985.

duktes sowie die strenge Kontrolle aller Weinbewegungen durch nachprüfbare Buchführung vom Keller bis zum Detailhandel.[448]

Festzuhalten ist, daß zu diesem Zeitpunkt sowohl hinsichtlich der inhaltlichen Dimension der Entscheidung - also über die Notwendigkeit einer weiteren Maßnahme im allgemeinen und die Ausdehnung restriktiver Kontroll- und Prüfbestimmungen in einem neuen Weingesetz im besonderen - als auch über die terminlich-prozedurale Dimension des weiteren Vorgehens ein hohes Maß an Konsens zwischen den entscheidungsrelevanten Akteuren bestand. Gleichwohl betonte die ÖVP bereits in dieser Phase, daß mit Blick auf die mittlerweile erreichte Größenordnung des "Weinskandals" schwerwiegende Versäumnisse im Bereich der politischen Kontrolle der Weinerzeugung und des Weinverkehrs durch das Landwirtschafts- und das Gesundheitsministerium zu beklagen seien, die durch die prinzipielle Kooperationsbereitschaft der Opposition in bezug auf künftige Regelungen nicht einfach in Vergessenheit geraten dürften.[449]

Die Regierungsvorlage zum Weingesetz 1985[450] wurde am 28. August 1985 im Nationalrat eingebracht[451] und einen Tag später ohne Aussprache an den Ausschuß für Land- und Forstwirtschaft überwiesen.[452] Dieser nahm die Vorlage unverzüglich in Verhandlung und berichtete dem Plenum des Nationalrates noch am selben Tag.

Spätestens von diesem Zeitpunkt an war der Entscheidungsprozeß über die Maßnahme durch mehr Konflikt als Kooperation zwischen der Regierungsmehrheit und der Opposition gekennzeichnet. Die ÖVP hatte bereits bei der Veröffentlichung bzw. der parlamentarischen Einbringung der Vorlage außerhalb des Parlaments ihre Entschlossenheit bekundet, der geplanten Maßnahme ihre Zustimmung zu verweigern. Im Ausschuß sprachen Vertreter der Opposition von einem "in der Praxis nicht durchführbarem Gesetz"[453] und machten für das Scheitern des überparteilichen Konsenses vor allem den Zeitdruck verantwortlich, unter dem die Verhandlungen stattgefunden hätten.[454] Die Regierungsparteien sahen sich daraufhin gezwungen, die vorgesehenen Verfassungsbestimmungen (für deren Inkraftsetzung eine Zweidrittelmehrheit der Abstimmenden im Nationalrat erforderlich gewesen wäre)[455] fallenzulassen bzw. so

---

448 Vgl. Wiener Zeitung vom 30. Juli 1985.
449 Vgl. hierzu die Publikation der ÖVP, Dringliche Fragen an den Landwirtschaftsminister und den Gesundheitsminister im Zusammenhang mit dem Weinskandal, in: Pressedienst der ÖVP vom 26. Juli 1985. Dabei konnte sich die ÖVP darauf berufen, den Landwirtschaftsminister bereits in einer schriftlichen parlamentarischen Anfrage vom Januar 1982 auf eigenartige Mißverhältnisse zwischen Produkt und Preis bei ins Ausland exportierten Weinen hingewiesen zu haben. Vgl. 1767/J der Beilagen zu den Stenographischen Protokollen des Nationalrates, XV. Gesetzgebungsperiode.
450 Vgl. Anm. 443.
451 Vgl. Stenographische Protokolle des Nationalrates, XVI. Gesetzgebungsperiode, 101. Sitzung vom 28. August 1985, S. 8918.
452 Vgl. Stenographische Protokolle des Nationalrates, XVI. Gesetzgebungsperiode, 102. Sitzung vom 29. August 1985, S. 8922.
453 Abgeordneter Fachleutner (ÖVP), zit.n. Parlamentskorrespondenz des Nationalrates vom 29. August 1985, S. 3 (Bogen c).
454 Vgl. Abgeordneter Hietl (ÖVP) und Abgeordneter Derfler (ÖVP), in: ebd., S. 2 (Bogen b).
455 Diese betrafen die Festsetzung des Hektarhöchstbetrages für sämtliche Weinbaugebiete, die unmittelbare Unterstellung der Bundeskellereiinspektoren unter den Bundesminister für

umzuformulieren, daß diese ohne qualifiziertes Mehrheitsvotum verabschiedet werden konnten. Die einzige ursprünglich vorgesehene Bestimmung mit Verfassungsrelevanz, die ersatzlos gestrichen werden mußte, betraf die Regelung über die Festsetzung erlaubter Hektarhöchstbeträge. Weitere Änderungen, die etwa - jeweils gemessen an den ursprünglich geplanten Bestimmungen der Regierungsvorlage - eine teilweise Lockerung der Transportbestimmungen von Wein bzw. bei der Registrierung von Letztverbrauchern im Kellerbuch bei geringen Weinmengen bis zu 50 Litern zum Gegenstand hatten, wurden ebenfalls mit der Stimmenmehrheit der Regierungsfraktionen angenommen.

Die somit gegen die Stimmen der ÖVP-Opposition zustandegekommene Ausschußfassung der Vorlage wurde noch am selben Tag vom Nationalrat in zweite und dritte Lesung genommen. Die Kooperationsbereitschaft der Opposition in diesem Stadium der Entscheidung reichte zumindest noch so weit, einer unverzüglichen Behandlung des Ausschußberichts im Plenum - für die geschäftsordnungsrechtlich eine Zweidrittelmehrheit vorgeschrieben ist - nichts in den Weg zu stellen. Die rund siebenstündige Debatte war durch einen heftigen, im Ton über weite Strecken aggressiven Schlagabtausch zwischen Vertretern der Regierungsmehrheit und Opposition gekennzeichnet. Die Opposition begründete ihre ablehnende Haltung gegenüber der Vorlage mit den zahlreichen "Schikanen" des geplanten Gesetzes gegen die Weinbauern[456], wobei deren Debattenredner als die größte bürokratische Belastung für die selbstvermarktenden Produzenten die neue Vorschrift hinsichtlich der sogenannten Banderole, die Einführung von Ein- und Ausgangsbüchern und die Meldung der Qualitäts- und Prädikatsweinabfüllung drei Tage vor deren Durchführung hervorhoben. Demgegenüber präsentierte Landwirtschaftsminister Haiden (SPÖ) dem Plenum ungeachtet aller Kritik von seiten der ÖVP die geplante Maßnahme als "ein hervorragendes Gesetz aus einem Guß mit strengsten Normen unter besonderer Berücksichtigung des Konsumentenschutzes"[457], dem die Opposition lediglich mit Rücksicht auf eigennützige Interessen ihrer Klientel ihre Zustimmung versagt hätte: "Meine Damen und Herren von der Opposition, Hand aufs Herz: Wäre der Finanzminister in der Lage gewesen, die Alkoholabgabe zu streichen oder zu senken, so wäre es vermutlich das "beste" Ge-

---

Land- und Forstwirtschaft sowie die Einrichtung spezieller Hilfsorgane (Mostwäger) für die Kontrolle von Lesegut als Organ der mittelbaren Bundesverwaltung durch den jeweiligen Landeshauptmann in §§ 29 Abs. 5, 37 Abs. 1 und 42 Abs. 1 der Regierungsvorlage.
456 In einer speziellen Veröffentlichung der ÖVP-Nationalratsfraktion war insgesamt sechs "Schikanen der sozialistischen Koalition" die Rede, womit die Meldefristen bei Lesetagen, die Konsequenzen einer Überschußerzielung von durch Verordnung festgeschriebenen Erntemengen, die Banderolenpflichtigkeit für Qualitätsweinflaschen, die Meldepflichtigkeit sämtlicher Kellerbucheinträge an den jeweiligen Bezirkshauptmann, die spezielle Prüfungsvorschrift für Qualitätsweine, die exportiert werden sollen, sowie die Verpflichtung von Weinbauern, beim Verkauf an Privatpersonen den Käufer mit Name und Adresse im Kellerbuch festzuhalten, gemeint waren. Vgl. Dokumentation des ÖVP-Parlamentsklubs anläßlich der Beschlußfassung des Weingesetzes in der Sondersitzung des Nationalrates am 29. August 1985: Qualität ja - Schikane nein. Die Volkspartei zum Weingesetz, Wien, S. 14f.
457 Stenographische Protokolle des Nationalrates, XVI. Gesetzgebungsperiode, 103. Sitzung vom 29. August 1985, S. 8935.

setz, es wäre keine Schikane, und wir würden es einstimmig beschließen. Das ist doch gar keine Frage."[458]

Letztere Behauptung gab den Anstoß für die ungemein polemischen Teile der Debatte zwischen der parlamentarischen Mehrheit und der Minderheit. Beide Seiten nahmen für sich in Anspruch, den nationalen Konsens gesucht zu haben und an der Halsstarrigkeit ihres jeweiligen Gegenübers gescheitert zu sein. Der ÖVP-Abgeordnete Graf behauptete, seine Partei sei "als Opposition weiter gegangen, als jemals zuvor eine Opposition in diesem Haus bereit gewesen wäre zu gehen"[459]; andere Oppositionsvertreter monierten, ihre kooperative Haltung sei "von Regierungsseite nicht gewürdigt, ja eigentlich sogar (...) mißbraucht worden"[460]. Die allseitige Orientierung auf das Konsensprinzip als normativem Bezugspunkt und Bewertungsmaßstab der aktuellen Ereignisse, an dem vor allem die Opposition ihre verbale Strategie ausrichtete, führte in einigen Fällen zu Äußerungen, die geradezu den Anschein gespielter Naivität erwecken konnten; so etwa der Beitrag der ÖVP-Abgeordneten Tichy-Schreder, die dem Landwirtschaftsminister vorwarf, er sei "uneinsichtig, weil er eigentlich nicht verhandeln will, und das hat mich am meisten betroffen (gemacht). Spätestens dann, als ich die Regierungsvorlage erhalten habe, war mir klar, daß er einfach Sachen durchsetzen will gegen den Willen der Opposition und gegen den Willen der Betroffenen und daß er eigentlich nur Schikanen vorhat."[461]

Inwieweit die Behauptungen der einzelnen Abgeordneten es verdienen, als wahrheitsgetreue Schilderungen der außerparlamentarischen Verhandlungen bewertet zu werden, läßt sich auf der Basis der gegebenen Quellenlage nur bedingt beurteilen. Dies gilt insbesondere im Hinblick auf die zentrale Frage nach den Gründen für das Aufbrechen des Ende Juli allem Anschein nach noch vorhandenen überparteilichen Konsenses über das notwendige Vorgehen. Den Ausführungen unterschiedlicher Abgeordneter und entsprechenden Zeugnissen der Medienberichterstattung zufolge läßt sich diesbezüglich zumindest als sicher voraussetzen, daß kurz vor der Einbringung der Regierungsvorlage im Nationalrat tatsächlich nochmals Spitzen-Verhandlungen beim Bundeskanzler stattfanden, in deren Rahmen über Kompensationsleistungen an die Weinbauern (etwa Steuernachlässe) gesprochen wurde. Nach Angaben von ÖVP-Vertretern hatte die Opposition zur Vorbedingung für ihre Zustimmung zum neuen Weingesetz lediglich eine rechtsverbindliche Erklärung der Regierung gefordert, mit der ÖVP - gegebenenfalls auch erst im Anschluß an die parlamentarische Beschlußfassung über das Weingesetz - "über Zollrelevanzen und Steuerrelevanzen, Existenz- und Exportsicherungen" zu "reden"[462]. Fest steht ebenso, daß Bundeskanzler Sinowatz nicht bereit war, auf diesen Vorschlag einzuge-

---

458 Ebd., S. 8932. Den Hintergrund dieser Äußerung bildet die Tatsache, daß die im Gesetz geforderte exakte Kellerbuchführung und die weiteren vorgesehenen Kontrollen in der Tat darauf zielten, steuerliche "Schlupflöcher" für Weinbauern und Weinhändler, die bis dahin nach offenen Eingeständnissen einzelner Betroffener entsprechend genutzt worden waren, ersatzlos zu schließen.
459 Ebd., S. 8941.
460 Ebd., S. 8952, Abgeordneter Kohlmaier (ÖVP).
461 Ebd., S. 8982.
462 Ebd., S. 8940, Abgeordneter Graf (ÖVP).

hen. Wieviel an Opposition auf seiten der ÖVP ihren Grund in der angeblich mangelnden Administrierbarkeit der Maßnahme hatte und welche Rolle demgegenüber die erwarteten Einnahmeausfälle der konservativen Weinbauern-Klientel spielten, läßt sich hingegen nicht mit letzter Sicherheit beurteilen. Daß ersteres Motiv zumindest mit im Spiel war - also nicht nur parteipolitisch-interessengruppenspezifische Beweggründe für die Haltung der Opposition verantwortlich waren - läßt sich aus den umfangreichen Änderungen bezüglich einzelner Verfahrensvorschriften ableiten, die zu einem späteren Zeitpunkt im Rahmen eines neuen Weingesetzes mit den Stimmen der Regierungsmehrheit verabschiedet wurden (vgl. II, 2.4).

Was die weitere Struktur und das Ergebnis der zweiten und dritten Lesung der Maßnahme im Rahmen der Nationalratssitzung vom 29. August 1985 betrifft, so kann von einer weiteren Verhärtung der Fronten im Verlaufe der Beratungen gesprochen werden. Der letzte Redner für die Opposition meinte gar, der "Weinskandal" hätte überhaupt keine neue Maßnahme erforderlich gemacht.[463] Statt dessen verlegte sich die ÖVP darauf, einen Antrag auf Einberufung eines Untersuchungsausschusses zu stellen, der die Verantwortlichkeiten und Versäumnisse der Regierung im Zuge der "Weinaffäre" hätte untersuchen sollen. Dieser Antrag wurde erwartungsgemäß mit den Stimmen der Mehrheitsfraktion abgelehnt, die im gleichen Zuge die umstrittene Vorlage in zweiter und dritter Lesung gegen die Stimmen der Oppositionsvertreter verabschiedete.[464]

Außerhalb des Parlaments bemühten sich wichtige Repräsentanten beider Seiten, ihre Haltung zu rechtfertigen und breitere außerparlamentarische Unterstützung für ihre Position zu mobilisieren. In einem Fernsehinterview, zwei Tage nach dem Nationalratsbeschluß, erklärte der ÖVP-Vorsitzende, Mock, er sei froh darüber, daß seine Partei nicht die Mitverantwortung für dieses Gesetz tragen müsse.[465] Demgegenüber kritisierte Bundeskanzler Sinowatz die Ablehnung des Weingesetzes durch die ÖVP als Fortsetzung von deren unakzeptabler "Jein-Politik"[466].

Kurz darauf, am 4. September 1985, wurde der Gesetzesbeschluß des Nationalrates vom Bundesrat in Behandlung genommen. Die Grundlage der Verhandlungen des Plenums bildete der Bericht des Ausschusses für Land- und Forstwirtschaft[467], in dem dieser dem Bundesrat mit den Stimmen der ÖVP-geführten Länder empfahl, Einspruch zu erheben. Der Ausschußbericht liest sich nicht nur mit den Augen der empörten Bundesratsvertreter der SPÖ- und FPÖ-dominierten Länder und der Vertreter der Mehrheitsfraktionen im Nationalrat wie ein Wahlkampfpapier der ÖVP. Die Länder als verfassungsrechtlich legitimierte Bedenkenträger gegen föderalismusrelevante Gesetzesbeschlüsse des Nationalrates traten als Opponent der Entscheidung im Bericht gar nicht in Erscheinung. Statt dessen beginnt das Dokument mit den Worten: "Die Österreichische Volkspartei ist der Meinung, daß zur Bereinigung des Skandals und

---

463 Ebd., S. 8992, Abgeordneter Puntigam (ÖVP).
464 Vgl. ebd., S. 8996f.
465 Vgl. Tiroler Tageszeitung vom 2. September 1985.
466 Zit.n. Wiener Zeitung vom 3. September 1985.
467 3015 der Beilagen zu den Stenographischen Protokollen des Bundesrates.

zur Wiederherstellung des guten Rufes des österreichischen Weines folgende Maßnahmen notwendig sind (...)"[468]. Zu den am dringendsten geforderten Maßnahmen zählte auch ein neuer Landwirtschaftsminister. Weiter hieß es: "Der größte Mangel der Gesetzesvorlage ist aber, daß flankierende Maßnahmen für die Weinbauern vollständig fehlen, die Weinbesteuerung mit 44 Prozent bildet Europarekord! Die Regierung bringt zwar neue Belastungen und Schikanen für die Weinbauern, sie ist aber nicht zu einer steuerlichen Entlastung (...) bereit."[469]

Die angeschlossene Debatte brachte kaum neue sachliche Argumente, sieht man von den nunmehr plötzlich formulierten verfassungsrechtlichen Bedenken einiger ÖVP-Vertreter gegenüber der Vorlage ab, die schließlich in der Drohung gipfelte, das Verfassungsgericht anzurufen.[470] Ansonsten erschöpfte sich die neuerliche Auseinandersetzung weitgehend darin, den Streit über die Verantwortung für den "Weinskandal" und das Nichtzustandekommen eines Allparteien-Konsenses über die geplante Maßnahme zu vertiefen. Vertreter der SPÖ warfen der Opposition offen vor, eine verantwortungslose Klientelpolitik zu betreiben:

> Mit dem heutigen Nein zum vorliegenden Gesetz und der fadenscheinigen Zuflucht zu verfassungsrechtlichen Streitereien, wo doch jeder weiß, worum es in Wahrheit geht, schaden Sie unserem Land - das sage ich hier in Anwesenheit ausländischer Fernsehanstalten - und demonstrieren Sie gleichzeitig Ihre Ohnmacht, eine Politik zu betreiben, die auch in Ansätzen über eine reine Interessensdurchsetzung hinausgeht.[471]

Andererseits zeigte auch die Regierungsseite einen Anflug von Schwäche, indem Landwirtschaftsminister Haiden (SPÖ) in bezug auf die Abfassung der Regierungsvorlage und die mehr als 40 notwendigen Änderungen im Rahmen der einzigen Ausschußsitzung vom 29. August erklärte: "Ich räume gerne ein: Auch uns ist einiges passiert, einige Abänderungen stilistischer und auch inhaltlicher Art haben sich ergeben, weil nachher noch in einer letzten Lesung das Gesetz überprüft wurde. Das leugne ich gar nicht."[472]

Die Opposition konfrontierte die Regierung - in dem wachsenden Bewußtsein, der endgültigen Entscheidung des Nationalrates kaum mehr etwas in den Weg stellen zu können - mit ganz unterschiedlichen, teils widersprüchlichen Vorwürfen, die von der vermeintlichen "Handlungs- und Entscheidungsunfähigkeit der Regierung Sinowatz-Steger"[473] bis zur Unterstellung eines bösartigen Aktivismus, dessen vorrangiges Ziel darin bestanden habe, "die ÖVP draußen stehen zu lassen, mit der ÖVP kein gemeinsames Gesetz beschließen

---

468 Ebd., S. 3f.
469 Ebd.
470 Vgl. etwa die Ausführungen des Vertreter des Landes Tirol, Strimitzer (ÖVP), in: Stenographische Protokolle des Bundesrates der Republik Österreich, 466. Sitzung vom 4. September 1985, S. 19159f.
471 So der Vertreter des Landes Voralberg, Bösch (SPÖ), in: ebd., S. 19166.
472 Ebd., S. 19180.
473 So der Vertreter des Burgenlandes Kaplan (ÖVP), in: ebd., S. 19184.

zu müssen"[474], reichten. Trotzdem blieb das Bemühen der ÖVP erkennbar, ihren Anspruch als kooperativ eingestellte Opposition in der Diskussion zu halten. Vertreter der konservativen Bundesratsmehrheit versuchten den Einspruch des Bundesrates als "Chance, bis zur neuerlichen Behandlung des Weingesetzes im Nationalrat die Voraussetzungen für eine gemeinsame Beschlußfassung zu schaffen"[475] zu präsentieren. Diese Strategie wurde weiter konkretisiert in Form eines Entschließungsantrages der ÖVP-geführten Länder "betreffend Herstellung eines nationalen Konsenses zur Bereinigung des Weinskandals"[476]. Dieser wurde ebenso wie der Antrag, gegen den Gesetzesbeschluß des Nationalrates Einspruch zu erheben, mit den Stimmen der ÖVP-geführten Länder angenommen.[477]

Außerhalb der parlamentarischen Arena deutete sich vorübergehend die Möglichkeit einer Aufweichung der parteipolitisch befestigten Fronten an, nachdem die steirische Landesregierung am 17. September 1985 eine von der ÖVP und der SPÖ unterzeichnete Resolution veröffentlicht hatte, in der die Bundesregierung um neue Verhandlungen über eine angemessene gesetzliche Grundlage auf dem Gebiet der Weinerzeugung und des Weinhandels ersucht wurde mit der Begründung, daß verschiedene Regelungen der anhängigen Vorlage die Region ungerechtfertigt hart treffen würden und andere nur schwer im Sinne des Gesetzes umzusetzen seien.[478] Obwohl die ÖVP-eigene Regionalpresse alles tat, um die in der Steiermark zutagetretende Konfrontation zwischen der SPÖ und der FPÖ, die an der Vorlage der Bundesregierung uneingeschränkt festhalten wollte[479], als Katalysator mit bundespolitischer Zielrichtung zu instrumentalisieren, blieb der Vorstoß der steirischen Landesregierung eine Episode ohne weitere Konsequenzen auf den Gang der Entscheidung in Wien.

Die ÖVP setzte ihren Kampf um Änderungen an der geplanten Vorlage am 10. Oktober 1985 mit einer Dringlichen Anfrage an den Bundeskanzler[480] im Bundesrat fort. Darin wurde dem Kanzler unter Bezugnahme auf die Entschließung des Bundesrates vom 4. September desselben Jahres vorgeworfen, bislang keine Aktivitäten erkennen zu lassen, einen "nationalen Konsens" über die Bereinigung des Weinskandals und die notwendigen Maßnahmen herzustellen. Die Replik des Kanzlers und einer Reihe weiterer Vertreter der Regierungsmehrheit ließ keinen Zweifel daran, daß die Regierung in diesem Stadium an eine Kompromißlösung nach den Vorstellungen der ÖVP nicht mehr dachte. Kanzler Sinowatz machte für das Scheitern des zu Beginn der Verhandlungen

---

474 Ebd., S. 19190.
475 So der Vertreter des Landes Niederösterreich, Wilfing (ÖVP), ebd., S. 19174.
476 111/E der Beilagen zu den Stenographischen Protokollen des Bundesrates der Republik Österreich.
477 Vgl. Stenographisches Protokolle, 466. Sitzung, a.a.O. (Anm. 470), S. 19224.
478 Vgl. Salzburger Nachrichten vom 18. September 1985. Allerdings forderte nur die ÖVP einen Aufschub des bevorstehenden "Beharrungsbeschlusses" des Nationalrates, während die steirische SPÖ eine unverzügliche Novellierung im Anschluß an die Verabschiedung des vorliegenden Entwurfs für ausreichend hielt.
479 Vgl. Süd-Ost-Tagespost vom 21. September 1985.
480 510/J der Beilagen zu den Stenographischen Protokollen des Bundesrates der Republik Österreich.

im Sommer des Jahres noch vorhandenen Konsenses "innerparteiliche Schwierigkeiten in der Opposition"[481] verantwortlich, während der Vertreter des Burgenlandes, Frasz (SPÖ) - deutlich provokativer - von der "populistischen Steuersenkungsmasche"[482] der ÖVP als dem wichtigsten Grund für das Nichtzustandekommen einer Einigung sprach.

Eine Woche später wurde der Einspruch des Bundesrates im Ausschuß für Land- und Forstwirtschaft des Nationalrates behandelt, der in seinem Bericht[483] dem Nationalrat die Fassung eines "Beharrungsbeschlusses" empfahl. Noch bevor der Ausschußbericht vom Plenum verhandelt wurde, erklärten Regierungsvertreter in mehreren öffentlichen Äußerungen, daß es am Weingesetz bis zum Ende der Legislaturperiode keine Korrekturen geben werde.[484]

Zu den bemerkenswerten Eigenheiten der - von Weinbauernprotesten vor dem Wiener Parlamentsgebäude begleiteten[485] - Nationalratssitzung vom 24. Oktober 1985 zählt der Umstand, daß die nun auf Obstruktion gestimmte Opposition von der Mehrheit bereitwillig genügend Leine erhielt, um ihre wohlbekannten Argumente und Anschuldigungen nochmals im Parlament vorzubringen. So wurde dem Ansinnen der Opposition, über den von ihr eingebrachten Antrag auf Absetzung der Verhandlung des Berichtes des Ausschusses für Land- und Forstwirtschaft eine Debatte abzuhalten, einstimmig stattgegeben[486], der Antrag selbst freilich mit den Stimmen der Mehrheitsfraktionen abgelehnt.[487] Ihre rhetorische Rückendeckung für den bevorstehenden "Beharrungsbeschluß" des Nationalrates bezogen die Mehrheitsfraktionen aus der versuchten Desavouierung der ÖVP als "Neinsager-Partei"[488], die "nur beinharte Opposition"[489] betreiben und damit "große Schuld auf sich geladen"[490] habe. Die parlamentarische Auseinandersetzung über das Weingesetz 1985 wurde schließlich mit einem Mehrheitsbeschluß des Nationalrates beendet, indem dieser erwartungsgemäß seinen ursprünglichen Beschluß vom 29. August 1985 wiederholte.[491] Die Opposition, in deren Augen das Zustandekommen des Gesetzes "ein trauriges und abstoßendes Symbol" für die "Versteinerung, Verknöcherung und Unfähigkeit zur Einsicht"[492] auf seiten der Regierungsmehrheit bildete, verzichtete auf jegliche, während des Entscheidungsverfahrens angedrohten Anfechtungen der Maßnahme vor dem Verfassungsgerichtshof. Das Entscheidungsverfahren über das Weingesetz 1985 fand seinen formalen Ab-

---

481 Stenographisches Protokoll des Bundesrates der Republik Österreich, 467. Sitzung vom 10. Oktober 1985, S. 19255.
482 Ebd., S. 19280.
483 746 der Beilagen zu den Stenographischen Protokollen des Nationalrates, XVI. Gesetzgebungsperiode.
484 Vgl. Wiener Zeitung vom 22. Oktober 1985; Neue Zeit vom 23. Oktober 1985.
485 Vgl. Arbeiter-Zeitung vom 25. Oktober 1985; Neues Volksblatt vom 25. Oktober 1985.
486 Vgl. Stenographische Protokolle des Nationalrates, XVI. Gesetzgebungsperiode, 108. Sitzung vom 24. Oktober 1985, S. 9301.
487 Vgl. ebd., S. 9309. Ebenfalls abgelehnt wurde ein Antrag der Opposition auf Rückverweisung des Berichtes an den Landwirtschaftsausschuß; vgl. ebd., S. 9360.
488 Ebd., S. 9372, Abgeordneter Peter (FPÖ).
489 Ebd., S. 9365, Abgeordneter Pfeifer (SPÖ).
490 Ebd., S. 9377, Abgeordneter Peck (SPÖ).
491 Vgl. ebd., S. 9404.
492 Ebd., S. 9402, Abgeordneter Karas (ÖVP).

schluß in der unverzüglichen Ausfertigung durch den Bundespräsidenten und der Verkündung der Maßnahme im Bundesgesetzblatt vom 31. Oktober 1985.

2.4 Zusammenfassung und Ergebnis

In den vorstehenden Abschnitten wurde das Zustandekommen ausgewählter Schlüsselentscheidungen einer Legislaturperiode des Deutschen Bundestages, des britischen House of Commons und des österreichischen Nationalrates einer detaillierten qualitativ-empirischen Analyse unterzogen. Der Fokus wurde dabei auf die Interaktionsmuster zwischen Regierungsmehrheit und Opposition im allgemeinen und das Ausmaß an stattgefundener Kooperation zwischen beiden Akteuren im besonderen gelegt.

Faßt man die dabei gewonnenen Einsichten zusammen, ergibt sich folgendes Bild: Von den drei für die Bundesrepublik untersuchten Entscheidungen (Gesetz zur Änderung des Strafgesetzbuches und des Versammlungsgesetzes, Gesetz zur Bekämpfung des Terrorismus, Gesetz zur Sicherung der Neutralität der Bundesanstalt für Arbeit bei Arbeitskämpfen) kam nicht eine einzige durch ein bemerkenswertes Ausmaß an Kooperation zwischen der parlamentarischen Mehrheit und der Minderheit im Bundestag zustande. Bei allen drei Gesetzen handelte es sich im übrigen nicht lediglich um gesetzgeberische Reaktionen auf bzw. um politische Auseinandersetzungen über einen "Valenzissue", sondern um Maßnahmen, die von der Opposition schlicht für "überflüssig" erklärt wurden. Von den besonders weitreichenden Vetoinstrumenten bediente sich die Opposition einmal - im Zusammenhang mit der Änderung des § 116 AFG - der Möglichkeit zur Anrufung des Bundesverfassungsgerichts, allerdings ohne Erfolg. Für eine weiterreichende "Blockadepolitik" über den Bundesrat fehlten der Opposition im hier untersuchten Zeitraum die notwendigen Mehrheitsverhältnisse in der Länderkammer.

Die drei eingehender untersuchten Schlüsselentscheidungen des britischen House of Commons (British Telecommunications Act 1984, Police and Criminal Evidence Act 1984, Public Order Act 1986) stellten allesamt Maßnahmen dar, die im Wahlprogramm der Conservative Party jeweils als vorrangige gesetzgeberische Ziele herausgestellt wurden. Im Falle des British Telecommunications Act 1984 und des Criminal Evidence Act 1984 wurde mit der intensiven parlamentarischen Bearbeitung entsprechender Entwürfe bereits begonnen, bevor diese Maßnahmen als prioritäre Zielsetzungen in das Wahlprogramm aufgenommen wurden. Äußerlich betrachtet - d.h. gemessen an den parlamentarischen Zwischen- und Endabstimmungen sowie weiten Teilen der außerparlamentarischen Debatte zwischen Vertretern der Regierungsmehrheit und der Opposition - kamen alle drei Entscheidungen über ein höchst kompetitiv geprägtes Gesetzgebungsverfahren zustande. Dieser äußerliche Eindruck stimmt aber nur im Hinblick auf den British Telecommunications Act 1984 mit den materiellen Detailergebnissen des Entscheidungsprozesses überein. Sowohl bei den Verhandlungen über den Criminal Evidence Act 1984 als auch über den Public Order Act 1986 kam es - ungeachtet der späteren Ankündigung der Opposition, die Maßnahmen baldmöglichst rückgängig zu machen - zur Herausbildung kooperativer Interaktionsmuster, die in materieller Hinsicht deutlich über die Berücksichtigung oppositioneller Vorstellungen in den untersuchten Entscheidungsprozessen in der Bundesrepublik hinausreichten.

Von den drei analysierten Schlüsselentscheidungen der 16. Legislaturperiode des österreichischen Nationalrates (Suchtgiftgesetznovelle 1985, Arbeits- und Sozialgerichtsgesetz, Weingesetz 1985) wurde eine Maßnahme - die Suchtgiftgesetznovelle 1985 - im Anschluß an einen gemeinsamen Initiativantrag sowie umfangreiche und in materieller Hinsicht bedeutende kooperative Verhandlungen zwischen der Regierungsmehrheit und der Opposition einstimmig beschlossen. Das Arbeits- und Sozialgerichtsgesetz und das Weingesetz 1985 kamen hingegen jeweils durch einen Mehrheitsbeschluß gegen die Stimmen der Opposition zustande. Vor allem der mehrere Jahre in Anspruch nehmende Formulierungsprozeß des Arbeits- und Sozialgerichtsgesetzes war - in krassem Widerspruch zu der hochkontroversen Schlußphase des Entscheidungsverfahrens - jedoch ebenfalls durch ein auffallend hohes Maß an sachpolitischer Kooperation zwischen den beiden Zentralakteuren der parlamentarischen Arena gekennzeichnet. Selbst der ursprüngliche Anstoß zu einer arbeits- und sozialgerichtlichen Struktur- und Verfahrensreformmaßnahme entstammte einem justizpolitischen Reformprogramm der seinerzeit die Regierung stellenden Opposition; gestritten wurde am Ende über die Formulierung einer einzelnen Detailbestimmung der mehr als 100 Paragraphen umfassenden Vorlage. Vollkommen anders gelagert war der Fall des Weingesetzes 1985. Noch wenige Wochen vor Beginn der Verhandlungen über diese Maßnahme hatte niemand deren Notwendigkeit vorausgesehen. Eine umfangreiche, über mehrere Jahre hinweg vorbereitete Reformmaßnahme betreffend die gesetzlichen Rahmenbedingungen der Weinerzeugung und des Weinhandels (Weingesetznovelle 1985) war erst im Sommer desselben Jahres, in dem das Weingesetz 1985 formuliert wurde, einstimmig mit den Stimmen aller im Nationalrat vertretenen Parteien beschlossen worden. Auch über einen neuerlichen gesetzgeberischen Handlungsbedarf auf dem betreffenden Gebiet hatte angesichts des eskalierenden "Weinskandals" allem Anschein nach zunächst Einigkeit zwischen allen entscheidungsrelevanten Akteuren der parlamentarischen Arena bestanden. Ein kooperatives Entscheidungsverfahren mit anschließender Einigung über den Inhalt des Weingesetzes 1985 kam aber schließlich wegen offensichtlich unüberwindbar tiefer Interessenkonflikte zwischen der Regierungsmehrheit und der Opposition nicht zustande.

Zusammengenommen läßt sich feststellen, daß das Ausmaß an tatsächlicher, d.h. in materieller und/oder prozessualer Hinsicht relevanter Kooperation bezüglich der genannten Entscheidungsprozesse am geringsten ausgeprägt war in der Bundesrepublik, etwas stärker in Großbritannien und am stärksten in Österreich. Es ist kaum zu vermuten, daß ein ähnlich intensives Studium einer Reihe weiterer Entscheidungen der jeweils untersuchten Legislaturperiode Anlaß zu nennenswerten Korrekturen an diesem Bild geben würde.

Das gilt vor allem für die Bundesrepublik: Von den bei von Beyme als Schlüsselentscheidungen der 10. Wahlperiode des Bundestages klassifizierten

Gesetzen[493] kam - außer dem im hier gegebenen Kontext wenig relevanten Parteienfinanzierungsgesetz[494] - nur das Volkszählungsgesetz 1987, über das im Anschluß an ein Urteil des Bundesverfassungsgerichtes verhandelt wurde, nach einem kooperativen Entscheidungsverfahren zwischen den "etablierten" Parteien und im Ergebnis weitgehend konsensuell zustande.[495] Ein solches Fazit stimmt überein mit den generelleren, nicht auf einzelne Entscheidungen konzentrierten Einsichten von Studien, die den Handlungsspielraum und das Durchsetzungsvermögen der parlamentarischen Opposition im Bundestag der achtziger Jahre untersucht haben.[496]

Ein etwas stärker majoritär geprägtes Entscheidungsprofil als im Durchschnitt der drei hier untersuchten Gesetzgebungsprozesse dürfte sich im Falle Großbritanniens zeigen, wenn weitere Maßnahmen der zweiten Regierung Thatcher untersucht würden. Zumindest die eingehendere Analyse des parlamentarischen Entscheidungsprozesses im Bereich der während der ersten Hälfte der achtziger Jahre zentralen Wirtschaftspolitik[497] und der Anti-Gewerkschaftsgesetzgebung[498] dürfte kaum ebenso viel Kooperationsbereitschaft und -praxis auf seiten der Regierungsmehrheit und der Opposition zutage fördern wie im Kontext der untersuchten rechtspolitischen Schlüsselentscheidungen dieser Legislaturperiode.

Im österreichischen Fall wiederum gibt es mehr Anzeichen für die begründete Vermutung, daß - trotz der längerfristig betrachtet ungewöhnlich hohen Einspruchsfrequenz des Bundesrates[499] - im Zuge der wenigen wirklich zentralen Entscheidungen der kleinen Koalition der Opposition gegenüber ebenfalls eher kooperativ verfahren wurde. Als wichtigstes Beispiel hierfür läßt sich auf das Zustandekommen und den Inhalt der unmittelbaren Nachfolgemaßnahme des Weingesetzes 1985, die Weinwirtschaftsnovelle 1986, verweisen. In einem mehrere Monate dauernden Entscheidungsverfahren, das zunächst bis zu einem neuerlichen Mehrheitsbeschluß des Nationalrates mit anschließendem Bundesratseinspruch führte, schaffte es die ÖVP-Opposition schließlich doch noch, zahlreiche der von ihr bekämpften Bestimmungen des Weingesetzes 1985 rückgängig zu machen.[500]

Welches Licht wirft dieses Ergebnis auf die oben herauskristallisierten konkurrierenden Hypothesen über das Zusammenspiel von Regierungsmehrheit und Opposition in hochentwickelten parlamentarischen Demokratien westlicher Prägung? In Auseinandersetzung mit dieser Frage ist es sinnvoll, sich zu-

---

493 Vgl. K. von Beyme, a.a.O. (Anm. 55), Anhang.
494 Vgl. S. 122.
495 Vgl. Nadja Kirsten, Volkszählungsurteil und politischer Prozeß, Magisterarbeit, Universität Heidelberg 1996, S. 43ff.
496 Vgl. Wolfgang Ismayr, Der Deutsche Bundestag. Funktionen, Willensbildung, Reformansätze, Opladen 1992, S. 312ff.
497 Vgl. statt vieler Peter Riddel, The Thatcher Decade. How Britain Has Changed During the 1980s, Oxford/Cambridge 1989, S. 14ff.
498 Vgl. André Kaiser, Staatshandeln ohne Staatsverständnis. Die Entwicklung des Politikfeldes Arbeitsbeziehungen in Großbritannien 1965-1990, Bochum 1995, S. 289ff.
499 Vgl. Heinz Fischer, Das Parlament, in: Herbert Dachs u.a. (Hrsg.), Handbuch des politischen Systems Österreichs, 3. Aufl. Wien 1997, S. 99-121, 120.
500 Vgl. hierzu das Dokument ÖVP-Klub intern (Mitteilungen für die Abgeordneten und Bundesräte), Wien, 3. Juli 1986, XVI. Gesetzgebungsperiode, 94: Das neue Weingesetz.

nächst noch einmal kurz die theoretische "Erwartungshaltung" der beiden unterschiedlichen Hypothesen(gruppen) zu vergegenwärtigen: Träfe die These von der institutionell bestimmten Handlungslogik der Akteure Regierungsmehrheit und Opposition hundertprozentig zu, so müßte sich innerhalb des britischen Systems keinerlei Kooperation, in Österreich deutlich mehr und in der Bundesrepublik ein extrem hohes Maß an kooperativ geprägter Interaktion zwischen beiden Akteuren zeigen. Nach der Logik der "Kooperationshypothese" müßte demgegenüber in allen drei untersuchten Systemen ein stark ausgeprägtes Kooperationsverhalten beider Akteure vorherrschen.

Die Ergebnisse des empirisch-analytischen Teils der Arbeit zeigen, daß offenbar keine der beiden Hypothesen(gruppen) in der Lage ist, die Struktur von Entscheidungsprozessen über Schlüsselentscheidungen in den untersuchten Systemen zutreffend zu erfassen. Vor allem von einem alle drei Länder charakterisierenden kooperativ geprägten Entscheidungsprozeß im Sinne der "Kooperationshypothese" kann ganz offensichtlich keine Rede sein. Aber auch die auf institutionelle Variablen gestützte Theorie des Akteursverhaltens im Entscheidungszentrum parlamentarischer Systeme paßt schlecht zu den empirischen Befunden dieser Studie. So wurde in Großbritannien, wo die Opposition praktisch gar keine substantiellen Mitwirkungsrechte im Entscheidungsverfahren besitzt, innerhalb des hier untersuchten Zeitraumes zumindest nicht weniger, eher noch etwas mehr kooperiert als in der Bundesrepublik.

Ergänzend dazu läßt sich feststellen, daß auch eine Reihe anderer, als nahezu selbstverständlich akzeptierter Annahmen bezüglich der strukturellen Bedingtheit des Entscheidungsverfahrens, die im theoretischen Teil dieser Studie nur gestreift wurden, vor dem Hintergrund der empirischen Komplexität der analysierten Entscheidungsprozesse betrachtet holzschnittartig wirken. Die "Daumenregel" der jüngeren Gesetzgebungslehre, nach der die Regierungsmehrheit umso weniger Verhandlungsbereitschaft zeige, je mehr es sich bei einem Issue um einen Bestandteil ihres Wahlprogrammes handele und entsprechend mehr Kooperationsneigung bei Maßnahmen, die nicht schon lange vor Beginn des Entscheidungsverfahrens zum programmatischen Ziel erklärt wurden[501], scheint vor allem im österreichischen Fall weitgehend ins Leere zu gehen, wo die einzige nicht seit längerem geplante und angekündigte Maßnahme (das Weingesetz 1985) zur umstrittensten Entscheidung der gesamten Legislaturperiode wurde. Ähnlich unklar in diesem Punkt bleibt das Bild für die Bundesrepublik, während in Großbritannien ohnehin sämtliche der untersuchten Maßnahmen zentrale Bestandteile des Wahlprogramms und der Regierungserklärung waren und damit keinen Vergleich innerhalb des Samples gestatten.

Was die einzelnen Fallstudien hingegen deutlich zeigen, ist die enge Aufeinanderbezogenheit und gegenseitige Beeinflussung von Regierungs- und Oppositionsverhalten, auf die in zahlreichen Arbeiten der Oppositionsforschung im engeren Sinne allenfalls am Rande eingegangen wurde. Wiederum birgt vor allem der österreichische Fall die eindeutigsten Belege. So wurden im Natio-

---

501 Vgl. etwa Gerald Kretschmer, Verfahrensweisen und Struktrurprobleme der Gesetzesberatung im Bundestag, in: Waldemar Schreckenberger (Hrsg.), Gesetzgebungslehre. Grundlagen - Zugänge - Anwendung, Stuttgart u.a. 1986, S. 167-177, 177.

nalrat in Form einzelner Debattenbeiträge unterschiedlicher Abgeordneter die Motive und Bedingungen der jeweiligen Handlungsstrategie beider Seiten sogar verbal offengelegt, zumeist zugespitzt auf den Vorwurf des Mißbrauchs der eigenen Kooperationsbereitschaft durch den politischen Gegner. Daß Kooperation dort, wo sie nicht institutionell erzwungen ist, primär abhängig ist von der Kooperationsbereitschaft der Mehrheit, demonstriert hingegen vor allem der britische Fall.

In allen Systemen beeinflussen überdies die sehr unterschiedlichen politisch-kulturellen Grundorientierungen der Bevölkerung zumindest die verbale Strategiewahl der entscheidungsrelevanten Akteure. Wenn auch konkrete Entscheidungsverläufe am stärksten durch die jeweiligen sachlichen Positionen der Akteure bestimmt zu werden scheinen, so kommt der normativen Orientierung an den politisch-kulturellen Referenzwerten des Systems eine zentrale Bedeutung jedenfalls für die Inszenierung des parlamentarischen Rituals zu. Dies kann - je nach der Beschaffenheit des politisch-kulturellen Erwartungshorizonts der Bevölkerung - zu einer übertrieben anmutenden "Entschuldigungshaltung" der Regierungsmehrheit und der Opposition führen, wenn Entscheidungen konfliktreich und ohne Konsens im Ergebnis zustandekommen (wie im österreichischen Fall) oder aber umgekehrt zu dem Versuch veranlassen, stattgefundene Kooperation in öffentlichen Stellungnahmen nachträglich durch stark kompetitive Töne zu verschleiern (wie im britischen Fall).

Jede Studie, die von einem zeitlichen Ausschnitt auf einen größeren Zeitrahmen zu generalisieren versucht, steht in der Gefahr, bestimmte Eigenarten der untersuchten Phase als Charakteristika der Gesamtentwicklung in einem Bereich fehlzudeuten. Die Frage nach der Repräsentativität der untersuchten Ausschnitte muß deshalb stets von neuem kritisch gestellt werden, sofern nicht von vornherein lediglich Aussagen über die Situation im untersuchten Zeitraum selbst angestrebt werden. Dieses Gebot gilt um so mehr, wenn empirische Phänomene im Kontext zu überprüfender theoretischer Annahmen diskutiert werden. Die Frage nach der Gültigkeit der ermittelten Ergebnisse betrifft dann nicht nur die Ebene der empirischen Gegenstände, sondern auch die auf dieser Grundlage gezogenen Rückschlüsse bezüglich der Erklärungskraft einzelner Hypothesen.

Die für den zweiten Hauptteil dieser Untersuchung maßgeblichen Legislaturperioden der drei Länder wurden nach den Kriterien einer größtmöglichen strukturellen Vergleichbarkeit und einem Höchstmaß an zeitlicher Symmetrie ausgewählt. Bei ihnen handelt es sich jeweils um die zeitlich am wenigsten weit zurückliegende, von ihrer Dauer her vergleichbar lange Phasen, in denen die Opposition über mindestens ein Drittel der Mandate in der Ersten Kammer verfügte. Eine solche parlamentarische Machtverteilung kann für Großbritannien und mit wenigen Ausnahmen (1953-57 und 1966-69) auch für die Bundesrepublik als "üblich" angesehen werden; nicht hingegen für Österreich, wo die jeweilige Opposition im Nationalrat fast die Hälfte der Zeit seit Bestehen der Zweiten Republik über deutlich weniger als ein Drittel der Mandate verfügte.

Nur bedingt repräsentativ ist der Zeitraum 1983-87 für die Bundesrepublik aber wegen der in dieser Phase vorherrschenden Machtverteilung im Bundesrat, die die Struktur des Gesetzgebungsverfahrens hierzulande nach Auffassung vieler Autoren stärker prägt als jede andere institutionelle Variable.[502] Konkret bedeutet dies, daß die im 10. Deutschen Bundestag in Opposition stehenden Parteien nicht - wie die Opposition während einer Reihe anderer Phasen in der Geschichte der Bundesrepublik - über die notwendige Machtposition in den Ländern und damit im Bundesrat verfügten, um diesen als "Blockadeinstrument" gegen mißbeliebige Mehrheitsentscheidungen zu instrumentalisieren.

Rechnet man schließlich auch die Regierungsform zu den für den parlamentarischen Entscheidungsprozeß maßgeblichen Strukturvariablen, so muß die Mitte der achtziger Jahre vor allem für Österreich als untypische Phase der dortigen Nachkriegspolitik gelten. Eine kleine Koalition an der Regierung hat es in Österreich weder vor der 16. Legislaturperiode des Nationalrates noch (bislang) nach dieser wieder gegeben; fernerhin gab es zahlreiche Legislaturperioden, während derer die Opposition im Nationalrat über weniger als ein Drittel der Mandate verfügte (vgl. Tabelle 4).

Alles in allem scheint der hier behandelte Ausschnitt am repräsentativsten für das britische System zu sein, wo nach dem Zweiten Weltkrieg von extremen Ausnahmen abgesehen stets Einparteienregierungen mit mehr oder minder vergleichbar komfortablen Parlamentsmehrheiten regierten wie im hier untersuchten Zeitraum und der Einfluß der Zweiten Kammer eine Randgröße innerhalb des gesamten Entscheidungsprozesses blieb.

Geht man jedoch davon aus, daß es weitere Variablen aus der Gruppe der strukturellen, d.h. mittelfristig stabilen Einflußfaktoren gibt, von denen anzunehmen ist, daß sie den Entscheidungsstil in einem System unter sonst gleichen Bedingungen nachhaltig prägen können, ist selbst mit Blick auf den britischen Fall Skepsis gegenüber allzu weitreichenden Generalisierungen über den britischen Entscheidungsstil schlechthin angebracht. Zu den wichtigen Faktoren dieser Ebene ist zumindest die Anzahl der die Regierung und die Opposition bildenden Parteien und ihr Verhältnis zueinander sowie die parteipolitische Färbung der Regierungsmehrheit und der Opposition zu zählen. Darüber hinaus dürfte es auch eine Rolle spielen, ob Regierungen soeben an die Macht gelangt sind oder sich bereits seit mehreren Legislaturperioden im Amt befinden bzw. ob die Opposition ihr Amt schon länger ausübt oder gerade erst die Regierungsbank räumen mußte. Insofern ist jede Legislaturperiode bereits von ihren internen strukturellen Voraussetzungen her betrachtet nur bedingt vergleichbar mit anderen Legislaturperioden desselben Systems, ganz abgesehen von veränderlichen Größen im weiteren Bereich der politischen, gesellschaftlichen und wirtschaftlichen Rahmenbedingungen des Entscheidungsverfahrens und den Entscheidungsgegenständen selbst.

---

502 Vgl. mit weiteren Hinweisen Manfred G. Schmidt, Bundesrat, in: ders., Wörterbuch zur Politik, Stuttgart 1995, S. 156-158, 157; mit konkretem Bezug auf die Situation nach den Bundestagswahlen von 1994 Wilhelm Bürklin, Perspektiven des Parteiensystems: Stabilität und Regierbarkeit nach der Bundestagswahl 1994, in: Heinrich Oberreuter (Hrsg.), Parteiensystem am Wendepunkt? Wahlen in der Fernsehdemokratie, München/Landsberg a. Lech 1996, S. 205-220.

Für die Schlußfolgerungen dieser Studie bedeutet dies erstens, daß die zutage geförderten empirischen Einsichten über die Struktur des Gesetzgebungsverfahrens in der Mitte der achtziger Jahre kaum dazu berechtigen, von dort aus allzu weitreichende Rückschlüsse auf den vorherrschenden Entscheidungsstil in einem der untersuchten Systeme insgesamt zu ziehen. Betroffen von dieser Einschränkung ist zweitens aber auch die Ebene der theoretischen Annahmen über die Struktur des Gesetzgebungsverfahrens in entwickelten parlamentarischen Systemen westlicher Prägung bzw. deren empirische Erklärungskraft. In bezug auf letztere ist festzuhalten, daß - ungeachtet der Ergebnisse des Fallstudienteils dieser Untersuchung - bis auf weiteres kein Anlaß dazu besteht, von einer *generellen* Falsifizierung der beiden Hypothesen(gruppen) auszugehen. Nicht gleichermaßen betroffen hiervon sind hingegen eine Reihe prinzipieller Einsichten dieser Studie in die internen Bedingungen und Funktionsmechanismen des parlamentarischen Entscheidungsverfahrens (wie insbesondere die unauflösbare Aufeinanderbezogenheit von Regierungs- und Oppositionsverhalten) sowie die gewählte methodische Herangehensweise, welche nachfolgenden Arbeiten zum parlamentarischen Gesetzgebungsverfahren als Ausgangspunkt dienen könnte.

Schlußbetrachtung

Das Ziel der vorliegenden Studie bestand darin, einen Beitrag zur politikwissenschaftlichen Erforschung des Gesetzgebungsverfahrens in ausgewählten parlamentarischen Demokratien zu leisten und dabei dem Verhältnis zwischen den Zentralakteuren des politischen Entscheidungssystems, der Regierungsmehrheit und der Opposition, besondere Aufmerksamkeit zu widmen. So sehr sich der behandelte Gegenstand im Herzen gleich mehrerer sozial- und rechtswissenschaftlich dominierter Subdisziplinen zu befinden scheint, läßt sich von einem systematisch erschlossenen Forschungsfeld mit einem entsprechenden Grundkonsens über diskussionswürdige theoretische Grundannahmen und zentrale empirische Variablen nur bedingt sprechen. Ein solches Urteil gilt in besonderem Maße für den Forschungsstand im Bereich einschlägiger theoretisch-empirischer Konzepte, die sich von ihrem Design her auch oder gerade für das ländervergleichende Studium des Gegenstandes eignen.

Dementsprechend mußte ein beträchtlicher Teil an Grundlagenforschung geleistet werden, bevor speziellere, länderbezogene Aspekte der Thematik behandelt werden konnten. Am Ende stellt die Studie deshalb ebensosehr einen generellen methodisch-theoretischen Beitrag zu einer anderen Subdisziplinen offen gegenüberstehenden Oppositionsforschung dar wie eine empirisch-vergleichende Drei-Länder-Studie zum parlamentarischen Entscheidungsprozeß in der Bundesrepublik Deutschland, Großbritannien und Österreich.

Im ersten Hauptteil wurde zunächst das umfangreiche Schrifttum zum Gegenstand gesichtet und systematisch aufgearbeitet. Das Ergebnis dieses Abschnitts der Untersuchung bestand in der Herauslösung und anschließenden Gegenüberstellung von zwei konkurrierenden Gruppen theoretischer Annahmen über das Verhältnis von Regierungsmehrheit und Opposition im staatlichen Entscheidungsverfahren. Während die von mehreren Autoren in unterschiedlichen Varianten formulierte "Kooperationshypothese" davon ausgeht, daß es vor allem politisch-rationale oder soziale, jedenfalls nicht primär institutionelle Faktoren sind, die das Verhältnis zwischen beiden Akteuren maßgeblich bestimmen und dabei ein eher kooperationsorientiertes Verhalten auf beiden Seiten voraussagen, halten Vertreter einer stärker institutionalistisch geprägten Handlungstheorie vor allem die in einem System bestehenden institutionellen Arrangements für die entscheidende Einflußvariable. Nach Auffassung der auf die institutionellen Grundlagen politischer Prozesse orientierten Autoren sind unterschiedliche politische Motive von Akteuren zwar nicht bedeutungslos; sie werden aber einerseits durch institutionelle Vorgaben ihres Bewegungsumfeldes beeinflußt und kommen im übrigen jeweils nur im Rahmen der bestehenden Institutionenstruktur eines Systems zur Geltung. Etwas zugespitzt läßt sich deshalb formulieren, daß "Institutionalisten" ein größeres Maß an Kooperation zwischen Akteuren nur dort - oder zumindest vor allem dort - erwarten, wo dies durch institutionelle Erfordernisse unvermeidlich ist.

Jede Studie mit nicht nur theoretischen Erkenntnisinteressen muß auf der Grundlage eines solchen Befundes nach der Operationalisierbarkeit der von ihr erarbeiteten bzw. herauskristallisierten theoretischen Aussagensysteme und einem geeigneten Einsatzfeld für die entsprechend präparierten Hypothesen Ausschau halten. Deshalb wurde im zweiten Kapitel des systematisch-allgemeinen Teils der Arbeit zunächst der Frage nach den entscheidenden institutionellen Einrichtungen nachgegangen, denen eine besondere Bedeutung für die Ausgestaltung des Kräfteverhältnisses zwischen Regierungsmehrheit und Opposition zugemessen werden kann. Dabei wurde von der Seite der Opposition aus argumentiert und demgemäß der Schwerpunkt auf die Beschaffenheit der oppositionellen Chancenstruktur im parlamentarischen Entscheidungsverfahren gelegt. In diesem Zusammenhang wurde differenziert in einen Kernbereich oppositioneller Mitwirkungsrechte bzw. Vetomöglichkeiten, der all jene Instrumente der Opposition umfaßt, die dieser in der Auseinandersetzung mit der parlamentarischen Mehrheit unmittelbar zugute kommen (wie etwa der rechtlich untermauerte Anspruch auf eine bestimmte Anzahl von Ausschußvorsitzendenstellen) einerseits und eine Reihe weiterer institutioneller Einrichtungen innerhalb des formal-rechtlichen Gesetzgebungsverfahrens, die die Einflußchancen der Opposition zusätzlich vermindern bzw. vergrößern können (wie beispielsweise die Ressortorientierung und ein hohes Maß an personeller Kontinuität der Ständigen Ausschüsse in einem System) andererseits. Um nicht einem der funktionalen Komplexität parlamentarischer Systeme gegenüber blinden Reduktionismus anheimzufallen, war es schließlich notwendig, das Verhältnis der zum Ausgangspunkt genommenen *Mitwirkungs- und Vetorechte* der Opposition zu den oppositionellen *Kontrollrechten* im parlamentarischen Verfahren zu erörtern. Dabei wurde besonderer Wert darauf gelegt, die in der Praxis parlamentarischer Systeme bestehende funktionale Aufeinanderbezogenheit der beiden oppositionellen "Waffengattungen" nicht über der analytisch sinnvollen Differenzierung in Mitwirkungs- und Kontrollrechte aus dem Blick geraten zu lassen.

Die Diskussion der unterschiedlichen Komponenten oppositioneller Chancenstrukturen wurde zudem im zweiten Kapitel des systematisch-allgemeinen Teils der Studie mit der konkreten Fallauswahl verbunden und die diesbezüglich relevanten Strukturen des deutschen, britischen und österreichischen Systems herausgestellt. Gemessen am institutionell definierten Chancenprofil der parlamentarischen Opposition verkörpern die Bundesrepublik, Großbritannien und Österreich jeweils sehr unterschiedliche Typen parlamentarischer Systeme Westeuropas mit dem deutschen und britischen Fall als den jeweiligen Extremausprägungen. Ähnlich krasse Unterschiede weisen die drei Länder hinsichtlich der vorherrschenden politisch-kulturellen Grundmuster auf, wobei hier jeweils Großbritannien als exemplarische Ausprägung einer Konkurrenzdemokratie und Österreich als konfliktscheue Konsensdemokratie Extremtypen im Kreise der westeuropäischen parlamentarischen Demokratien bilden, während die Bundesrepublik einen Mittelplatz mit größerer Nähe zu der besonders harmonieorientierten politischen Kultur Österreichs einnimmt. Aufgrund dieser institutionellen bzw. politisch-kulturellen Beschaffenheit der einzelnen Systeme konnte das Ländersample trotz der bescheidenen Anzahl berücksichtigter Fälle als geeigneter empirischer Ausschnitt der bedeutend größeren Gruppe westeuropäischer parlamentarischer Demokratien den Fallstudien im zweiten Hauptteil der Studie zugrundegelegt werden.

Im empirisch-analytischen Teil der Studie ging es auf der Grundlage der ausgewählten Fälle darum, zu erforschen, wieviel Kooperation zwischen beiden Akteuren in konkreten Entscheidungsprozessen empirisch nachweisbar ist und damit gleichzeitig um die Frage, welche der vorgestellten Thesen sich im Lichte der politisch-sozialen Realität unterschiedlicher parlamentarischer Systeme als erklärungskräftiger erweisen. Gehört es ohnehin zum methodologischen Grundkonsens des Faches, von einer qualitativ orientierten Studie keine generellen Verifizierungen (sofern diese heute überhaupt noch für möglich gehalten werden) oder Falsifizierungen von Theorien zu erwarten, so scheint dies für die vorliegende Studie in besonderem Maße zu gelten, da sie vergleichsweise strikte Begrenzungen nicht nur hinsichtlich der Anzahl untersuchter Länder, sondern ebenso in bezug auf die studierten Entscheidungsprozesse und den Untersuchungszeitraum aufweist.

Entscheidender als derartige Vorbehalte erscheint die Tatsache, daß das Ergebnis des Detailstudiums der ausgewählten Entscheidungsprozesse im zweiten Hauptteil der Untersuchung weder die eine noch die andere Gruppe der eingangs umrissenen Hypothesen unmittelbar zu stützen scheint. In den untersuchten Entscheidungsprozessen in allen drei Systemen zeigten sich sowohl Anzeichen für Kooperationsgeschäfte zwischen der Mehrheit und der Minderheit, die nicht durch institutionelle Erfordernisse erzwungen waren, als auch stark mehrheitsdemokratisch geprägte Entscheidungsverläufe. Allenfalls gewisse Akzente in die eine oder andere Richtung wurden erkennbar. So wird man speziell das Zustandekommen der untersuchten Entscheidungen des österreichischen Nationalrates (trotz der kontroversen Schlußabstimmungen über zwei der untersuchten Maßnahmen) als kooperationsreicher und stärker konsensgeprägter bezeichnen können als das Entscheidungsverfahren in Großbritannien, obwohl dort wiederum mehr Einfluß der Opposition nachgewiesen werden konnte als dies dem Lehrbuchwissen über das britische Westminster System nach zu vermuten wäre. Nicht zuletzt in der Bundesrepublik sind für den untersuchten Zeitraum kaum empirische Anklänge an das Modell eines "grand coalition state" (Schmidt) aufspürbar, wobei dieser Befund des ergänzenden Hinweises auf den Umstand bedarf, daß der Opposition in dieser Phase die wirkungsvollste ihrer Waffen - der Bundesrat - aufgrund der für sie ungünstigen Mehrheitsverhältnisse in den Ländern nicht zur Verfügung stand.

Angesichts eines solchen Befundes drängt sich die Frage auf, ob die methodische Grundsatzentscheidung zugunsten eines qualitativen Analyseverfahrens mit einer dadurch vorgezeichneten Konzentration auf einige wenige Fälle den Preis einer so schillernden Unübersichtlichkeit im Ergebnis einer vergleichenden Studie wert ist. Mit Blick auf die möglichen Alternativen spricht am Ende aber doch mehr für als gegen die Bevorzugung der qualitativen Methode. Die Entscheidung für eine qualitativ-empirische Analyse des Gesetzgebungsprozesses wurde im Rahmen dieser Arbeit zunächst in einer kritischen theoretischen Auseinandersetzung mit den alternativen quantitativ-empirischen Zugängen getroffen. Sie findet ihre praktische Rechtfertigung nicht zuletzt in Gestalt der mit ihr erzielten Einsichten in die Struktur des parlamentarischen Entscheidungsverfahrens. So zeigen vor allem die Fallstudien des Großbritannien-Teils, daß es zu solchen für das materielle Politikergebnis relevanten Formen von politischer Kooperation zwischen Regierungsmehrheit und Opposition kommen kann, die sich nicht aus den parlamentarischen Abstimmungsergebnissen über eine Maßnahme herauslesen lassen. Umgekehrt wäre insbesondere das stark kompetitiv geprägte parlamentarische Abstimmungsverhalten über das österreichische Arbeits- und Sozialgerichtsgesetz geeignet, quantitativ arbeitende Forscher über das Ausmaß der tatsächlich über diese Maßnahme stattgefundenen Konsensbildungsprozesse zu täuschen.

Ein empirisch arbeitender Forscher kann seine Befriedigung jedoch nicht allein aus der Einsicht in die Objekt-Angemessenheit der von ihm gewählten Methode beziehen, sondern muß stets auch auf der Suche nach geeigneten Möglichkeiten für eine Erweiterung des wissenschaftlichen Erkenntnisstandes über einen Gegenstand sein. Insofern ist abschließend zu fragen, welcher Weg zu beschreiten wäre, um zu inhaltlich tiefergehenden Einsichten in die Interaktionsbedingungen von Regierungsmehrheit und Opposition im Gesetzgebungsverfahren zu gelangen. Jede für die Komplexität politisch-sozialer Realität sensible Antwort darauf wird zumindest zwei Dinge berücksichtigen müssen, die in unterschiedlichen Teilen dieser Studie bereits angesprochen wurden.

Zum einen ist daran zu erinnern, daß Kooperation (mit entsprechenden Auswirkungen im Ergebnis von Entscheidungen) verschiedene Formen entwickeln und in unterschiedlichen Entscheidungskontexten auftreten kann. Außer jener Variante politischer Kooperation, bei der es lediglich um die verfahrensmäßige Verständigung über in materieller Hinsicht unstrittige Gesetzesvorhaben geht, lassen sich zwei weitere Varianten - Kooperation in Form inhaltlicher Kompromisse durch Verhandlungen über eine bestimmte Vorlage einerseits und längerfristig angelegte Kooperation in Form von Kompensationsgeschäften über mehrere Maßnahmen aus dem selben oder verschiedenen Politikfeldern andererseits - unterscheiden. Gerade die Bedeutung der letztgenannten Variante wurde für Systeme betont, denen eine starke Konsensorientierung der politischen Kultur mit einem hohen Ausmaß an gegenseitigem Vertrauen zwischen den involvierten Akteuren nachgesagt wird.[1]

Beispiele für die erste Variante gibt es in allen Systemen in großer Zahl. Sie sind jedoch unbedeutend im Zusammenhang mit der Suche nach den maßgeblichen Bestimmungsfaktoren des eigentlichen Konfliktverarbeitungscharakters eines Systems. Demgegenüber sind die beiden übrigen Varianten als in der Praxis etwa gleichbedeutend und im Gesamtergebnis gleichwertig einzuschät-

---

1 Vgl. Peter Gerlich, Zu den Grenzen der Mehrheitsdemokratie in Österreich, in: Heinrich Oberreuter (Hrsg.), Wahrheit statt Mehrheit? An den Grenzen der parlamentarischen Mehrheitsdemokratie, München 1986, S. 181-191; allgemeiner Helmuth Schulze-Fielitz, Der politische Kompromiß als Chance und Gefahr für die Rationalität der Gesetzgebung, in: Dieter Grimm/Werner Maihofer (Hrsg.), Gesetzgebungstheorie und Rechtspolitik (Jahrbuch für Rechtssoziologie und Rechtstheorie, Bd. XIII), Opladen 1988, S. 290-326, 307f.

zen. Die potentiell sehr langfristig orientierte Kompensationslogik der dritten Variante bringt es allerdings mit sich, daß über den Stellenwert dieser Politikstrategie innerhalb eines Systems verläßliche Aussagen nur in Studien getroffen werden können, die die Entscheidungsprozesse in sämtlichen wichtigen Politikfeldern über einen längeren Zeitraum hinweg detailliert untersuchen.

In direktem Zusammenhang mit dieser Einsicht steht eine zweite Überlegung, die davon ausgeht, daß die in einem System beobachtbaren Konflikt- und Konsensbildungsmuster nicht dauerhaft präformierte Strukturen darstellen, sondern sich über unterschiedlich lange Zeiträume hinweg wandeln können. Im Hinblick auf die hier untersuchten Länder gibt es die differenziertesten Bestandsaufnahmen der Oppositionspolitik mit entsprechender Phasenbildung für die Bundesrepublik.[2] Danach wechselten konfliktbetonte Phasen (vor allem in den Jahren 1949-57, 1969-72, 1983-90) mit stärker kooperations- bzw. konsenorientierten Perioden (vor allem 1957-1966, 1972-82, 1991f.). Eine prinzipielle Wandlungsfähigkeit des Verhältnisses zwischen Regierungs- und Oppositionsparteien wurde jedoch auch für das britische und das österreichische System konstatiert.[3] Allen diesen Studien ist gemein, daß sie sich kaum oder gar nicht auf detaillierte Fallstudien zu Gesetzgebungsprozessen stützen und von daher größere Qualitäten als Anreger zur eigentlichen Entscheidungsanalyse besitzen denn als empirisch hinreichend gesichertes Zeugnis über einzelne Politikstilphasen in den behandelten Ländern.

Nimmt man das Gesagte ernst, so scheint es nur einen Weg zu einer fundierteren Kenntnis der Bestimmungsfaktoren und Ausprägungen des Verhältnisses zwischen Regierungsmehrheit und Opposition im Entscheidungsverfahren hochentwickelter parlamentarischer Demokratien zu geben. Er besteht in der zumindest primär qualitativ vergleichenden Erforschung einer größeren Anzahl von Fällen (Länder und Entscheidungen) über mehrere Legislaturperioden hinweg, die jeden Radius einer "Einmann-Studie" übersteigen muß. Diese böte die Möglichkeit, auch längerfristig angelegte Kompromißbedingungen, -gegenstände und -ergebnisse über mehrere Politikfelder hinweg vergleichend studieren zu können und auf dieser Grundlage verläßlichere Aussagen über den Stellenwert etwa von Regierungswechseln für die Entwicklung des politischen Stils und den Einfluß anderer bislang gar nicht oder kaum systematisch erforschter Variablen (wie der Regierungsform, der Größe der Mandatsdifferenz zwischen Regierungsmehrheit und Opposition oder der parteipolitischen Färbung von Regierungsmehrheit und Opposition) zu formulieren. Ihre grundle-

---

2   Vgl. Manfred Friedrich, Parlamentarische Opposition in der Bundesrepublik Deutschland. Wandel und Konstanz, in: Heinrich Oberreuter (Hrsg.), Parlamentarische Opposition. Ein internationaler Vergleich, Hamburg 1975, S. 230-265; Camilla Werner, Das Dilemma parlamentarischer Opposition, in: Dietrich Herzog/Hilke Rebenstorf/Bernhard Weßels (Hrsg.), Parlament und Gesellschaft. Eine Funktionsanalyse der repräsentativen Demokratie, Opladen 1993, S. 184-217, 208f.; ansatzweise auch Manfred G. Schmidt, When Parties Matter: A Review of the Possibilities and Limits of Partisan Influence on Public Policy, in: European Journal of Political Research 30 (1996), S. 155-183, 173.
3   Vgl. jeweils Dennis Kavanagh/Peter Morris, Consensus Politics. From Attlee to Major, 2. Aufl. Oxford/Cambridge 1994; Anton Pelinka, Zur Entwicklung einer Oppositionskultur in Österreich. Bedingungen politischen Erfolges in den achtziger Jahren, in: Österreichische Zeitschrift für Politikwissenschaft 18 (1989), S. 141-149.

gende Voraussetzung findet ein solches Unternehmen in der Bereitschaft, die spezifische Mühsal des qualitativ-empirischen Detailstudiums auf sich zu nehmen und den gerade innerhalb der vergleichenden Politikwissenschaft weitverbreiteten "Horror vor Deskription"[4] zu überwinden. Selbst für ein derartiges Projekt gilt jedoch, daß der vollendeten Schematisierung und Generalisierung einschlägiger Befunde nicht nur forschungsinterne Kapazitätsgrenzen entgegenstehen, sondern die komplexe normative und empirische Logik politischer Entscheidungsprozesse in freiheitlich-pluralistischen Demokratien selbst.

---

4   Klaus von Beyme, Steuerung und Selbstregelung. Zur Entwicklung zweier Paradigmen, in: Journal für Sozialforschung 35 (1995), S. 197-217, 210.

Literaturverzeichnis

I. Quellen

Annuaire de législation francaise et étrangère, publié par l'institut de recherches juridiques comparatives du centre national de la recherche scientifique, nouvelle série, tome XXXI (1984), XXXII (1985), XXXIII (1986).
Arbeiter-Zeitung vom 25. Oktober 1985.
Archiv der Gegenwart, Bd. 53 (1983), 54 (1984), 55 (1985), 56 (1986), 64 (1994), 65 (1995).
Ausschuß für Arbeit und Sozialordnung (BT): Ausschuß-Drucksachen 1079, 1080, 1149 (neu), Kurzprotokoll der 95. Sitzung vom 13. März 1986, Kurzprotokoll der 96. Sitzung vom 14. März 1986, Protokoll der 88. Sitzung vom 5. Februar 1986, Stenographisches Protokoll der 91./92./93. Sitzung, Öffentliche Informationssitzung, vom 26./27. Februar 1986 und vom 10. März 1986.
Ausschuß für Innere Angelegenheiten (BR): Niederschrift über die 515. Sitzung vom 18. August 1983, Niederschrift über die 568. Sitzung vom 10. Dezember 1986.
Ausschuß für Wirtschaft (BT): Kurzprotokoll der 58. Sitzung vom 12. März 1986.
Badische Neueste Nachrichten vom 26. November 1986.
Beilagen zu den Stenographischen Protokollen des Bundesrates der Republik Österreich: 111/E, 510/J, 2940, 3015.
Beilagen zu den Stenographischen Protokollen des Nationalrates, XV. Gesetzgebungsperiode: 1189, 1767/J.
Beilagen zu den Stenographischen Protokollen des Nationalrates, XVI. Gesetzgebungsperiode: 4/A, 7, 48/A, 527, 547, 559, 663, 693, 746.
Bonner General-Anzeiger vom 21. Oktober 1986.
Bundesgesetzblatt 1969, 1976, 1978, 1981, 1985, 1986.
Bundesgesetzblatt für die Republik Österreich 1980, 1985.
Bundesrats-Drucksachen: 507/74 (Beschluß), 176/75, 176/75 (Beschluß), 255/81 (Beschluß), 323/83, 323/4/83, 323/5/83, 326/85 (Beschluß), 600/85, 600/85 (Beschluß), 600/1/85 (neu).
Bundestags-Drucksachen: 7/2772, 7/2854, 7/3729, 7/4005, 7/5401, 8/322, 8/996, 8/2677, 9/628, 9/1258, 10/1883, 10/2396, 10/4547, 10/4548, 10/4989, 10/4995, 10/5004, 10/6286, 10/6654.
Bulletin der Bundesregierung vom 20. Juli 1983.
CDU/CSU-Fraktion, Pressedienst vom 28. November 1986.
Cmnd. 6850: Carter Committee. Report of the Post Office Review Committee, HMSO, London 1978.
Cmnd. 8092: The Royal Commission on Criminal Procedure. The Investigation and Prosecution of Criminal Offences in England and Wales: The Law and Procedure, HMSO, London 1981.
Cmnd. 8427: The Brixton Disorders April 10-12, 1981. Report of an Inquiry by the Rt. hon. The Lord Scarman, O.B.E., HMSO, London 1981.
Cmnd. 8610: The Future of Telecommunications in Britain. Department of Industry, HMSO, London 1982.
Cmnd. 9510: Review of Public Order Law. Home Office, HMSO, London 1985.
Conservative Manifesto 1979, in: F.W.S. Craig (Hrsg.), British General Election Manifestos 1959-1987, 3. Aufl. Aldershot 1990.

Current Affairs - A Monthly Survey, Vols. 1983, 1984, 1985, 1986, 1987.
Deutscher Bundestag/Parlamentsarchiv (Red.), Gesetzesmaterialien, erstellt unter Mitarbeit des Bundesrates, 10. Wahlperiode, Bd. 287, A 2.
Deutscher Bundestag/Parlamentsarchiv (Red.), Gesetzesmaterialien, erstellt unter Mitarbeit des Bundesrates, 10. Wahlperiode, Bd. 158, A 2.
Deutschland-Union-Dienst vom 21. Februar 1984.
Die neue Bonner Depesche 5/83.
Die Presse vom 23. September 1982, 28. Juli 1983, 18. Januar 1984, 6. April 1984, 18. Juni 1984, 12. Dezember 1984, 30. Juli 1985.
die tageszeitung vom 9. Januar 1985, 28. Oktober 1986.
Die Welt vom 12. August 1985, 29. Oktober 1986.
Dokumentation des ÖVP-Parlamentsklubs anläßlich der Beschlußfassung des Weingesetzes in der Sondersitzung des Nationalrates am 29. August 1985: Qualität ja - Schikane nein. Die Volkspartei zum Weingesetz, Wien.
Dr. Hildegard Hamm-Brücher, Gerhart R. Baum, Dr. Burkhard Hirsch, Erklärung zu unserem Abstimmungsverhalten im Bezug auf das "Gesetz zur Bekämpfung des Terrorismus", Bonn, 5. Dezember 1986.
Entscheidungen des Bundesverfassungsgerichts, Band 69, 92.
fdk tagesdienst (FDP) vom 8. März 1985
Frankfurter Allgemeine Zeitung vom 13. Februar 1981, 15. Juni 1983, 14. Dezember 1984, 25. Januar 1985, 6. Februar 1985, 25. Juli 1985, 11. März 1986, 12. März 1986, 24. Oktober 1986, 6. November 1986, 8. November 1986, 24. November 1986, 4. Dezember 1986, 14. Oktober 1995, 28. Oktober 1995.
Frankfurter Rundschau vom 30. Juni 1983, 5. Juli 1983, 14. Juli 1983, 20. Juli 1983, 1. Februar 1985, 18. Februar 1985, 20. Februar 1985, 22. März 1985, 11. Juni 1985, 23. Oktober 1986, 8. November 1986,
freie demokratische korrespondenz vom 24. Juli 1985, 17. November 1986.
Geschäftsordnung des Deutschen Bundestages (1995).
Geschäftsordnung des Nationalrates (1996).
Handelsblatt vom 14. Februar 1985.
Hannoversche Neue Presse vom 7. Januar 1985.
Informationen der SPD-Fraktion vom 20. August 1984, 13. Dezember 1984.
Innenausschuß (BT): Kurzprotokoll der 70. Sitzung vom 19. Juni 1985; Protokoll der 134. Sitzung vom 27. November 1986.
Kommentarübersicht der DPA vom 18. Juli 1983: Manuskriptfassung eines Interviews mit Jürgen Schmude im SFB vom 16. Juli 1983, 18 Uhr.
Kommentarübersicht der DPA vom 4. Februar 1985: Manuskriptfassung eines Interviews mit Alfred Emmerlich im DLF vom 1. Februar 1985, 12.10 Uhr.
Kölner Stadt-Anzeiger vom 21. März 1983.
Kronen-Zeitung vom 20. Januar 1984.
Kurier vom 26. Juni 1982.
Neue Osnabrücker Zeitung vom 30. Oktober 1986.
Neue Tiroler Zeitung vom 17. Januar 1985.
Neues Volksblatt vom 10. Juni 1983, 25. Oktober 1985.
Neue Zeit vom 23. Oktober 1985.
Oberösterreichische Nachrichten vom 31. Juli 1982, 15. September 1984.
Official Report, House of Commons, Parliamentary Debates, Session 1976-77, Vol. 933.
Official Report, House of Commons, Parliamentary Debates, Session 1979-80, Vol. 969.
Official Report, House of Commons, Parliamentary Debates, Session 1981-82, Vol. 28.
Official Report, House of Commons, Parliamentary Debates, Session 1982-83, Vols. 33, 37, 39, 40, 42.

Official Report, House of Commons, Parliamentary Debates, Session 1983-84, Vols. 46, 48, 50, 58, 60, 65.
Official Report, House of Commons, Parliamentary Debates, Session 1985-86, Vols. 83, 86, 89, 91, 93, 96, 102, 103.
Official Report, House of Commons, Parliamentary Debates, Standing Committees, Session 1982-83, Vol. VI: Standing Committee H, Vol. VII: Standing Committee J.
Official Report, House of Commons, Parliamentary Debates, Standing Committees, Session 1983-84, Vol. VI: Standing Committee E.
Official Report, House of Commons, Parliamentary Debates, Standing Committees, Session 1985-86, Vol. VI: Standing Committee G.
Official Report, House of Lords, Parliamentary Debates, Session 1982-83, Vol. 441.
Official Report, House of Lords, Parliamentary Debates, Session 1983-84, Vols. 448, 450, 452, 455, 476, 478, 481.
ÖVP-Klub intern (Mitteilungen für die Abgeordneten und Bundesräte), Wien, 3. Juli 1986, XVI. Gesetzgebungsperiode, 94: Das neue Weingesetz.
Parlamentskorrespondenz des Nationalrates vom 28. Juni 1983, 18. Januar 1985, 27. Februar 1985, 29. August 1985.
Parliamentary Papers, House of Commons, Session 1982-83, Bills, Bill 15, 48/4, Bill 16, 48/4.
Parliamentary Papers, House of Commons, Session 1983-84, Bills, Bill 40, 49/3, Bill 44, 49/1, Bill 65, 49/1,
Positionspapier der Volkspartei für die Gespräche zur Bildung einer Regierung der Partnerschaft, übergeben am 3. Mai 1983, in: Andreas Khol/Alfred Stirnemann (Hrsg.), Österreichisches Jahrbuch für Politik 1984, München/Wien 1985, S. 511-518.
Pressedienst der ÖVP vom 26. Juli 1985.
QUICK vom 30. Oktober 1986.
Rechtsausschuß (BR): Niederschrift über die 576. Sitzung vom 11. Dezember 1986.
Rechtsausschuß (BT): Stenographisches Protokoll der 33. Sitzung vom 3. Oktober 1984, Stenographisches Protokoll der 39. Sitzung vom 12. und 13. Dezember 1984, Protokoll der 56. Sitzung vom 26. Juni 1985, Protokoll der 56. Sitzung vom 26. Juni 1985, Beschlußprotokoll der 56. Sitzung vom 26. Juni 1985, Protokoll der 101. Sitzung vom 14. November 1986, Protokoll der 103. Sitzung vom 27. November 1986.
"Regierungsprogramm 1983-1987" der SPD, Bonn 1983.
Salzburger Nachrichten vom 3. Juni 1983, 18. September 1985.
Sozialdemokratischer Pressedienst vom 13. Juni 1985.
Sozialdemokratischer Pressedienst vom 24. Juli 1985.
SPÖ-FPÖ-Arbeitsübereinkommen, Wien, 1983-05-11, in: Andreas Khol/Alfred Stirnemann (Hrsg.), Österreichisches Jahrbuch für Politik 1984, München/Wien 1985, S. 519-529.
Standing Orders of the House of Commons, Public Business (1996).
Stenographische Berichte über die Verhandlungen des Bundesrates: 553. Sitzung vom 5. Juli 1985, 560. Sitzung vom 31. Januar 1986, 563. Sitzung vom 18. April 1986, 572. Sitzung vom 19. Dezember 1986.
Stenographische Berichte über die Verhandlungen des Deutschen Bundestages, 5. Wahlperiode, 234. Sitzung vom 13. Mai 1969.
Stenographische Berichte über die Verhandlungen des Deutschen Bundestages, 7. Wahlperiode, 253. Sitzung vom 24. Juni 1976.
Stenographische Berichte über die Verhandlungen des Deutschen Bundestages, 10. Wahlperiode, 57. Sitzung vom 24. Februar 1984, 59. Sitzung vom 15. März 1984, 120. Sitzung vom 7. Februar 1984, 150. Sitzung vom 28. Juni 1985, 184. Sitzung vom 12. Dezember 1985, 196. Sitzung vom 5. Februar 1986, 207. Sitzung vom 20. März 1986, 243. Sitzung vom 6. November 1986, 254. Sitzung vom 5. Dezember 1986.

Stenographische Protokolle des Bundesrates der Republik Österreich: 456. Sitzung vom 31. Januar 1985, 460. Sitzung vom 26. April 1985, 466. Sitzung vom 4. September 1985, 467. Sitzung vom 10. Oktober 1985.
Stenographische Protokolle des Nationalrates, XV. Gesetzgebungsperiode: 2. Sitzung vom 19. Juni 1979.
Stenographische Protokolle des Nationalrates, XVI. Gesetzgebungsperiode: 3. Sitzung vom 1. Juni 1983, 4. Sitzung vom 15. Juni 1983, 11. Sitzung vom 28. September 1983, 27. Sitzung vom 14. Dezember 1983, 58. Sitzung vom 27. September 1984, 75. Sitzung vom 23. Januar 1985, 83. Sitzung vom 7. März 1985, 86. Sitzung vom 17. April 1985, 93. Sitzung vom 12. Juni 1985; 101. Sitzung vom 28. August 1985, 102. Sitzung vom 29. August 1985, 103. Sitzung vom 29. August 1985, 108. Sitzung vom 24. Oktober 1985.
Stuttgarter Zeitung vom 20. Februar 1985, 25. Juni 1985, 19. Dezember 1985.
Süddeutsche Zeitung vom 4. Juli 1983, 14. Juli 1983, 13. November 1984, 2. Februar 1985, 14. Juni 1985, 20. August 1985, 10. Dezember 1985, 24. Oktober 1986, 22./23. November 1986, 27. November 1986, 7. Januar 1987.
Süd-Ost-Tagespost vom 21. September 1985.
The Economist vom 8. Mai 1982, 22. März 1986.
The General Public Acts and General Synod Measures: 1984 Part II/III, 1986 Part IV.
The Guardian vom 8. Dezember 1982, 14. Februar 1983, 8. August 1984.
The Observer vom 27. März 1983.
The Times vom 19. Juli 1982, 7. Dezember 1982, 18. Januar 1983, 14. Februar 1983, 17. März 1983, 21. März 1983, 25. März 1983, 23. Juni 1983, 28. Oktober 1983, 29. Oktober 1983, 15. November 1983, 1. August 1984, 8. August 1984, 23. November 1984, 17. Mai 1985, 12. Oktober 1985, 7. Dezember 1985, 21. April 1986, 5. November 1986.
Tiroler Tageszeitung vom 2. September 1985.
Wahlaussage '83 der Freien Demokratischen Partei für die Bundestagswahlen am 6. März 1983, Bonn 1983.
Wiener Zeitung vom 7. August 1982, 23. September 1982, 15. September 1983, 7. Oktober 1984, 2. Februar 1985, 30. Juli 1985, 3. September 1985, 22. Oktober 1985.

II. Sekundärliteratur

Abromeit, Heidrun, Veränderung ohne Reform. Die britische Privatisierungspolitik (1979-1985), in: Politische Vierteljahresschrift 27 (1986), S. 271-289.
Abromeit, Heidrun, Kontinuität oder "Jekyll-and-Hyde-Politik": Staatshandeln in der Schweiz und in Großbritannien, in: dies./Werner W. Pommerehne (Hrsg.), Staatstätigkeit in der Schweiz, Bern u.a. 1992, S. 159-192.
Abromeit, Heidrun, Drei Realmodelle der Legitimation staatlichen Handelns, in: Politische Vierteljahresschrift 36 (1995), S. 49-66.
Adonis, Andrew, Parliament Today, 2. Aufl. Manchester/New York 1993.
Alder, John, Constitutional and Administrative Law, 2. Aufl. London 1994.
von Alemann, Ulrich, Schattenpolitik. Streifzüge in die Grauzonen der Politik, in: Claus Leggewie (Hrsg.), Wozu Politikwissenschaft? Über das Neue in der Politik, Darmstadt 1994, S. 135-144.

Alvarez, Michael R./Garrett, Geoffrey/Lange, Peter, Government Partisanship, Labor Organisation, and Macroeconomic Performance, in: American Political Science Review 85 (1991), S. 539-556.
Andeweg, R. B., Kabinetsformaties: von politieke minderheden naar regeringsmeerderheid, in: J. Th. J. van den Berg u.a. (Red.), Inleiding Staatkunde, Deventer 1995, S. 203-216.
Arndt, Claus, Öffentlichkeit der Parlamentsausschüsse? Unter besonderer Berücksichtigung des Deutschen Bundestages, in: Jahrbuch für Politik 4 (1994), 1. Halbband, S. 9-33.
Arter, David, The Swedish Riksdag: The Case of a Strong Policy-influencing Assembly, in: Philip Norton (Hrsg.), Parliaments in Western Europe, London 1990, S. 120-142.
Axelrod, Robert, Die Evolution der Kooperation, München 1988.
Barnes, John/Cockett, Richard, The Making of Party Policy, in: Anthony Seldon/Stuart Ball (Hrsg.), Conservative Century. The Conservative Party since 1900, Oxford 1994, S. 347-382.
Bartolini, Stefano, Cosa è "competizione" in politica e come va studiata, in: Rivista Italiana di Scienza Politica 26 (1996), S. 209-267.
Bäumlin, Richard, Die Kontrolle des Parlaments über Regierung und Verwaltung, in: Zeitschrift für Schweizerisches Recht 85 (1966), S. 165-319.
Beavan, John, The State of the Parties in Parliament. IV: At Bay in the Lords, in: Political Quarterly 55 (1984), S. 375-381.
Bell, David S./Shaw, Eric (Hrsg.), Conflict and Cohesion in Western European Social Democratic Parties, London 1994.
Belloni, Frank P./Beller, Dennis C. (Hrsg.), Faction Politics. Political Parties and Factionalism in Comparative Perspective, Oxford 1978.
Benda, Ernst, Sozialrechtliche Eigentumspositionen im Arbeitskampf. Ein Beitrag zur Diskusssion um die Änderung des § 116 Arbeitsförderungsgesetz, Baden-Baden 1986.
Bennion, Francis, Modern Royal Assent Procedure at Westminster, in: Statute Law Review 2 (1981), S. 133-147.
von Beyme, Klaus, Die parlamentarischen Regierungssysteme in Europa, München 1970.
von Beyme, Klaus, Die Funktionen des Bundesrates. Ein Vergleich mit Zweikammersystemen im Ausland, in: Bundesrat (Hrsg.), Der Bundesrat als Verfassungsorgan und politische Kraft. Beiträge zum fünfundzwanzigjährigen Bestehen des Bundesrates der Bundesrepublik Deutschland, Bad Honnef/Darmstadt 1974, S. 365-393.
von Beyme, Klaus, Elite Input and Policy Output: The Case of Germany, in: Moshe M. Czudnowski (Hrsg.), Does Who Governs Matter?, New York 1982, S. 55-67.
von Beyme, Klaus, Parteien in westlichen Demokratien, 2. Aufl. München 1984.
von Beyme, Klaus, Policy-Analysis und traditionelle Politikwissenschaft, in: Hans-Hermann Hartwich (Hrsg.), Policy-Forschung in der Bundesrepublik Deutschland, Opladen 1985, S. 7-29.
von Beyme, Klaus, Policy-Making in the Federal Republic of Germany: A Systematic Introduction, in: ders./Manfred G. Schmidt (Hrsg.), Policy and Politics in the Federal Republic of Germany, New York 1985, S. 1-26.
von Beyme, Klaus, Parliamentary Oppositions in Europe, in: Eva Kolinsky (Hrsg), Opposition in Western Europe, London 1987, S. 30-47.
von Beyme, Klaus, Wirtschafts- und Sozialpolitik im Deutschen Bundestag, in: Uwe Thaysen u.a. (Hrsg.), US-Kongreß und Deutscher Bundestag, Opladen 1988, S. 342-365.
von Beyme, Klaus, Die politische Klasse im Parteienstaat, Frankfurt a.M. 1993.
von Beyme, Klaus, Die Massenmedien und die politische Agenda des parlamentarischen Systems, in: Friedhelm Neidhardt (Hrsg.), Öffentlichkeit, öffentliche Meinung, soziale Bewegungen (Sonderheft 34/1994 der Kölner Zeitschrift für Soziologie und Sozialpsychologie), Opladen 1994, S. 320-336.

von Beyme, Klaus, Steuerung und Selbstregelung. Zur Entwicklung zweier Paradigmen, in: Journal für Sozialforschung 35 (1995), S. 197-217.
von Beyme, Klaus, Party Leadership and Change in Party Systems: Towards a Postmodern Party State, in: Government and Opposition 31 (1996), S. 135-159.
von Beyme, Klaus, Der Gesetzgeber. Der Bundestag als Entscheidungszentrum, Opladen 1997 (i.E.).
Bocker, Uwe, Der Kronzeuge. Genese und Funktion der Kronzeugenregelung in der politischen Auseinandersetzung mit dem Terrorismus in der Bundesrepublik Deutschland, Pfaffenweiler 1991.
Bode, Ingeborg, Ursprung und Begriff der parlamentarischen Opposition, Stuttgart 1962.
Böhret, Carl, Funktionaler Staat: ein Konzept für die Jahrhundertwende?, Frankfurt a.M. u.a. 1993.
Bohnsack, Klaus, Regierungsbildung und Oppositionsformierung 1983, in: Zeitschrift für Parlamentsfragen 14 (1983), S. 476-486.
Boldt, Hans, Parlamentarismustheorie. Bemerkungen zu ihrer Geschichte in Deutschland, in: Der Staat 19 (1980), S. 385-412.
Brand, Jack, British Parliamentary Parties. Policy and Power, Oxford 1992.
Brazier, Rodney, Constitutional Practice, 2. Aufl. Oxford 1994.
Brettschneider, Frank, Öffentliche Meinung und Politik. Eine empirische Studie zur Responsivität des Deutschen Bundestages zwischen 1949 und 1990, Opladen 1995.
Brückner, Jens A., Die Rechtspolitik der sozial-liberalen Koalition, in: Gert-Joachim Glaeßner/Jürgen Holz/Thomas Schlüter (Hrsg.), Die Bundesrepublik in den siebziger Jahren. Versuch einer Bilanz, Opladen 1984, S. 174-196.
v. Brünneck, Alexander, Verfassungsgerichtsbarkeit in den westlichen Demokratien. Ein systematischer Verfassungsvergleich, Baden-Baden 1992.
Bryde, Brun-Otto, Stationen, Entscheidungen und Beteiligte im Gesetzgebungsverfahren, in: Hans-Peter Schneider/Wolfgang Zeh (Hrsg.), Parlamentsrecht und Parlamentspraxis in der Bundesrepublik Deutschland, Berlin/New York 1989, S. 859-881.
Budge, Ian/Keman, Hans, Parties and Democracy. Coalition Formation and Party Functioning in Twenty States, Oxford 1990.
Bürklin, Wilhelm, Perspektiven des Parteiensystems: Stabilität und Regierbarkeit nach der Bundestagswahl 1994, in: Heinrich Oberreuter (Hrsg.), Parteiensystem am Wendepunkt? Wahlen in der Fernsehdemokratie, München/Landsberg a. Lech 1996, S. 205-220.
Burmeister, Kerstin, Die Professionalisierung der Politik am Beispiel des Berufspolitikers im parlamentarischen System der Bundesrepublik Deutschland, Berlin 1993.
Burton, Ivor/Drewry, Gavin, Legislation and Public Policy. Public Bills in the 1970-74 Parliament, London 1981.
Butler, David/Butler, Gareth, British Political Facts 1900-1994, 7. Aufl. London 1994.
Butler, David/Adonis, Andrew/Travers, Tony, Failure in British Government. The Politics of the Poll Tax, Oxford 1994.
Christensen, Jacob, Out of Office but in Power? The Impact of Opposition Parties on Danish Social Policy. Paper Presented at the ECPR Joint Sessions of Workshops, Oslo, March 29-April 3, 1996.
Colliard, Jean-Claude, Les régimes parlementaires contemporains, Paris 1978.
Collier, David/Mahoney, James, Insights and Pitfalls. Selection Bias in Qualitative Research, in: World Politics 49 (1996), S. 56-91.
Craig, F.W.S. (Hrsg.), British Electoral Facts 1885-1975, 3. Aufl. London 1976.
Craig, F.W.S. (Hrsg.), British General Election Manifestos 1959-1987, 3. Aufl. Aldershot 1990.

Czada, Roland, Institutionelle Theorien der Politik, in: Dieter Nohlen (Hrsg.), Lexikon der Politik, Bd. 1: Politische Theorien (hrsg. von Dieter Nohlen und Rainer-Olaf Schultze), München 1995, S. 205-213.

Dach, R. Peter, Das Ausschußverfahren nach der Geschäftsordnung und in der Praxis, in: Hans-Peter Schneider/Wolfgang Zeh (Hrsg.), Parlamentsrecht und Parlamentspraxis in der Bundesrepublik Deutschland, Berlin/New York 1989, S. 1103-1130.

Dästner, Christian unter Mitarbeit von Josef Hoffmann, Die Geschäftsordnung des Vermittlungsausschusses, Berlin 1995.

Dahl, Robert A. (Hrsg.), Political Oppositions in Western Democracies, New Haven/London 1966.

Dahl, Robert A., Patterns of Opposition, in: ders. (Hrsg.), Political Oppositions in Western Democracies, New Haven/London 1966, S. 332-347.

Dahl, Robert A., Dilemmas of Pluralist Democracy. Autonomy vs. Control, New Haven/London 1982.

Debnam, Geoffrey, The Adversary Politics Thesis Revisited, in: Parliamentary Affairs 47 (1994), S. 420-433.

Dencker, Friedrich, Kronzeuge, terroristische Vereinigung und rechtsstaatliche Strafgesetzgebung, in: Kritische Justiz 20 (1987), S. 36-53.

Denver, David, Great Britain: from 'Opposition with a Capital "O"' to Fragmented Opposition, in: Eva Kolinsky (Hrsg.), Opposition in Western Europe, London 1987, S. 75-107.

Diem, Peter/Neisser, Heinrich, Zeit zur Reform. Parteireform, Parlamentsreform, Demokratiereform, Wien/München 1970.

Dietlein, Max Josef, Zulässigkeitsfragen bei der Anrufung des Vermittlungsausschusses, in: Archiv des öffentlichen Rechts 106 (1981), S. 525-548.

Dietlein, Max Josef, Die "Theorie vom weißen Blatt" - ein Irrweg, in: Zeitschrift für Rechtspolitik (1987), S. 277-283.

Dietlein, Max, Vermittlung zwischen Bundestag und Bundesrat, in: Hans-Peter Schneider/Wolfgang Zeh (Hrsg.), Parlamentsrecht und Parlamentspraxis in der Bundesrepublik Deutschland, Berlin/New York 1989, S. 1565-1578.

Döhler, Marian, Gesundheitspolitik nach der "Wende". Policy-Netzwerke und ordnungspolitischer Strategiewechsel in Großbritannien, den USA und der Bundesrepublik Deutschland, Berlin 1990.

Domes, Jürgen, Mehrheitsfraktion und Bundesregierung. Aspekte des Verhältnisses der Fraktion der CDU/CSU im zweiten und dritten deutschen Bundestag zum Kabinett Adenauer, Köln/Opladen 1964.

Döring, Herbert, Skeptische Anmerkungen zur Rezeption des englischen Parlamentarismus 1917/18, in: Lothar Albertin/Werner Link (Hrsg.), Politische Parteien auf dem Weg zur parlamentarischen Demokratie in Deutschland, Düsseldorf 1981, S. 127-146.

Döring, Herbert, Parlament und Regierung, in: Oskar W. Gabriel (Hrsg.), Die EG-Staaten im Vergleich. Strukturen, Prozesse, Politikinhalte, Opladen 1992, S. 334-356.

Döring, Herbert, Das klassische Modell in Großbritannien. Ein Sonderfall, in: Walter Euchner (Hrsg.), Politische Opposition in Deutschland und im internationalen Vergleich, Göttingen 1993, S. 21-38.

Döring, Herbert, Großbritannien. Regierung, Gesellschaft und politische Kultur, Opladen 1993.

Döring, Herbert, Time as a Scarce Resource: Government Control of the Agenda, in: ders. (Hrsg.), Parliaments and Majority Rule in Western Europe, Frankfurt a.M./New York 1995, S. 223-246.

Döring, Herbert (Hrsg.), Parliaments and Majority Rule in Western Europe, Frankfurt a.M./New York 1995.

Dose, Nicolai, Muster von Verhandlungsprozessen mit Ordnungsverwaltungen. Ein steuerungstheoretisch angeleiteter Versuch einer Typenbildung, in: Adrienne Windhoff-Héritier (Hrsg.), Verwaltung und ihre Umwelt. Festschrift für Thomas Ellwein, Opladen 1987, S. 111-131.

Downs, Anthony, An Economic Theory of Democracy, New York 1957.

Drewry, Gavin, Legislation, in: Michael Ryle/Peter G. Richards (Hrsg.), The Commons under Scrutiny, London 1988, S. 120-140.

Dürr, Karlheinz, Der Bergarbeiterstreik in Großbritannien 1984/85, in: Politische Vierteljahresschrift 26 (1985), S. 400-422.

Durand, Claude, Fallstudien in der international vergleichenden Forschung, in: Martin Heidenreich/Gert Schmidt (Hrsg.), International vergleichende Organisationsforschung. Fragestellungen, Methoden und Ergebnisse, Opladen 1994, S. 41-47.

Duverger, Maurice, Political Parties. Their Organization and Activity in the Modern State, London 1954.

Dye, Thomas R., Understanding Public Policy, 8. Aufl. Englewood Cliffs 1995.

Dyson, Kenneth, Die Entwicklung der Telekommunikationspolitik in Westeuropa, in: Edgar Grande/Rainer Kuhlen/Gerhard Lehmbruch/Heinrich Mäding (Hrsg.), Perspektiven der Telekommunikationspolitik, Opladen 1991, S. 43-68.

Edgell, Stephen/Duke, Vic, A Measure of Thatcherism. A Sociology of Britain, London 1991.

Edinger, Florian, Wahl und Besetzung parlamentarischer Gremien. Präsidium, Ältestenrat, Ausschüsse, Berlin 1992.

Elcock, Howard, Law, Order and the Labour Party, in: Philip Norton (Hrsg.), Law and Order and British Politics, 2. Aufl. Aldershot 1986, S. 149-164.

Elder, N.C.M., Conclusion, in: Philip Norton (Hrsg.), Law and Order and British Politics, 2. Aufl. Aldershot 1987, S. 193-211.

Ellwein, Thomas/Görlitz, Axel, Parlament und Verwaltung. 1.Teil: Gesetzgebung und politische Kontrolle, Stuttgart u.a. 1967.

Engelmann, Frederick C., Austria: The Pooling of Opposition, in: Robert A. Dahl (Hrsg.), Political Opposition in Western Democracies, New Haven/London 1966, S. 260-283.

Erikson, Robert S./Wright, Gerald C./Iver, John P., Political Parties, Public Opinion and State Policy, in: American Political Science Review 83 (1989), S. 729-750.

Euchner, Walter (Hrsg.), Politische Opposition in Deutschland und im internationalen Vergleich, Göttingen 1993.

Ewing, K.D./Gearty, C.A., Freedom under Thatcher. Civil Liberties in Modern Britain, Oxford 1990.

Eysell, Maria, Der dänische Minderheitsparlamentarismus der achtziger Jahre, in: Zeitschrift für Politikwissenschaft 6 (1996), S. 375-407.

Feick, Jürgen/Jann, Werner, "Nations matter" - Vom Ekklektizismus zur Integration in der vergleichenden Policy-Forschung?, in: Manfred G. Schmidt (Hrsg.), Staatstätigkeit. International und historisch vergleichende Studien (Sonderheft 19/1988 der Politischen Vierteljahresschrift), Opladen 1988, S. 198-220.

Fiedler, Franz, Zur österreichischen Gerichtsorganisation, in: Andreas Khol/Alfred Stirnemann (Hrsg.), Österreichisches Jahrbuch für Politik 1982, München/Wien 1983, S. 143-172.

Fiedler, Franz, Bilanz der österreichischen Rechtspolitik, in: Andreas Khol/Günther Ofner/Alfred Stirnemann (Hrsg.), Österreichisches Jahrbuch für Politik 1985, München/Wien 1986, S. 125-154.

Fijalkowski, Jürgen, Neuer Konsens durch plebiszitäre Öffnung?, in: Albrecht Randelshofer/Werner Süß (Hrsg.), Konsens und Konflikt. 35 Jahre Grundgesetz, Berlin/New York 1986, S. 236-266.

Finer, Samuel E. (Hrsg.), Adversary Politics and Electoral Reform, London 1975.
Fischer, Heinz, Zur Praxis des Begutachtungsverfahrens im Prozeß der Bundesgesetzgebung, in: Österreichische Zeitschrift für Politikwissenschaft 1 (1972), S. 35-54.
Fischer, Heinz, Das Parlament, in: Herbert Dachs u.a. (Hrsg.), Handbuch des politischen Systems Österreichs, 3. Aufl. Wien 1997, S. 99-121.
Floerecke, Peter, Reform und Gegenreform des Demonstrationsstrafrechts. Ansätze zur Analyse von Normsetzungsprozessen in einem turbulenten Politikfeld, in: Kriminologisches Journal 19 (1987), S. 119-133.
Floerecke, Peter, Staatliche Normsetzung auf unterschiedlichen "Bühnen". Empirische Ergebnisse zur Genese des Demonstrationsstrafrechts seit 1970, in: Günther Kaiser/ Helmut Kury/Hans-Jörg Albrecht (Hrsg.), Kriminologische Forschung in den achtziger Jahren. Bd. 1, Freiburg i.Br. 1988, S. 3-22.
Foord, Archibald. S., His Majesty's Opposition 1714-1830, Oxford 1964.
Foreman-Peck, James/Manning, Dorothy, Telecommunications in the United Kingdom, in: James Foreman-Peck/Jürgen Müller (Hrsg.), European Telecommunication Organisations, Baden-Baden 1988, S. 257-278.
Funk, Bernd-Christian, Einführung in das österreichische Verfassungsrecht, 8. Aufl. Wien 1995.
Furlong, Paul, Modern Italy. Representation and Reform, London/New York 1994.
Fürst, Martin, Grundlagen und Grenzen der §§ 129, 129a StGB. Zu Umfang und Notwendigkeit der Vorverlagerung des Strafrechtsschutzes bei der Bekämpfung krimineller und terroristischer Vereinigungen, Frankfurt a.M. u.a. 1989.
Franke, Siegfried F., (Ir)rationale Politik? Grundzüge und politische Anwendungen der "Ökonomischen Theorie der Politik", Marburg 1996.
Fraenkel, Ernst, Historische Vorbelastungen des deutschen Parlamentarismus, in: ders., Deutschland und die westlichen Demokratien, Frankfurt a.M. 1990 (zuerst 1960), S. 23-47.
Fraenkel, Ernst, Parlament und Öffentliche Meinung, in: ders., Deutschland und die westlichen Demokratien, Frankfurt a.M. 1990 (zuerst 1958), S. 204-231.
Friedrich, Manfred, Parlamentarische Opposition in der Bundesrepublik Deutschland. Wandel und Konstanz, in: Heinrich Oberreuter (Hrsg.), Parlamentarische Opposition. Ein internationaler Vergleich, Hamburg 1975, S. 230-265.
Frischenschlager, Friedhelm, Zur Praxis der parlamentarischen Arbeit im österreichischen Nationalrat, in: Herbert Schambeck (Hrsg.), Österreichs Parlamentarismus, Wien 1986, S. 723-755.
Garnham, Nicholas, Telecommunications Policy in the United Kingdom, in: Media, Culture and Society 7 (1985), S. 7-29
Garrett, John, Westminster. Does Parliament Work?, London 1992.
Geertz, Clifford, Dichte Beschreibung, 3. Aufl. Frankfurt a.M. 1994.
Gehrig, Norbert, Parlament - Regierung - Opposition. Dualismus als Voraussetzung für parlamentarische Kontrolle der Regierung, München 1969.
Gerlich, Peter, Parlamentarische Kontrolle im politischen System. Die Verwaltungsfunktionen des Nationalrates in Recht und Wirklichkeit, Wien/New York 1973.
Gerlich, Peter, Zu den Grenzen der Mehrheitsdemokratie in Österreich, in: Heinrich Oberreuter (Hrsg.), Wahrheit statt Mehrheit? An den Grenzen der parlamentarischen Mehrheitsdemokratie, München 1986, S. 181-191.
Gerlich, Peter (Hrsg.), Cause and Consequence in Legislation, (Special Issue des European Journal of Political Research 14/3), Dordrecht u.a. 1986.
Gerlich, Peter, Politik in Österreich. Anmerkungen zur politischen Kultur, in: Der Bürger im Staat 38 (1988), S. 109-113.
Gist, Peter, The Role of OFTEL, in: Telecommunications Policy 14 (1990), S. 26-51.

Giulj, Silvy, Confrontation or Conciliation: the Status of the Opposition in Europe, in: Government and Opposition 16 (1981), S. 476-494.
Gladdish, Ken, Governing from the Centre. Politics and Policy-Making in the Netherlands, London 1991.
Gough, John W., Fundamental Law in English Constitutional History, Oxford 1955.
Gottweis, Herbert, Szenen aus der Welt der Gesetzgebung, in: Österreichische Zeitschrift für Politikwissenschaft 13 (1984), S. 83-96.
Grande, Edgar, Der Triumpf der Ideologie? Die Telekommunikationspolitik der Regierung Thatcher, in: Roland Sturm (Hrsg.), Thatcherismus - Eine Bilanz nach zehn Jahren, Bochum 1990, S. 179-197.
Grande, Edgar, Regieren in verflochtenen Verhandlungssystemen, in: Renate Mayntz/Fritz W. Scharpf (Hrsg.), Gesellschaftliche Selbstregelung und politische Steuerung, Frankfurt a.M./New York 1995, S. 327-368.
Grawert, Rolf, Gesetzgebung zwischen Politik und Bürokratie, in: Zeitschrift für Gesetzgebung 6 (1991), S. 97-116.
Greenaway, John/Smith, Steve/Street, John, Deciding Factors in British Politics. A Casestudies Approach, London/New York 1992.
Griffith, J.A.G./Ryle, Michael, Parliament. Functions, Practice and Procedures, London 1989.
Grosser, Dieter, Die Sehnsucht nach Harmonie: Historische und verfassungsstrukturelle Vorbelastungen der Oppposition in Deutschland, in: Heinrich Oberreuter (Hrsg.), Parlamentarische Opposition. Ein internationaler Vergleich, Hamburg 1975, S. 206-229.
Gruber, Konrad Dieter, Die Stellung der Opposition im Strukturwandel des Parlamentarismus, Diss. Köln 1965.
Guggenberger, Bernd, An den Grenzen der Mehrheitsdemokratie, in: Bernd Guggenberger/Claus Offe (Hrsg.), An den Grenzen der Mehrheitsdemokratie. Politik und Soziologie der Mehrheitsregel, Opladen 1984, S. 184-195.
Haberland, Stephan, Die verfassungsrechtliche Bedeutung der Opposition nach dem Grundgesetz, Berlin 1995.
Handschuh, Ekkehard, Gesetzgebung. Programm und Verfahren, Heidelberg/Hamburg 1982.
Hall, Peter, Governing the Economy: The Politics of State Intervention in Britain and France, New York 1986.
Hanke, Christian, Informale Regeln als Substrat des parlamentarischen Verhandlungssystems. Zur Begründung einer zentralen Kategorie der Parlamentarismusforschung, in: Zeitschrift für Parlamentsfragen 25 (1994), S. 410-440.
Heclo, Hugh, Issue Networks and the Executive Establishment, in: Anthony King (Hrsg.), The New American Political System, Washington 1978, S. 87-124.
Helms, Ludger, Parteienregierung im Parteienstaat. Strukturelle Voraussetzungen und Charakteristika der Parteienregierung in der Bundesrepublik Deutschland und in Österreich (1949 bis 1992), in: Zeitschrift für Parlamentsfragen 24 (1993), S. 535-554.
Helms, Ludger, "Machtwechsel" in der Bundesrepublik Deutschland. Eine vergleichende empirische Analyse der Regierungswechsel von 1966, 1969 und 1982, in: Jahrbuch für Politik 4 (1994), Halbband 2, S. 225-248.
Helms, Ludger, Individualität trotz Konvergenz - Konturen eines deutsch-österreichischen Vergleichs, in: Gegenwartskunde 44 (1995), S. 299- 311.
Helms, Ludger, Parteiensysteme als Systemstruktur. Zur methodisch-analytischen Konzeption der funktional vergleichenden Parteiensystemanalyse, in: Zeitschrift für Parlamentsfragen 26 (1995), S. 642-657.

Helms, Ludger, Executive Leadership in Parliamentary Democracies: The British Prime Minister and the German Chancellor Compared, in: German Politics 5 (1996), S. 101-120.

Helms, Ludger, Das Amt des deutschen Bundeskanzlers in historisch und international vergleichender Perspektive, in: Zeitschrift für Parlamentsfragen 27 (1996), S. 697-711.

Helms, Ludger, Pluralismus und Regierbarkeit. Eine Bestandsaufnahme der italienischen Parteiendemokratie aus Anlaß der Parlamentswahlen 1996, in: Zeitschrift für Politik 44 (1997) (i.E.).

Helms, Ludger, Die Institutionalisierung der politischen Opposition in den deutschsprachigen Ländern: Deutschland, Österreich und die Schweiz im Vergleich, in: Aus Politik und Zeitgeschichte 1997 (i.E.).

Hesse, Joachim Jens/Ellwein, Thomas, Das Regierungssystem der Bundesrepublik Deutschland, Bd. 1: Text, 7. Aufl. Opladen 1992.

Herder-Dorneich, Philipp, Konkurrenzdemokratie - Verhandlungsdemokratie. Politische Strategien der Gegenwart, 2. Aufl. Stuttgart 1980.

Hereth, Michael, Die parlamentarische Opposition in der Bundesrepublik Deutschland, München/Wien 1969.

Hereth, Michael, Rezension von Walter Euchner (Hrsg.), Politische Opposition in Deutschland und im internationalen Vergleich, Göttingen 1993, in: Politische Vierteljahresschrift 35 (1994), S. 181-182.

Héritier, Adrienne, Policy-Analyse. Elemente der Kritik und Perspektiven der Neuorientierung, in: dies. (Hrsg.), Policy-Analyse (Sonderheft 24/1993 der Politischen Vierteljahresschrift), Opladen 1993, S. 9-36.

Herzog, Dietrich, Politische Karrieren. Selektion und Professionalisierung politischer Führungsgruppen, Opladen 1975.

Herzog, Dietrich, Der moderne Berufspolitiker. Karrierebedingungen und Funktion in westlichen Demokratien, in: Der Bürger im Staat 40 (1990), S. 9-16.

Herzog, Dietrich, Der Funktionswandel des Parlaments in der sozialstaatlichen Demokratie, in: ders./Hilke Rebenstorf/Bernhard Wessels (Hrsg.), Parlament und Gesellschaft. Eine Funktionsanalyse der repräsentativen Demokratie, Opladen 1993, S. 13-52.

Hibbs, Douglas A., Jr., Political Parties and Macroeconomic Policy, in: American Political Science Review 71 (1977), S. 1467-1487.

Hibbs, Douglas A., Jr., Partisan Theorie after Fifteen Years, in: European Journal of Political Economy 8 (1992), S. 361-373.

Hibbs, Douglas A., Jr., The Partisan Model of Macroeconomic Cycles: More Theory and Evidence for the United States, in: Economics and Politics 6 (1994), S. 1-23.

Hicks, Alexander M./Swank, Duane, Politics, Institutions, and Welfare Spending in Industrialised Democracies, 1960-82, in: American Political Science Review 86 (1992), S. 658-674.

Hill, Hermann, Impulse zum Erlaß eines Gesetzes, in: Die öffentliche Verwaltung 34 (1981), S. 487-497.

Hill, Hermann, Einführung in die Gesetzgebungslehre, Heidelberg 1982.

Hill, Hermann, Gesetzgebung in der postindustriellen Gesellschaft, in: Zeitschrift für Gesetzgebung 10 (1995), S. 82-86.

Hofferbert, Richard I./Klingemann, Hans-Dieter, The Policy Impact of Party Programmes and Government Declarations in the Federal Republic of Germany, in: European Journal of Political Research 18 (1990), S. 277-304.

Hoffmann, Dieter/Jäger, Thomas, Demokratisierung - Krise eines Prozesses, in: Thomas Jäger/Dieter Hoffmann (Hrsg.), Demokratie in der Krise? Zukunft der Demokratie, Opladen 1995, S. 15-37.

Hoffmann, Traute, Neutralität der Bundesanstalt für Arbeit bei Arbeitskämpfen. Vorgeschichte und Diskussion zu § 116 Arbeitsförderungsgesetz. Materialienauswahl, Materialien (Deutscher Bundestag), Heft 94, Bonn 1986.

Hübner, Emil/Oberreuter, Heinrich, Parlament und Regierung: ein Vergleich dreier Regierungssysteme, München 1977.

Hübner, Emil/Rohlfs, Horst-Hennek, Jahrbuch zur Bundesrepublik Deutschland 1986/87, München o.J. (1986).

Ingle, S.J., Alliance Attitudes to Law and Order, in: Philip Norton (Hrsg.), Law and Order and British Politics, 2. Aufl. Aldershot 1986, S. 165-178.

Ismayr, Wolfgang, Der Deutsche Bundestag. Funktionen, Willensbildung, Reformansätze, Opladen 1992.

Jann, Werner, Staatslehre - Regierungslehre - Verwaltungslehre, in: Stephan von Bandemer/Göttrik Wewer (Hrsg.), Regierungssystem und Regierungslehre. Fragestellungen, Analysekonzepte, Forschungsstand, Opladen 1989, S. 33-56.

Jansen, Dorothea/Schubert, Klaus, Netzwerkanalyse, Netzwerkforschung und Politikproduktion: Ansätze zur 'cross-fertilization', in: dies. (Hrsg.), Netzwerke und Politikproduktion. Konzepte, Methoden, Perspektiven, Marburg 1995, S. 9-23.

Jäger, Wolfgang, Politische Partei und parlamentarische Opposition. Eine Studie zum politischen Denken von Lord Bolingbroke und David Hume, Berlin 1971.

Jäger, Wolfgang, Opposition, in: Otto Brunner/Werner Conze/Reinhart Koselleck (Hrsg.), Geschichtliche Grundbegriffe. Bd. 4, Stuttgart 1978, S. 469-517.

Jäger, Wolfgang, Die Innenpolitik der sozial-liberalen Koalition 1974-82, in: ders./Werner Link, Republik im Wandel 1974-1982. Die Ära Schmidt, Stuttgart/Mannheim 1987, S. 9-272.

Jäger, Wolfgang, Wer regiert die Deutschen? Innenansichten der Parteiendemokratie, Osnabrück 1994.

Jekewitz, Jürgen, Der Grundsatz der Diskontinuität der Parlamentsarbeit im Staatsrecht der Neuzeit und seine Bedeutung unter der parlamentarischen Demokratie des Grundgesetzes. Eine rechtshistorische und rechtsdogmatische Untersuchung, Berlin 1977.

Jekewitz, Jürgen, Der Grundsatz der Diskontinuität in der parlamentarischen Demokratie. Zugleich eine Untersuchung auf rechtshistorischer und rechtsvergleichender Grundlage, in: Jahrbuch des öffentlichen Rechts der Gegenwart NF/Bd. 27 (1978), hrsg. von Gerhard Leibholz, Tübingen 1978, S. 76-166

Johnson, Nevil, Die englische Krankheit, Stuttgart 1977.

Jones, Bill, The Policy Making Process, in: ders. (Hrsg.), Politics UK, New York u.a. 1991, S. 501-520

Kaase, Max, Demokratie im Spannungsfeld von politischer Kultur und politischer Struktur, in: Jahrbuch für Politik 5 (1995), Halbband 2, S. 199-220.

Kabel, Rudolf, Die Behandlung der Anträge im Bundestag: Rechte, Formen und Verfahren, in: Hans-Peter Schneider/Wolfgang Zeh (Hrsg.), Parlamentsrecht und Parlamentspraxis in der Bundesrepublik Deutschland, Berlin/New York 1989, S. 883-916.

Kaiser, André, Staatshandeln ohne Staatsverständnis. Die Entwicklung des Politikfeldes Arbeitsbeziehungen in Großbritannien 1965-1990, Bochum 1995.

Kaiser, Joseph H., Die Repräsentation organisierter Interessen, 2. Aufl. Berlin 1978 (zuerst 1955).

Karpen, Ulrich, Zum gegenwärtigen Stand der Gesetzgebungslehre in der Bundesrepublik Deutschland, in: Zeitschrift für Gesetzgebung 1 (1986), S. 5-32.

Kast, Herbert, Das neue Demonstrationsrecht. Das Gesetz zur Änderung des Strafgesetzbuches und des Versammlungsgesetzes vom 18. Juli 1985 und seine Vorgeschichte, Köln 1986.

Kastning, Lars, Vereinigtes Königreich, in: Winfried Steffani (Hrsg.), Regierungsmehrheit und Opposition in den Staaten der EG, Opladen 1991, S. 375-413.
Kathrein, Irmgard, Der Bundesrat, in: Herbert Schambeck (Hrsg.), Österreichs Parlamentarismus, Wien 1986, S. 337-401.
Katz, Richard S./Mair, Peter, Changing Models of Party Organisation and Party Democracy. The Emergence of the Cartel Party, in: Party Politics 1 (1995), S. 5-28.
Katzenstein, Peter, Policy and Politics in West Germany. The Growth of a Semisovereign State, Philadelphia 1987.
Kavanagh, Dennis, British Politics. Continuities and Change, 2. Aufl. Oxford 1990.
Kavanagh, Dennis/Morris, Peter, Consensus Politics. From Attlee to Major, 2. Aufl. Oxford/Cambridge 1994.
Kese, Volkmar, Das Zugriffsverfahren bei der Bestimmung parlamentarischer Ausschußvorsitzender, in: Zeitschrift für Parlamentsfragen 24 (1993), S. 613-621.
Kelsen, Hans, Vom Wesen und Wert der Demokratie, Tübingen 1929.
Keman, Hans, Konkordanzdemokratie und Korporatismus aus der Perspektive eines rationalen Institutionalismus, in: Politische Vierteljahresschrift 37 (1996), S. 494-516.
Kempf, Udo/Michelmann, Hans J./Schiller, Theo (Hrsg.), Politik und Politikstile im kanadischen Bundesstaat. Gesundheits- und energiepolitische Entscheidungsprozesse im Provinzenvergleich, Opladen 1991.
Kenis, Patrick/Schneider, Volker, Policy Networks and Policy Analysis: Scrutinizing a New Analytical Toolbox, in: Bernd Marin/Renate Mayntz (Hrsg.), Policy Networks. Empirical Evidenxe and Theoretical Considerations, Frankfurt a.M./Boulder 1991, S. 25-59.
Kewenig, Wilhelm, Staatsrechtliche Probleme parlamentarischer Mitregierung am Beispiel der Arbeit der Bundestagsausschüsse, Bad Homburg u.a. 1970.
Kimmel, Adolf, Parlamentarische Opposition und parlamentarische Kontrolle, in: Neue Politische Literatur 24 (1979), S. 345-357.
Kindermann, Harald (Hrsg.), Studien zu einer Theorie der Gesetzgebung, Berlin u.a. 1982.
King, Gary/Keohane, Robert O./Verba, Sidney, Designing Social Inquiry. Scientific Inference in Qualitative Research, Princeton/New Jersey 1994.
Kirchheimer, Otto, Wandlungen der politischen Opposition, in: Archiv für Rechts- und Sozialphilosophie 43 (1957), S. 59-86.
Kirchheimer, Otto, Der Wandel des westeuropäischen Parteiensystems, in: Politische Vierteljahresschrift 6 (1965), S. 20-41.
Kirchheimer, Otto, Deutschland oder der Verfall der Opposition, in: ders., Politische Herrschaft, Frankfurt a.M. 1967, S. 58-91.
Kirsten, Nadja, Volkszählungsurteil und politischer Prozeß, Magisterarbeit, Universität Heidelberg 1996.
Klingemann, Hans-Dieter/Hofferbert, Richard I./Budge, Ian, Parties, Policies and Democracy, Boulder/Oxford 1994.
Klug, Francesca/Starmer, Keir/Weir, Stuart, Civil Liberties and the Parliamentary Watchdog: The Passage of the Criminal Justice and Public Order Act 1994, in: Parliamentary Affairs 49 (1996), S. 536-549.
Kluxen, Kurt, Das Problem der politischen Opposition. Entwicklung und Wesen der englischen Zweiparteien-Politik im 18. Jahrhundert, Freiburg i.Br. 1956.
Koja, Friedrich, Der Parlamentarismus in Österreich, in: Zeitschrift für Politik 14 (1967), S. 333-351.
Koja, Friedrich, Instruments of Direct Democracy in the Austrian Federal State and its *Länder,* in: Austrian Journal of Public and International Law 45 (1993), S. 33-45.
Koja, Friedrich, Austria as a Federal State, in: Austrian Journal of Public and International Law 46 (1994), S. 293-303.
Kolinsky, Eva (Hrsg.), Opposition in Western Europe, London 1987.

König, Thomas, Policy- und Netzwerkanalyse, in: Jahrbuch zur Staats- und Verwaltungswissenschaft 5 (1991), S. 241-256.
König, Thomas, Die Bedeutung von Politik-Netzwerken in einem Modell politischer Entscheidung und politisch-privater Einflußnahme, in: Journal für Sozialforschung 33 (1993), S. 343-367.
Kramm, Lothar, Grundzüge einer Theorie der politischen Opposition, in: Zeitschrift für Politik, (1986), S. 33-43.
Krebs, Walter, Kontrolle in staatlichen Entscheidungsprozessen, Heidelberg 1984.
Kretschmer, Gerald, Verfahrensweisen und Strukturprobleme der Gesetzesberatung im Bundestag, in: Waldemar Schreckenberger (Hrsg.), Gesetzgebungslehre. Grundlagen - Zugänge - Anwendung, Stuttgart u.a. 1986, S. 167-177.
Krippendorff, Ekkehart, Das Ende des Parteienstaates?, in: Der Monat 14 (1962), S. 64-70.
Kuderna, Friedrich, Arbeits- und Sozialgerichtsgesetz, Wien 1986.
Kumin, Andreas J., Rechte und Pflichten der Nationalratsabgeordneten, Wien 1990.
Lamer, Richard J., Der englische Parlamentarismus in der deutschen politischen Theorie im Zeitalter Bismarcks (1857-1890). Ein Beitrag zur Vorgeschichte des deutschen Parlamentarismus, Hamburg/Lübeck 1963.
Landfried, Christine, Bundesverfassungsgericht und Gesetzgeber: Wirkungen der Verfassungsgerichtsbarkeit auf parlamentarische Willensbildung und soziale Realität, Baden-Baden 1984.
Landfried, Christine, Rechtspolitik, in: Klaus von Beyme/Manfred G. Schmidt (Hrsg.), Politik in der Bundesrepublik Deutschland, Opladen 1990, S. 76-98.
Landfried, Christine, Parteifinanzen und politische Macht. Eine vergleichende Studie zur Bundesrepublik Deutschland, zu Italien und den USA, 2. Aufl. Baden-Baden 1994.
Lau, Stefan/Mischau, Anina, Normgenese, Zielsetzung und Rechtswirklichkeit des § 129 (R)StGB und des § 129a StGB, in: Kriminologisches Journal, 3. Beiheft 1991, S. 65-82.
Laufer, Heinz, Das föderative System der Bundesrepublik Deutschland, 6. Aufl. München 1991.
Laumann, Edward O./David Knoke, The Organizational State, Wisconsin 1987.
Laver, Michael/Hunt, Ben W., Policy and Party Competition, New York/London 1992.
Leclaire, Alfred, Große Koalition als permanente Krisenregierung. Eine Studie zum österreichischen Parteien- und Regierungssystem 1945-1964, Diss. Heidelberg 1966.
Lee, Geoff, Privatisation, in: Bill Jones (Hrsg.), Political Issues in Britain Today, 4. Aufl. Manchester/New York 1994, S. 243-287.
Leggewie, Claus, Bloß kein Streit. Über deutsche Sehnsucht nach Harmonie und die anhaltenden Schwierigkeiten demokratischer Streitkultur, in: Ulrich Sarcinelli (Hrsg.), Demokratische Streitkultur. Theoretische Grundpositionen und Handlungsalternativen in Politikfeldern, Bonn 1990, S. 52-62.
Lehmbruch, Gerhard, Parteienwettbewerb im Bundesstaat, Stuttgart 1976.
Lehmbruch, Gerhard, Telekommunikation: Ein Politikfeld im Wandel, in: Edgar Grande/Rainer Kuhlen/Gerhard Lehmbruch/Heinrich Mäding (Hrsg.), Perspektiven der Telekommunikationspolitik, Opladen 1991, S. 10-15.
Lehner, Franz, Grenzen des Regierens. Eine Studie zur Regierungsproblematik hochindustrialisierter Demokratien, Königstein/Ts. 1979.
Lemieux, Vincent, Laws and the Distribution of Power in Society, in: Louis M. Imbeau/Robert D. McKinlay (Hrsg.), Comparing Government Activity, London 1996, S. 70-81.
Lemke-Müller, Sabine, Zur Parlamentsreform im Deutschen Bundestag: Mehr Transparenz, Öffentlichkeit und Effektivität, in: Aus Politik und Zeitgeschichte B 27/96, S. 3-19.

Leonhardt, Klaus, Vom Gesetzgebungsauftrag bis zur Gesetzesverabschiedung, in: Bundesakademie für öffentliche Verwaltung (Hrsg.), Praxis der Gesetzgebung, Regensburg 1983, S. 47-61.
Leser, Norbert, Krise der SPÖ - Krise der Republik, in: Forum XII (1965), S. 115-121.
Liebert, Ulrike, Netzwerke und neue Unübersichtlichkeit. Plädoyer für die Wahrnehmung politischer Komplexität, in: Claus Leggewie (Hrsg.), Wozu Politikwissenschaft? Über das Neue in der Politik, Darmstadt 1994, S. 155-169.
Liebert, Ulrike, Modelle demokratischer Konsolidierung. Parlamente und organisierte Interessen in der Bundesrepublik Deutschland, Italien und Spanien (1948-1990), Opladen 1995.
Lijphart, Arend, Comparative Politics and the Comparative Method, in: American Political Science Review 65 (1971), S. 682-693.
Lijphart, Arend, Democracies. Patterns of Majoritarian and Consensus Government in Twenty-One Countries. New Haven/London 1984.
Lijphart, Arend, Democracies: Forms, Performance, and Constitutional Engineering, in: European Journal of Political Research 25 (1994), S. 1-17.
Littlechild, Stephen, Regulation of British Telecommunications' Profitability, London 1983.
Loewenberg, Gerhard, Parlamentarismus im politischen System der Bundesrepublik Deutschland, Tübingen 1969.
Loewenstein, Karl, Verfassungslehre, Tübingen 1959.
Loewenstein, Karl, Staatsrecht und Staatspraxis von Großbritannien. Bd. 1: Parlament, Regierung, Parteien, Berlin u.a. 1967.
Lohmar, Ulrich, Das Hohe Haus, Stuttgart 1975.
Lowi, Theodore J., American Business, Public Policy, Case Studies, and Political Theory, in: World Politics 17 (1964), S. 677-715.
Lowndes, Vivien, Varieties of New Institutionalism: A Critical Appraisal, in: Public Administration 74 (1996), S. 181-197.
Luhmann, Niklas, Ökologische Kommunikation. Kann die moderne Gesellschaft sich auf ökologische Gefährdungen einstellen?, Opladen 1986.
Luhmann, Niklas, Theorie der politischen Opposition, in: Zeitschrift für Politik 36 (1989), S. 13-26.
Mackie, Thomas T./Rose, Richard, The International Almanac of Electoral History, 3. Aufl. London 1991.
Madgwick, Peter/Woodhouse, Diana, The Law and Politics of the Constitution of the United Kingdom, New York u.a. 1995.
Magiera, Siegfried, Parlament und Staatsleitung in der Verfassungsordnung des Grundgesetzes, Berlin 1979.
March, James G./Olsen, Johan P., The New Institutionalism: Organisational Factors in Political Life, in: American Political Science Review 78 (1984), S. 734-749.
March, James G./Olsen, Johan P., Democratic Governance, New York u.a. 1995.
Marshall, Geoffrey, Constitutional Conventions, Oxford 1984.
Marston, John, Public Order: A Guide to the 1986 Public Order Act, London 1987.
May, Erskine, Erskine May's Treatise on The Law, Privileges, Proceedings and Usage of Parliament (edited by C.J. Boulton), 21. Aufl. London 1989.
Mayntz, Renate, Politische Steuerung: Aufstieg, Niedergang und Transformation einer Theorie, in: Klaus von Beyme/Claus Offe (Hrsg.), Politische Theorien in der Ära der Transformation (Sonderheft 26/1995 der Politischen Vierteljahresschrift), Opladen 1996, S. 148-168.
Mayntz, Renate/Scharpf, Fritz W., Steuerung und und Selbstorganisation in staatsnahen Sektoren, in: dies. (Hrsg.), Gesellschaftliche Selbstregelung und politische Steuerung, Frankfurt a.M./New York 1995, S. 9-38.

Mayntz, Renate/Scharpf, Fritz, Der Ansatz des akteurszentrierten Institutionalismus, in: dies. (Hrsg.), Gesellschaftliche Selbstregelung und politische Steuerung, Frankfurt a.M./New York 1995, S. 39-72.

McCabe, Sarah/Wallington, Peter. With John Alderson, Larry Gostin and Christopher Mason, The Police, Public Order and Civil Liberties. Legacies of the Miners' Strike, London/New York 1988.

McDonald, Oonagh, Parliament at Work, London 1989.

McMurtrie, Sheena N., The Constitutionality of the War Crimes Act 1991, in: Statute Law Review 13 (1992), S. 128-149.

Miers, David R./Page, Alan C., Legislation, 2. Aufl. London 1990.

Migsch, Alfred, Parlament ohne Opposition, in: Jacques Hannak (Hrsg.), Bestandsaufnahme Österreich 1945-1963, Wien u.a. 1963, S. 9-24.

Missiroli, Antonio, I "governi" dell'opposizione: Gran Bretagna e Repubblica federale tedesca, in: Gianfranco Pasquino (Hrsg.), Opposizione, governo ombra, alternativa, Rom/Bari 1990, S. 89-140.

Mock, Erhard, Die politische Dimension der Rechtsetzung, in: Heinz Schäffer (Hrsg.), Theorie der Rechtsetzung, Wien 1988, S. 125-144.

Mommsen-Reindl, Margarete, Die Österreichische Proporzdemokratie und der Fall Habsburg, Wien u.a. 1976.

Moon, Jeremy/Richardson, J.J./Smart, Paul, The Privatisation of British Telecom: A Case Study of the Extended Process of Legislation, in: European Journal of Political Research 14 (1986), S. 339-355.

Morris, Dennis, The Scope of Constitutional Challenge of Westminster Legislation, in: Statute Law Review 12 (1991), S. 186-213.

Mössle, Wilhelm, Regierungsfunktionen des Parlaments, München 1986.

Mückenberger, Ulrich, § 116 AFG: Stadien eines Gesetzgebungsprozesses, in: Kritische Justiz 19 (1986), S. 166-186.

Mückenberger, Ulrich, § 116 AFG und das Verbot der Aussperrung, in: Gerd Muhr (Hrsg.), Streikrecht, Demokratie und Sozialstaat, Köln 1987, S. 95-112.

Müller, Gerhard, Arbeitskampf und Arbeitskampfrecht, insbesondere die Neutralität des Staates und verfahrensrechtliche Fragen (hrsg. vom Bundesminister für Arbeit und Sozialordnung, Bd. 125), Bonn 1985.

Müller, Wolfgang C./Philipp, Wilfried/Steininger, Barbara, Sozialstruktur und Karrieren österreichischer Regierungsmitglieder (1945-1987), in: Andreas Khol/Günter Ofner/ Alfred Stirnemann (Hrsg.), Österreichisches Jahrbuch für Politik 1987, München/Wien 1988, S. 143-163.

Müller, Wolfgang C., Österreichs Regierungssystem, in: Der Bürger im Staat 38 (1988), S. 121-127.

Müller, Wolfgang C., Executive-Legislative Relations in Austria: 1945-1992, in: Legislative Studies Quarterly 18 (1993), S. 465-494.

Müller, Wolfgang C., Der Bundespräsident, in: Herbert Dachs u.a. (Hrsg.), Handbuch des politischen Systems Österreichs. Die Zweite Republik, 3. Aufl. Wien 1997, S. 138-147.

Naßmacher, Karl-Heinz, Das österreichische Regierungssystem. Große Koalition oder alternierende Regierung?, Köln/Opladen 1968.

Neisser, Heinrich, Die Kontrollfunktion des Parlaments, in: Herbert Schambeck (Hrsg.), Österreichs Parlamentarismus, Wien 1986, S. 651-721.

Nevlacsil, Anton, Regierung und Opposition im parlamentarischen Prozeß, in: Andreas Khol (Hrsg.), Österreichisches Jahrbuch für Politik 1983, München/Wien 1984, S. 209-257.

Nevlacsil, Anton, Der Nationalrat in der XVI. GP, in: Andreas Khol/Günther Ofner/Alfred Stirnemann (Hrsg.), Österreichisches Jahrbuch für Politik 1986, Wien/München 1987, S. 465-494.

Nevlacsil, Anton, Der Nationalrat in der XVII. GP, in: Andreas Khol/Günther Ofner/Alfred Stirnemann (Hrsg.), Österreichisches Jahrbuch für Politik 1990, Wien/München 1991, S. 431-459.

Newman, Karin, The Selling of British Telecom, London u.a. 1986.

Nick, Rainer/Pelinka, Anton, Parlamentarismus in Österreich, Wien/München 1984.

Nienhaus, Volker, Konsensuale Gesetzgebung im Deutschen Bundestag: Zahlen und Anmerkungen zur 7. bis 9. Wahlperiode, in: Zeitschrift für Parlamentsfragen 16 (1985), S. 163-168.

Nödl, Andreas, Parlamentarische Kontrolle. Das Interpellations-, Resolutions- und Untersuchungsrecht. Eine rechtsdogmatische Darstellung mit historischem Abriß und empirischer Analyse, Wien u.a. 1995.

Noetzel, Thomas, Die Revolution der Konservativen. England in der Ära Thatcher, Hamburg 1987.

Nohlen, Dieter, Fallstudie, in: ders. (Hrsg.), Lexikon der Politik. Bd. 2: Politikwissenschaftliche Methoden (hrsg. von Jürgen Kriz/Dieter Nohlen und Rainer-Olaf Schultze), München 1994, S. 128-129.

Noll, Peter, Gesetzgebungslehre, Reinbek 1973.

Norton, Philip, Opposition to Government, in: Michael Ryle/Peter G. Richards (Hrsg.), The Commons under Scrutiny, London 1988, S. 99-119.

Norton, Philip (Hrsg.), Parliaments in Western Europe, London 1990.

Norton, Philip, The Constitution in Flux, in: Bill Jones (Hrsg.), Politics UK, New York u.a. 1991, S. 277-292.

Norton, Philip, Does Parliament Matter?, New York u.a. 1992.

Nullmeier, Frank/Rüb, Friedbert W., Die Transformation der Sozialpolitik. Vom Sozialstaat zum Sicherungsstaat, Berlin/New York 1993.

Oberreuter, Heinrich, Krise des Gesetzgebers? Bemerkungen zur legislatorischen Kompetenz des Parlaments, in: Politische Studien 25 (1974), S. 5-18.

Oberreuter, Heinrich, Einleitung, in: ders. (Hrsg.), Parlamentarische Opposition. Ein internationaler Vergleich, Hamburg 1975, S. 8-24.

Oberreuter, Heinrich (Hrsg.), Parlamentarische Opposition. Ein internationaler Vergleich, Hamburg 1975.

Oberreuter, Heinrich, Kann der Parlamentarismus überleben? 2. Aufl. München 1978.

Oberreuter, Heinrich, Entmachtung des Bundestages durch Vorentscheider auf höchster politischer Ebene?, in: Hermann Hill (Hrsg.), Zustand und Perspektiven der Gesetzgebung, Berlin 1989, S. 121-139.

Oberreuter, Heinrich, Opposition, in: Dieter Nohlen (Hrsg.), Wörterbuch Staat und Politik, 2. Aufl. München 1995, S. 482-486.

Offe, Claus, Klassenherrschaft und politisches System. Zur Selektivität politischer Institutionen, in: ders., Strukturprobleme des kapitalistischen Staates, 2. Aufl. Frankfurt a.M. 1973, S. 65-105.

Öhlinger, Theo (Hrsg.), Methodik der Gesetzgebung. Legistische Richtlinien in Theorie und Praxis, Wien 1982.

Öhlinger, Theo, Verfassungsrecht, 2. Aufl. Wien 1995.

Olson, David M./Mezey, Michael L. (Hrsg.), Legislatures in the Policy Process. The Dilemma of Economic Policy, Cambridge 1991.

Ossenbühl, Fritz/Richardi, Reinhard, Neutralität im Arbeitskampf. Zur Neufassung des § 116 AFG, Köln u.a. 1987.

Ossenbühl, Fritz, Verfahren der Gesetzgebung, in: Josef Isensee/Paul Kirchhof (Hrsg.), Handbuch des Staatsrechts der Bundesrepublik Deutschland. Bd. III: Das Handeln des Staates, Heidelberg 1988, S. 351-385.
Page, Edward C., Die "do parties make a difference"-Diskussion in Großbritannien, in: Bernhard Blanke/Hellmut Wollmann (Hrsg.), Die alte Bundesrepublik. Kontinuität und Wandel (Sonderheft 12/1991 des Leviathan), Opladen 1991, S. 239-252.
Palzer-Rollinger, Birgit, Zur Legitimität von Mehrheitsentscheidungen, Baden-Baden 1995.
Panebianco, Angelo, Political Parties: Organization and Power, Cambridge 1988.
Pappi, Franz Urban, Policy Netze: Erscheinungsform moderner Politiksteuerung oder methodischer Ansatz?, in: Adrienne Héritier (Hrsg.), Policy-Analyse (Sonderheft 24/1993 der Politischen Vierteljahresschrift), Opladen 1993, S. 84-94.
Pappi, Franz Urban/Schmitt, Hermann, Die skandinavischen Demokratien als Untersuchungsobjekte der vergleichenden Regierungslehre: Eine Einleitung in systematischer Absicht, in: dies. (Hrsg.), Parteien, Parlamente und Wahlen in Skandinavien, Frankfurt a.M./New York 1994, S. 9-28.
Pappi, Franz Urban/König, Thomas, Informationsaustausch in politischen Netzwerken, in: Dorothea Jansen/Klaus Schubert (Hrsg.), Netzwerke und Politikproduktion. Konzepte, Methoden, Perspektiven, Marburg 1995, S. 111-131.
Pappi, Franz Urban/König, Thomas/Knoke, David, Entscheidungsprozesse in der Arbeits- und Sozialpolitik. Der Zugang der Interessengruppen zum Regierungssystem über Politikfeldnetze. Ein deutsch-amerikanischer Vergleich, Frankfurt a.M./New York 1995.
Paschen, Gerold, Regierungsmehrheit und Opposition in der demokratischen Konsolidierung Spaniens, Frankfurt a.M. 1994.
Pasquino, Gianfranco, Perché e come studiare l'opposizione, in: ders. (Hrsg.) Opposizione, governo ombra, alternativa, Rom/Bari 1990, S. 1-26.
Patzelt, Werner J., Deutschlands Abgeordnete: Profil eines Berufsstands, der weit besser ist als sein Ruf, in: Zeitschrift für Parlamentsfragen 27 (1996), S. 462-502.
Pelinka, Anton, Mut zur großen Wahlrechtsreform, in: Die Furche, 17. Juli 1965, S. 4.
Pelinka, Anton/Welan, Manfried, Demokratie und Verfassung in Österreich, Wien u.a. 1971.
Pelinka, Anton, Zweikammernsystem im Parteienstaat, in: Zeitschrift für Parlamentsfragen 4 (1973), S. 136-157.
Pelinka, Anton, Zur Entwicklung einer Oppositionskultur in Österreich. Bedingungen politischen Erfolges in den achtziger Jahren, in: Österreichische Zeitschrift für Politikwissenschaft 18 (1989), S. 141-149.
Pelinka, Anton. Die Kleine Koalition. SPÖ und FPÖ 1983-1986, Wien 1993.
Pelinka, Anton, Parlament, in: Emmerich Tálos u.a. (Hrsg.), Handbuch des politischen Systems Österreichs. Erste Republik 1918-1933, Wien 1995, S. 59-71.
Peters, Hans, Die Opposition in der parlamentarischen Demokratie, in: Österreichische Zeitschrift für öffentliches Recht 10 (1959/60), S. 424-438.
Plasser, Fritz/Ulram, Peter A., Politisch-kultureller Wandel in Österreich, in: dies. (Hrsg.), Staatsbürger oder Untertanen. Politische Kultur Deutschlands, Österreichs und der Schweiz im Vergleich, Frankfurt a.M. 1991, S. 103-155.
Polsby, Nelson W., Legislatures, in: Fred I. Greenstein/Nelson W. Polsby (Hrsg.), Handbook of Political Science, Vol. 5: Governmental Institutions and Processes, Reading (Mass.) 1975, S. 257-319.
Posser, Diether, Der Bundesrat und seine Bedeutung, in: Ernst Benda/Werner Maihofer/Hans-Jochen Vogel (Hrsg.), Handbuch des Verfassungsrechts der Bundesrepublik Deutschland, 2. Aufl. Berlin/New York 1994, S. 1145-1198.
Potter, Allen, Great Britain: Opposition with a Capital "O", in: Robert A. Dahl (Hrsg.), Political Oppositions in Western Democracies, New Haven/London 1966, S. 3-33.

Pulzer, Peter, Responsible Party Government - What Has Changed?, in: Herbert Döring/Dieter Grosser (Hrsg.), Großbritannien. Ein Regierungssystem in der Belastungsprobe, Opladen 1987.

Punnett, Malcolm R., Front-Bench Opposition. The Role of the Leader of the Opposition, the Shadow Cabinet and Shadow Government in British Politics, London 1973.

Ragin, Charles C., The Comparative Method. Moving Beyond Qualitative and Quantitative Research Strategies, Berkeley u.a. 1987.

Raschke, Joachim, Organisierter Konflikt in westeuropäischen Parteien. Vergleichende Analyse partei-interner Oppositionsgruppen, Opladen 1977.

Realey, Charles B., The Early Opposition to Sir Robert Walpole, Philadelphia 1931.

Rebenstorf, Hilke, Gesellschaftliche Interessenrepräsentation und politische Integration, in: Dietrich Herzog/Hilke Rebenstorf/Bernhard Weßels (Hrsg.), Parlament und Gesellschaft. Eine Funktionsanalyse der repräsentativen Demokratie, Opladen 1993, S. 56-98.

Reiner, Robert, The Politics of the Act, in: Public Law 1985, S. 394-402.

Reiter, Erich, Reform des Bundesrates, Wien 1983.

Richardson, Jeremy/Jordan, Grant, Governing Under Pressure: the Policy Process in a Post-Parliamentary Democracy, Oxford 1979.

Richardson, Jeremy (Hrsg.), Policy Styles in Western Europe, London 1982.

Riddell, Peter, The Thatcher Government, Oxford 1985.

Riddel, Peter, The Thatcher Decade. How Britain Has Changed During the 1980s, Oxford/Cambridge 1989.

Riddel, Peter, Honest Opportunism: The Rise of the Career Politician, London 1993.

Rohe, Karl, Politische Kultur: Zum Verständnis eines theoretischen Konzepts, in: Oskar Niedermayer/Klaus von Beyme (Hrsg.), Politische Kultur in Ost- und Westdeutschland, 2. Aufl. Opladen 1996, S. 1-21.

Roll, Hans-Achim, Der Ältestenrat, in: Hans-Peter Schneider/Wolfgang Zeh (Hrsg.), Parlamentsrecht und Parlamentspraxis in der Bundesrepublik Deutschland, Berlin/New York 1989, S. 809-828.

Rose, Richard, Do Parties Make a Difference?, 2. Aufl. London 1989.

Rose, Richard/Davies, Philip L., Inheritance in Public Policy. Change without Choice in Britain, New Haven/London 1994.

Rudzio, Wolfgang, Entscheidungszentrum Koalitionsausschuß - Zur Realverfassung Österreichs unter der Großen Koalition, in: Politische Vierteljahresschrift 12 (1971) S. 87-118.

Rudzio, Wolfgang, Informelle Entscheidungsmuster in Bonner Koalitionsregierungen, in: Hans-Hermann Hartwich/Göttrik Wewer (Hrsg.), Regieren in der Bundesrepublik II. Formale und informale Komponenten des Regierens in den Bereichen Führung, Entscheidung, Personal und Organisation, Opladen 1991, S. 125-141.

Rush, Michael (Hrsg.), Parliament and Pressure Politics, Oxford 1990.

Saalfeld, Thomas, Das britische Unterhaus 1965-1986. Ein Parlament im Wandel, Frankfurt a. M. u.a. 1988.

Saalfeld, Thomas, On Dogs and Whips: Recorded Votes, in: Herbert Döring (Hrsg.), Parliaments and Majority Rule in Western Europe, Frankfurt a.M./New York 1995, S. 528-565.

Sabatier, Paul A., The Suitability of Several Models for Comparative Analysis of the Policy Process, in: Louis M. Imbeau/Robert D. McKinlay (Hrsg.), Comparing Government Activity, London 1996, S. 101-117.

Sartori, Giovanni, Parties and Party Systems, New York 1976.

Sartori, Giovanni, Demokratietheorie, Darmstadt 1992.

Schambeck, Herbert, Entwicklung und System des österreichischen Parlamentarismus. Ein Beitrag zum Zweikammersystem und zum Demokratieverständnis, in: ders./Joseph Listl

(Hrsg.), Demokratie in Anfechtung und Bewährung. Festschrift für Johannes Broermann, Berlin 1982, S. 585-646.
Scharpf, Fritz W., Plädoyer für einen aufgeklärten Institutionalismus, in: Hans-Hermann Hartwich (Hrsg.), Policy-Forschung in der Bundesrepublik Deutschland. Ihr Selbstverständnis und ihr Verhältnis zu den Grundfragen der Politikwissenschaft, Opladen 1985, S. 164-170.
Scharpf, Fritz W., Die Handlungsfähigkeit des Staates am Ende des 20. Jahrhunderts, in: Politische Vierteljahresschrift 32 (1991), S. 621-634.
Scharpf, Fritz W., Die Handlungsfähigkeit des Staates am Ende des Zwanzigsten Jahrhunderts, in: Beate Kohler-Koch (Hrsg.), Staat und Demokratie in Europa. 18. Wissenschaftlicher Kongreß der Deutschen Vereinigung für Politische Wissenschaft, Opladen 1992, S. 93-115.
Scharpf, Fritz W., Versuch über Demokratie im verhandelnden Staat, in: Roland Czada/ Manfred G. Schmidt (Hrsg.), Verhandlungsdemokratie, Interessenvermittlung, Regierbarkeit. Festschrift für Gerhard Lehmbruch, Opladen 1993, S. 25-50.
Schäfer, Friedrich, Der Bundestag. Eine Darstellung seiner Aufgaben und seiner Arbeitsweise, verbunden mit Vorschlägen zur Parlamentsreform, Köln/Opladen 1967.
Schenke, Wolf-Rüdiger, Gesetzgebung zwischen Parlamentarismus und Föderalismus, in: Hans-Peter Schneider/Wolfgang Zeh (Hrsg.), Parlamentsrecht und Parlamentspraxis in der Bundesrepublik Deutschland, Berlin/New York 1989, S. 1485-1521.
Scheuner, Ulrich, Die Kontrolle der Staatsmacht im demokratischen Staat, Hannover 1977.
Schiller, Theo, 'Politikstil' als vergleichendes Untersuchungskonzept, in: Udo Kempf/Hans J. Michelmann/Theo Schiller (Hrsg.), Politik und Politikstile im kanadischen Bundesstaat. Gesundheits- und energiepolitische Entscheidungsprozesse im Provinzenvergleich, Opladen 1991, S. 33-52.
Schindler, Peter, Datenhandbuch zur Geschichte des Deutschen Bundestages 1949 bis 1982, 3. Aufl. Baden-Baden 1984.
Schindler, Peter, Datenhandbuch zur Geschichte des Deutschen Bundestages 1983 bis 1991, Baden-Baden 1994.
Schmid, Josef, Die CDU. Organisationsstrukturen, Politiken und Funktionsweisen einer Partei im Föderalismus, Opladen 1990.
Schmidt, Manfred G., CDU und SPD an der Regierung. Ein Vergleich ihrer Politik in den Ländern, Frankfurt a.M./New York 1980.
Schmidt, Manfred G., Allerweltsparteien in Westeuropa? Ein Beitrag zu Kirchheimers These vom Wandel des westeuropäischen Parteiensystems, in: Leviathan 13 (1985), S. 376-397.
Schmidt, Manfred G., Sozialpolitik. Historische Entwicklung und internationaler Vergleich, Opladen 1988.
Schmidt, Manfred G., Machtwechsel in der Bundesrepublik (1949-1990). Ein Kommentar aus der Perspektive der vergleichenden Politikforschung, in: Bernhard Blanke/Hellmut Wollmann (Hrsg.), Die alte Bundesrepublik. Kontinuität und Wandel (Sonderheft 12/1991 des Leviathan), Opladen 1991, S. 179-203.
Schmidt, Manfred G., Opposition, in: Dieter Nohlen (Hrsg.), Lexikon der Politik, Bd. 3: Die westlichen Länder (hrsg. von Manfred G. Schmidt), München 1992, S. 283-288.
Schmidt, Manfred G., Theorien in der international vergleichenden Staatstätigkeitsforschung, in: Adrienne Héritier (Hrsg.), Policy-Analyse (Sonderheft 24/1993 der Politischen Vierteljahresschrift), Opladen 1993, S. 371-393.
Schmidt, Manfred G., Bundesrat, in: ders., Wörterbuch zur Politik, Stuttgart 1995, S. 156-158.
Schmidt, Manfred G., Große Koalition, in: ders., Wörterbuch zur Politik, Stuttgart 1995, S. 382.

Schmidt, Manfred G., Opposition, in: ders., Wörterbuch zur Politik, Stuttgart 1995, S. 677-678.
Schmidt, Manfred G., The Parties-Do-Matter-Hypothesis and the Case of the Federal Republik of Germany, in: German Politics 4 (1995), S. 1-21.
Schmidt, Manfred G., Demokratietheorien. Eine Einführung, Opladen 1995.
Schmidt, Manfred G., Germany: The Grand Coalition State, in: Josep M. Colomer (Hrsg.), Political Institutions in Europe, London/New York 1996, S. 62-98.
Schmidt, Manfred G., When Parties Matter: A Review of the Possibilities and Limits of Partisan Influence on Public Policy, in: European Journal of Political Research 30 (1996), S. 155-183.
Schneider, Hans, Gesetzgebungslehre, 2. Aufl. Heidelberg 1991.
Schneider, Hans-Peter, Die parlamentarische Opposition im Verfassungsrecht der Bundesrepublik Deutschland. Bd. 1: Grundlagen, Frankfurt a.M. 1974.
Schneider, Hans-Peter, Gesetzgeber in eigener Sache. Zur Problematik parlamentarischer Selbstbetroffenheit im demokratischen Parteienstaat, in: Dieter Grimm/Werner Maihofer (Hrsg.), Gesetzgebungstheorie und Rechtspolitik (Jahrbuch für Rechtssoziologie und Rechtstheorie, Bd. XIII), Opladen 1988, S. 327-349.
Schneider, Hans-Peter, Developing Trends of Parliamentarism in Germany, in: Jahrbuch zur Staats- und Verwaltungswissenschaft 7 (1994), S. 225-248.
Schrank, Franz, Die wichtigsten Neuerungen im Arbeits- und Sozialgerichtsgesetz (I), in: Österreichisches Recht der Wirtschaft 3 (1985), S. 111-114.
Schrank, Franz, Die wichtigsten Änderungen im Arbeits- und Sozialgerichtsgesetz (II), in: Österreichisches Recht der Wirtschaft 3 (1985), S. 154-156.
Schreckenberger, Waldemar, Veränderungen im parlamentarischen Regierungssystem. Zur Oligarchie der Spitzenpolitiker in den Parteien, in: Karl Dietrich Bracher u.a. (Hrsg.), Staat und Parteien. Festschrift für Rudolf Morsey zum 65. Geburtstag, Berlin 1992, S. 133-157.
Schreckenberger, Waldemar, Informelle Verfahren der Entscheidungsvorbereitung zwischen der Bundesregierung und den Mehrheitsfraktionen: Koalitionsgespräche und Koalitionsrunden, in: Zeitschrift für Parlamentsfragen 25 (1994), S. 329-346.
Schubert, Klaus, Politikfeldanalyse, Opladen 1991.
Schubert, Klaus, Struktur-, Akteur- und Innovationslogik: Netzwerkkonzeptionen und die Analyse von Politikfeldern, in: Dorothea Jansen/Klaus Schubert (Hrsg.), Netzwerke und Politikproduktion. Konzepte, Methoden, Perspektiven, Marburg 1995, S. 222-240.
Schueler, Hans, Eine Demonstration für die Bürgerfreiheit, in: Die Zeit vom 2. August 1985.
Schuhmann, Hans-Gerd, Die Opposition - Stiefkind der deutschen Forschung?, in: Der Staat, 5 (1966), S. 81-95.
Schulze-Fielitz, Helmuth, Der informale Verfassungsstaat. Aktuelle Beobachtungen des Verfassungslebens der Bundesrepublik Deutschland im Lichte der Verfassungstheorie, Berlin 1984.
Schulze-Fielitz, Helmuth, Das Parlament als Organ der Kontrolle im Gesetzgebungsprozeß, in: Horst Dreier/Jochen Hofmann (Hrsg.), Parlamentarische Souveränität und technische Entwicklung, Berlin 1987, S. 71-124.
Schulze-Fielitz, Helmuth, Theorie und Praxis parlamentarischer Gesetzgebung - besonders des 9. Deutschen Bundestages (1980-1983) -, Berlin 1988.
Schulze-Fielitz, Helmuth, Der politische Kompromiß als Chance und Gefahr für die Rationalität der Gesetzgebung, in: Dieter Grimm/Werner Maihofer (Hrsg.), Gesetzgebungstheorie und Rechtspolitik (Jahrbuch für Rechtssoziologie und Rechtstheorie, Bd. XIII), Opladen 1988, S. 290-326.

Schulze-Fielitz, Helmuth, Parlamentsbrauch, Gewohnheitsrecht, Observanz, in: Hans-Peter Schneider/Wolfgang Zeh (Hrsg.), Parlamentsrecht und Parlamentspraxis in der Bundesrepublik Deutschland, Berlin/New York 1989, S. 359-393.

Schüttemeyer, Suzanne S./Sturm, Roland, Wozu Zweite Kammern? Zur Repräsentation und Funktionalität Zweiter Kammern in westlichen Demokratien, in: Zeitschrift für Parlamentsfragen 23 (1992), S. 517-536.

Schüttemeyer, Suzanne S., Hierarchy and Efficiency in the Bundestag: The German Answer for Institutionalizing Parliament, in: Gary W. Copeland/Samuel C. Patterson (Hrsg.), Parliaments in the Modern World. Changing Institutions, Ann Arbor 1994, S. 29-58.

Schütt-Wetschky, Eberhard, Grundtypen parlamentarischer Demokratie. Klassisch-altliberaler Typ und Gruppentyp. Unter besonderer Berücksichtigung der Kritik am "Fraktionszwang", Freiburg/München 1984.

Schütt-Wetschky, Eberhard, Verhältniswahl und Minderheitsregierungen. Unter besonderer Berücksichtigung Großbritanniens, Dänemarks und der Bundesrepublik Deutschland, in: Zeitschrift für Parlamentsfragen 18 (1987), S. 94-109.

Schütt-Wetschky, Eberhard, Haben wir eine akzeptable Parlamentarismustheorie?, in: Jürgen Hartmann/Uwe Thaysen (Hrsg.), Pluralismus und Parlamentarismus in Theorie und Praxis. Winfried Steffani zum 65. Geburtstag, Opladen 1992, S. 91-112.

Schütt-Wetschky, Eberhard, Macht der Verbände - Ohnmacht der Bürger? Mit einer Fallstudie zum Kampf um § 116 Arbeitsförderungsgesetz, in: Jahrbuch für Politik 4 (1994), Halbband 1, S. 35-104.

Schweitzer, Carl-Christoph, Effektive Wahrnehmung von parlamentarischen Kontrollfunktionen im Vergleich. House of Commons und Deutscher Bundestag, in: Adolf M. Birke/Kurt Kluxen (Hrsg.), Deutscher und Britischer Parlamentarismus, München u.a. 1985, S. 161-178.

Sebaldt, Martin, Die Thematisierungsfunktion der Opposition. Die parlamentarische Minderheit des Deutschen Bundestages als innovative Kraft im politischen System der Bundesrepublik Deutschland, Frankfurt a.M. u.a. 1992.

Seiter, Hugo, Staatsneutralität im Arbeitskampf. Systematische Darstellung der mit § 116 AFG zusammenhängenden Rechtsfragen auf der Grundlage des Neutralitätsgesetzes von 1986, Tübingen 1986.

Seldon, Anthony, Consensus: A Debate Too Long?, in: Parliamentary Affairs 47 (1994), S. 501-514.

Shell, Donald, The House of Lords, 2. Aufl. New York u.a. 1992.

Shepsle, Kenneth A., Studying Institutions. Some Lessons from the Rational Choice Approach, in: Journal of Theoretical Politics 1 (1989), S. 131-147.

Silk, Paul/Walters, Rohdri, How Parliament Works, 3. Aufl. London/New York 1995.

Sippl, Barbara, Zur Mitwirkung der Länder an der Gesetzgebung des Bundes, in: Joachim Beck u.a., Arbeitender Staat. Studien zur Regierung und Verwaltung. Klaus König zum sechzigsten Geburtstag, Baden-Baden 1995, S. 185-196.

Sjölin, Mats, Coalition Politics and Parliamentary Power, Lund 1993.

Smith, A.T.H., The Offences against Public Order. Including the Public Order Act 1987, London 1987.

Smith, Gordon, Das erstarrte Mehrheitsprinzip in Großbritannien, in: Heinrich Oberreuter (Hrsg.), Wahrheit statt Mehrheit? An den Grenzen der parlamentarischen Demokratie, München 1986, S. 173-180.

Smith, Gordon, Party and Protest: The Two Faces of Opposition, in: Eva Kolinsky (Hrsg.), Opposition in Western Europe, London 1987, S. 49-71.

de Smith, Stanley/Rodney Brazier, Constitutional and Administrative Law, (edited by Harry Street and Rodney Brazier), 7. Aufl. London u.a. 1994.

Solomon, J. H., Telecommunications Evolution in the UK, in: Telecommunications Policy 10 (1986), S. 186-192.
Spranger, Carl-Dieter, Der Terror und sein Nährboden: Vermummte Gewalt, in: Bayernkurier vom 9. Februar 1985.
Stadler, Peter M., Die parlamentarische Kontrolle der Bundesregierung, Opladen 1984.
Stammen, Theo, Die Regierungssysteme der Gegenwart, 2. Aufl. Stuttgart u.a. 1969.
Starck, Christian/Albrecht Weber (Hrsg.), Verfassungsgerichtsbarkeit in Westeuropa, Baden-Baden 1986.
Steel, David/Heald, David, The Privatisation of Public Enterprises 1979-1983, in: Peter Jackson (Hrsg.), Implementing Government Policy Initiatives: The Thatcher Administration 1979-83, London 1985, S. 69-91
Steffani, Winfried, Neuere Abhandlungen zur Opposition, in: Zeitschrift für Parlamentsfragen 5 (1975), S. 114-121.
Steffani, Winfried, Mehr Demokratie auch für die Opposition?, in: Frank Grube/Gerhard Richter (Hrsg.), Der SPD-Staat, München 1977, S. 278-296.
Steffani, Winfried, Zur Unterscheidung parlamentarischer und präsidentieller Regierungssysteme, in: Zeitschrift für Parlamentsfragen 14 (1983), S. 390-401.
Steffani, Winfried, Formen, Verfahren und Wirkungen der parlamentarischen Kontrolle, in: Hans-Peter Schneider/Wolfgang Zeh (Hrsg.), Parlamentsrecht und Parlamentspraxis in der Bundesrepublik Deutschland, Berlin/New York 1989, S. 1325-1367.
Steffani, Winfried, Regierungsmehrheit und Opposition, in: ders. (Hrsg.), Regierungsmehrheit und Opposition in den Staaten der EG, Opladen 1991, S. 11-35.
Steffani, Winfried (Hrsg.), Regierungsmehrheit und Opposition in den Staaten der EG, Opladen 1991.
Stern, Klaus, Das Staatsrecht der Bundesrepublik Deutschland. Bd. II: Staatsorgane, Staatsfunktionen, Finanz- und Haushaltsverfassung, Notstandsverfassung, München 1980.
Stern, Klaus, Das Staatsrecht der Bundesrepublik Deutschland. Bd.1: Grundbegriffe und Grundlagen des Staatsrechts, Strukturprinzipien der Verfassung, 2. Aufl. München 1984.
Sternberger, Dolf, Opposition des Parlaments und parlamentarische Opposition, in: ders., Lebende Verfassung. Studien über Koalition und Opposition, Meisenheim am Glan 1956, S. 133-149.
Strange, Susan, Global Government and Global Opposition, in: Geraint Parry (Hrsg.), Politics in an Interdependent World. Essays Presented to Ghita Ionescu, Aldershot 1994, S. 20-33.
Strohmaier, Dieter, Die Reform des Demonstrationsstrafrechts, Tübingen 1985.
Strom, Kaare, Minority Government and Majority Rule, Cambridge 1990.
Strom, Kaare, Parliamentary Government and Legislative Organisation, in: Herbert Döring (Hrsg.), Parliaments and Majoritiy Rule. Frankfurt a.M./New York 1995, S. 51-82.
Sturm, Roland, Die Politikstilanalyse. Zur Konkretisierung des Konzepts der Politischen Kultur in der Policy-Analyse, in: Hans-Hermann Hartwich (Hrsg.), Policy-Forschung in der Bundesrepublik Deutschland, Opladen 1985, S. 111-116.
Sturm, Roland, Großbritannien, Wirtschaft, Gesellschaft, Politik, Opladen 1991.
Sturm, Roland, Das britische Gemeinwesen heute. Verfassungs- und Institutionenwandel in den 70er und 80er Jahren, in: Hans-Georg Wehling (Red.), Großbritannien, Stuttgart u.a. 1992, S. 37-48.
Tálos, Emmerich/Wolfgang Neugebauer (Hrsg.), "Austrofaschismus". Beiträge über Politik, Ökonomie und Kultur 1934-1938, Wien 1984.
Thatcher, Mark, Institutional Reform and Transnational Forces for Change. The Case of Telecommunication in Britain and France, in: Jahrbuch für europäische Verwaltungsge-

schichte. Bd. 7: Öffentliche Verwaltung und Wirtschaftskrise, Baden-Baden 1995, S. 283-305.
Thaysen, Uwe, Parlamentarisches Regierungssystem in der Bundesrepublik Deutschland. Daten - Fakten - Urteile im Grundriß, 2. Aufl. Opladen 1976.
Thaysen, Uwe, Mehrheitsfindung im Föderalismus. Thesen zum Konsensualismus der westdeutschen Politik, in: Aus Politik und Zeitgeschichte B 35/1985, S. 3-17.
Thelen, Kathleen/Steinmo, Sven, Historical Institutionalism in Comparative Politics, in: Sven Steinmo/Kathleen Thelen/Frank Longstreth (Hrsg.), Structuring Politics, Cambridge 1992, S. 1-32.
Thomas, John Clayton, The Changing Nature of Partisan Divisions in the West: Trends in Domestic Policy Orientations in Ten Party Systems, in: European Journal of Political Science 7 (1979), S. 397-413.
Thomas, John Clayton, Policy Convergence among Political Parties and Societies in Developed Nations: A Synthesis and Partial Testing of Two Theories, in: Western Political Quarterly 33 (1980), S. 235-246.
Tufte, Edward R., Political Control of the Economy, Princeton 1978.
Ucakar, Karl, Demokratie und Wahlrecht in Österreich. Zur Entwicklung von politischer Partizipation und staatlicher Legitimationspolitik, Wien 1985.
Ulram, Peter A., Politische Kultur der Bevölkerung, in: Herbert Dachs u.a. (Hrsg.), Handbuch des politischen Systems Österreichs, 3. Aufl. Wien 1997, S. 514-525.
Van Mechelen, Dennis/Rose, Richard, Patterns of Parliamentary Legislation, Aldershot 1986.
Veen, Hans-Joachim, Opposition im Bundestag. Ihre Funktionen, institutionellen Handlungsbedingungen und das Verhalten der CDU/CSU-Fraktion in der 6. Wahlperiode 1969-1972, Bonn 1976.
Voigt, Rüdiger, Der kooperative Staat. Krisenbewältigung durch Verhandlung?, in: ders. (Hrsg.), Der kooperative Staat. Krisenbewältigung durch Verhandlung?, Baden-Baden 1995, S. 11-19.
Voigt, Rüdiger, Der kooperative Staat. Auf der Suche nach einem neuen Steuerungsmodus, in: ders. (Hrsg.), Der kooperative Staat. Krisenbewältigung durch Verhandlung?, Baden-Baden 1995, S. 33-92.
Vonderbeck, Hans-Josef, Der Bundesrat - ein Teil des Parlaments der Bundesrepublik Deutschland? Zur Bedeutung der parlamentarischen Repräsentation, Meisenheim/Glan 1964.
Ware, Alan, Political Parties and Party Systems, Oxford 1996.
Weber, Albrecht, Generalbericht: Verfassungsgerichtsbarkeit in Westeuropa, in: Christian Starck/Albrecht Weber (Hrsg.), Verfassungsgerichtsbarkeit in Westeuropa, Teilband I: Berichte, Baden-Baden 1986, S. 41-120.
Weber, Karl, Kriterien des Bundesstaates. Eine systematische, historische und rechtsvergleichende Untersuchung der Bundesstaatlichkeit der Schweiz, der Bundesrepublik Deutschland und Österreichs, Wien 1980.
Weber-Panariello, Philippe A., Nationale Parlamente in der Europäischen Union. Eine rechtsvergleichende Studie zur Beteiligung nationaler Parlamente an der innerstaatlichen Willensbildung in Angelegenheiten der Europäischen Union im Vereinigten Königreich, Frankreich und der Bundesrepublik Deutschland, Baden-Baden 1995.
Weingärtner, Dieter, Demonstration und Strafrecht. Eine rechtsvergleichende Untersuchung zum deutschen, französischen, niederländischen und schweizerischen Recht, Freiburg i.Br. 1986.
Welan, Manfried, Vom Proporz zum Konkurrenzmodell. Wandlungen der Opposition in Österreich, in: Heinrich Oberreuter (Hrsg.), Parlamentarische Opposition. Ein internationaler Vergleich, Hamburg 1975, S. 151-176.

Welan, Manfried, Das österreichische Staatsoberhaupt, Wien 1986.
Welan, Manfried, Präsidialismus oder Parlamentarismus. Demokratiepolitische Perspektiven, in: David Campbell u.a. (Hrsg.), Die Qualität der österreichischen Demokratie. Versuche einer Annäherung, Wien 1996, S. 59-83.
Werner, Camilla, Das Dilemma parlamentarischer Opposition, in: Dietrich Herzog/Hilke Rebenstorf/Bernhard Weßels (Hrsg.), Parlament und Gesellschaft. Eine Funktionsanalyse der repräsentativen Demokratie, Opladen 1993, S. 184-217.
Wiberg, Matti, Parliamentary Questioning: Control by Communication?, in: Herbert Döring (Hrsg.), Parliaments and Majority Rule in Western Europe, Frankfurt a.M./New York 1995, S. 179-222.
Widder, Helmut, Parlamentarische Strukturen im politischen System. Zu Grundlagen und Grundfragen des österreichischen Regierungssystems, Berlin 1979.
Widder, Helmut, Der Nationalrat, in: Herbert Schambeck (Hrsg.), Österreichs Parlamentarismus, Wien 1986, S. 261-336.
Willke, Helmut, Ironie des Staates. Grundlinien einer Staatstheorie polyzentrischer Gesellschaft, Frankfurt a.M. 1996 (zuerst 1992).
Windhoff-Héritier, Adrienne, Policy-Analyse. Eine Einführung, Frankfurt a.M./New York 1987.
Windhoff-Héritier, Adrienne, Staatliche Steuerung aus politikwissenschaftlicher, policyanalytischer Sicht - erörtert am Beispiel der amerikanischen Luftpolitik, in: Klaus König/Nicolai Dose (Hrsg.), Instrumente und Formen staatlichen Handelns, Köln u.a. 1993, S. 3-152.
von Winter, Thomas, Die CDU im Interessenkonflikt. Eine Fallstudie zur parteiinternen Auseinandersetzung über den § 116 AFG, in: Leviathan 17 (1989), S. 46-84.
Wittmann, Heinz, Regierung und Opposition im parlamentarischen Prozeß, in: Andreas Khol/Alfred Stirnemann (Hrsg.), Österreichisches Jahrbuch für Politik 1977, München/Wien 1978, S. 21-90.
Wittmann, Heinz, Regierung und Opposition im parlamentarischen Prozeß - Struktur und Arbeit des Parlaments in der XIV. Gesetzgebungsperiode 1975-1979, in: Andreas Khol/Alfred Stirnemann (Hrsg.), Österreichisches Jahrbuch für Politik 1979, München/Wien 1980, S. 39-97.
Wohnout, Helmut, Politische Bilanz der XVIII. Gesetzgebungsperiode des Nationalrates, in: Andreas Khol/Günther Ofner/Alfred Stirnemann (Hrsg.), Österreichisches Jahrbuch für Politik 1994, Wien/München 1995, S. 737-768.
Wohnout, Helmut, Parlamentarismus im Wandel. Politische Bilanz der XIX. Gesetzgebungsperiode des Nationalrates, in: Andreas Khol/Günther Ofner/Alfred Stirnemann (Hrsg.), Österreichisches Jahrbuch für Politik 1995, München/Wien 1996, S. 665-695.
Woldendorp, Jaap/Keman, Hans/Budge, Ian (Hrsg.), Political Data 1945-1990. Party Government in 20 Democracies (Special Issue des European Journal of Political Research 24/1), Dordrecht u.a. 1993.
Wollmann, Hellmut, Die Stellung der Parlamentsminderheiten in England, der Bundesrepublik Deutschland und Italien, Den Haag 1970.
Yin, Robert K., Case Study Research. Design and Methods, London 1984.
Young, Brigitte, The German Political Party System and the Contagion from the Right, in: German Politics and Society 13 (1995), S. 62-78.
Zander, Michael, The Police and Criminal Evidence Act 1984, London 1985.
Zander, Michael, Police Powers, in: Political Quarterly 53 (1982), S. 128-143.
Zander, Michael, The Law-Making Process, 4. Aufl. London u.a. 1994.
Zeh, Wolfgang, Wille und Wirkung der Gesetze, Heidelberg 1984.

Zeh, Wolfgang, Das Ausschußsystem im Bundestag, in: Hans-Peter Schneider/Wolfgang Zeh (Hrsg.), Parlamentsrecht und Parlamentspraxis in der Bundesrepublik Deutschland, Berlin/New York 1989, S. 1085-1102.

Zögernitz, Werner, Motive und Auswirkungen der Geschäftsordnungsreform des Nationalrates, in: Andreas Khol/Günther Ofner/Alfred Stirnemann (Hrsg.), Österreichisches Jahrbuch für Politik 1989, Wien/München 1990, S. 243-264.

Zögernitz, Werner, Das parlamentarische Verfahren ab 1920, in: Herbert Schambeck (Hrsg.), Parlamentarismus und öffentliches Recht in Österreich. Entwicklung und Gegenwartsprobleme. Teilband 1, Berlin 1993, S. 235-262.

Aus dem Programm Politikwissenschaft

Klaus von Beyme
Der Gesetzgeber
Der Bundestag als Entscheidungszentrum
1997. Ca. 400 S. Kart.
ISBN 3-531-12956-2
Die Studie behandelt 150 Schlüsselentscheidungen aus allen Politikfeldern (von 1949 - 1994). Der Autor versucht für alle Stadien des Policy-Zyklus die wichtigsten Akteure und die Konfliktmuster in den Elitenetzwerken in- und außerhalb des Bundestages zu rekonstruieren. Die Einflüsse von außen werden ebenso wie die Problemverarbeitung im Inneren des Bundestages analysiert, um zu zeigen, in welchem Maß die konstitutionelle Fiktion, daß das Parlament der institutionelle Sitz der Volkssouveränität sei, unter den seit Adenauer gewandelten Bedingungen noch haltbar ist.

Jacob Steinwede
Entwicklungschancen sozialdemokratischer Parteien
Polen, Ungarn, die Tschechische und Slowakische Republik im Vergleich
1997. 195 S. (Studien zur Sozialwissenschaft, Bd. 178) Kart.
ISBN 3-531-13004-8
Warum traten nach dem Ende des Kommunismus in Ostmitteleuropa sozialdemokratische Parteien kaum hervor? Haben sozialdemokratische Parteien Chancen, sich in den neu entstehenden Parteiensystemen zu etablieren? Antworten auf diese Fragen gibt diese empirische und ländervergleichende Studie, indem sie die Entwicklungen in Polen, in Ungarn sowie in der Tschechischen und Slowakischen Republik untersucht.

Joachim Frisch
Machtmißbrauch im politischen Diskurs
Konstruktion und Reproduktion von Machtverhältnissen durch die bürgerliche Herrschaftskritik
1997. 275 S. (Studien zur Sozialwissenschaft, Bd. 166) Kart.
ISBN 3-531-12806-X
Der Autor untersucht Struktur und Funktion politischer Diskurse an zwei Beispielen. Die Korruptionskritik seit dem 18. Jahrhundert und die Kieler U-Boot-Affäre Ende der 80er Jahre zeigen die Ambivalenz der Diskurse gegen Machtmißbrauch. Entstanden als Herrschaftskritik, stabilisieren sie mit zunehmender Institutionalisierung die Machtverhältnisse.

WESTDEUTSCHER VERLAG
Abraham-Lincoln-Str. 46 · 65189 Wiesbaden
Fax (06 11) 78 78 - 420

Aus dem Programm Politikwissenschaft

Thomas Ellwein
Der Staat als Zufall und als Notwendigkeit
Die jüngere Verwaltungsentwicklung in Deutschland am Beispiel Ostwestfalen-Lippe.
Band 2: Die öffentliche Verwaltung im gesellschaftlichen und politischen Wandel 1919 - 1990
1997. 598 S. Kart.
ISBN 3-531-12744-6
Im zweiten Band dieser Verwaltungsgeschichte wird dargestellt, wie gering die Auswirkungen des Übergangs von der Monarchie zur Republik für die Verwaltung waren, welche Anpassungsprozesse an das nationalsozialistische Regime in ihr erfolgten und welche ihrer Traditionen in der Anfangszeit der Bundesrepublik übernommen wurden. In der Hauptsache blieb es auch nach 1945 bei den überlieferten Verwaltungsstrukturen, obgleich sich allmählich die Verwaltung im Gefolge des sozialen Wandels und der Entwicklung des politischen Systems ihrem Wesen nach veränderte. Diese Veränderung und die Widersprüche zwischen tradierter Struktur und neuen Anforderungen stehen im Mittelpunkt dieser Analyse.

Ute Schmidt
Von der Blockpartei zur Volkspartei?
Die Ost-CDU im Umbruch 1989 - 1994
1997. 406 S. (Schriften des Zentralinstituts für sozialwiss. Forschung der FU Berlin, Bd. 81) Kart.
ISBN 3-531-12931-7
Fünf Jahre nach der deutschen Vereinigung brechen in der ostdeutschen CDU Konflikte auf, die zeigen, daß der Wandel von der Blockpartei zur Volkspartei westdeutschen Zuschnitts noch keineswegs abgeschlossen ist. Die Arbeit von Ute Schmidt liefert eine anschauliche und quellenfundierte Analyse des Umbruchs und der Strukturierungsprozesse in der ostdeutschen CDU. Ausgangspunkt ist die Frage, wie aus der heterogenen Gemengelage politischer Kräfte eine politikfähige Partei – und damit auch ein Veränderungspotential für die West-CDU – entstehen kann.

Carl Böhret / Werner Jann / Eva Kronenwett
Innenpolitik und politische Theorie
Ein Studienbuch
3., neubearb. u. erw. Aufl. 1988.
XXIV, 491 S. Kart.
ISBN 3-531-11494-8
In dieser erweiterten und aktualisierten Neubearbeitung des Studienbuches wurde an der grundlegenden Konzeption nichts geändert: Ziel ist ein systematischer und gleichzeitig problemorientierter Überblick über die aktuellen politikwissenschaftlichen Analysen und Theorien als Orientierungshilfe für Studienanfänger und politikwissenschaftlich interessierte Leser. In fünf Lernblöcken werden politische Theorien mit Analysen des politischen Systems der Bundesrepublik Deutschland verknüpft. Das ausführliche Register ermöglicht auch die Benutzung als Nachschlagewerk.

"Didaktisch gelungene Orientierung zur politischen Diskussion in der Bundesrepublik und zur Politikwissenschaft."
Neue Politische Literatur

WESTDEUTSCHER VERLAG
Abraham-Lincoln-Str. 46 · 65189 Wiesbaden
Fax (06 11) 78 78 - 420

If you have any concerns about our products,
you can contact us on
ProductSafety@springernature.com

In case Publisher is established outside the EU,
the EU authorized representative is:
**Springer Nature Customer Service Center GmbH
Europaplatz 3, 69115 Heidelberg, Germany**

Printed by Libri Plureos GmbH
in Hamburg, Germany